GB
한길그레이트북스

인 류 의 위 대 한 지 적 유 산

GB

한길그레이트북스

인류의 위대한 지적유산

순자 2

순자 지음 | 이운구 옮김

한길사

GB

HANGILGREATBOOKS

Xun zi
Xun zi

Translated by Lee Un-Gu

Published by Hangilsa Publishing Co., Ltd., Korea, 2006

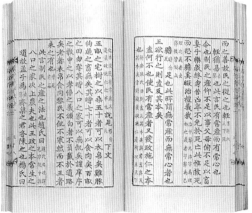

맹자와 그의 저서인 『맹자』

인간은 날 때부터 인·의·예·지라는 사덕(四德)의 가능성을 지니고 있다는
맹자의 성선설(性善說)은 순자의 성악설(性惡說)과 아울러 인성설의 두 전형이 되었다.

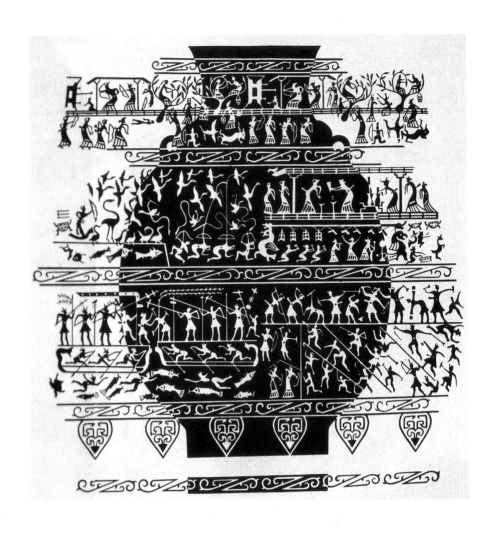

「어렵연락문동호(漁獵宴樂紋銅壺)의 문양장식 도해도」, 전국시대, 북경 고궁박물원

청동기의 곡면을 따라 현실생활의 여러 장면이 조각되어 있다.
활쏘기 대회를 연다거나 누에를 먹일 뽕잎을 따고, 제물을 바치고,
새나 짐승을 사냥하고, 전쟁을 하는 장면들이다.

「출행도」(出行圖), 중국역사박물관

순자는 이르기를 "안으로는 민을 하나로 통일시키기에 충분하고 밖으로는
난을 막아내기에 충분하며, 위로는 군주에게 충성하고 아래로는 백성 사랑하기를
게을리하지 않는 자를 일러 공신(功臣)이라 한다"고 하였다.

춤추고 노래하는 인물들이 새겨진 고대의 비석

순자는 말하였다. "음악은 천지 만물의 자연스런 상태를 본떠서
만든 것이며, 우리 정서를 순화시키는 데 없어서는 안 되는 것이다."

GB

한길그레이트북스

인류의위대한지적유산

순자 2

순자 | 이운구 옮김

한길사

순자 2

차례

순자 1

차례

15 의병議兵

이 편은 순황의 전쟁론이다. 군사에 관한 순황의 견해는 당대 병가 일반의 담론과 반대다. 제자 진효(陳囂)·이사(李斯) 들과의 질의 응답 형식을 통하여 이를 펼치고 있다. 특히 용병의 근본을, 적의 기선을 제압하거나 속임수를 쓰는 계략이 아니고 인의의 덕으로 민을 친숙히 따르게 하는 데 있다고 본다. 이상 군주 왕자가 일으키는 전쟁은 쟁탈이 아니고 인의를 등진 포악한 자를 쳐서 바로잡는 정벌이라고 한다. 여기서 순황의 전쟁론은 철저히 유가적 정치이념을 바탕으로 했다고 할 수 있다.

[1]

임무군(臨武君)¹⁾이 손경자(孫卿子)²⁾와 함께 조(趙) 효성왕(孝成王) 앞에서 군사에 관한 일을 논의하였다. 왕이 말하기를 '용병(用兵)의 근본 요체를 묻고 싶다'고 하였다. 임무군이 대답해 말하기를 '위로 천시(天時)를 얻고 아래로 지리(地利)를 얻으며 적이 변하는 동태를 살펴보고 적이 떠난 뒤에 출동하여 먼저 나가는 것입니다. 이것이 용병하는 기본 수단입니다'라고 하였다. 손경자가 말하기를 '그렇지 않습니다. 내가 들은 바의 옛 방법은 무릇 용병과 공략하여 싸우는 근본이 민심을 하나로 모으는³⁾ 데 있다고 합니다. 활과 화살이 조절 안 된다면 예(羿)라 할지라도 능히 미세한 표적을 맞힐 수 없고 여섯 마리 말이 화합하지 않는다면 조보(造父)라 할지라도 능히 멀리 치달을 수 없듯이 사인과 민이 친숙하게 따르지⁴⁾ 않는다면 탕(湯)이나 무왕(武王)이라 할지라도 능히 반드시 이겨낼 수 없는 것입니다. 그러므로 민을 잘 따르게 하는 자가 바로 용병을 잘하는 자입니다. 따라서 용병의 근본 요체는 민을 잘 따르게 하는 것뿐입니다'라고 하였다.

임무군이 말하기를 '그렇지 않습니다. 군사작전에서 소중히 하는 바는 세리(勢利)⁵⁾입니다. 실제로 행하게 되는 바는 바꾸어 속이는 계략⁶⁾입니다. 용병을 잘하는 자는 기민하고 묘해서⁷⁾ 그것이 거쳐 나오는 데를 알지 못하게 하는 것입니다. 손무(孫武)나 오기(吳起)⁸⁾도 이를 활용하여 천하에 대적할 자가 없었습니다. 어찌 민이 친숙히 따르기를 기다릴 필요가 있겠습니까'라고 하였다. 손경자가 말하기를 '그렇지 않습니다. 내가 말하고자 하는 것⁹⁾은 인인(仁人)의 군사작전이고 왕자(王者)가 지향하는 의지입니다. 군이 소중히 하는 것은 권모와 세리고 행하려는 바는 침공해 빼앗거나 속임수를 쓰려는 것으로 제후들이 하는 일입

니다. 인인의 군사작전은 속일 수 없는 것입니다. 그가 속일 수 있는 것
은 태만한 상대이고 민을 피폐시키는[10] 자이며 군신 상하 사이가 환연
히 싹 풀려 마음이 서로 떠난[11] 상태입니다. 그러므로 걸(桀)을 가지고
걸 같은 자를 속인다면 오히려 그 교졸(巧拙)에 따라 요행이 있겠으나
[12] 걸을 가지고 요(堯)를 속인다 함은 비유하건대 마치 계란으로 돌을
치고 손가락으로 뜨거운 물을 젓는[13] 것과 같고 물이나 불 속에 뛰어드
는 격이라 곧 타죽거나 빠져 죽을[14] 뿐입니다.

그러므로 인인의 군사작전은 많은 장수들이 마음을 하나로 하고 전
군이 힘을 합하며 신하가 군주를 대하고 아래가 위를 대하기를 마치 자
식이 부모를 섬기고 아우가 형을 섬기듯 하고 손과 팔이 머리와 눈을
가리고 막거나 가슴과 배를 덮는 것과 같은 것입니다. 속여서 습격하더
라도 먼저 경계시키고 난 다음에 치는 것과 마찬가지입니다. 또한 인인
이 십리 되는 나라를 다스리게 된다면[15] 거의 백리 되는 지역이 그 귀
와 눈이 될 것이고 백리 되는 나라를 다스리게 된다면 거의 천리 되는
지역이 그 귀와 눈이 될 것이며 천리 되는 나라를 다스리게 된다면 거
의 온 천하가 그 귀와 눈이 되어 반드시 총명하게 경계하고 달라붙어서
하나가 될[16] 것입니다. 그러므로 인인의 군사작전이란 모으면 곧 대오
(隊伍)[17]가 되고 펼치면 곧 대열을 이루며 진을 길게 뻗으면 마치 막야
(莫耶)[18]의 장검 같아서 부딪치는 자[19] 잘리고 뾰족하게 진치면[20] 마
치 막야의 날카로운 칼끝 같아서 맞서는 자 패합니다. 둥글게 진치고
모나게 진치면[21] 마치 반석과 같아서 떠받는 자 꺾여 단단히 혼이 나[22]
물러설 따름입니다.

또한 대저 포악한 나라 군주는 도대체[23] 누구와 함께 쳐들어올 것입
니까. 그가 함께 올 자는 반드시 그 민일 것입니다. 그런데 그 민이 내
쪽을 친숙히 하기를 마치 부모 기뻐하듯 하고 내 쪽을 좋아하기를 마치
초란 좋아하듯[24] 하며 저들이 그 위를 돌아본다면 마치 불로 지지는 것
[25]과 같고 원수와 같을 것입니다. 사람의 정이 비록 걸(桀)이나 도척(盜
跖)일지라도 어찌 그 미워하는 자 때문에 그 좋아하는 사람을 해치려고

할 자가 또 있겠습니까.[26] 이는 남의 자손을 시켜 스스로 그 부모를 해치도록 하는 것과 같습니다. 저들은 반드시 그것을 고하려고 올 것입니다. 도대체 또 어떻게 속일 수 있겠습니까. 그러므로 인인이 나라를 다스림에 있어 날로 밝아져 제후들 중에 먼저 종순하는 자는 안정되고 뒤에 종순하는 자는 위태하며 적을 배려하는 자는 영지가 깎이고 반항하는 자는 멸망할 것입니다. 『시』[27]에 이르기를 "무왕이 기를 세우고[28] 삼가 큰 도끼 월(鉞)을 손에 드니 위세가 불과 같이 열렬하여 감히 가로막지 못하였노라"고 하니 이것을 가리켜 한 말입니다' 라고 하였다. 효성왕과 임무군이 말하기를 '좋다' 라고 하였다.

臨武君與孫卿子, 議兵於趙孝成王前. 王曰, 請問兵要. 臨武君對曰, 上得天時, 下得地利, 觀敵之變動, 後之發先之至, 此用兵之要術也. 孫卿子曰, 不然. 臣所聞古之道, 凡用兵攻戰之本, 在乎壹民. 弓矢不調, 則羿不能以中微, 六馬不和, 則造父不能以致遠, 士民不親附, 則湯武不能以必勝也. 故善附民者, 是乃善用兵者也. 故兵要在乎善附民而已.

臨武君曰, 不然. 兵之所貴者埶利也, 所行者變詐也. 善用兵者, 感忽悠闇, 莫知其所從出. 孫吳用之無敵於天下, 豈必待附民哉. 孫卿子曰, 不然. 臣之所道, 仁人之兵, 王者之志也. 君之所貴權謀埶利也, 所行攻奪變詐者, 諸侯之事也. 仁人之兵不可詐也. 彼可詐者怠慢者也, 路亶者也, 君臣上下之間, 渙然有離德者也. 故以桀詐桀, 猶巧拙有幸焉. 以桀詐堯, 譬之若以卵投石以指撓沸, 若赴水火, 入焉焦沒耳.

故仁人之兵, 百將一心, 三軍同力, 臣之於君也, 下之於上也, 若子之事父弟之事兄, 若手臂之扞頭目而覆胸腹也. 詐而襲之, 與先驚而後擊之一也. 且仁人之用十里之國, 則將有百里之聽, 用百里之國, 則將有千里之聽, 用千里之國, 則將有四海之聽, 必將聰明警戒和傳而一. 故仁人之兵, 聚則成卒, 散則成列, 延則若莫邪之長刃, 嬰之者斷, 兌則若莫邪之利鋒, 當之者潰, 圜居而方止, 則若盤石然, 觸之者角摧, 案鹿埵隴種東籠而退耳.

且夫暴國之君, 將誰與至哉. 彼其所與至者, 必其民也. 而其民之親我歡若父母, 豈好我芬若椒蘭, 彼反顧其上則若灼黥, 若仇讐. 人之情雖桀跖, 豈又肯爲其所惡賊其所好者哉. 是猶使人之子孫自賊其父母也. 彼必將來告之, 夫又何可詐也. 故仁人之用國日明, 諸侯先順者安, 後順者危, 慮敵之者削, 反之者亡. 詩曰, 武王載發, 有虔秉鉞, 如火烈烈, 則莫我敢遏. 此之謂也. 孝成王臨武君曰, 善.

1 臨武君—임무군(臨武君)의 성명은 분명치 않음. 초(楚)의 장수라고 전해짐.

2 孫卿子—손(孫)과 순(荀)자가 음으로 통용됨. 경자(卿子)는 존칭. 순황(荀況)의 원래 호칭.

3 壹民—일(壹)이란 하나로 통일함. 민심을 모아들임.

4 親附—부(附)는 가까이함. 친숙함을 느끼고 따라붙음.

5 埶利—세(埶)는 세(勢)의 옛 글자. 자연 형세의 여러 조건. 형세를 타고 이득을 취함.

6 變詐—변사(變詐)란 기계(奇計)를 말함. 적의 속을 알아내어 여러 가지 변화를 일으킴. 『손자』(孫子) 「계」(計)편의 궤도(詭道).

7 感忽悠闇—감(感)은 흔들 감(撼)자와 같음. 감홀(感忽)이란 한 순간을 말함. 유암(悠闇)은 심원(深遠)의 뜻. 엿보기가 어려움.

8 孫吳—손(孫)은 춘추시대 병가(兵家)인 손무(孫武). 오(吳)는 전국시대 위(魏) 무후(武侯)를 섬긴 장수 오기(吳起).

9 臣之所道—신(臣)은 순황이 조(趙)나라 사람이므로 왕에 대하여 자신을 가리킴. 도(道)는 언(言)자와 같은 뜻.

10 路亶—로(路)는 지칠 리(羸)자로 통함. 단(亶)은 질(疾)자와 같음. 고달픔. 곤비(困憊)의 뜻.

11 渙然有離德—환(渙)은 환산(渙散)의 뜻. 얼음 녹듯이 풀리는 모양. 이덕(離德)은 마음이 떠난 상태. 민심이 위배함.

12 巧拙有幸—교졸(巧拙)은 속임수가 능하고 능하지 못한 차이를 말함. 행(幸)은 행(倖)자와 같음. 여기서는 우연한 승리를 말함.

13 撓沸—요(撓)는 요(擾)자의 뜻. 비(沸)는 등(騰)자와 같음. 열탕(熱湯) 물을 휘저음.

14 入焉焦沒—언(焉)은 곧 즉(卽)자로 통함. 초(焦)는 불에 타죽음. 몰(沒)은 익사함.

15 用十里之國—용(用)은 위(爲)자와 같음. 치(治)자의 뜻. 십리(十里)는 사방

십리의 작은 나라.

16 和傅而――부(傅)는 부(附)자와 같음. 친부(親附)의 뜻. 가까이 붙음. 이(而)는 여(如)자와 음이 같음. 여일(如一)함.

17 成卒―졸(卒)은 졸오(卒伍)를 말함. 오(伍)는 오백 명 단위의 군부대 편성. 강력한 군대를 말함.

18 莫邪―막야(莫邪)는 간장(干將)과 아울러 고대 중국의 명검(名劍)으로 일컬어짐.

19 嬰―영(嬰)은 촉(觸)자와 마찬가지 의미. 부닥뜨릴 저(抵)자와 같음.

20 兊―예(兊)는 예(銳)자로 통함. 예진(銳陣) · 첨병(尖兵)의 뜻.

21 圜居而方止―환거(圜居)는 진을 둥글게 침. 방지(方止)는 진을 네모반듯하게 침.

22 鹿埵隴種東籠―녹수(鹿埵) · 농종(隴種) · 동롱(東籠) 모두 의미를 알 수 없음. 혹 목을 축 늘어뜨리고 눈물로 옷을 적시는 모습.

23 將―여기서 장(將)은 조자로 쓰임. 억(抑)자와 같은 뜻.

24 芬若椒蘭―분(芬)은 향기로움. 평판이 좋음. 초란(椒蘭)은 향초의 일종.

25 灼黥―작(灼)은 불로 지짐. 경(黥)은 살갗을 찌름. 인두질하여 상처를 냄.

26 豈又―여기서 우(又)는 유(有)자와 같은 음으로 통용됨.

27 詩―『시경』「상송(商頌) · 장발(長發)」편의 인용 시구.

28 載發―재(載)는 건(建)자와 같음. 발(發)은 패(旆)자로 읽음. 기(旗)자와 같은 뜻.

[2]

'다시 묻건대 왕자다운 군사작전은 어떤 방법, 어떤 행동을 가지고[1] 하여야 좋겠는가' 라고 하였다. 손경자가 말하기를 '대체로 대왕[2]이라 하는 이에게 장솔(將率)[3]이란 하찮은 말단의 일입니다. 내가 한 가지 여기서 왕자나 제후의 강약 · 존망의 효험과 안위의 형세를 말하고 싶습니다. 군주가 현명할 경우 그 나라는 다스려지고 군주가 무능할 경우 그 나라는 어지러워집니다. 예를 높이고 의를 귀하게 여길 경우 그 나라는 다스려지고 예를 소홀히 하고[4] 의를 천시할 경우 그 나라는 어지러워집니다. 다스려질 경우 강해지고 어지러워질 경우 약해집니다. 바로 이것이 강약의 근본입니다. 위가 족히 우러러볼 만하다면[5] 아래를 가히 부릴 수 있고 위가 족히 우러러볼 만하지 못하다면 아래를 가히 부릴 수 없습니다. 아래를 가히 부릴 수 있다면 강해지고 아래를 가히 부릴 수 없다면 약해질 것이니 바로 이것이 강약의 법칙입니다. 예를 높이고 공적을 다하게 함은 그 최상입니다. 봉록을 신중히 하고[6] 절의를 귀히 함은 그 버금입니다. 공 세우기만 권하고[7] 절의를 천시함은 그 최하입니다. 바로 이것이 강약의 일반 예[8]입니다. 현사(賢士)를 좋아하는 자 강하고 현사를 좋아하지 않는 자 약합니다. 민을 사랑하는 자 강하고 민을 사랑하지 않는 자 약합니다. 정령(政令)이 신실한 자는 강하고 정령이 신실치 못한 자는 약합니다. 민을 가지런히 하는 자는 강하고 민을 가지런히 하지 못하는 자는 약합니다. 상여(賞與)가 후한 자는 강하고 상여가 박한 자는 약합니다. 형벌이 위엄 있는 자는 강하고 형벌이 만만한 자는 약합니다. 기구[9]나 무기가 견고하고[10] 편리한 자는 강하고 기구나 무기가 망가져서[11] 불편한 자는 약합니다. 군의 동원을 신중히 하는 자는 강하고 군의 동원을 경솔히 하는 자는 약합니다. 권력이 한 줄기로 나오는 자는 강하고 권력이 두 갈래로 나오는 자는 약합니다. 바로 이것이 강약의 상도(常道)입니다.

제나라 사람은 기격(技擊)[12]을 높입니다. 그 기량에 대하여 적의 머리 하나 얻는 경우 적은 돈을 갚아주고[13] 본래의 상금은 없습니다. 이는 일의 규모가 작고 적이 취약할 경우 한때 쓸 수 있겠지만[14] 일의 규모가 크고 적이 견강할 경우 뿔뿔이 떨어져 나갈 따름일 것이니 마치 날아가는 새와 같습니다. 나라가 기울어 뒤집어질 날도 얼마 남지 않았습니다. 바로 이것이 멸망하는 나라의 군대이며 군대치고 이보다 더 약한 것은 없습니다. 이는 시중 사람을 사서[15] 싸우게 하는 것과 다를 것이 없습니다. 위나라의 무졸(武卒)[16]은 일정 기준을 가지고 선발합니다. 세 가지 갑옷[17]을 입히고 십이석(石)이나 되는 큰 활[18]을 손에 들리고 화살 오십 개 든 통을 메게 하고[19] 그 위에 창을 끼우게 하고[20] 투구를 쓰고[21] 칼을 차고 삼일분의 식량을 짊어지고[22] 새벽부터 대낮까지 백리를 달려가게 하여 그 시험에 합격하면 그 호구의 부역을 면제해주고 그 토지 가옥세를 탕감해줍니다.[23] 이것이 여러 해 되어 힘이 쇠하더라도 혜택을 빼앗아 없앨 수는 없으며 다시 뽑는다 하더라도 두루 다 하기가 쉽지 않습니다.[24] 이런 까닭으로 영토가 비록 광대하더라도 그 세수는 반드시 적어질 것입니다. 바로 이것은 나라를 위태롭게 하는 군대입니다. 진(秦)나라 사람은 그 민의 생계를 곤궁하게 억누르고[25] 그 민을 혹독하게 부립니다. 권세를 가지고 위협하고 궁핍을 가지고 괴롭히고[26] 상을 주어 길들이고[27] 형벌로 굴복시켜[28] 그 밑에서 민이 군주로부터 이익을 구하는 수단이란 것은 전투가 아니면 따를 방법이 없도록 합니다. 곤궁하게 만든 다음에 일을 시키고 승리를 거둔 다음에 공적을 인정하며 공과 상이 서로 조장되어 갑사(甲士)의 목 다섯 개면 다섯 가구를 거느리게 붙여줍니다. 바로 이것이 가장 널리 강하고 오래도록 세를 거둘 토지를 많게 하는[29] 방법입니다. 그러므로 사대[30]에 걸쳐서 승리한 일은 요행이 아니라 그 방법에 따른 것입니다.

그러므로 제나라의 기격으로는 위나라의 무졸과 맞대항할[31] 수 없고 위나라의 무졸로는 진나라의 정예 병사와 맞대항할 수 없습니다. 진나라의 정예 병사라도 제환공과 진문공의 절제된[32] 군대를 당해낼 수 없고 제환공과 진문공의 절제된 군대라도 탕이나 무왕의 인의의 군대를 대적할 수 없습니다. 대항할 자가 있다면 마치 불탄 물건[33]을 돌에 던지는 것과 같습니다. 이들 몇 나라 것을 한데 묶는다면[34] 모두가 상을 구하고 이익으로 치닫는 병사들입니다. 품팔이꾼이나 장사하는 사람[35]의 도입니다. 아직 군주를 높이고 규율을 지키며 절의를 다할[36] 규범을 갖지 못했습니다. 제후들 가운데 능히 절의를 가지고 정묘하게 다룰 자가 있다면 단번에 일어나 다 위태롭게 할 따름입니다. 그러므로 용맹스런 이를 부르고 뽑아 모으며[37] 형세나 권모를 중히 여기고 공리를 높인다 함은 이것이 바로 민을 속이는[38] 일입니다. 예의에 따르도록 교화시킨다 함은 이것이 바로 민을 가지런히 하는 일입니다. 그러므로 사기를 가지고 속이는 군대를 대항한다면 오히려 그 교졸에 따라서 승패는 있을지언정 사기를 가지고 가지런한 군대를 대항한다면 비유하건대 마치 송곳 끝으로 태산을 찔러 부수려는 것과 같습니다. 천하의 어리석은 자가 아니라면 감히 시험해보려 하지 않을 것입니다. 그래서 왕자의 군대를 대항하려고 어느 누구도 시도하지 않습니다. 탕이 걸을 치고 무왕이 주를 칠 적에는 팔짱 끼고 턱으로 지휘했을[39] 뿐이지만 강포한 나라까지 모두 달려와 돕지 않을 수 없어서 걸·주 토벌하는 일이 마치 사람하나[40] 치는 것과 같았습니다. 「태서」(泰誓)[41]에 이르기를 '독부(獨夫) 주(紂)'라고 하였으니 이것을 가리킨 말입니다.

그러므로 군대가 크게 잘 정비된다면[42] 천하를 제압하고 작게라도 얼마쯤 정비된다면 인근 적국을 위협할[43] 것입니다. 그러나 저 부르고 뽑아 모으며 형세나 권모를 중히 여기고 공리를 높이는 군대 따위라면 이기고 지는 것이 일정치 않고 번갈아 세가 줄거나[44] 뻗거나 존속하거나 멸망하여 서로 자웅을 겨룰 따름입니다. 대저 이것을 가리켜 도병(盜兵)[45]이라고 하니 군자는 따르지 않는 것입니다. 그래서 제의 전단(田單), 초의 장교(莊蹻), 진의 위앙(衛鞅),[46] 연의 목기(繆蟣)는 모두 세속에서 말하는 용병을 잘하는 자들입니다. 이들은 그 교졸이나 강약이 서로 같지 않지만 그 방법에 있어 마찬가지입니다. 아직 조화 정비된 상태에 이르지 못하였습니다. 앞뒤로 흔들고 속이며[47] 책략을 부려 전복시키니 도병을 면치 못하는 것입니다. 제환공, 진문공, 초장왕, 오합려, 월구천은 모두 조화 정비된 군대였습니다. 가히 왕자의 군대는 그 영역에 든다고 말할 수 있습니다. 그렇더라도 아직 그 핵심이 되는 것[48]을 갖지 못하였습니다. 그러므로 가히 패자가 될 수 있었더라도 왕자가 될 수는 없었습니다. 이것이 바로 강약의 효용인 것입니다'라고 하였다. 효성왕과 임무군이 말하기를 '좋다'고 말하였다.

請問, 王者之兵, 設何道何行而可. 孫卿子曰, 凡在大王, 將率未事也. 臣請, 遂道王者諸侯彊弱存亡之效, 安危之埶. 君賢者其國治, 君不能者其國亂, 隆禮貴義者其國治, 簡禮賤義者其國亂. 治者强, 亂者弱. 是强弱之本也. 上足印則下可用也, 上不足印則下不可用也. 下可用則强, 下不可用則弱, 是强弱之常也. 隆禮效功上也, 重祿貴節次也, 上功賤節下也. 是强

弱之凡也. 好士者强, 不好士者弱. 愛民者强, 不愛民者弱, 政令信者强, 政令不信者弱, 民齊者强, 民不齊者弱. 賞重者强, 賞輕者弱, 刑威者强, 刑侮者弱. 械用兵革攻完便利者强, 械用兵革窳楛不便利者弱, 重用兵者强, 輕用兵者弱, 權出一者强, 權出二者弱. 是强弱之常也.

齊人隆技擊, 其技也, 得一首者, 則賜贖錙金無本賞矣. 是事小敵毳則偸可用也, 事大敵堅則渙焉離耳, 若飛鳥然, 傾側反覆無日. 是亡國之兵也, 兵莫弱是矣. 是其出賃市傭而戰之幾矣. 魏氏之武卒以度取之, 衣三屬之甲, 操十二石之弩, 負服矢五十个, 置戈其上, 冠軸帶劍, 嬴三日之糧日中而趨百里. 中試則復其戶利其田宅 是數年而衰而未可奪也, 改造則不易周也, 是故地雖大其稅必寡. 是危國之兵也. 秦人其生民也陿隘 其使民也酷烈. 劫之以埶, 隱之以陿, 忸之以慶賞, 鰌之以刑罰, 使夫天下之民所以要利於上者非鬪無由也. 陿而後用之, 得而後功之, 功賞相長也, 五甲首而隷五家. 是最爲衆彊長久多地以正. 故四世有勝, 非幸也, 數也.

故齊之技擊, 不可以遇魏氏之武卒, 魏氏之武卒, 不可以遇秦之銳士. 秦之銳士, 不可以當桓文之節制, 桓文之節制, 不可以敵湯武之仁義. 有遇之者, 若以焦熬投石焉. 兼是數國者, 皆干賞蹈利之兵也, 傭徒鬻賣之道也, 未有貴上安制綦節之理也. 諸侯有能微妙之以節, 則作而兼殆之耳. 故招延募選, 隆埶詐尙功利, 是漸之也, 禮義敎化, 是齊之也. 故以詐遇詐, 猶有巧拙焉, 以詐遇齊, 辟之猶以錐刀墮太山也. 非天下之愚人莫敢試. 故王者之兵不試. 湯武之誅桀紂也, 拱揖指麾, 而彊暴之國莫不趨使, 誅桀紂若誅獨夫. 故泰誓曰獨夫紂, 此之謂也.

故兵大齊則制天下, 小齊則治鄰敵. 若夫招延募選, 隆埶詐尙功利之兵, 則勝不勝無常, 代翕 代張代存代亡, 相爲雌雄耳矣. 夫是之謂盜兵, 君子不由也. 故齊之田單楚之莊蹻秦之衛鞅燕之繆蟣, 是皆世俗之所謂善用兵者也. 是其巧拙强弱, 則未有以相若也, 若其道一也. 未及和齊也. 掎挈司詐權謀傾覆, 未免盜兵也. 齊桓晉文楚莊吳闔閭越勾踐, 是皆和齊之兵也, 可謂入其域矣. 然而未有本統也. 故可以霸而不可以王. 是强弱之效也.

孝成王臨武君曰, 善.

1 設何道—설(設)은 용(用)자와 같음. 도(道)는 술(術)을 가리킴. 수단과 방법을 말함.

2 大王—여기서 대왕(大王)이란 대화 상대인 조(趙)의 효성왕(孝成王)을 일반화시킨 호칭.

3 將率—솔(率)은 수(帥)자와 같은 뜻. 군의 지휘관을 말함.

4 簡禮—간(簡)은 만홀(慢忽)의 뜻. 가볍게 보고 등한히 함.

5 仰印—앙(印)은 앙(仰)의 옛 글자. 신뢰하여 우러러 추대함.

6 重祿—중(重)은 진중(鎭重)의 뜻. 녹을 경솔히 주지 않음.

7 上功—상(上)은 상(尙)자로 통함. 공적만을 장려함.

8 凡—여기서 범(凡)은 대범(大凡)과 같은 뜻. 대강. 일반론을 말함.

9 械用—계(械)는 기계(器械). 용(用)은 용구(用具). 싸움터에서 공방에 쓰이는 도구.

10 攻完—여기서 공(攻)은 공(功) 또는 공(工)의 옛 글자로 쓰임. 정교하고 완전함.

11 寙楛—유(寙)는 기물이 이지러짐. 고(楛)는 조잡함. 고유(苦寙)와 마찬가지로 거칠고 나쁨.

12 技擊—기격(技擊)이란 맨손으로 쳐서 상대를 쓰러뜨림. 일종의 무술로 개인기를 말함.

13 賜贖錙金—속(贖)은 상(償)자와 같은 뜻. 치(錙)는 소량의 무게 단위. 적은 돈을 주어 보상함.

14 毳則偸可用—취(毳)는 연약함. 투(偸)는 구차(苟且)의 뜻. 잠시 유용하게 쓰여 도움이 됨.

15 出賃市傭—출임(出賃)은 임금을 지불함. 시용(市傭)은 돈을 주어 시중에서 인력을 사들임.

16 武卒—여기서 무졸(武卒)이란 용맹스런 병사를 선별하여 부르는 칭호.

17 三屬之甲—삼속(三屬)은 가슴에 대는 갑옷, 허리에 대는 갑옷과 행전(行纏)을 말함.

18 十二石之弩—노(弩)는 쇠뇌·대궁(大弓)을 말함. 석(石)은 활의 강도를 나타내는 한 단위.

19 負服—복(服)은 복(箙)자와 같음. 화살 넣는 전통(箭筒).

20 置戈—치(置)는 세로를 가로 뉨. 창을 옆으로 지님.

21 冠軸—주(軸)는 주(胄)자와 같은 뜻. 머리에 투구를 씀.

22 贏—영(贏)은 부담(負擔)의 뜻. 등에 짊어짐.

23 復其戶利其田宅—호(戶)는 가구별로 할당한 부역(賦役). 복(復)이란 면제

시켜 돌려보냄. 전택(田宅)은 토지나 주택에 부과하는 조세로, 이(利)란 이를 탕감해줌.

24 改造則不易周―조(造)는 선(選)자로 통함. 새로 뽑아 보충함. 불이주(不易周)란 두루 하기가 쉽지 않음. 전과 똑같이 하기 어려움.

25 陿阨―협(陿)은 좁을 협(陜)자와 같음. 액(阨)은 막힐 액(阸)자로 통함. 절박한 상황.

26 隱之―은(隱)은 은(檃)자와 같은 뜻. 판에 박음. 형틀에 묶음. 속박을 가리킴.

27 忸之―뉴(忸)는 익을 습(習)자로 통함. 관습(串習)·압습(狎習)의 뜻. 친압. 익숙함.

28 鰌之―주(鰌)는 주(遒)자와 같음. 박(迫)자와 마찬가지 의미.

29 多地以正―정(正)은 정(征)자와 통용됨. 징세(徵稅)의 뜻. 세를 거둘 땅이 넓음.

30 四代―여기서 사대(四代)란 진(秦)의 효공(孝公)·혜왕(惠王)·무왕(武王)·소왕(昭王)을 가리킴.

31 不可以遇―우(遇)는 조우(遭遇)의 뜻. 맞대결함.

32 節制―여기서는 절도(節度)와 통제(統制)의 뜻으로, 훈련이 잘된 군대를 말함.

33 焦熬―초(焦)는 불에 그을림. 오(熬)는 불에 볶음. 쉽게 깨질 물건을 가리킴.

34 兼是―겸(兼)은 일괄(一括)의 뜻. 공통된 요소를 한데 모음. 몇몇 나라를 하나로 합침.

35 傭徒鬻賣―용도(傭徒)란 시용(市傭)과 같음. 품파는 일꾼. 육매(鬻賣)는 돈벌이. 상행위.

36 綦節―기(綦)는 극(極)자와 같음. 절의를 끝까지 지킴.

37 招延募選―초연(招延)은 가까이 불러들임. 모선(募選)은 선발 시험을 거쳐 채용함.

38 漸之―점(漸)은 사기(詐欺)의 뜻. 지(之)는 민을 가리킴.

39 拱揖指麾―공읍(拱揖)은 팔짱을 낌. 휘(麾)는 휘(揮)자와 같은 뜻. 지휘함.

40 獨夫―여기서 독부(獨夫)란 평범한 일개 필부를 말함.

41 泰誓―『상서』(尚書)의 편명. 현존 글은 위서(僞書)임.

42 大齊―제(齊)는 정비(整備)의 뜻. 탕·무의 경우처럼 교화가 잘됨을 일컬음.

43 治隣敵―치(治)는 태(殆)의 옛 글자로 통용됨. 위(危)자와 마찬가지 의미.

44 代翕―흡(翕)은 거둘 렴(斂)자와 같음. 장(張)자와 반대. 축소(縮小)의 뜻.

45 盜兵―여기서 도병(盜兵)이란 약탈을 일삼는 비적(匪賊)을 말함.

46 衛鞅―위앙(衛鞅)은 상앙(商鞅)의 원이름. 진효공을 섬겨 부강의 기초를 다진 법사상가.

47 搙挈司詐—기설(搙挈)은 한쪽으로 끌어당김. 남을 우롱함. 사(司)는 엿볼 사(伺)자와 같음. 사(詐)는 기광(欺誑)의 뜻.

48 本統—여기서 본통(本統)이란 왕도(王道)의 근본인 인의(仁義)를 가리켜 말함.

[3]

'장수가 되는 길을 묻고 싶다'고 하였다. 손경자가 말하기를 '지(知)란 의심을 버리게 하는 것보다 더 큰 것은 없고 행(行)이란 잘못이 없게 하는 것보다 더 큰 것은 없으며 일이란 후회 없게 하는 것보다 더 큰 것은 없습니다. 일이란 후회 없게 하는 데 이르러 그칠 것이며 그 성사는 반드시 기할 수 없는 것입니다. 그러므로 제도나 명령은 엄격하고 위엄 있기를 바라고[1] 경상과 형벌은 반드시 믿을 수 있게 하기를 바라며 병영이나 창고[2]는 용의주도하게 견고히 하기를 바라고 군의 이동과 진퇴는 안전하게 신중히 또한 빠르게 하기를 바라며 적의 변동을 엿보는 데는 깊숙이 잠입하여 여러 가지 참작하기[3]를 바라고 적을 만나 싸울 경우에는 반드시 내가 아는 바대로 해야만 되며[4] 내가 의심되는 바대로 하지 말아야 합니다. 대저 이것을 가리켜 육술(六術)이라 말합니다. 장수 되기에 집착하여 그만두기를 싫어하지 말고 승리만 서두르다가 패할 경우를 잊어서는 안 되며 안으로 위세부리다가 밖의 적을 경시하지 말고 그 이득만 눈에 보여 그 손해를 돌아보지 못해서는 안 되며 모든 일을 생각함에 있어 숙고하기를 바라고 재용(財用)에 있어 대범하기[5]를 바랄 것이니 대저 이것을 가리켜 오권(五權)[6]이라 말합니다. 군주에 대해서 명을 받지 않아도 되는 이유[7]가 세 가지 있습니다. 죽일 수는 있어도 완전치 못한 곳에 처하게[8] 시킬 수 없고 죽일 수는 있어도 이길 수 없는 적[9]을 치게 할 수 없으며 죽일 수는 있어도 백성을 속이게 시킬 수 없습니다. 대저 이것을 가리켜 삼지(三至)[10]라 말합니다.

무릇 군주로부터 명을 받아 삼군(三軍)을 지휘할 경우 삼군이 규정대로 이미 편성되고 여러 군관들은 질서를 정했고[11] 많은 일들이 바로 된다면 그 군주가 당연한 일이기 때문에 능히 기뻐할 수 없고 그 적도 능히 노할 수 없는 것입니다. 대저 이것을 가리켜 지신(至臣)이라 말합니다. 생각을 반드시 일에 앞서서 하고 삼가기를 거듭하며 끝까지 신중하기를 처음과 같이 하여 시종여일하게 할 것이니 이것을 가리켜 대길(大吉)이라 말합니다. 무릇 모든 일의 성취는 반드시 삼가는 데 있고 그 실패는 반드시 이를 등한히 하는 데[12] 있습니다. 그러므로 삼감이 게으름을 이긴다면 길(吉)하고 게으름이 삼감을 이긴다면 망할 것이며 헤아림이 욕망을 이긴다면 일이 잘되고[13] 욕망이 헤아림을 이긴다면 흉(凶)할 것입니다. 교전을 수비와 같이 하고 행군을 교전과 같이 하며 전공을 거두더라도 요행처럼 여겨야 할 것입니다. 계략을 신중히 하여 소홀하지 말고[14] 일을 신중히 하여 소홀하지 말며 끝을 신중히 하여 소홀하지 말고 병사들을 신중한 자세로 대하여[15] 소홀하지 말며 적을 신중하게 상대하여 소홀하지 말 것입니다. 대저 이것을 가리켜 다섯 가지 무광(無曠)이라 말합니다. 이 육술과 오권·삼지를 신중히 행하고 여기에 대처하기를 공경과 무광을 가지고 할 일입니다. 대저 이것을 가리켜 천하의 장수라 말하며 신명(神明)으로 통하는 것입니다' 라고 하였다. 임무군이 말하기를 '좋다' 고 하였다.

請問爲將. 孫卿子曰, 知莫大乎棄疑, 行莫大乎無過, 事莫大乎無悔. 事至無悔而止矣, 成不可必也. 故制號政令, 欲嚴以威, 慶賞刑罰, 欲必以信, 處舍收藏, 欲周以固, 徙擧進退, 欲安以重, 欲疾以速, 窺敵觀變, 欲潛以深, 欲伍以參, 遇敵決戰, 必道吾所明, 無道吾所疑, 夫是之謂六術. 無欲將而惡廢, 無急勝而忘敗, 無威內而輕外, 無見其利而不顧其害, 凡慮事欲孰, 而用財欲泰, 夫是之謂五權. 所以不受命於主有三. 可殺而不可使處不完, 可殺而不可使擊不勝, 可殺而不可使欺百姓. 夫是之謂三至.
凡受命於主而行三軍, 三軍旣定, 百官得序, 羣物皆正, 則主不能喜敵不能怒. 夫是之謂至臣. 慮必先事, 而申之以敬, 愼終如始終始如一, 夫是之

謂大吉. 凡百事之成也必在敬之, 其敗也必在慢之, 故敬勝怠則吉, 怠勝敬則滅, 計勝欲則從, 欲勝計則凶. 戰如守行如戰, 有功如幸. 敬謀無壙, 敬事無壙, 敬終無壙, 敬衆無壙, 敬敵無壙, 夫是之謂五無壙. 愼行此六術五權三至, 而處之以恭敬無壙, 夫是之謂天下之將, 則通於神明矣. 臨武君曰, 善.

1 欲嚴以威 — 여기서 욕(欲)이란 명심, 즉 마음 씀을 말함. 이(以)는 이(而)자로 통용됨.

2 處舍收藏 — 처사(處舍)는 영루(營壘)·진영(陣營)의 뜻. 장(藏)은 장(藏)자로 통함. 창고.

3 伍以參 — 오삼(伍參)은 서로 비교하고 참고함. 정보를 교환하여 신중하게 검토함.

4 道吾所明 — 도(道)는 유(由)와 같은 뜻. 내 편이 분명하게 숙지한 바대로 전술을 행함.

5 欲泰 — 태(泰)는 너그러움. 인색하지 않음. 여유를 가지려고 함.

6 五權 — 권(權)은 모(謀)자와 마찬가지 의미. 장수로서 깊이 고려해야 할 다섯 가지 일.

7 所以不受命 — 여기서 명(命)은 군주의 명령. 명에 따르지 않아도 허용되는 이유. 그 경우를 말함.

8 處不完 — 처(處)는 진(陣)을 구축함. 불완(不完)은 불리한 장소.

9 不勝 — 불승(不勝)이란 객관적으로 이길 수 없다고 판단되는 적을 가리킴.

10 三至 — 지(至)는 극(極)자로 통함. 지상(至上)의 권한. 장수로서 절대적인 처지를 말함.

11 百官得序 — 서(序)는 서열(序列)의 뜻. 군무에 종사하는 많은 직책이 정연하게 자리잡힘.

12 在慢之 — 만(慢)은 태(怠)자와 같음. 아무렇게나 소홀히함.

13 計勝欲則從 — 계(計)는 계려(計慮). 욕(欲)은 충동을 말함. 종(從)은 순(順)자와 같음. 심사숙고하여 욕망에 지지 않게 함.

14 無壙 — 광(壙)은 빌 광(曠)자로도 통용됨. 무광(無壙)이란 소홀히하지 않음의 뜻.

15 敬衆 — 경(敬)은 그 처우를 잘해줌. 중(衆)은 병사를 가리킴.

[4]

'왕자(王者)의 군제(軍制)[1]에 대하여 묻고 싶다'고 하였다. 손경자가 말하기를 '장수는 북을 지켜 죽고[2] 구종드는 어자(御者)는 말고삐를 잡고 죽으며 여러 군관들은 그 직무로 죽고 사대부는 최전방에서 죽습니다.[3] 북소리 듣고 진격하고 종소리 듣고 퇴각하며 명령에 따르는 것이 제일이고 공 세우는 것은 그 다음입니다. 나아가지 말라 명하는데도 나아가는 것은 물러서지 말라 명하는데도 물러서는 것과 그 죄가 같습니다. 늙은이와 어린아이를 죽이지 않고 농작물을 짓밟지 않으며[4] 항복한 자를 잡아 가두지 않고[5] 맞대항하는 자를 용서치 않으며[6] 도망쳐 나온 자를 붙잡지 않습니다.[7] 무릇 주살(誅殺)이란 그 백성을 죽이는 것이 아니라 그 백성을 어지럽게 한 자를 죽이는 일입니다. 백성들 가운데 그 적을 감싸는 자[8]가 있다면 이 또한 적입니다. 이런 까닭으로 칼끝에 순종하는 자는 살리고 칼끝에 맞서는 자[9]는 죽이며 도망쳐 나온 자는 위에 바칩니다.[10] 미자개(微子開)[11]는 송(宋) 땅에 봉후되었으나 조촉룡(曹觸龍)은 진중에서 처단되었고 항복한 은(殷)의 이전 민을 살아가도록 대우한 것[12]은 주(周) 사람과 다르지 않아서입니다. 그러므로 가까운 데 사람은 무왕의 덕을 구가하며 즐거워하고 먼 데 사람도 부랴부랴 달려와[13] 모이며 비록 아주 먼 변두리[14] 나라일지라도 시키는 대로 따라[15] 편안히 즐기지 않는 것이 없고 온 천하가 한 집안과 같으며 통달하는 지역 사람들이 모두 복종하지 않는 자가 없었습니다. 대저 이것을 가리켜 인사(人師)라 말합니다. 『시』[16]에 이르기를 "서쪽으로부터 동쪽으로부터 남쪽으로부터 북쪽으로부터 우러러 복종하지 않는 이가 없다"라고 하였으니 이것을 가리켜 하는 말입니다.

왕자는 악한 자를 죽이긴 해도 싸우지는 않습니다. 성곽을 단단히 지키기는 해도 공격하지 않으며 적병을 막기는 해도 진격하지 않으며 상하가 서로 화합하여 좋아하면 이를 경하해주고 칠 경우라도 성곽을 부수지[17] 않고 군대를 잠입시키지[18] 않으며 많은 인원을 머물게[19] 하지도 않고 군의 출동은 한 계절을 넘기지 않습니다.[20] 그러므로 어지러운 나라 사람은 그 왕정(王政)을 염원하고[21] 그 위를 불안해하여 왕자의 군대가 오기만 바라게 되는 것입니다'라고 하였다. 임무군이 말하기를 '좋다'라고 하였다.

請問王者之軍制. 孫卿子曰, 將死鼓, 御死轡, 百吏死職, 士大夫死行列. 聞鼓聲而進, 聞金聲而退, 順命爲上, 有功次之. 命不進而進, 猶令不退而退也, 其罪惟均. 不殺老弱, 不獵禾稼, 服者不禽, 格者不舍, 犇命者不獲. 凡誅非誅其百姓也, 誅其亂百姓者也, 百姓有扞其賊, 則是亦賊也. 以故順刃者生, 蘇刃者死, 犇命者貢. 微子開封於宋, 曹觸龍斷於軍, 殷之服民, 所以養生之者也, 無異周人. 故近者歌謳而樂之, 遠者竭蹷而趨之, 無幽閒辟陋之國, 莫不趨使而安樂之, 四海之內若一家, 通達之屬莫不從服. 夫是之謂人師. 詩曰, 自西自東, 自南自北, 無思不服. 此之謂也.
王者有誅而無戰. 城守不攻, 兵格不擊. 上下相喜則慶之. 不屠城, 不潛軍, 不留衆, 師不越時. 故亂者樂其政, 不安其上欲其至也. 臨武君曰, 善.

1 軍制―제(制)는 규정(規定). 군의 규율을 말함.
2 死鼓―고(鼓)는 기(旗)와 함께 군을 지휘할 때 쓰는 북. 사(死)란 도망치지 않고 전사함.
3 死行列―행렬(行列)은 일선에 선 병사. 병사들과 함께 죽음.
4 不獵禾稼―렵(獵)은 렵(躐)자로 통함. 밟을 답(踏)자의 뜻. 화가(禾稼)는 밭 작물.
5 禽―여기서 금(禽)이란 금(擒)자와 같은 뜻으로 쓰임. 포박(捕縛)의 뜻. 붙잡아 죽임.
6 格者不舍―격(格)은 맞대결함. 사(舍)는 사(捨)자의 뜻으로 석(釋)자와 같음. 용서하지 않음.
7 犇命者不獲―분(犇)은 분(奔)자로 통용됨. 싸우기 전에 도망침. 불획(不獲)은 처벌하지 않음.
8 扞其賊―한(扞)은 한폐(扞蔽)의 뜻. 막아서 지켜줌.
9 蘇刃―소(蘇)는 소(傃)자와 같음. 마주볼 향(向)자의 뜻. 대항함.

10 貢—여기서 공(貢)이란 조정이나 군 당국에 보내져 부려지는 하인. 부로(俘虜)와는 구별됨.

11 微子開—미자개(微子開)의 본명은 계(啟)임. 은(殷)나라 주(紂)의 서형. 현인으로 알려짐.

12 所以養生—양생(養生)은 생을 누림. 능력에 따라 각자가 살아갈 조건을 말함.

13 竭蹶—갈궐(竭蹶)이란 앞다투어 쓰러질 정도로 비틀거리며 달리는 모양.

14 無幽間辟陋—무(無)는 수(雖)자와 같음. 유(幽)는 요원함. 벽루(辟陋)는 변비(邊鄙)를 말함.

15 趨使—여기서 추사(趨使)란 무왕이 시키는 그대로 즐겨 따름.

16 詩—『시경』「대아(大雅)·문왕유성(文王有聲)」편의 인용 시구.

17 屠城—도(屠)는 도륙(屠戮)의 뜻. 성곽을 부수고 주민까지 모두 무찔러 죽임.

18 不潛軍—잠(潛)은 몰래 숨어 들어가 적의 허를 찌름. 불(不)이란 당당히 죄를 물어 토벌함.

19 留衆—류(留)는 점령한 상태로 잔류함. 중(衆)은 전쟁에 동원된 일반 병력을 가리킴.

20 師不越時—사(師)는 출병(出兵)의 뜻. 시(時)는 사계절 중의 한 시기. 삼개월을 넘기지 않음.

21 樂其政—락(樂)은 원(願)자와 같은 뜻. 기정(其政)이란 왕정(王政)을 가리킴.

[5]

진효(陳囂)[1]가 손경자에게 물어 말하기를 '선생께서는 군사정책을 논의함에 있어 항상 인의를 근본으로 삼고 계십니다. 인자는 사람을 사랑하고 의를 지키는 자는 도리에 따른다는 것입니다. 그렇다면 무엇 때문에 군대를 쓰는[2] 것입니까. 무릇 군대를 갖는다 하는 것은 쟁탈하기 위한 것 아니겠습니까'라고 하였다. 손경자가 말하기를 '자네의 알 바가 못 된다. 저 인자는 사람을 사랑한다 하지만 사람을 사랑하기 때문에 사람이 남을 해치는 것을 미워한다. 의를 지키는 자는 도리에 따른다 하지만 도리에 따르기 때문에 사람이 남을 어지럽히는 것을 미워한다. 저 군사작전이란 것은 횡포를 막고 해악을 물리치기 위한 것이다. 쟁탈하려는 것은 아니다. 그러므로 인민의 군대가 머물러 있던 데는 잘 다스려지고[3] 거쳐 지나갔던 데는 모두 감화되어 마치 때맞게 내린 비와 같아 기뻐하지 않는 자가 없다. 이런 까닭으로 요(堯)가 환두(驩兜)를 치고[4] 순(舜)이 유묘(有苗)를 치고 우(禹)가 공공(共工)을 치고 탕(湯)이 유하(有夏)[5]를 치고 문왕은 숭(崇)을 치고 무왕은 주(紂)를 쳤던 것이다. 이 네 사람의 제(帝)와 두 사람의 왕(王)은 모두 인의의 군대를 가지고 천하에서 행병하였던 것이다. 그러므로 가까운 데 사는 자는 그 선정에 친숙해지고 먼 데 사는 자도 그 의를 우러러 군대가 피 흘리지 않고[6] 원근 사람이 모두 와서 섬겨 그 덕이 여기서 크게 떨치고 사방 끝까지 뻗어나갔던 것이다. 『시』[7]에 이르기를 "착하고 착한 군자여, 그 의가 어긋나지 않아[8] 이에 사방의 나라도 바로잡히네"라고 하니 이것을 가리켜 하는 말이다' 라고 하였다.

陳囂, 問孫卿子曰, 先生議兵, 常以仁義爲本. 仁者愛人, 義者循理, 然則又何以兵爲. 凡所爲有兵者爲爭奪也. 孫卿子曰, 非女所知也. 彼仁者愛人, 愛人故惡人之害之也. 義者循理, 循理故惡人之亂之也. 彼兵者所以禁暴除害也. 非爭奪也. 故仁人之兵, 所存者神, 所過者化, 若時雨之降也, 莫不說喜. 是以堯伐驩兜, 舜伐有苗, 禹伐共工, 湯伐有夏, 文王伐崇, 武王伐紂. 此四帝兩王, 皆以仁義之兵行於天下也. 故近者親其善, 遠方慕其義, 兵不血刃遠邇來服, 德盛於此施及四極. 詩曰, 淑人君子, 其儀不忒, 其儀不忒, 正是四國. 此之謂也.

1 陳囂 — 순황의 제자라고 전해지는 인물.
2 何以兵爲 — 이(以)는 용(用)자와 같은 뜻. 용병(用兵)을 왜 하는 것이냐는 물음.
3 所存者神 — 존(存)은 지(止)자와 같음. 신(神)은 치(治)자와 마찬가지 의미. 잘 다스려짐.
4 伐驩兜 — 환두(驩兜)는 요(堯) 때의 악당을 말함. 벌(伐)이란 자리에서 내쫓음.
5 有夏 — 유(有)는 관사로 쓰임. 여기서 하(夏)란 은(殷) 이전의 왕조를 가리킴.
6 不血刃 — 인(刃)은 칼질, 즉 살육(殺戮)을 말함. 칼을 피로 물들임. 여기서는 유혈을 막아냄.
7 詩 — 『시경』 「조풍(曹風)·시구(尸鳩)」편의 인용 시구.
8 其義不忒 — 의(義)는 의(儀)자로 통함. 위의(威儀)의 뜻. 특(忒)은 어그러짐

의 뜻으로 쓰임. 도에 벗어남.

[6]

이사(李斯)[1]가 손경자에게 물어 말하기를 '진(秦)은 사대에 걸쳐 승리를 거두어 그 군대는 천하에 막강하고 위세가 제후를 제압했더라도 인의를 가지고 해낸 것은 아닙니다. 방편을 가지고 해나간[2] 것뿐 아닙니까'라고 하였다. 손경자가 말하기를 '자네의 알 바가 못 된다. 자네가 말하는 바의 방편이란 것은 편치 못한 방편이다.[3] 내가 말하는 바의 인의란 것은 크게 편리한 방편이다. 저 인의라 하는 것은 정치를 가지런히 잘 닦는 근본 까닭인 것이다. 정치가 가지런히 잘 닦인다면 민이 그 상급자를 가까이하고 그 군주를 좋아하여 가볍게 그를 위해 죽을 것이다. 그러므로 말하기를 "무릇 군사에 있어 지휘[4]는 맨 끝에 속하는 일이다"라고 한다. 진이 사대에 걸쳐 승리를 거두었더라도 벌벌 떨며[5] 항상 천하가 한데 합쳐 가지고 자기 나라를 밀어 부수지나 않나[6] 두려워하였다. 이것은 이른바 말세의 군사작전이고 아직 본질을 터득하지 못한 것이다. 그래서 탕(湯)이 걸(桀)을 쫓아낸 일은 명조(鳴條)의 들판[7]으로 그를 쫓아낸 그 시기에 있는 것이 아니다. 무왕이 주(紂)를 주살했던 일도 갑자(甲子) 날 새벽[8]이 된 후에 승리한 까닭에 있는 것이 아니다. 모두가 이전부터 인의를 행하고 평소 정치를 가지런히 닦았던[9] 데 있는 것이다. 이것이 이른바 인의의 군사작전이라 하는 것이다. 지금 자네는 승리의 원인을 그 근본에서 구하지 않고 그 말단에서 찾고 있으니 바로 이것이 세상을 어지럽히는 이유인 것이다'라고 하였다.

李斯, 問孫卿子曰, 秦四世有勝, 兵强海內威行諸侯, 非以仁義爲之也, 以便從事而已. 孫卿子曰, 非女所知也. 女所謂便者不便之便也. 吾所謂仁義者大便之便也. 彼仁義者所以脩政者也. 政脩則民親其上, 樂其君, 而輕爲之死. 故曰, 凡在於軍將率末事也. 秦四世有勝, 諰諰然常恐天下之一

合而軋己也. 此所謂末世之兵, 未有本統也. 故湯之放桀也, 非其逐之鳴條
之時也. 武王之誅紂也, 非以甲子之朝而後勝之也. 皆前行素脩也. 此所謂
仁義之兵也. 今女不求之於本而索之於末, 此世之所以亂也.

1 李斯―이사(李斯)는 한비(韓非)와 함께 순황의 수제자. 진제국의 법 중심 정
  치체제를 구축한 사람.
2 以便從事―편(便)은 현실적 편의주의. 그때그때 정세에 대응하여 일을 적절
  하게 처리함.
3 不便之便―여기서 불편(不便)이란 진실한 편의가 못 됨. 현실에 걸맞지 않아
  사태를 도리어 악화시키는 상태를 말함.
4 將率―장(將)과 솔(率) 두 글자 모두 거느림. 지휘관의 뜻.
5 諰諰然―시(諰)는 사(葸)자로 통함. 외구(畏懼)의 뜻. 두려워하는 모양.
6 軋己―알(軋)은 삐걱거림. 서로 다툼. 여기서는 짓밟음.
7 鳴條―명조(鳴條)는 하남성(河南省) 안읍(安邑) 서쪽의 지명.
8 甲子之朝―갑자(甲子)는 날의 간지(干支). 일진을 말함. 조(朝)는 매상(昧
  爽)의 뜻. 동틀 무렵의 이른 아침을 말함.
9 前行素脩―전(前)은 이미 기(旣)자와 같은 뜻. 소(素)는 처음부터 있는 상태
  를 가리킴.

[7]

  예(禮)라 하는 것은 바로잡는 마지막 규범이다.[1] 나라를 강고하게 하
는 근본이다. 위엄이 행해지는 수단이다. 공명을 이루는 총합이다.[2] 왕
과 제후가 이를 따르면 천하를 얻는 까닭이 된다. 따르지 않으면 사직
을 잃는 원인이 된다. 그래서 단단한 갑옷이나 날카로운 창칼로도 족히
승리하지 못하고 높은 성곽과 깊은 못으로도 족히 굳건하지 못하며 엄
격한 명령과 번다한 형벌로도 족히 위세부리지 못한다. 그 도에 의하면
행해지고 그 도에 의하지 않으면 실패한다. 초나라 사람이 상어나 물소
가죽[3]으로 갑옷을 만들어 그 단단하기가 마치 금석과 같았고 완(宛) 땅
의 강철로 만든 도끼와 창[4]이 사람 해치기를 마치 벌이나 전갈의 침과
같았으며[5] 민첩한[6] 군의 이동은 빠르기가 마치 회오리바람과 같았다.[7]
그렇더라도 군대가 수사(垂沙) 지역에서 위태롭게 되어 장수 당멸(唐

蔑)은 죽고 장교(莊蹻)가 들고일어나 초나라는 갈라져서 서너 조각이 났다. 이 어찌 단단한 갑옷과 날카로운 창칼이 없어서였겠는가. 그 통솔하는 원리라는 것이 그 도가 아니었기 때문이다. 여수(汝水)와 영수(潁水)로 천연의 요새를 이루고[8] 장강과 한수로 해자를 이루며[9] 경계를 등림(鄧林)으로 삼고 둘러싸기를 방성(方城)[10]으로 하고 있었다. 그렇더라도 진의 군대가 이르자 바로 언영(鄢郢)이 함락되기를 마치 마른 나무 털듯 하였다. 이 어찌 요새[11]가 험준하지 않아서였겠는가. 그 통솔하는 원리라는 것이 그 도가 아니었기 때문이다. 주(紂)는 비간(比干)의 가슴을 도려내고[12] 기자(箕子)를 잡아 가두며 포락(炮烙) 형벌을 만들어 사람 죽이기를 때없이 하였다. 신하들은 그 목숨을 부지하지 못할까 두려워서 벌벌 떨었다.[13] 그렇더라도 주(周)의 군대가 이르자 바로 명령이 아래로 행해지지 못하고 그 민을 부릴 수가 없었다. 이 어찌 명령이 엄하지 않거나 형벌이 많지 않아서였겠는가. 그 통솔하는 원리라는 것이 그 도가 아니었기 때문이다.

옛날의 전쟁 무기는 창과 활뿐이었다. 그런데도 적국이 그것을 쓰기도 전에 굴복했다.[14] 성곽을 정비하지 않고 해자를 파지 않으며[15] 요새 막이를 세우지 않고 기계 장치도 펴지 않았다.[16] 그런데도 나라가 편안하고[17] 외적을 두려워하지 않으며 견고했던 것은 다른 까닭이 아니다. 도를 밝혀서 균등하게 구분짓고[18] 때맞추어 민을 부리고 진심으로 사랑하며 아래도 마치 그림자나 산울림과 같이 꼭 위로 친화했기 때문이다. 명령에 따르지 않는 자가 있다면 그런 뒤에 그를 형벌로 꾸짖으므로[19] 한 사람을 처형하더라도 천하가 복종하게 된다는 것이다. 죄인도 그 위를 원망하지 않는 것[20]은 그 허물이 자기에게 있다는 것을 알기 때문이다. 이런 까닭으로 형벌은 줄고 위엄이 행해졌다.[21] 다른 까닭이 아니다. 그 도에 따랐기 때문이다. 옛적에 요(堯) 임금이 천하를 다스릴 때 단 한 사람을 죽이고 두 사람을 벌하여[22] 천하가 다스려졌다고 한다. 전하는 말에 이르기를 '위엄은 엄하더라도 쓰이지 않고 형벌을 두더라도 쓰지 않는다' 라고 하니 이것을 가리켜 하는 말이다.

禮者治辨之極也, 强固之本也. 威行之道也. 功名之摠也. 王公由之所以 得天下也. 不由所以隕社稷也. 故堅甲利兵不足以爲勝, 高城深池不足以 爲固, 嚴令繁刑不足以爲威. 由其道則行, 不由其道則廢. 楚人鮫革犀兕 以爲甲, 堅如金石, 宛鉅鐵釶, 慘如蠭蠆, 輕利儦遬, 卒如飄風, 然而兵殆 於垂沙唐蔑死, 莊蹻起, 楚分而爲三四. 是豈無堅甲利兵也哉. 其所以統 之者, 非其道故也. 汝潁以爲險, 江漢以爲池, 限之以鄧林, 緣之以方城, 然而秦師至, 而鄢郢擧若振槁然. 是豈無固塞隘阻也哉. 其所以統之者, 非 其道故也. 紂刳比干囚箕子, 爲炮烙刑殺戮無時. 臣下懍然莫必其命. 然 而周師至, 而令不行乎下不能用其民. 是豈令不嚴刑不繁也哉. 其所以統 之者, 非其道故也.

古之兵, 戈矛弓矢而已矣, 然而敵國不待試而詘. 城郭不辨溝池不泄, 固 塞不樹機變不張. 然而國晏然不畏外而固者, 無它故焉. 明道而鈞分之, 時使而誠愛之, 下之和上也如影嚮, 有不由令者, 然後誅之以刑. 故刑一 人而天下服. 罪人不郵其上, 知罪之在己也. 是故刑罰省而威流, 無它故 焉, 由其道故也. 古者帝堯之治天下也, 蓋殺一人刑二人而天下治. 傳曰, 威厲而不試, 刑錯而不用. 此之謂也.

1 治辨之極—변(辨)은 평(平)자로 통용됨. 치(治)도 역시 마찬가지 의미. 정 (整)자와도 같음.

2 摠—총(摠)은 총(總)자와 같음. 다 개(皆)자의 뜻. 전체·모두를 가리킴.

3 犀兕—서(犀)는 코에 외뿔 난 소. 물소의 일종. 시(兕)는 그 수놈을 가리킴. 가죽으로 무구(武具)를 만듦.

4 宛鉅鐵釶—완(宛)은 지명. 지금의 하남성 남양(南陽)땅에 속함. 거(鉅)는 큰 도기. 치(釶)는 날카로운 창끝을 말함.

5 慘如蠭蠆—참(慘)이란 혹독하게 사람을 해침. 봉(蠭)은 봉(蜂)자와 같음. 채 (蠆)는 전갈의 일종. 그 독침을 예로 든 것.

6 輕利儦遬—경리(輕利)는 날렵함. 표(儦)도 경(輕)과 같음. 속(遬)은 속(速) 자의 뜻.

7 卒如飄風—졸(卒)은 졸연(卒然), 즉 갑작스런 모양. 표풍(飄風)은 회오리바 람. 또는 폭풍.

8 汝潁以爲險—여(汝)·영(潁) 둘 다 물 이름. 험(險)은 험준한 요해(要害)를 말함.

9 以爲池—지(池)는 성호(城壕)를 가리킴. 성 둘레의 해자.

10 緣之以方城—연(緣)은 둘릴 요(繞)자와 같음. 방성(方城)은 초나라 북쪽 경계에 있는 산 이름.

11 固塞—고(固) 역시 새(塞)와 마찬가지 의미. 요새를 말함.

12 刳比干—고(刳)는 쪼갤 부(剖)자와 같음. 비간(比干)은 주(紂)의 삼촌.

13 懍然—름(懍)은 송률(悚慄)과 같은 뜻. 벌벌 떠는 모양.

14 試而詘—시(試)는 용(用)자로 통용됨. 굴(詘)은 굴(屈)자와 마찬가지 의미.

15 溝池不汩—구지(溝池)란 적이 침범 못하게 성 밑을 파놓은 못. 골(汩)은 뚫을 천(穿)자로 통함.

16 機變不張—기변(機變)이란 밧줄로 조정하는 석궁(石弓)의 발사장치. 장(張)은 설치의 뜻.

17 晏然—안(晏)은 안(安)자로 통용됨. 평온한 상태.

18 鈞分—균(鈞)은 균(均)자와 같음. 신분의 구분을 능력과 형편에 맞추어 공평하게 해나감.

19 誅之—주(誅)는 여러 판본에 사(俟)자로 되어 있음. 책(責)자의 뜻. 살(殺)과는 다름.

20 不郵—우(郵)는 우(尤)자로 통함. 원(怨)의 뜻.

21 威流—류(流)는 통(通)자와 같음. 널리 행해짐.

22 殺一人刑二人—곤(鯀)을 우산(羽山)에서 죽이고 공공(共工)을 유배시키고 환두(驩兜)를 내쫓은 일.

[8]

무릇 사람의 행동이 포상을 노려서 하는 것이라면 손해를 볼 경우 이내 멈출 것이다.[1] 그러므로 포상이나 형벌·권모[2)]는 사람의 힘을 족히 다하고 사람을 죽게 하기에 부족하다. 위로 남의 군주 된 자가 그 아래 백성들을 대하는 방법이란 것이 예의와 성실로 하지 않으면 대개[3)] 포상이나 형벌·권모만으로 그 아랫사람을 궁지로 내몰고[4)] 그 공들인 성과를 빼앗을 뿐이니 적의 대군이 이르렀을 때 위험한 성을 견지하도록 시킨다면 반드시 배반할 것이고 적을 맞아 싸우게 한다면 반드시 도망칠 것[5)]이며 고달프고 번거롭게 한다면 반드시 달아날 것이요, 뿔뿔이 흩어져[6)] 떠나갈 따름인 것이다. 아랫사람이 도리어 그 위를 제압할 것이다. 그러므로 포상이나 형벌 · 권모라 하는 도는 품팔이나 장사치가 하는 도다. 족히 대중을 합치고 국가를 훌륭히 하기에는 부족하다. 그래서 옛 사람은 부끄러워 말도 하지 않던 것이다.

그러므로 덕을 후히 쌓아[7] 앞장서고 예의를 밝혀 이끌며 성실을 다하여 사랑하고 현자를 높이고 유능한 자를 부려 서열을 정하며 작위와 복식과 포상으로 거듭 더하고 그 일은 때를 가리고[8] 그 짐을 덜어 공평하게 조정하며 길러내기를 마치 갓난아이 보살피듯 한다. 정령(政令)은 이미 정해지고[9] 풍속도 벌써 하나가 되었는데도 그 풍속을 달리하여 그 군주를 따르지 않는 자가 있다면 백성들도 미워하지[10] 않을 수 없고 해독[11]이라 여기지 않을 수 없으며 마치 불길한 것을 제하듯 할 것이다. 여기서 비로소 형벌이 사용된다. 이것이 바로 극형이 가해지는 경우다.[12] 치욕치고 어느 것이 이보다 크겠는가. 누가 이것을[13] 이득이 된다고 여기겠는가. 곧 극형이 가해질 뿐인 것이다. 자신이 정말 미치거나 어리석지[14] 않다면 그 누가 이것을 보고 고치지 않겠는가. 그런 뒤에 백성들은 확실하게 모두 군주의 법에 따르고 군주의 뜻을 받들어[15] 안락하게 지낼 줄 안다. 여기서 능히 선하게 되고 몸을 닦으며 행동을 바르게 하여 예의를 쌓아 도덕을 높이는 자가 있다면 백성들이 귀하게 공경하지 않을 수 없고 친숙하게 기리지 않을 수 없을 것이다. 여기서 비로소 포상이 있다. 이것이 바로 높은 벼슬과 풍성한 봉록이 주어지는 경우다. 영예치고 어느 것이 이보다 크겠는가. 누가 이것을 해가 된다고 여기겠는가. 곧 높은 벼슬과 풍성한 봉록으로 길러질[16] 뿐인 것이다. 살아가는 민초들 가운데 그 누가 바라지 않겠는가.

분명하게[17] 고귀한 벼슬자리와 막중한 포상을 그 앞에 내걸고 공명한 형벌과 큰 치욕을 그 뒤에 건다면 비록 감화되지 않으려 하여도 능히 그럴 수 있겠는가. 그러므로 민의 귀순이 마치 흐르는 물과 같아 군주가 있는 데는 잘 다스려지고[18] 통치하는 데는 감화되어 잘 따른다. 포악하고 사나운 무리들도 그 때문에 감화되어 성실해지고 방자하고 부정을 일삼는[19] 무리들도 그 때문에 감화되어 공정해지며 성급하고 남을 거스르는[20] 무리들도 그 때문에 감화되어 협조하게 되는 것이다. 대저 이를 가리켜 진정한 감화, 궁극의 하나됨[21]이라 말한다. 『시』[22]에 이르기를 '왕의 헤아림이 참으로 두루 다하여[23] 서(徐) 땅 사람까지 모두 돌아오네'라고 하니 이것을 가리켜 하는 말이다.

凡人之動也, 爲賞慶爲之, 則見害傷焉止矣. 故賞慶刑罰埶詐, 不足以盡人之力致人之死. 爲人主上者, 其所以接下之百姓者, 無禮義忠信, 焉慮率用賞慶刑罰埶詐, 險阨其下獲其功用而已矣. 大寇則至, 使之持危城則必畔, 遇敵處戰則必北, 勞苦煩辱則必奔, 霍焉離耳. 下反制其上. 故賞慶刑罰埶詐之爲道也, 傭徒鬻賣之道也, 不足以合大衆美國家. 故古之人羞而不道也.

故厚德音以先之, 明禮義以道之, 致忠信以愛之, 尙賢使能以次之, 爵服慶賞以申之, 時其事輕其任以調齊之, 長養之如保赤子. 政令以定, 風俗以一, 有離俗不順其上, 則百姓莫不敦惡, 莫不毒孽, 若祓不祥. 然後刑於是起矣. 是大刑之所加也, 辱孰大焉. 將以爲利邪. 則大刑加焉. 身苟不狂惑戇陋, 誰睹是而不改也哉. 然後百姓曉然, 皆知循上之法像上之志而安樂之. 於是有能化善脩身正行, 積禮義尊道德, 百姓莫不貴敬莫不親譽. 然後賞於是起矣. 是高爵 祿之所加也. 榮孰大焉. 將以爲害邪. 則高爵豐祿以持養之. 生民之屬孰不願也.

雕雕焉縣貴爵重賞於其前, 縣明刑大辱於其後, 雖欲無化能乎哉. 故民歸之如流水, 所存者神, 所爲者化而順, 暴悍勇力之屬爲之化而愿, 旁辟曲私之屬爲之化而公, 矜糾收繚之屬爲之化而調. 夫是之謂大化至一. 詩曰, 王猶允塞, 徐方旣來. 此之謂也.

1 焉止 ─ 언(焉)은 내(乃)자로 통함. 어시(於是)와 마찬가지 의미로 쓰임.
2 埶詐 ─ 세(埶) 역시 사(詐)와 같은 뜻. 꾀부림. 책략.
3 焉慮率用 ─ 언(焉) · 려(慮) 두 글자 모두 생각 없이 대범한 모습. 솔(率)은 종(從)자와 같음. 의존함. 용(用)은 유(由)자로 통함.
4 險阨 ─ 험액(險阨)은 궁박(窮迫)의 뜻. 시달림을 당함.

5 必北―배(北)는 패주(敗走)와 같은 뜻. 피하여 달아남.

6 霍焉―확(霍)은 별안간 빠른 모양. 언(焉)은 연(然)자와 같음. 빨리 흩어짐. 이산(離散)함.

7 厚德音―덕음(德音)이란 덕을 쌓아 그 평판이 높음을 말함. 후한 덕망.

8 時其事―시(時)는 시기를 적절히 가림. 농번기를 피함. 사(事)는 전쟁에 동원되는 노무(勞務).

9 以定―여기서 이(以)는 이(已)자와 마찬가지 조사로 쓰임.

10 敦惡―돈(敦)은 대(憝)자와 같음. 노(怒)자로 통함. 증오(憎惡)의 뜻.

11 毒孼―독(毒)·얼(孼) 두 글자 모두 해(害)자와 마찬가지 의미.

12 大刑之所加―대형(大刑)은 극형, 즉 사형을 말함. 소가(所加)란 단죄(斷罪)하는 근거.

13 將以―여기서 장(將)은 억(抑)자와 마찬가지 조사로 쓰임.

14 戆陋―당(戆)은 어리석을 우(愚)자와 같음. 루(陋)는 아는 것이 많지 않음.

15 像―상(像)은 본받을 방(倣)자와 같음. 효칙(效則)의 뜻.

16 持養―여기서는 지(持) 역시 양(養)자와 같은 뜻으로 풀이됨.

17 雕雕焉―조(雕)란 장명(章明)의 뜻. 밝은 모양. 소소(昭昭)와 같음.

18 所存者神―소존(所存)은 군주가 존재하는 상황. 신(神)은 정리평치(正理平治)의 뜻. 다스려짐.

19 旁辟曲私―방벽(旁辟)은 편벽(偏僻) 또는 방벽(放僻)의 뜻. 제멋대로 비뚤어져 있음. 곡사(曲私)란 사사를 일삼는 이기적인 생각.

20 矜糾收繚―긍(矜)·규(糾)·수(收)·료(繚) 네 글자 모두 급려(急戾)의 뜻. 차분하지 못함. 또는 남을 윽박질러 크게 거슬림.

21 大化至一―대화(大化)란 위대한 감화를 일컬음. 지일(至一)은 최상의 통일 상태.

22 詩―『시경』「대아(大雅)·상무(常武)」편의 인용 시구.

23 王猶允塞―유(猶)는 모(謀)자와 같은 뜻. 정사를 꾀함. 윤(允)은 성(誠)자로 통함. 색(塞)은 충색(充塞)을 말함.

[9]

무릇 다른 나라를 병합할[1] 경우라 하는 것이 세 가지가 있다. 덕으로 병합하는 경우, 힘으로 병합하는 경우, 부(富)로 병합하는 경우가 있다. 예를 들어 저들이 내 명성을 높이 보고 내 덕행을 훌륭히 여기며 내 민되기를 바란다. 그래서 성문을 열어 길을 닦아[2] 내가 들어가는 것을 환영하고 나도 역시 그 민이 종전 그대로 그곳에서 살아가게 하면[3] 백성들이 모두 안도하며 법을 세워 영을 행하더라도 친숙히 따르지[4] 않는 자가 없다. 이런 까닭으로 토지를 얻으면 권위가 점점 중히 보이고 사람이 한데 모여 군대가 더욱 강해진다. 이것이 바로 덕으로 다른 나라를 병합하는 경우다. 저들이 내 명성을 높이 보는 것도 아니고 내 덕행을 훌륭히 여기는 것도 아니지만 내 위압을 두려워하고 내 위세를 겁낸다. 그래서 민이 비록 떠날 마음[5]을 갖는다 하더라도 감히 모반할 생각을 갖지 못한다. 이와 같다면 무장병[6]이 더욱 많아지고 군비[7]가 반드시 크게 쓰인다. 이런 까닭으로 토지는 얻더라도 권위는 점점 가벼워지고 사람은 한데 모이더라도 군대는 더욱 약해진다. 이것이 바로 힘으로 다른 나라를 병합하는 경우다. 저들이 내 명성을 높이 보는 것도 아니고 내 덕행을 훌륭히 여기는 것도 아니요 오직 가난하기 때문에 부하기를 바라고[8] 굶주리기 때문에 배부르기를 바라며 허기진 배에 입을 벌리고[9] 내게 먹을 것을 구하러 온다. 이와 같다면 그 창고의 곡식을 풀어서[10] 먹이고 재화를 나눠주어[11] 부하게 하며 선량한 관리[12]를 내세워 접촉케 하여 삼년을 다한[13] 연후라야 민이 신뢰할 수 있게 될 것이다. 이런 까닭으로 토지는 얻더라도 권위는 점점 가벼워지고 사람은 한데 모이더라도 나라가 더욱 가난해진다. 이것이 바로 부로 다른 나라를 병합하는 경우다. 그러므로 덕으로 다른 나라를 병합할 경우 왕이 되고 힘으로 다른 나라를 병합할 경우 약해지며 부로 다른 나라를 병합할 경우 가난해진다 말하고 있으니 예나 지금이나 마찬가지다.

凡兼人 者有三術. 有以德兼人者, 有以力兼人者, 有以富兼人者. 彼貴我名聲, 美我德行, 欲爲我民, 故辟門除涂以迎吾入, 因其民襲其處, 而百姓皆安, 立法施令莫不順比. 是故得地而權彌重, 兼人而兵愈强, 是以德兼人者也. 非貴我名聲也, 非美我德行也, 彼畏我威劫我埶. 故民雖有離心, 不敢有畔慮. 若是則戎甲愈衆, 奉養必費. 是故得地而權彌輕, 兼人而兵愈弱, 是以力兼人者也. 非貴我名聲也, 非美我德行也, 用貧求富, 用飢求

飽, 虛腹張口來歸我食. 若是則必發夫稟窌之粟以食之, 委之財貨以富之, 立良有司以接之, 已朞三年然後民可信也. 是故得地而權彌輕, 兼人而國兪貧. 是以富兼人者也. 故, 曰以德兼人者王, 以力兼人者弱, 以富兼人者貧. 古今一也.

1 兼人―겸(兼)은 겸병(兼倂)·합병(合倂)의 뜻. 인(人)은 타인(他人)·타국(他國)을 말함.

2 辟門除涂―벽(辟)은 벽(闢)자와 같음. 문을 여는 것. 제(除)는 청소의 뜻. 도(涂)는 도(塗).

3 因其民襲其處―기민(其民)은 상대 나라를 가리킴. 인(因)은 그 풍속대로 따름. 습(襲)은 인(因)과 마찬가지로 답습(踏襲)의 뜻. 처(處)는 그 주거 환경.

4 順比―순(順)은 종(從)자로 통함. 비(比)는 친숙하게 따름. 위배(違背)의 반대 뜻.

5 離心―리(離)는 이반(離反)과 같음. 불만을 품음.

6 戎甲―융(戎)은 창이나 칼 같은 무기. 갑(甲)은 무장한 병사.

7 奉養―여기서 봉양(奉養)이란 병사들을 먹여 기르는 식량 또는 그 장비에 쓰이는 지출을 말함.

8 用貧求富―용(用)은 이(以)자로 통용됨. 까닭을 말함. 가난 때문에 부하기를 바람.

9 張口―장구(張口)란 입을 크게 벌림. 먹을거리를 찾는 모양.

10 發夫稟窌―발(發)은 창고를 열어 식량을 배급함. 름(稟)은 름(廩)의 옛 글자. 네모난 곳집. 묘(窌)는 땅구덩이 움집.

11 委之―위(委)는 여(與)자의 뜻으로 쓰임. 급(給)자와 같음.

12 良有司―유사(有司)란 벼슬아치. 량(良)은 선량함.

13 朞三年―기(朞)는 기(期) 또는 기(稘)자와 같음. 극(極)자와 마찬가지 의미.

[10]

겸병(兼倂)이란 쉽게 할 수 있는 일이다. 다만 이를 단단히 굳혀나가기[1]가 어렵다. 제(齊)나라는 능히 송(宋)을 병합할 수 있었으나 굳혀나가지 못했기 때문에 위(魏)나라가 이를 빼앗았던 것이다. 연(燕)나라는 능히 제(齊)를 병합할 수 있었으나 굳혀나가지 못했기 때문에 전단(田單)이란 자가 이를 빼앗았던 것이다. 한(韓)나라 상당(上黨)[2]은 사방 넓이가 수백 리나 되는 지역이 완전하고 풍족한 그대로 조(趙)나라에 귀속되었으나[3] 조도 굳혀나가지 못했기 때문에 진(秦)나라가 이를 빼앗았던 것이다. 그러므로 능히 병합할 수는 있어도 굳혀나가지 못한다면 반드시 빼앗길 것이다. 능히 병합할 수도 없고 또 그 가진 것[4]을 굳혀나가지 못한다면 반드시 멸망할 것이다. 능히 굳혀나갈 수만 있다면 반드시 병합할 수 있다는 것이다. 차지하여 굳혀나가기만 한다면[5] 겸병은 무한하다는[6] 것이다. 옛날에 탕(湯)은 박(亳)땅을 가지고[7] 일어서서 모두 백리의 토지였으나 천하가 하나되고 제후들이 신하가 되었다. 다른 까닭이 아니다. 능히 굳혀나갈 수 있었기 때문이다. 그러므로 예를 가지고 사인(士人)을 굳혀나가고 정치를 가지고 민을 굳혀나간다. 예를 갖추면 사인이 심복할 것이고 정치가 공평하면 민이 안심할 것이다. 사인이 심복하고 민이 안심하는 바로 이것을 가리켜 크게 굳혀나간다고 말하는 것이다. 이 상태를 잘 지킨다면 단단해지고 정벌한다면 강해지며 명령이 행해지고 금령이 지켜져서 왕자가 하는 일이 모두 끝난다.

兼幷易能也, 唯堅凝之難焉. 齊能幷宋而不能凝也, 故魏奪之. 燕能幷齊而不能凝也, 故田單奪之. 韓之上地方數百里, 完全富足而趨趙, 趙不能凝也, 故秦奪之. 故能幷之而不能凝, 則必奪. 不能幷之, 又不能凝其有, 則必亡. 能凝之則必能幷之矣. 得之則凝, 兼幷無疆. 古者, 湯以薄武王以鎬皆百里之地也, 天下爲一, 諸侯爲臣, 無它故焉. 能凝之也. 故凝士以禮, 凝民以政. 禮脩而士服, 政平而民安, 士服民安, 夫是之謂大凝. 以守則固, 以征則强, 令行禁止, 王者之事畢矣.

1 堅凝之 ─ 응(凝)은 정(定)자와 같은 뜻으로 쓰임. 안정된 상태의 유지를 말함.
2 韓之上地 ─ 상지(上地)란 한의 상당(上黨) 지역. 지금의 산서성 동남부를 가리킴.
3 完全富足而趨趙 ─ 완전(完全)은 성읍(城邑)이 파괴되지 않음. 부족(富足)은 재화와 보물이 풍족함. 추(趨)는 귀속(歸屬)의 뜻. 조나라가 있는 그대로 몽

땅 접수시킴.

4 其有―기유(其有)란 현재 그가 점유하고 있는 영토를 가리킴.

5 得之則凝―득(得)은 토지 획득의 뜻. 즉(則)은 이(而)와 마찬가지 조자. 영토
의 안정을 말함.

6 無疆―강(疆)은 지경 경(境)자와 같음. 한계(限界)의 뜻. 여기서는 무한한 가
능성을 의미함.

7 湯以薄武王以滈―박(薄)은 박(亳)의 빌려 쓴 글자. 은(殷)의 탕(湯)이 도읍을
정한 곳. 호(滈)는 호(鎬)자로 통용됨. 주(周) 무왕(武王)이 도읍을 정한 곳.

16 강국彊國

이 편은 부강한 나라를 만들기 위한 방법론이다. 그 경영에 있어 무엇보다 무력에 의한 제압정치를 배제하고 예를 근간으로 한 도의정치를 강조하고 있다. 한편 상벌에 의한 권선징악을 통치수단으로 제시하기도 한다. 그러나 왕도(王道)와 패도(覇道)의 한계를 엄격히 구분함으로써 유가 정치사상에서 순황의 논리가 더욱 확연해진 한 단면이라 할 수 있다.

[1]

　칼 만들 때 주형(鑄型)이 반듯하고[1] 재질이 좋으며[2] 장인의 솜씨가 정교하고[3] 불이 고루 잘 쬐어진[4] 뒤 주형을 열면 막야(莫邪)라 하는 명검이 된다. 그렇지만 쇠부스러기를 벗기지 않고[5] 숫돌에 갈지 않는다면 새끼줄도 자를 수 없다. 쇠부스러기를 벗기고 숫돌에 간다면 반우(盤盂)를 두 쪽 내고[6] 소나 말 목베는 일은 손쉽다. 저 국가라 하는 것도 역시 강국(彊國)이 주형을 연 상태와 똑같은 것일 뿐이다. 그렇더라도 가르치지 않고 하나로 가지런히 고르지 않는다면 안에 들어가 지킬 수 없고 밖에 나가 싸울 수 없을 것이다. 잘 가르치고 하나로 가지런히 고르게 한다면 군대는 강하고 성곽은 단단하여 적국이 감히 대들지 못할[7] 것이다. 저 국가라 하는 것에도 역시 숫돌과 같은 것이 있다. 예의와 절주(節奏)[8]가 바로 그것이다. 그러므로 사람의 명은 하늘에 있고 나라의 명은 예(禮)에 있다는 것이다. 인군이 된 자가 예를 높이고 현자를 존중한다면 왕자가 되고 법을 중히 여기고 민을 사랑한다면 패자가 되며 이득을 좋아하여 거짓 속임이 많다면 위험한 나라가 되고 권모를 부려 뒤집어엎거나 음험하다면[9] 멸망하는 나라가 될 것이다.

刑范正, 金錫美, 工冶巧, 火齊得, 剖刑而莫邪已. 然而不剝脫不砥厲, 則不可以斷繩. 剝脫之砥厲之, 則劙盤盂, 刎牛馬, 忽然耳. 彼國者亦彊國之剖刑已. 然而不敎誨不調一, 則入不可以守, 出不可以戰, 敎誨之調一之, 則兵勁城固, 敵國不敢嬰也. 彼國者亦有砥厲, 禮義節奏是也. 故人之命在天, 國之命在禮. 人君者隆禮尊賢而王, 重法愛民而霸, 好利多詐而危, 權謀傾覆幽險而亡.

1 刑范正 ─ 형(刑)은 형(型)자로 통함. 범(范)은 범(範)자와 같은 뜻. 쇠붙이 만드는 틀.

2 金錫美 ─ 금석(金錫)이란 칼 만드는 재료 지금(地金)을 말함. 그 질이 우수함.

3 工冶巧 ─ 공(工)은 공장(工匠)의 뜻. 야(冶)는 금속 다루는 장인. 교(巧)는 가공 솜씨.

4 火齊得 ─ 제(齊)는 화(和)자와 마찬가지 의미. 득(得)은 적당함. 화력이 잘 조절됨.

5 剝脫 ─ 박(剝)은 껍데기를 벗김. 제품에 붙은 쇠부스러기를 제거하는 작업을 가리킴.

6 劙盤盂 ─ 리(劙)는 분할(分割)의 뜻. 두 쪽으로 잘라냄. 반우(盤盂)는 동기(銅器)의 일종.

7 不敢嬰 ─ 영(嬰)은 맞부딪칠 영(攖)자와 같은 뜻. 맞상대하여 저항함.

8 節奏 ─ 절주(節奏)란 원래 음악 용어지만 여기서는 규범에 관한 절도. 일정한 매듭을 지음.

9 幽險 ─ 유험(幽險)은 음흉한 책략을 써서 남을 해침. 남모르게 일을 꾸밈.

[2]

위엄에 세 가지가 있다. 도덕에 의한 위엄이라는 것이 있고 엄격히 통제하는[1] 위엄이라는 것이 있으며 상식을 벗어난[2] 위엄이라는 것이 있다. 이 세 가지 위엄이라는 것을 깊이 살펴야 한다. 예제와 음악은 바로 닦이고 신분 질서[3]는 분명하며 군주의 몸놀림은 때에 알맞고 민에 대한 애정과 이가 드러난다.[4] 이와 같다면 백성이 그를 상제처럼 귀히 여기고 하늘처럼 높이 보며 부모처럼 가까이하고 신명처럼 두려워한다. 그러므로 포상을 하지 않아도 민은 일에 힘쓰고 벌주지 않아도 위엄이 고루 미친다. 대저 이를 가리켜 도덕에 의한 위엄이라고 말하는 것이다. 예제와 음악은 바로 닦이지 않고 신분 질서는 분명하지 않으며 몸놀림은 때에 알맞지 않고 애정과 이가 드러나지 않는다. 그런데도 그 포악을 금하는 일은 밝고 그 복종하지 않는 자를 처벌하는 일은 세심하며 그 형벌은 무겁게 틀림없이 하고 그 주살은 엄하게 반드시 하며 갑작스럽게[5] 벼락치듯 하여 마치 벽 밑에 깔리는 것[6] 같다. 이와 같다면 백성은 겁주면 두려워 굴종을 다하다가 늦추면[7] 위를 얕

48

보고 붙잡혀 있으면 모이다가[8] 틈만 생기면 달아나며 알맞게 대해주면[9] 권위를 빼앗긴다. 권세로 겁주거나 주살로 떨치지 않는다면 그 아래 민을 지배할 방법이 없다. 대저 이를 가리켜 엄격히 통제하는 위엄이라고 말하는 것이다. 남을 사랑할 마음이 없고 남을 이롭게 할 일을 하지 않으면서 매일 남을 혼란시킬 방법만 취하여 백성이 시끄럽게 떠들면[10] 바로 잡아들여 처형하고[11] 사람 마음을 화합하게 하지 않는다. 이와 같다면 아래가 패거리를 지어 도망쳐[12] 위를 배반할 것이다. 뒤엎어지고 멸망하기를 서서 기다릴 만하다. 대저 이를 가리켜 상식을 벗어난 위엄이라고 말하는 것이다. 이 세 가지 위엄이라는 것을 깊이 살펴야 한다. 도덕에 의한 위엄은 안녕과 부강을 이루고 엄격히 통제하는 위엄은 위험과 약세를 이루고 상식을 벗어난 위엄은 멸망을 이루는 것이다.

威有三. 有道德之威者, 有暴察之威者, 有狂妄之威者. 此三威者不可不孰察也. 禮樂則脩, 分義則明, 擧錯則時, 愛利則形. 如是百姓貴之如帝, 高之如天, 親之如父母, 畏之如神明. 故賞不用而民勸, 罰不用而威行. 夫是之謂道德之威. 禮樂則不脩, 分義則不明, 擧錯則不時, 愛利則不形, 然而其禁暴也察, 其誅不服也審, 其刑罰重而信, 其誅殺猛而必, 黯然而雷擊之, 如牆厭之, 如是百姓劫則致畏, 贏則敖上, 執拘則冣, 得間則散, 敵中則奪, 非劫之以形執, 非振之以誅殺, 則無以有其下. 夫是之謂暴察之威. 無愛人之心, 無利人之事, 而日爲亂人之道, 百姓讙敖, 則從而執縛之, 刑灼之, 不和人之心, 如是下比周賁潰, 以離上矣. 傾覆滅亡可立而待也. 夫是之謂狂妄之威也. 此三威者, 不可不孰察也. 道德之威成乎安彊, 暴察之威成乎危弱, 狂妄之威成乎滅亡也.

1 暴察─찰(察)은 엄(嚴)자와 같은 뜻으로 쓰임. 사납게 몰아붙임. 강압을 일컫는 말.
2 狂妄─망(妄)은 란(亂)자로 통함. 상식을 벗어난 예사스럽지 않은 행동.
3 分義─분(分)은 상하 구별. 계급 질서. 의(義)는 의(宜)자와 마찬가지 의미.
4 形─여기서 형(形)이란 현(見)자와 같은 뜻. 구체적으로 드러냄. 발로(發露).

5 黭然─암(黭)은 엄(奄)자와 통용됨. 졸지(猝地). 뜻밖에 일어나는 상태.

6 牆厭─염(厭)은 압(壓)자와 같은 뜻. 복압(覆壓). 또는 담벽에 밀어붙임.

7 贏─영(贏)은 영(盈)자와 같음. 관대함. 여기서는 완(緩)자와 마찬가지 의미.

8 冣─취(冣)는 취(聚)자로 통함. 적취(積聚)의 뜻.

9 敵中─적중(敵中)을 유월(兪樾)은 적중(適中)이란 뜻으로 풀이함. 포찰(暴察)을 지양함.

10 讙敖─환(讙)은 훤(喧)자와 같음. 오(敖)는 오(嗷)자의 뜻. 시끄러움. 정치 비판의 목소리.

11 刑灼之─작(灼)은 불로 지짐. 가혹한 형벌을 가리킴.

12 比周賁潰─비주(比周)는 도당(徒黨)을 만듦. 분(賁)은 분(奔)자로 통함. 궤 (潰)는 궤산(潰散), 즉 성내어 흩어짐.

[3]

『공손자』(公孫子)[1]에 이르기를 '자발(子發)[2]이 장수 되어 채(蔡)를 쳐서 이겨 채후를 사로잡았다. 돌아와 복명해 말하기를 "채후가 그 국토[3]를 다 바치고 초(楚)나라에 항복하였습니다. 사(舍) 제가 두셋에게 부탁하여 그 지역을 다스리게 하였습니다"라고 하였다. 이윽고 초왕이 그 상을 내렸으나 자발이 사양하여 말하기를 "교계(敎誡)를 발하고 명령을 포고하여 적이 물러남은 바로 군주의 위력입니다. 군을 동원[4] 공격하여 적이 물러남은 바로 장수의 위력입니다. 맞싸워 힘을 다 써서 적이 물러남은 바로 여러 병사들의 위력입니다. 신(臣) 저는 여러 병사들의 위력을 가지고 상 받는 일이 마땅치 않습니다"라고' 하였다. 순황이 이를 반박하여[5] 말하기를 '자발의 복명은 공경이지만 그 상을 사양한 것은 불손이다.[6] 대저 현자를 높이고 유능한 자를 부리며 공 있는 이를 상주고 죄 있는 자를 벌함은 초왕 한 사람만 하는 일은 아니다. 저 선왕의 도는 민중을 하나로 하는 기본이고[7] 선을 좋아하고 악을 미워하는 응보다. 정치가 반드시 이것으로 말미암는다 함은 예나 지금이나 똑같다. 옛날에 현명한 군주가 큰 사업을 일으켜 큰 공적을 세움에 있어 큰 사업이 넓게 벌어지고 큰 공적이 세워진다면 군주는 그 성과를 누리고 여러 신하들은 그 공을 받아들이며 사대부는 작위를 더하고 관리는 질록(秩祿)을 더하며 사병은 급여를 더했던[8] 것이다. 이런 까닭으로 선을 하는 자가 일에 힘쓰고 불선을 하는 자가 꺾이며[9] 상하가 마음을 하나로 하고 전군이 힘을 합쳐서 모든 일이 완성되고 공에 따르는 명성이 커지는 것이다. 지금 자발만 유독 그렇지가 않다. 선왕의 도를 반대하고 초나라 법을 어지럽히며 공세운 신하들을 멸시하고[10] 상 받은 사람들을 부끄럽게 여기며 일족 가운데 처형된[11] 자가 없는데도 후세까지 억눌러 낮추게 되는[12] 것이다. 여기서[13] 자기 개인만은 청렴하다 여기겠으나 어찌 잘못이 심하지 않겠는가. 그러므로 자발의 복명은 공경이지만 그 상을 사양한 것은 불손이라고 말하는 것이다'라고 하였다.

公孫子曰, 子發將而伐蔡, 克蔡獲蔡侯. 歸致命曰, 蔡侯奉其社稷, 而歸之楚. 舍屬二三子而治其地. 旣楚發其賞, 子發辭曰, 發誠布令而敵退, 是主威也. 徙擧相攻而敵退, 是將威也, 合戰用力而敵退, 是衆威也. 臣舍不宜以衆威受賞. 譏之曰, 子發之致命也恭, 其辭賞也固. 夫尙賢使能, 賞有功罰有罪, 非獨一人爲之也. 彼先王之道也, 一人之本也, 善善惡惡之應也. 治必由之, 古今一也. 古者明王之擧大事立大功也, 大事已博, 大功已立, 則君享其成, 羣臣享其功, 士大夫益爵, 官人益秩, 庶人益祿. 是以爲善者勸, 爲不善者沮, 上下一心, 三軍同力, 是以百事成, 而功名大也. 今子發獨不然, 反先王之道, 亂楚國之法, 墮興功之臣, 恥受賞之屬, 無僇乎族黨, 而抑卑其後世. 案獨以爲私廉, 豈不過甚矣哉. 故曰, 子發之致命也恭, 其辭賞也固.

1 公孫子—공손자(公孫子)는 중국의 논리사상 명가(名家) 계열의 책명 『공손룡자』(公孫龍子)를 가리킴.
2 子發—자발(子發)은 초(楚) 사람으로 사(舍)라고 하는 이름만 알려지고 그 시기는 불분명함.
3 社稷—사(社)는 토지의 신. 직(稷)은 곡식의 신. 두 글자 합쳐서 국가를 상징함.
4 徙擧—사(徙)는 이(移)자와 같은 뜻. 군대를 이동시킴.
5 譏之—기(譏)는 꾸짖을 초(誚)자와 같이 쓰임. 『공손룡자』의 인용에 대한 순

황의 비판.

6 固―고(固)는 거고(倨固)의 뜻. 거만스러움. 불공(不恭)과 마찬가지 의미.

7 一人之本―인(人)은 민(民)자와 함께 인민을 가리킴. 일(一)은 통일시킴.

8 庶人益祿―여기서 서인(庶人)이란 사병을 말함. 록(祿)은 식량으로 주는 급여.

9 沮―저(沮)는 기운을 상실함. 용기를 잃고 기세가 꺾임.

10 墮―타(墮)는 깎아내릴 폄(貶)자와 같은 뜻. 경멸하여 못본 척함.

11 僇乎―류(僇)은 류(戮)자와 통용됨. 형륙(刑戮), 즉 사형을 당함.

12 抑卑―억(抑)은 억손(抑損)의 뜻. 거만한 마음을 억제함. 비(卑)는 자기비
  하(自己卑下).

13 案―안(案)은 내(乃)자 혹은 어시(於是) 등과 마찬가지 조자로 쓰임.

[4]

순경자(荀卿子)¹⁾ 순황이 제(齊)나라 재상에게 타일러 말하였다. '남
을 이기는 세위(勢位)에 있고 남을 이기는 도를 써서 천하가 분노하지
않은 경우는 탕(湯)과 무왕(武王) 바로 그들이다. 남을 이기는 세위에
있으면서 남을 이기는 도로 하지 않고 천하를 갖는 세위가 두터운데도
끝내 나라를 망쳐 필부가 되기를 바랐더라도²⁾ 할 수 없었던 경우는 걸
(桀)과 주(紂) 바로 그들이다. 그렇다면 남을 이기는 세위를 얻는다는
것은 그 남을 이기는 도에 미치지 못함이 보다 먼 것이다. 대저 군주나
재상이라 하는 자는 남을 이기는 세위다. 옳으면 옳다 하고 그르면 그
르다 하며 능하면 능하다 하고 무능하면 무능하다 하며 자기 개인의 욕
심을 물리치고³⁾ 반드시 그 공정하고 모두에게 통하는 의⁴⁾가 서로 함께
받아들여지는 데 따르는 것이 바로 남을 이기는 방법이다.

지금 재상⁵⁾인 당신은 위로 군주를 마음대로 할 수 있고 아래로 나라
를 마음대로 할 수 있다. 남을 이기는 세위에 있으니 재상이란 정말 알
찬⁶⁾ 자리다. 그렇다면 왜 이 남을 이기는 세위를 몰아⁷⁾ 남을 이기는 도
쪽으로 나아가지 않는가. 어질고 무던하며 밝게 통하는 군자를 구하여
왕(王)을 위탁하고 그와 함께 국정에 참여하여 시비를 바로잡음이 이와
같다면 나라 안에 누가 구태여 의를 행하지 않겠는가. 군신 · 상하 · 귀
천 · 장유 모두가 서민에 이르기까지 의를 행하지 않는 이가 없다면 천

하에 누가 의를 좋아하여 합치기를 바라지 않는 자가 있겠는가. 현명한 인사는 재상의 조정을 부러워하고[8] 유능한 인사는 재상의 관직을 부러워하며 이득을 좋아하는 민도 제나라를 귀의할 데라고 여겨 부러워하지 않는 자가 없다. 이것이 바로 천하를 하나로 한다는 것이다. 재상이 이를 버리고 하지 않으며 여기서 다만 세속이 하는 바대로 한다면 여인들은 궁 안을 어지럽히고[9] 속이는 신하들은 조정을 어지럽히며 탐욕스런 벼슬아치들은 관서를 어지럽히고 여러 일반 백성들도 모두 이를 탐내고 쟁탈로 풍속을 삼게 될 것이다. 이와 같이 하여 어찌 나라를 지탱할 수 있겠는가. 지금 거대한 초(楚)나라가 우리 앞을 막아서고 큰 나라 연(燕)이 우리 뒤를 압박하며[10] 강국 위(魏)는 우리 오른쪽을 파들어 오고[11] 서쪽 땅은 새끼줄과 같이 외침이 끊이지 않으며[12] 노(魯)나라 사람은 또 양분(襄賁)·개양(開陽)[13]을 점유함으로써 우리 왼쪽을 떠맡고 있다. 바로 한 나라라도 계략을 꾀한다면 세 나라가 반드시 일어서서 내 나라를 넘볼 것이다. 이와 같다면 제나라는 반드시 갈라져서 서너 조각날 것이고 도성은 뜬 성과 같이 될 따름이다. 반드시 천하의 큰 웃음거리일 것이다. 두 가지 중[14] 과연 어느 것이 충분하다고 할 것인가.

저 걸이나 주는 성왕의 아래 자손이고 천하를 갖는 자의 대를 이은 후계자이며 최상의 세위[15]가 있는 바이고 천하의 종실이다. 토지의 크기가 봉역 안 천리나 되고 인구의 많기가 억만을 헤아렸지만 갑자기 천하 사람이 펄쩍 뛰어[16] 모두 걸·주를 떠나 탕·무에게로 달려가 손바닥 뒤집듯이[17] 모두 걸·주를 증오하고 탕·무를 존귀하게 여겼던 것이다. 이것은 무엇인가. 저 걸·주는 왜 천하를 잃고 탕·무는 왜 얻었는가. 이는 다른 까닭이 아니다. 걸·주라 하는 자는 즐겨 남이 싫어하는 바를 행하고 탕·무라 하는 이는 즐겨 남이 좋아하는 바를 행하였기 때문이다. 남이 싫어하는 바란 무엇인가. 말하자면 더럽고 사악하며[18] 다투어 빼앗고 이를 탐냄이 바로 그것이다. 남이 좋아하는 바란 무엇인가. 말하자면 예의와 사양·성실이 바로 그것이다. 지금 남의 군주 된 자가 자신을 비유하여 일컫는다면[19] 스스로 탕·무와 나란히 하기를

바랄 것이다. 그 거느리는 방법 같은 것은 걸·주와 다를 까닭이 없는
데도 탕·무의 공명을 갖기 바라니 가능하겠는가.

　그러므로 무릇 남을 이길 수 있는 자는 반드시 인민과 함께한다. 무
릇 인민의 마음을 살 수 있는 자는 반드시 도와 함께한다. 도라 하는 것
은 무엇인가. 말하자면 예의와 사양·성실이 바로 그것이다. 그래서 인
구 사오만 이상[20]의 나라부터는 강하고 이길 수 있으니 수가 많다는 위
력 때문이 아니다. 요[21]는 성실함에 있다. 영토가 수백 리 이상의 나라
부터는 편안하고 튼튼할 수 있으니 땅이 넓다는 위력 때문이 아니다.
요는 도의를 닦고 바르게 하는 데 있다. 지금 이미 수만의 민중을 가진
자가 헐뜯고 속여[22] 작당하여 다투고 이미 수백 리의 나라를 가진 자가
더럽고 사악하게 탐욕을 부려[23] 영토를 다툰다. 그렇다면 이는 자기가
편안하고 강해지는 수단을 버리고 자기가 위험하고 약해지는 수단을
다투어 구하며 자기의 부족한 바를 덜어내어 자기의 넉넉한 데를 더 불
리는 일이 된다. 이와 같이 잘못을 범하면서[24] 탕·무의 공명을 가지기
바라니 가능하겠는가. 비유하자면 이는 엎드려 하늘을 핥거나[25] 목맨
사람을 구한다고[26] 그 발을 끌어당기는 것과 같아서 그런 논의는 반드
시 행해지지 못한다. 힘쓰면 힘쓸수록 더욱더 거리가 멀어지는 것이다.
남의 신하 된 자가 자신의 행동이 잘 행해지지 못할까 걱정하지 않고
다만 이익을 얻으려 할 뿐이라면 이는 거대한 전차[27]가 구덩이에 빠져
들면서도 승리를 구하려는 것과 같다. 이는 인인이 부끄러워서 하지 않
는 것이다. 그러므로 사람에게 생명보다 귀중한 것은 없고 안녕보다 즐
거운 것은 없으며 생명을 귀하게 여기고 안녕을 즐기는 방법이라 하는
것이 예의보다 큰 것은 없다. 사람이 생명을 귀하게 여기고 안녕을 즐
길 줄 알면서 예의를 버린다는 것은 비유하자면 바로 오래 살기를 바라
면서 목을 찌르는 것과 같다. 어리석기가 이보다 더한 것은 없다. 그러
므로 남의 군주 된 자가 민을 사랑한다면 편안하고 현명한 인사를 좋아
한다면 번영하지만 두 가지 중 하나도 없다면 멸망할 것이다. 『시』[28]에
이르기를 "선량한 인민[29]은 울타리가 되고 대신[30]들은 담장이 된다"라

고 하였다. 이것을 가리켜 하는 말이다.'

荀卿子說齊相曰, 處勝人之埶, 行勝人之道, 天下莫忿, 湯武是也. 處勝人
之埶, 不以勝人之道, 厚於有天下之埶, 索爲匹夫, 不可得也, 桀紂是也.
然則得勝人之埶者, 其不如勝人之道遠矣. 夫主相者, 勝人以埶也. 是爲
是, 非爲非, 能爲能, 不能爲不能, 倂己之私欲, 必以道夫公道通義之可以
相兼容者, 是勝人之道也.

今相國, 上則得專主, 下則得專國. 相國之於勝人之埶, 亶有之矣. 然則胡
不驅此勝人之埶, 赴勝人之道. 求仁厚明通之君子, 而託王焉, 與之參國政
正是非. 如是則國孰敢不爲義矣. 君臣上下貴賤長少, 至於庶人, 莫不爲
義, 則天下孰不欲合義矣. 賢士願相國之朝, 能士願相國之官, 好利之民,
莫不願以齊爲歸, 是一天下也. 相國舍是而不爲, 案直爲是世俗之所以爲,
則女主亂之宮, 詐臣亂之朝, 貪吏亂之官, 衆庶百姓, 皆以貪利爭奪爲俗.
曷若是而可以持國乎. 今巨楚縣吾前, 大燕鰌吾後, 勁魏鉤吾右, 西壤之不
絶若繩, 楚人則乃有襄賁開陽, 以臨吾左. 是一國作謀, 則三國必起而
乘我, 如是則齊必斷而爲四三, 國若假城然耳, 必爲天下大笑. 曷若. 兩者
孰足爲也.

夫桀紂聖王之後子孫也, 有天下者之世也, 埶籍之所存, 天下之宗室也.
土地之大, 封內千里, 人之衆, 數以億萬, 俄而天下倜然舉去桀紂, 而奔湯
武, 反然舉惡桀紂, 而貴湯武. 是何也. 夫桀紂何失, 而湯武何得也. 是無
他故焉. 桀紂者善爲人之所惡, 而湯武者善爲人之所好也. 人之所惡何也.
曰, 汚漫爭奪貪利是也. 人之所好者何也. 曰, 禮義辭讓忠信是也. 今君人
者, 辟稱比方, 則欲自竝乎湯武. 若其所以統之, 則無以異於桀紂, 而求有
湯武之功名, 可乎.

故凡得勝者, 必與人也. 凡得人者, 必與道也. 道也者何也. 曰, 禮讓忠信
是也. 故自四五萬而往者彊勝, 非衆之力也, 隆在信矣. 自數百里而往者
安固, 非大之力也, 隆在脩正矣. 今已有數萬之衆者也, 陶誕比周以爭與,
已有數百里之國者也, 汚漫突盜以爭地. 然則是棄己之所安彊, 而爭己之

所以危弱也. 損己之所不足, 以重己之所有餘. 若是其悖繆也, 而求有湯武之功名, 可乎. 辟之是猶伏而咶天, 救經而引其足也, 說必不行矣. 愈務而愈遠. 爲人臣者, 不恤己行之不行, 苟得利而已矣, 是渠衝入穴而求利也. 是仁人之所羞而不爲也. 故人莫貴乎生, 莫樂乎安, 所以養生安樂者, 莫大乎禮義. 人知貴生樂安而棄禮義, 辟之是猶欲壽而殉頸也. 愚莫大焉. 故君人者愛民而安, 好士而榮, 兩者無一焉而亡. 詩曰, 价人維藩, 大師維垣. 此之謂也.

1 荀卿子—경(卿)이란 자(子)자와 함께 존경의 뜻으로 붙인 칭호. 선생(先生)
   과 같음.
2 索爲匹夫—색(索)은 구(求)자와 같은 뜻. 한낱 서민으로 살아가기를 원함.
3 倂—병(倂)은 물리칠 병(屛)자로 통함. 기(棄)자와 같음.
4 公道通義—공도(公道)는 공정한 도. 통의(通義)는 천하 전체로 통하는 의리.
5 相國—상(相)은 재상. 국(國)이란 한 나라를 다스리는 백관(百官)의 장. 대신
   (大臣)을 말함.
6 亶—여기서 단(亶)은 신성(信誠)의 뜻. 충실한 상태.
7 敺—구(敺)는 구(驅)자와 마찬가지 의미. 편승(便乘)함.
8 願—원(願)은 선모(羨慕)의 뜻. 부러워서 그리는 마음.
9 女主亂之宮—여주(女主)는 왕의 후비(后妃)를 가리킴. 궁(宮)은 부인이 거처
   하는 후궁(後宮).
10 鯫—추(鯫)는 다가올 주(遒)자로 통함. 핍박(逼迫)의 뜻.
11 鉤—구(鉤)는 구취(鉤取)함. 깊숙한 곳에 있는 물건을 손을 넣어서 꺼냄.
12 西壤之不絶—서양(西壤)이란 서쪽 국경지대. 부절(不絶)은 외적의 침입이
   끊이지 않는 아주 위태로운 상태.
13 襄賁開陽—양분(襄賁)·개양(開陽) 두 곳 모두 산동성 임기(臨沂) 가까운 지역.
14 兩者—여기서 양(兩)이란 남을 이겨내는 세위와 그 방법을 가리킴.
15 埶籍—적(籍) 역시 세(埶)와 마찬가지로 위(位)자의 뜻. 천자의 자리를 가
   리킴.
16 倜然—척연(倜然)은 사물에 구애받지 않는 초연(超然)함. 또는 소원(疏遠)
   한 모양.
17 反然—번연(飜然)과 같은 뜻. 쉽사리 마음을 돌리는 형용.
18 汙漫—우(汙)는 오예(汚穢)의 뜻. 만(漫)은 위사(僞詐). 그릇된 행위를 가
   리킴.

19 辟稱比方—비(辟)는 비(譬)자로 통함. 방(方) 역시 비(比)자와 마찬가지 의미.

20 而往—이왕(而往)이란 이상(以上)과 마찬가지 의미로 쓰임. 어느 정도를 나타냄.

21 隆—융(隆)은 존(尊) 또는 성(盛)자와 같음. 여기서는 가장 중심되는 요소를 가리킴.

22 陶誕—도(陶)는 헐뜯음. 훼방(毀謗)의 뜻. 탄(誕)은 망탄(妄誕), 즉 거짓 속임.

23 突盜—돌도(突盜)는 남을 넘보아 이익을 취함. 무리하게 약탈함.

24 悖繆—류(繆)는 류(謬)자로 통함. 패(悖)와 같은 뜻. 도리에 벗어나 일을 그르침.

25 咶天—지(咶)는 핥을 지(舐)자와 같음. 윤(吮)의 속자.

26 救經—경(經)은 액(縊)자와 같은 뜻. 구(救)는 구해냄.

27 渠衝—거(渠)는 대(大)자로 통함. 충(衝)은 몽충(蒙衝)의 뜻. 적의 선박과 충돌할 때 쓰이는 몽동(艨艟). 또는 공성(攻城)에 쓰이는 큰 수레.

28 詩—『시경』「대아(大雅)·판(板)」편의 인용 시구.

29 价人—개(价)는 착할 선(善)자로 통함. 또는 갑옷 입은 군사(軍師).

30 大師—대사(大師)는 원래 삼공(三公)을 가리킴. 여기서는 대중이란 뜻으로도 풀이됨.

[5]

무력의 정치는 가다가 막히고[1] 도의의 정치는 잘 나간다 하니 무엇을 이름인가. 말하기를 진(秦)의 경우를 가리킨 것이다. 위세가 탕(湯)·무(武)보다 세고 땅의 넓이가 순(舜)·우(禹)보다 크지만 근심 걱정을 다 헤아릴 수 없고 벌벌 떨면서 항상 천하가 하나로 합쳐 자기를 압박해오지 않을까[2] 두려워한다. 이것이 이른바 무력의 정치는 가다가 막힌다는 것이다. 무엇을 일러 위세가 탕·무보다 세다고 하는가. 말하기를 탕·무라 하는 이들은 바로 자기를 좋아하는 자만 능히 부렸을[3] 따름이라는 것이다. 지금 초(楚)는 왕의 아버지[4]는 죽고 도읍을 빼앗겨[5] 삼대 왕의 위패를 짊어지고[6] 진(陳)과 채(蔡) 사이로 피해 와 있다. 기회를 보고 틈을 살펴 여기서 그 발을 들어[7] 진의 배를 짓밟아보려고 한다. 그런데도 진이 왼쪽으로 시키면 바로 왼쪽으로 하고 오른쪽으로 시키면 바로 오른쪽으로 한다. 이는 그 원수진 사람을 능히 부릴 수 있게 하는 것이다. 이것이 이른바 위세가 탕·무보다 세다는 것이다. 무엇을 일러 땅의 넓이가 순·우보다 크다고 하는가. 말하기를 옛날 많은 왕이 천하를 통일하고 제후들을 신하로 삼더라도 경계 안이 천리를 넘는 자가 없었다. 지금 진은 남쪽을 바로 사선(沙羨)[8]과 함께 차지하고 있으니 바로 강남(江南)이란 땅이다. 북쪽은 호(胡)·맥(貉)[9]과 인접하고 서쪽에는 파융(巴戎)[10]이 있으며 동쪽 초(楚)가 있던 데는 바로 제(齊)와 경계하고 한(韓)이 있던 데는 상산(常山)을 넘어서 바로 임려(臨慮)[11]가 있으며 위(魏)가 있던 데는 바로 위진(圍津)[12]을 거점으로 대량(大樑)[13]과의 거리가 이미 백이십 리에 불과하고 그 조(趙)가 있던 데는 잘라내어 영(苓) 땅을 차지하며[14] 송백(松柏)의 성채[15]를 점거하여 서해(西海)를 등지고[16] 상산을 단단히 다지고 있다. 이는 영토가 천하에 두루 다 미친다는 것이다. 이것이 이른바 땅의 넓이가 순·우보다 크다는 것이다.

위세가 천하를 진동하고 강대함이 중앙의 나라들을 위태롭게 한다. 그렇더라도 근심 걱정을 다 헤아릴 수 없고 벌벌 떨면서 항상 천하가 하나로 합쳐 자기를 압박해오지 않을까 두려워한다. 그렇다면 어찌해야 하는가. 말하기를 무력을 절제하고 도의를 되돌릴[17] 일이다. 바로 저 단정 성실하고 신의가 두터워 덕이 온전한 군자를 등용하여 천하를 다스리고 그들과 함께 국내 행정에 참여하여 시비를 바로잡고 선악을 다스려 함양(咸陽)에서 정사를 재단하며[18] 따르는 자는 놓아두고 따르지 않는 자는 처벌한다. 이와 같이 한다면 군대가 두 번 다시 성채 밖으로 출동하지 않아도 명령이 천하에 행해질 것이다. 이와 같다면 비록 명당(明堂)[19]을 지어서 제후들의 조회를 갖더라도 거의 좋다 할 것이다. 오늘의 세상[20]에 영토를 더 넓히려 하는 것은 신의를 더하려고 힘쓰는 일만 못할 것이다.

力術止, 義術行. 曷謂也. 曰, 秦之謂也. 威彊乎湯武, 廣大乎舜禹, 然而憂患不可勝校也, 諰諰然常恐天下之一合而軋己也, 此所謂力術止也. 曷謂

乎威彊乎湯武. 曰, 湯武也者, 乃能使說己者役耳. 今楚父死焉, 國舉焉,
負三王之廟, 而辟於陳蔡之間, 視可司間, 案欲剡其脛而以蹈秦之腹. 然
而秦使左案左, 使右案右. 是乃使讐人役也. 此所謂威彊乎湯武也. 曷謂
廣大乎舜禹也. 曰, 古者, 百王之一天下, 臣諸侯也, 未有過封內千里者
也. 今秦南乃有沙羨與俱, 是乃江南也. 北與胡貉爲鄰, 西有巴戎, 東在楚
者, 乃界於齊, 在韓者, 踰常山, 乃有臨慮, 在魏者, 乃據圉津, 卽去大梁,
百有二十里耳, 其在趙者, 剡然有苓, 而據松柏之塞, 負西海而固常山. 是
地徧天下也. 此所謂廣大乎舜禹也.

威動海內, 彊殆中國, 然而憂患不可勝校也. 諰諰然, 常恐天下之一合而
軋己也. 然則奈何. 曰, 節威反文, 案用夫端誠信全之君子治天下焉, 因與
之參國政, 正是非, 治曲直而聽咸陽, 順者錯之, 不順者而後誅之. 若是則
兵不復出於塞外, 而令行於天下矣. 若是則雖爲之築明堂而朝諸侯殆可
矣. 假今之世, 益地不如益信之務也.

1 力術止 ─ 력(力)은 힘을 배경으로 하는 무단정치. 지(止)는 그 한계. 정체상
   태를 말함.
2 軋己 ─ 서로 티격태격 다투고 빼앗음.
3 說己者役 ─ 열(說)은 열(悅)자로 통함. 심복(心腹)의 뜻. 역(役)은 사역(使
   役), 즉 일을 시킴.
4 楚父 ─ 부(父)란 초 경양왕(頃襄王)의 아버지 회왕(懷王)을 말함. 진(秦)에
   억류되어 살해됨.
5 國舉 ─ 국(國)은 도성(都城)의 뜻. 거(舉)는 적에게 점령당해 거덜남.
6 負三王之廟 ─ 삼왕(三王)이란 초 경양왕의 위 삼대 선왕(宣王)·위왕(威
   王)·회왕(懷王)을 말함. 묘(廟)는 그 위패(位牌).
7 剡其脛 ─ 여기서 염(剡)은 기(起)자로 통함. 경(脛)은 발을 가리킴.
8 沙羨 ─ 사선(沙羨)은 지명. 지금의 호북성 무창(武昌) 부근.
9 胡貉 ─ 호(胡)·맥(貉) 둘 다 북방의 이민족 이름.
10 巴戎 ─ 파(巴)는 서쪽 지역을 가리킴. 융(戎)은 서쪽의 이민족, 즉 서융(西
   戎)을 말함.
11 臨慮 ─ 임려(臨慮)는 지명. 지금의 하남성 서북부 임현(林縣)에 해당함.
12 圉津 ─ 위진(圉津) 역시 지명인데, 어느 곳인지 분명치 않음.

13 大梁—대량(大梁)은 위(魏)의 수도. 하남성 개봉(開封) 땅.

14 剡然有苓—염(剡)은 절(切)자와 마찬가지 의미. 침탈(侵奪)하는 모양. 영
(苓)은 지명.

15 松柏之塞—송백(松柏)이란 진(秦)의 침공에 대비하여 심은 솔과 잣나무. 그
자체가 요새를 이룸.

16 負西海—서해(西海)는 호수의 이름. 청해(靑海)와 같음. 부(負)란 북쪽을
배경으로 삼음.

17 節威反文—절(節)은 억누름. 무력을 삼감. 반(反)은 반(返)자와 같음. 문
(文)이란 예의(禮義), 즉 문화정책을 말함.

18 聽咸陽—함양(咸陽)은 진(秦)의 당시 수도. 청(聽)은 정사에 대한 일을 듣
고 처리함.

19 築明堂—명당(明堂)은 고대 성왕이 제후를 모아놓고 인사를 받던 건조물.
왕자(王者)의 사업을 상징적으로 말함.

20 假수—가금(假수)은 여금(如수) 또는 당금(當수)과 마찬가지로 쓰임. 지금
현재를 가리킴.

[6]

응후(應侯)[1]가 손경자(순황)에게 물어 말하기를 '진(秦)나라에 들어
와서 무엇을 보았는가' 라고 하였다. 순황이 말하기를 '그 요새지대[2]가
험준하고 지형의 세는 편안하며 산에 숲은 우거지고 내나 골짜기에는
물이 넘치며 천연자재의 이가 많으니 이는 지형이 우세하다는 것이다.
국경을 들어서서 그 풍속을 보니 백성들은 질박하고 그 음악소리가 맑
아 음란하지 않으며[3] 그 옷차림이 화려하지 않고[4] 일맡은 이를 대단히
외경하여 순순히 따르는 것이 정말 옛날의 민중 같다. 도읍 관청에 이
르러보니 그 많은 관리들이 숙연하게 공손 검소하고 신중 성실하여 견
실하지 않은[5] 자가 없는 것은 정말 옛날의 관리 같다. 그 도성 안에 들
어가 사대부를 관찰하니 그 집 문을 나서면 곧장 관가 문으로 들어가고
관가 문을 나서면 그 집으로 돌아가 사사로운 일 보는 자가 없으며 친
숙하게 편들지 않고 패거리를 짓지도 않으며 초연하게[6] 모든 것에 분
명히 정통하여 공정하지 않은 자가 없으니 정말 옛날의 사대부 같다.

그 조정을 관찰하니 대단히 조용한 가운데[7] 정사가 결재되어 모든 일이 지체되지 않고 평온함[8]은 마치 정치 그 자체가 없는 듯하니 정말 옛날의 조정 같다. 그러므로 사대에 걸쳐서 승리를 차지하고 있는 것은 요행이 아니라 필연의 법칙인 것이다. 옛말에 이르기[9]를 "편안하게 하더라도 다스려지고 대범하게 하더라도 상세한 데까지 미치며 번다하게 하지 않아도 공적이 오르는 것이 최상의 정치다"라고 한다. 진은 이와 같은 유의 것이다. 비록 그렇더라도 두려워할 일이 있다. 이 몇 가지 갖출 조건을 아울러 함께 다 가지면서도 이를 왕자가 이루는 공명과 비교한다면[10] 그 거리가 멀어서 전혀 미치지 못한다는 것이다. 이는 무슨 까닭인가. 바로 그 유술(儒術)이 거의 없다는 것이다. 옛말에 이르기를 "순수하면 왕자가 되고 잡박하면[11] 패자가 되며 하나도 없으면 그대로 멸망한다"라고 한다. 이것이 또한 진의 단점인 것이다'라고 하였다.

應侯問孫卿子曰, 入秦何見. 孫卿子曰, 其固塞險, 形埶便, 山林川谷美, 天材之利多, 是形勝也. 入境觀其風俗, 其百姓樸, 其聲樂不流汗, 其服不挑, 甚畏有司而順, 古之民也. 及都邑官府, 其百吏肅然, 莫不恭儉敦敬忠信而不楉, 古之吏也. 入其國, 觀其士大夫, 出於其門, 入於公門, 出於公門, 歸於其家, 無有私事也. 不比周, 不朋黨, 偶然莫不明通而公也, 古之士大夫也. 觀其朝廷甚閒聽決, 百事不留, 恬然如無治者, 古之朝也. 故四世有勝, 非幸也, 數也. 是所見也. 故曰, 佚而治, 約而詳, 不煩而功, 治之至也, 秦類之矣. 雖然則有其諰矣. 兼是數具者, 而盡有之, 然而縣之以王者之功名, 則偶偶然, 其不及遠矣. 是何也. 則其殆無儒邪. 故曰, 粹而王, 駁而覇, 無一焉而亡. 此亦秦之所短也.

1 應侯—응후(應侯)란 진(秦)의 재상 범수(范睢)를 말함. 지금의 하남성 보풍현(寶豊縣) 근처인 응(應) 땅에 봉후되었음.
2 固塞—고(固) 또한 새(塞)와 마찬가지로 요새(要塞)지역을 가리킴.

3 不流汙 —류(流)는 사음(邪淫)의 뜻. 정도가 못 되는 곁길로 흐름. 우(汙)는 혼탁하여 더러움.

4 服不挑 —도(挑)는 예쁠 요(姚)자 또는 투(偸)자로 통함. 옷맵시가 경박스럽게 보임.

5 不楛 —고(楛)란 그릇이 조잡스럽고 단단치 못함을 말함. 관리의 근무 자세가 견실치 못함.

6 偶然 —척(偶)은 고원(高遠)의 뜻. 얽매이지 않고 독립된 모습을 가리킴.

7 甚閒 —여기서 한(閒)은 한(閑)자와 통함. 차분하게 일을 처리해나감.

8 恬然 —념(恬)은 안한(安閑)의 상태. 편안하고 고요한 모습.

9 故曰 —고(故)는 옛 고(古)자와 같은 뜻. 고어(古語) 또는 고언(古諺)을 가리킴.

10 縣之 —현(縣)은 형(衡)자로 통함. 사물의 길이를 잼. 여기서는 비교한다는 뜻.

11 駁 —박(駮)은 박(駁)자와 같음. 뒤섞여서 순수하지 못함.

[7]

미세한 일을 쌓아나가는 데 있어 달마다 하는 일은 날마다 하는 것보다 낫지 못하고 때¹⁾마다 하는 일은 달마다 하는 것보다 낫지 못하며 해마다 하는 일은 때마다 하는 것보다 낫지 못하다. 무릇 사람이란 작은 일을 등한히 하기를 좋아하다가 큰일이 이른 뒤라야 이를 떨치고 힘쓰게 마련이다. 이와 같으면 언제나 저 작은 일을 소중히 대하는²⁾ 자를 이기지 못한다는 것이다. 이는 무슨 까닭인가. 바로 작은 일이 생길 경우는 자주 있어 그 걸리는 날짜³⁾도 많고 그 쌓는 실적도 크지만 큰일이 생길 경우는 드물어 그 걸리는 날짜도 적고 그 쌓인 결과도 작기 때문이다. 그러므로 날마다 아껴서 잘 쌓는⁴⁾ 자는 왕자가 되고 때를 아껴서 잘 쌓는 자는 패자가 되며 잘 안 되어 겨우 결함만 메꾸어가는⁵⁾ 자는 위태하고 크게 어지러운 자는 멸망한다. 그러므로 왕자는 날마다 신중히 하고 패자는 때마다 신중히 하며 가까스로 존속하는 나라는 위험이 닥친 뒤라야 이를 걱정하고 멸망하는 나라는 망하는 데 이르러서야 망하는 것을 알고 죽는 데 이르러서야 죽는 것을 알게 된다. 나라가 망하는 재앙⁶⁾은 후회를 하더라도 이겨낼 수 없다. 패자의 선행은 드러나더라도 때맞추어 기록해둘 수 있는⁷⁾ 정도이겠지만 왕자의 공명은 날마다 기록하더라도 이루 다 해낼 수가 없다. 재물이나 보화는 클수록 중하지만 정치 교화와 공명은 이와 반대다. 미세한 일을 쌓아나갈 수 있는 자라야 빨리 완성할 수 있다는 것이다. 『시』[8]에 이르기를 '덕은 털을 드는 것처럼 쉽지만[9] 민은 그것을 해내는 자가 드물다'라고 하니 이것을 가리키는 말이다.

積微, 月不勝日, 時不勝月, 歲不勝時. 凡人好敖慢小事, 大事至然後興之務之, 如是則常不勝夫敦比於小事者矣. 是何也. 則小事之至也數, 其縣日也博, 其爲積也大, 大事之至也希, 其縣日也淺, 其爲積也小. 故善日者王, 善時者霸, 補漏者危也, 大荒者亡. 故王者敬日, 霸者敬時, 僅存之國, 危而後戚之, 亡國至亡而後知亡, 至死而後知死. 亡國之禍敗, 不可勝悔也. 霸者之善箸焉, 可以時記也. 王者之功名, 不可勝日志也. 財物貨寶, 以大爲重, 政敎功名反是, 能積微者速成. 詩曰, 德輶如毛, 民鮮克擧之. 此之謂也.

1 時—여기서 시(時)는 한 계절 단위를 가리킴. 월(月)보다 길고 세(歲)보다는 짧음.
2 敦比—돈(敦)은 후(厚)자와 같음. 정중히 대하는 태도. 비(比)는 가까이 친밀하게 함.
3 縣日—현(縣)은 현계(縣繫)의 뜻. 여러 날 걸쳐서 있음.
4 善日—여기서 선(善)은 애석(愛惜)의 뜻. 소중히 다룸.
5 補漏—루(漏)는 실패나 결함을 말함. 보(補)는 깁고 얽어매는 보철(補綴)의 뜻.
6 禍敗—패(敗)는 재(災)자로 통함. 재난을 가리킴.
7 可以時記—기(記)는 글로 적어둠. 지(志)자와 마찬가지 의미. 연 4회 정리하기에 족함.
8 詩—『시경』「대아(大雅)·증민(蒸民)」편의 인용 시구.
9 輶如毛—유(輶)는 가벼운 수레의 뜻. 경(輕)자와 같음. 여기서는 실천하기가 쉬움.

[8]
무릇 사악한 사람이 나오게 되는 까닭은 위[1]가 의(義)를 존중하지 않

고 의에 신중하지 않기 때문이다. 대저 의라 하는 것은 사람이 부정과 간악한 짓을 하지 못하게 잡아쥐는 수단인 것이다. 이제 위가 의를 존중하지 않고 의에 신중하지 않다. 이와 같으면 그 아래 대다수 인민[2]이 모두 의를 버릴 생각을 가지고 간악으로 달릴 마음을 가지게 되는 것이다. 이것이 바로 사악한 사람이 나오게 되는 까닭인 것이다. 또한 윗자리에 있는 자는 아랫사람의 사표(師表)[3]다. 대저 아랫사람이 위를 따르게 됨은 비유하건대 울림이 소리에 응하고 그림자가 형체를 본뜨는 것과 같다. 그러므로 남의 위에 서는 자는 신중히 삼가지 않을 수 없다. 대저 의라 하는 것은 안으로 인간에 대하여 절제하고[4] 밖으로 만물에 대하여 규제하는 것이다. 위로 군주를 편안케 하고 아래로 민중을 조절하는 것이다. 안과 바깥, 위와 아래를 조절하는 것이 의의 실체다.[5] 그렇다면 무릇 천하를 다스리는 요점은 의가 근본이 되고 성실은 그 다음이다. 옛날에 우와 탕은 의를 근본으로 하고 성실하려고 힘써서 천하가 다스려졌다. 걸과 주는 의를 버리고 성실할 것을 어겨서 천하가 어지러워졌다. 그러므로 남의 윗사람 되는 자는 반드시[6] 예의를 신중히 삼가고 성실하기를 힘쓴 연후라야 가할 것이다. 이것이 남의 군주 된 자의 중대한 근본이다.

凡姦人之所以起者, 以上之不貴義不敬義也. 夫義者, 所以限禁人之爲惡與姦者也. 今上不貴義. 不敬義. 如是則下之人百姓, 皆有棄義之志, 而有趨姦之心矣. 此姦人之所以起也. 且上者下之師也. 下之和上, 辟之猶響之應聲影之像形也. 故爲人上者, 不可不愼也. 夫義者, 內節於人, 而外節於萬物者也. 上安於主, 而下調於民者也. 內外上下節者, 義之情也. 然則凡爲天下之要, 義爲本而信次之. 古者, 禹湯本義務信, 而天下治. 桀紂棄義倍信, 而天下亂. 故爲人上者, 必將愼禮義務忠信, 然後可. 此君人者之大本也.

1 上―여기서 상(上)이란 군주를 포함하는 위정자. 상위의 행정 담당자를 말함.

2 人百姓—인(人)은 중(衆)자와 같은 뜻으로 쓰임. 수많은 인민을 가리킴.

3 下之師—하(下)는 상위의 치자(治者)에 대한 피치자(被治者) 민중을 가리킴.
  사(師)는 모범의 뜻.

4 內節於人—절(節)은 적(適)자로 통함. 적당하게 맞춤. 인간의 욕망에 대하여
  절도 있게 한계를 지음.

5 義之情—정(情)은 실(實)자와 같음. 있는 그대로의 본모습.

6 必將—장(將)은 필(必)의 뜻을 강조하기 위한 조자.

[9]

대청 마루를 쓸지 않는다면[1] 마을 밖의 잡초는 뽑지 못할[2] 것이다.
날카로운 칼날이 가슴을 겨눈다면[3] 눈앞에 날아오는 화살을 보지 못할
것이다. 시퍼런 창끝을 목에 들이댄다면 열 손가락이 잘리더라도 피하
지 않을 것이다. 이것들을 힘쓰지 말아야 한다는 것이 아니라 아프거나
가려운 데[4] 또는 느긋하거나 다급한 데 따라 서로 먼저 해야 할 일이
있기 때문이다.

堂上不糞, 則郊草不芸. 白刃扞乎胸, 則目不見流矢. 拔戟加乎首, 則十指
不辭斷. 非不以此爲務也, 疾養緩急之有相先者也.

1 堂上不糞—여기서 분(糞)이란 소식(掃拭), 즉 청소를 말함. 상(上)은 가 변
  (邊)자와 같은 뜻. 공자 재어천상(孔子在於川上)의 상(上)자 경우와 같음.

2 不芸—운(芸)은 밭의 풀을 맴. 제초(除草)작업을 가리킴.

3 扞乎胸—한(扞)은 범(犯) 또는 박(迫)자로 통함. 다가섬.

4 疾養—질(疾)은 통(痛)자와 같음. 양(養)은 가려울 양(癢)자로 통용됨.

17 천론天論

천론은 고대 중국의 철학사에서 최초로 유물론적 세계관 문제가 제시되는 논의다. 전편에 걸쳐 합리주의적 사고가 지배하고 있다. 천(天)에 대한 이제까지의 관념을 반대하고, 자연의 움직임을 우리 인간의 의지와 전혀 관련이 없는 객관적 존재 사실 그대로 인식한다. 이른바 천(天)과 인(人)의 합일이 아닌 그 분리를 주장한다. 따라서 인간의 진정한 삶이란 몰지각·무의식의 종순을 부정하고 주체적으로 자연과 대응하는 기능 창출에 있다는 견해다. 이를 가리켜 이인멸천(以人滅天)이라 한다.

[1]

자연의 움직임은 일정한 법칙성을 갖는다.[1] 요(堯)를 위해서 있는 것
도 아니고 걸(桀) 때문에 없어지는 것도 아니다. 대응하여 잘 다스리면
길하고 대응하여 어지럽히면 흉하다. 농사일을 힘써서[2] 씀씀이를 절약
한다면 하늘도 가난하게 할 수 없고 의식(衣食)을 충분히 갖추어 알맞
게 몸을 움직인다면[3] 하늘도 병들게 할 수 없다. 도를 따라서 어기지
않는다면[4] 하늘도 화를 입히지 못한다. 그러므로 홍수나 가뭄이 굶주
리게 할 수 없고 추위나 더위가 병들게 할 수 없으며 요괴(妖怪)[5]가 일
더라도 흉하게 할 수 없다. 농사일을 게을리하면서 씀씀이만 지나치게
한다면[6] 하늘도 부유하게 할 수 없고 섭생을 소략하게 하고 운동을 드
물게 한다면 하늘도 건강하게 할 수 없으며 도를 어기고 망령되게 행한
다면 하늘도 길하게 할 수 없다. 그러므로 홍수나 가뭄이 이르지 않아
도 굶주리게 되고 추위나 더위가 닥치지 않아도 병들게 되며 요괴가 일
지 않아도 흉하게 된다는 것이다. 계절의 사시 변화를 받아서 누리는
데는 치세(治世)나 똑같더라도 그 앙화를 입는 데는 다르다. 하늘을 원
망할 것이 아니요 그 도가 그렇게 했던 것이다. 그러므로 천(天)과 인
(人)의 구분[7]을 명확하게 할 줄 안다면 가히 지인(至人)[8]이라 일컬을
수 있을 것이다.

天行有常, 不爲堯存, 不爲桀亡. 應之以治則吉, 應之以亂則凶. 彊本而
節用, 則天不能貧. 養備而動時, 則天不能病. 循道而不貳, 則天不能禍.
故水旱不能使之飢渴, 寒暑不能使之疾, 祅怪不能使之凶. 本荒而用侈,
則天不能使之富. 養略而動罕, 則天不能使之全. 倍道而妄行, 則天不能
使之吉. 故水旱未至而飢, 寒暑未薄而疾, 祅怪未至而凶. 受時與治世同,

而殃禍與治世異, 不可以怨天, 其道然也. 故明於天人之分, 則可謂至
人矣.

1 天行有常 — 천(天)이란 자연을 가리킴. 행(行)은 자연계의 변화 운동. 상(常)
 은 일정한 법칙 또는 질서를 말함.
2 彊本 — 강(彊)은 무(務)자와 같은 뜻. 본(本)은 농경사회의 경제 기반. 농업생
 산을 말함.
3 養備而動時 — 양(養)은 섭생(攝生)의 자료. 의식(衣食)을 말함. 동시(動時)란
 시기 적절한 운동량을 가리킴.
4 循道而不貳 — 순(循)은 순(順)자와 같음. 사람의 도를 따라감. 특(貳)은 특
 (貳)자로 통함.
5 祅怪 — 요(祅)는 요(妖)자와 같음. 예측 못하는 변화. 불규칙스런 일.
6 本荒而用侈 — 황(荒)은 폐농(弊農)의 뜻. 용치(用侈)란 분수 없이 낭비함.
7 天人之分 — 천(天)은 자연의 법칙. 인(人)은 사람이 살아나갈 질서. 분(分)이
 란 전혀 관련이 안 되는 별개의 것으로 나누어짐.
8 至人 — 지(至)는 도의 극치에 이름. 지덕(至德)을 가리킴. 성인(聖人)과 마찬
 가지 의미.

[2]

짐짓 사람이 하지 않아도 절로 이루어지고 구하지 않아도 얻어지는
바로 이를 일컬어 천직(天職)[1]이라 말한다. 이와 같은 상태에 대하여
그 사람[2]은 비록 깊더라도 사려하려 하지 않고 비록 크더라도 기능을
부리려 하지 않고 비록 정묘하더라도 고찰을 가하려고 하지 않으니 바
로 이를 일컬어 천과 직분을 다투지 않는다고 말한다. 하늘에는 그 사
시 계절이 있고 땅에는 그 소재가 있으며[3] 사람에게는 그 다스리는 기
능이 있으니 바로 이를 일컬어 능삼(能參)[4]이라 말한다. 그 삼이 되는
까닭을 내버려두고 그 삼의 자리만 원한다면 잘못이다. 줄지은 별들이
따라 돌고 해와 달이 번갈아 비추며[5] 사시가 잇달아 바뀌고 음과 양이
큰 변화를 일으켜 풍우가 널리 미친다. 만물은 각각 그 조화를 얻어서
낳고 각각 그 양육에 의해 성장한다. 그 일의 자취는 보이지 않고[6] 그
이룬 공만 보이니 바로 이를 일컬어 신(神)[7]이라 말하는 것이다. 모두

가 그 이루어진 결과는 알지만 그 드러나지 않는 원인[8]은 알지 못하니 바로 이를 일컬어 천공(天功)이라 말하는 것이다. 오직 성인은 천(天)을 알려고 하지 않는다.

不爲而成, 不求而得, 夫是之謂天職. 如是者其人雖深, 不加慮焉, 雖大, 不加能焉, 雖精不加察焉, 夫是之謂不與天爭職. 天有其時, 地有其財, 人有其治, 夫是之謂能參. 舍其所以參, 而願其所參, 則惑矣. 列星隨旋, 日月遞炤, 四時代御, 陰陽大化, 風雨博施. 萬物各得其和以生, 各得其養以成, 不見其事而見其功, 夫是之謂神. 皆知其所以成, 莫知其無形, 夫是之謂天功. 唯聖人爲不求知天.

1 天職―직(職)은 맡아서 하는 일. 자연의 현상 자체를 말함.
2 其人―여기서 인(人)이란 앞서 들어 말한 지인(至人)을 가리킴.
3 地有其財―재(財)는 재(材)자로 통함. 만물을 이루는 바탕. 또는 그 작용을 말함.
4 能參―삼(參)은 천·지·인 삼재(三才)를 대등하게 가리킴. 기능에 있어 셋이 정립(鼎立)하는 상태. 주체적 인간의 역할을 부각시킴.
5 遞炤―체(遞)는 교체(交替)의 뜻. 소(炤)는 소(昭)·조(照)자로 통함.
6 不見其事―현(見)은 드러낼 현(顯)자와 같음. 기사(其事)란 자연이 해내는 역할을 말함.
7 神―여기서 신(神)이란 신묘(神妙)의 뜻. 왜 그렇게 되는지 그 까닭을 알 수 없는 자연의 움직임을 가리킴.
8 無形―형(形)은 형태로 나타난 결과. 어디에 그 원인이 있는지 규명할 수 없는 상태.

[3]
천직이 확립되고 천공이 완성되면 인간의 형체가 갖추어져서 정신이 생기고 좋아하고 미워하고 기뻐하고 성내고 슬퍼하고 즐거워하는 감정이 거기에 깃들게 되니 바로 이를 일컬어 천정(天情)이라 한다. 귀와 눈, 입과 코, 살갗[1]은 각각 접촉하는 데가 따로 있어 서로 함께 기능하

지 않으니2) 바로 이를 일컬어 천관(天官)이라 한다. 마음은 몸 가운데 빈 곳에 있어3) 다섯 감관을 제어하니 바로 이를 일컬어 천군(天君)이라 말한다. 그 같은 유가 아닌 것을 마련하여4) 같은 유를 기르니 바로 이를 일컬어 천양(天養)이라 한다. 그 같은 유에 따르는 것을 가리켜 복이라 말하고 그 같은 유에 거슬리는 것을 가리켜 화라 하니 바로 이를 일컬어 천정(天政)이라 한다. 그 천군을 흐리게 하고 그 천관을 어지럽히며 그 천양을 내버리고 그 천정을 거슬리며 그 천정을 벗어나서 천공인 그 자신까지 잃게 되니 바로 이를 일컬어 대흉(大凶)이라 말한다. 성인은 그 천군을 맑게 하고 그 천관을 바르게 하며 그 천양을 갖추고 그 천정에 순응하며 그 천정을 잘 길러서 천공인 자신을 온전하게 갖는다. 이와 같이 한다면 그 해야 할 바를 알고 그 해서는 안 될 바를 알게 될 것이다. 바로 천지도 직분을 다하고5) 만물도 유용하게 쓰일 것이다.

天職旣立, 天功旣成, 形具而神生, 好惡喜怒哀樂臧焉, 夫是之謂天情. 耳目鼻口形能, 各有接而不相能也, 夫是之謂天官. 心居中虛, 以治五官, 夫是之謂天君. 財非其類以養其類, 夫是之謂天養. 順其類者謂之福, 逆其類者謂之禍, 夫是之謂天政. 闇其天君, 亂其天官, 棄其天養, 逆其天政, 背其天情, 以喪天功, 夫是之謂大凶. 聖人淸其天君, 正其天官, 備其天養, 順其天政, 養其天情, 以全天功. 如是則知其所爲, 知其所不爲矣. 則天地官而萬物役矣.

1 形能―능(能)은 태(態)자로 통용됨. 형(形)과 함께 육체를 감싸고 있는 피부 질을 가리킴.
2 不相能―여기서 능(能)은 관능(官能)의 뜻. 접촉 대상에 따른 감각기능. 감관의 독자성 때문에 그 기능을 서로 달리함.
3 心居中虛―심(心)은 의식활동을 말함. 중허(中虛)는 가슴속 한가운데. 지적 작용을 이루는 곳이라고 전해옴.
4 財非其類―재(財)는 재(裁)자로 통함. 재제(裁制)의 뜻. 기(其)는 인(人)을

가리킴. 다른 유의 것을 잘 이용함.
5 天地官—관(官)은 일 맡을 사(司)자와 같은 뜻. 각각 소임을 완수해나감.

[4]

그 행위가 극진히 잘 닦이고 그 기르는 법이 더없이 알맞으며 그 생이 상하지 않으니 바로 이를 일컬어 지천(知天)이라 한다. 그러므로 대교(大巧)는 새삼스럽게 만들어내지 않는[1] 데 있고 대지(大知)는 새삼스럽게 생각을 짜내지 않는 데 있다. 천에 대하여 알려고 하는[2] 바는 그 드러난 현상이 예측할 수 있는 범위 안에 그칠[3] 따름이고 지에 대하여 알려고 하는 바는 그 드러난 토질이 곡물을 자라게[4] 할 수 있는 범위 안에 그칠 따름이며 사시에 대하여 알려고 하는 바는 그 드러난 변수[5]가 일에 종사할 수 있는 범위 안에 그칠 따름이고 음양에 대하여 알려고 하는 바는 그 드러난 조화가 다스릴 수 있는 범위 안에 그칠 따름이다. 일 맡은 관인은 천에 대하여 그 임무를 지키고 군주는 스스로 도를 지켜나갈 일이다.

其行曲治, 其養曲適, 其生不傷, 夫是之謂知天. 故大巧在所不爲, 大知在所不慮. 所志於天者, 已其見象之可以期者矣. 所志於地者, 已其見宜之可以息者矣. 所志於四時者, 已其見數之可以事者矣. 所志於陰陽者, 已其見和之可以治者矣. 官人守天, 而自爲守道也.

1 不爲—여기서 위(爲)는 인위(人爲)의 뜻. 의식적으로 하는 작위(作爲)를 말함. 빈틈없는 정교한 행위.
2 所志—지(志)는 지(知)자와 마찬가지 의미. 인간에게 있어 그 인식의 한계를 가리킴.
3 已其見象—이(已)는 지(止)자로 통함. 현상(見象)은 자연의 현상(現象). 기상(氣象)의 뜻.
4 宜之可以息—의(宜)는 땅이 좋고 나쁜 정도. 그 비옥도의 평가. 식(息)은 살아가는 생식(生息).
5 見數—수(數)는 계절의 차서(次序). 혹은 변천 과정을 말함.

[5]

치(治)와 난(亂)은 하늘에 의한 것인가. 말하기를, 해와 달과 별들이 순환하니[1] 이는 우와 걸 때도 똑같은 바였다. 우는 그대로 다스리고 걸은 그대로 어지럽혔다. 치와 난은 하늘에 의한 것이 아니다. 사시 계절에 의한 것인가. 말하기를, 봄 여름에는 싹이 터서 무성하게 자라고[2] 가을 겨울에는 거두어서 저장하니 이 또한 우와 걸 때도 똑같은 바였다. 우는 그대로 다스리고 걸은 그대로 어지럽혔다. 치와 난은 사시에 의한 것이 아니다. 땅에 의한 것인가. 말하기를, 땅을 얻으면 살고 땅을 잃으면 죽으니 이 또한 우와 걸 때도 똑같은 바였다. 우는 그대로 다스리고 걸은 그대로 어지럽혔다. 치와 난은 땅에 의한 것이 아니다.『시』[3]에 이르기를 '하늘이 고산(高山)을 만들고 태왕(大王)이 크게 넓혔네.[4] 태왕이 기초를 다지고 문왕(文王)이 안정시켰네'라고 하니 이것을 가리킨 말이다.

治亂天邪. 曰, 日月星辰環歷, 是禹桀之所同也. 禹以治, 桀以亂. 治亂非天也. 時邪. 曰, 繁啓蕃長於春夏, 畜積收藏於秋冬, 是又禹桀之所同也. 禹以治, 桀以亂. 治亂非時也. 地邪. 曰, 得地則生, 失地則死, 是又禹桀之所同也. 禹以治, 桀以亂. 治亂非地也. 詩曰, 天作高山, 大王荒之. 彼作矣, 文王康之. 此之謂也.

1 環歷—환력(環歷)이 다른 판본에는 서력(瑞歷)으로 표기되어 있음. 맴도는 현상. 역상(歷象)을 가리킴. 역(歷)은 책력. 역(曆)자와 통용됨. 절기의 돌아감. 역수(曆數)와 마찬가지임.

2 繁啓蕃長—번(繁)은 다(多)자와 같음. 번장(蕃長)은 무성하게 잘 자람.

3 詩—『시경』「주송(周頌)·천작(天作)」편의 인용 시구.

4 大王荒之—태왕(大王)은 주(周) 문왕(文王)의 조부 고공단보(古公亶父). 고산(高山), 즉 기산(岐山)에 옮겨 살며 덕을 쌓아 건국의 기초를 다짐. 황(荒)은 대(大)자로 통함.

[6]

하늘은 사람이 추위를 싫어한다고 겨울을 멈추지 않는다.[1] 땅은 사람이 먼 길을 싫어한다고 넓힘을 멈추지 않는다. 군자는 소인이 소란을 피운다고[2] 바른 행동을 그만두지 않는다. 하늘에는 일정한 도가 있고 땅에는 일정한 차례가 있으며 군자에게도 일정한 방식이 있다. 군자는 그 정해진 대로 따르지만 소인은 공리만 꾀한다.[3] 『시』[4]에 이르기를 '예의에 어긋나지 않는다면 어찌 다른 사람의 말을 걱정하겠는가'라고 하니 이것을 가리키는 말이다.

天不爲人之惡寒也輟冬, 地不爲人之惡遼遠也輟廣. 君子不爲小人匈匈也輟行. 天有常道矣, 地有常數矣, 君子有常體矣. 君子道其常, 而小人計其功. 詩曰, 禮義之不愆, 何恤人之言兮. 此之謂也.

1 輟冬─철(輟)은 지(止)자로 통함. 겨울이라는 계절의 순환을 중단함.
2 匈匈─시끄럽게 떠듦. 하찮은 소인이 군자가 하는 행위를 비난함.
3 計其功─여기서 계(計)는 한때의 이익을 챙김. 태도가 수시로 바뀌는 일.
4 詩─이 시는 현존하는 『시경』에 실려 있지 않은 일시(逸詩)임.

[7]

초왕(楚王)을 수행하는 수레[1]가 천 대나 되더라도 지혜 있어서가 아니다. 군자가 콩죽 먹고 물만 마시더라도[2] 어리석어서가 아니다. 이는 우연인[3] 것이다. 그 뜻하는 바가 바르게 닦이고[4] 덕행이 중후하고 지려가 명석하고 오늘에 태어나 옛 성왕의 도를 마음먹는다 하는 것은 바로 그것이 나에게 달려 있는 것이다.[5] 그러므로 군자는 그 자기에게 달려 있는 것을 삼가고 그 하늘에 달려 있는 것을 그리워하지 않는다. 소인은 그 자기에게 달려 있는 것을 놓아두고 그 하늘에 달려 있는 것을 그리워한다. 군자는 그 자기에게 달려 있는 것을 삼가고 그 하늘에 달려 있는 것을 그리워하지 않으므로 날로 진보한다. 소인은 그 자기에게

달려 있는 것을 놓아두고 그 하늘에 달려 있는 것을 그리워하므로 날로
퇴보한다. 그러므로 군자가 날로 진보하는 까닭과 소인이 날로 퇴보하
는 까닭은 그 마음가짐에 달렸다는 점에서 동일한 것이다. 군자와 소인
이 서로 현격한 차이가 있는[6] 까닭이 여기에 있는 것이다.

楚王後車千乘, 非知也. 君子啜菽飮水, 非愚也. 是節然也. 若夫志意脩,
德行厚, 知慮明, 生於今, 而志乎古, 則是其在我者也. 故君子敬其在己
者, 而不慕其在天者. 小人錯其在己者, 而慕其在天者. 君子敬其在己者,
而不慕其在天者, 是以日進也. 小人錯其在己者, 而慕其天者, 是以日退
也. 故君子之所以日進, 與小人之所以日退, 一也. 君子小人之所以相縣
者, 在此耳.

1 後車―여기서 후거(後車)란 귀한 이가 나들이할 때 뒤따르는 수레. 그 숫자
  가 호사함을 가리킴.
2 啜菽飮水―철(啜)은 핥아먹음. 숙(菽)은 콩죽을 말함. 가난한 생활을 일컬음.
3 節然―절(節)은 적(適) 또는 우(遇)자와 마찬가지 의미. 일종의 명(命)과 같음.
4 志意脩―지의(志意)를 심의(心意)로 기재한 판본도 있음. 지향(志向)하는 바
  가 바르게 닦임.
5 在我者―아(我)는 기(己)자와 같음. 자신의 노력에 달려 있는 것을 말함. 재
  천(在天)과 대조됨.
6 相縣―현(縣)은 현(懸)자로 통함. 현격(懸隔)의 뜻. 상(相)은 둘 사이의 상호
  관계.

[8]

별이 떨어지거나 나무가 울어대면[1] 나라 안 사람이 모두 두려워하며
말하기를 이것이 무엇인가라고 한다. 대답하기를, 아무 일도 아니다.
이는 천지의 움직임이고 음양의 변화며 드물게 일어나는 사물의 현상
이다.[2] 괴기하게 여김은 좋으나 두려워함은 잘못이다. 대저 일식이나
월식이 있고[3] 비바람이 때아니게 불며 괴상한 별이 나타남[4]은 이 세상
에 드문 일이 아니다. 군주가 현명하고 정치가 공평하게 행해진다면 이

것이 비록 한 세대에 줄지어 일어나더라도[5] 지장은 없다. 군주가 암우하고 정치도 험악하게 행해진다면 이것이 비록 한 번도 일어나는 경우가 없더라도 도움이 안 된다. 무릇 별이 떨어지거나 나무가 울어대는 것은 바로 천지의 움직임이고 음양의 변화며 드물게 일어나는 사물의 현상이니 괴기하게 여김은 좋으나 두려워함은 잘못이다. 그러나 자주 일어나는 사물의 현상 가운데 인요(人祆)[6]인 경우는 두려워할 만한 것이다. 거칠게 밭을 갈아 곡식이 안 자라고[7] 거칠게 김매어 잡초가 우거지며[8] 정치가 험악하여 민심을 잃고 논밭이 황폐하여 수확이 나쁘며 사들일 곡식 값이 비싸 백성이 굶주리고 길가에 사람의 시체가 있으니 바로 이를 가리켜 인요라 하는 것이다. 정치 명령이 분명하지 않고 사업[9]을 때도 없이 일으키며 농사일을 관리하지 않고 노력 동원[10]을 때 맞추어 하지 않아 소나 말이 서로 다른 새끼를 낳아 가축류가 요괴를 일으키니 바로 이를 가리켜 인요라 하는 것이다. 예의가 닦이지 않아 안과 밖의 구별 없이 잡거하여 남녀관계가 음란하고 부자가 서로 못 믿으며 상하 사이가 어긋나고 외적의 침입이 줄지어 일어나니 바로 이를 가리켜 인요라 하는 것이다. 요괴는 바로 사회 혼란에서 생기는 것이다. 세 가지 인요가 뒤섞여 일어난다면 편안한 나라가 없을 것이다. 그 설(說)은 대단히 비근한 일[11]이나 그 재해는 대단히 참혹한 것이다. 참으로 괴기하게 여길 만하고 또한 두려워서 꺼릴 만한 것이다. 전해오는 옛 말에 이르기를 '만물에 있어 괴기한 일은 그대로 적어두더라도 설명을 가하지 않으며[12] 소용이 없는 논변이나 다급하지 않은 고찰은 내버리고 다루지 않는다' 라고 한다. 이와는 반대로 대저 군신간의 의리나 부자간의 친애하는 정, 부부간의 구별 같은 일은 날마다 힘써 닦아서 그만두지 말아야 한다.

星隊木鳴, 國人皆恐曰, 是何也. 曰, 無何也. 是天地之變, 陰陽之化, 物之罕至也. 怪之可也, 而畏之非也. 夫日月之有食, 風雨之不時, 怪星之黨見, 是無世而不常有之. 上明而政平, 則是雖並世起無傷也. 上闇而政險,

則是雖無一至者無益也. 夫星之隊木之鳴, 是天地之變, 陰陽之化, 物之罕至者也. 怪之可也, 而畏之非也. 物之已至者人祅則可畏也. 楛耕傷稼, 楛耘失歲, 政險失民, 田歲稼惡, 糴貴民飢, 道路有死人, 夫是之謂人祅. 政令不明, 舉錯不時, 本事不理, 勉力不時, 則牛馬相生, 六畜作祅, 夫是之謂人祅. 禮義不脩, 內外無別, 男女淫亂, 父子相疑, 上下乖離, 寇難並至, 夫是之謂人祅. 祅是生於亂, 三者錯無安國. 其說甚爾, 其菑甚慘. 可怪也而亦可畏也. 傳曰, 萬物之怪, 書而不說. 無用之辯, 不急之察, 棄而不治. 若夫君臣之義, 父子之親, 夫婦之別, 則日切瑳而不舍也.

1 星隊木鳴―추(隊)는 추(墜)자와 같음. 운석(隕石)을 말함. 목명(木鳴)은 고목이나 삼림이 바람에 마찰을 일으켜 소리를 냄.

2 物之罕至―물(物)은 자연적인 현상을 가리킴. 한(罕)은 빈번의 반대 뜻. 간혹 나타남.

3 有食―식(食)은 좀먹을 식(蝕)자와 같음. 일식·월식 현상. 고대인은 이를 흉조라 하여 꺼렸음.

4 黨見―당(黨)을 왕염손(王念孫)은 당(儻)자로 봄. 혹약(惑若)의 뜻. 현(見)은 현(現)자와 같음.

5 並世起―세(世)는 한 세대를 가리킴. 병(並)은 줄지어 늘어섬.

6 已至者人祅―이(已)는 심(甚)자로 통함. 요(祅)는 요괴(祅怪)의 뜻. 사람이 할 일을 잘못하여 닥치는 기괴한 사태.

7 楛耕傷稼―고(楛)는 원래 단단치 못해 깨지기 쉬운 그릇의 뜻. 여기서는 농사일을 소홀히하여 망침.

8 楛耘失歲―세(歲)는 예(薉) 또는 예(穢)자로 통용됨. 적시(適時)에 김매지 않아 밭을 묵힘.

9 舉錯―거조(舉錯)는 거지(舉止)와 같음. 여기서는 국가의 행사를 말함.

10 勉力―면력(勉力)이란 일종의 용역(傭役)을 가리킴. 그 징발은 농한기에 함을 원칙으로 함.

11 其說甚爾―기설(其說)이란 자연현상이 아닌 우리 생활 주변에 생기는 일을 말함. 이(爾)는 근(近)자와 같은 뜻.

12 書而不說―서(書)는 책에 기록함. 불설(不說)은 운석 같은 괴현상을 미신적으로 풀지 않음.

[9]

기우제를 지내고[1] 비가 오는 까닭이 무엇인가. 말하기를, 다른 까닭
이 없다. 마치 기우제를 지내지 않아도 비가 오는 것과 같다. 일식이나
월식이 일어나면 빌어서 이를 구하려 하고 날씨가 가물면 기우제를 지
내고 점을 친[2] 연후에 대사를 결정하고 하는 것은 원하는 바가 이루어
질 수 있다고 여겨서가 아니라 꾸미기 위한 것이다.[3] 그래서 군자는 일
종의 꾸밈이라 여기고 백성들은 신묘하다 생각한다. 꾸밈이라 여긴다
면 길하고 신묘하다 생각한다면 흉할 것이다.

雩而雨何也. 曰, 無何也. 猶不雩而雨也. 日月食而救之, 天旱而雩, 卜筮然
後決大事非以爲得求也, 以文之也. 故君子以爲文, 而百姓以爲神. 以爲
文則吉, 以爲神則凶也.

1 雩—우(雩)는 비가 오래 오지 않을 때 비 내리기를 기원하는 일종의 제사 형식.
2 卜筮—복(卜)은 거북점을 쳐서 좋고 언짢음을 예측함. 서(筮)는 서죽(筮竹).
  점치는 산가지.
3 以文之—문(文)은 문식(文飾)의 뜻. 사람 마음을 달래는 정치적 의식 절차.
  순황의 합리주의적 사고의 한 가닥.

[10]

하늘에 해와 달보다 더 밝은 것은 없고 땅에 물과 불보다 더 밝은 것
은 없으며 물건에 주옥보다 더 밝은 것은 없고 사람에게 예의보다 더
밝은 것은 없다. 그러므로 해와 달도 하늘 높이 걸려 있지 않다면 그 빛
이 번쩍거리지 않고 물과 불도 두껍게 쌓이지 않는다면 그 광휘와 윤기[1]
가 넓게 번지지 못하며 주옥도 바깥에 드러나지 않는다면[2] 왕공이 그
것을 보배로 여기지 않고 예의도 국가 사회에 가해지지 않는다면 그 공
명이 밝게 드러나지 못할[3] 것이다. 그러므로 사람의 명은 하늘에 있고
나라의 운명은 예에 달려 있다고 한다. 군주 된 자가 예를 높이고 현자
를 존중한다면 왕자가 될 것이고 법을 중시하고 민을 사랑한다면 패자

가 될 것이며 이득을 좋아하고 권모를 부려서 뒤집어엎으며 음흉하다
면 멸망할 것이다.

在天者莫明於日月, 在地者莫明於水火, 在物者莫明於珠玉, 在人者莫明
於禮義. 故日月不高, 則光暉不赫, 水火不積, 輝潤不博, 珠玉不睹乎外,
則王公不以爲寶, 禮義不加於國家, 則功名不白. 故人之命在天, 國之命
在禮. 君人者, 隆禮尊賢而王, 重法愛民而霸. 好利多詐而危, 權謀傾覆幽
險而盡亡矣.

1 輝潤―휘(輝)는 광휘(光輝)와 같은 뜻. 윤(潤)은 윤택(潤澤)함. 축축한 윤기
  가 흐름.
2 不睹―도(睹)가 볼 도(睹)자로 된 판본이 있으나 뜻이 잘 안 통함. 서광(曙
  光) 또는 단명(旦明)의 뜻으로 풀이됨.
3 不白―여기서 백(白)이란 명백(明白)과 마찬가지 의미. 밝게 드러낼 현명(顯
  明)과 같음.

[11]

하늘을 위대하다고 받들어 동경하는 것과 물(物)을 축적하여 이를 재
단하는 일¹⁾과 어느 편이 더 나을 것인가. 하늘을 추종하여 칭송하는 것
과 천명(天命)을 손질하여²⁾ 이를 활용하는 일과 어느 편이 더 나을 것
인가. 시절을 바라보고 풍작을 기다리는 것과 사시 변화에 맞추어 이를
이용하는 일과 어느 편이 더 나을 것인가. 물의 본질에 따라³⁾ 많아지게
하는 것과 재능을 펴서 많이 불리는⁴⁾ 일과 어느 편이 더 나을 것인가.
물을 생각하며 물을 바라는 것⁵⁾과 자기가 지닌 물을 잘 다루어 이를 잃
지 않게 하는 일과 어느 편이 더 나을 것인가. 만물이 생겨나는 원인을
아는 것과 만물을 이루게 하는 원인을 아는 일과 어느 편이 더 나을 것인
가. 그러므로 사람이 해야 할 바를 놓아두고 하늘만 의지하려 한다면 만
물 본래의 실정을 잃게 될 것이다.

大天而思之, 孰與物畜而裁之. 從天而頌之, 孰與制天命而用之. 望時而
待之, 孰與應時而使之. 因物而多之, 孰與聘能而化之. 思物而物之, 孰與
理物而勿失之也. 願於物之所以生, 孰與有物之所以成. 故錯人而思天,
則失萬物之情.

1 裁之―재(裁)는 재제(裁制)의 뜻. 적극적인 의미로 일을 잘 처리해나감.
2 制天命―제(制)는 마를 재(裁)자로 통함. 여기서 천명(天命)이란 사물의 정
  해진 상태. 자연스런 상태를 말함.
3 因物―물(物)은 사물 그 자체. 자기 스스로 그 법칙성에 의존함.
4 聘能而化之―빙(聘)은 부를 징(徵)자와 같음. 자기 능력을 찾아냄. 화지(化
  之)란 번다(繁多)하게 불림을 말함.
5 物之―여기서 물(物)이란 마음대로 안 되는 타자(他者)를 가리킴. 부질없이
  소유하려 함.

[12]

많은 왕들이 변함없이 지켜온 것이야말로 족히 도의 중심[1]이 될 만
하다. 일폐일기하는 변동은 있더라도[2] 중심을 가지고 이에 대응하였
다. 중심을 다스리면 어지럽지 않고 중심을 알지 못하면 변화에 대응할
줄 모른다. 변화에 대응하는 큰 줄거리[3]는 일찍이 끊어진 적이 없다.
혼란은 그 어긋나는 데서 생기고 다스려짐은 그 정밀[4]을 두루 다하는
데 있다. 그러므로 도가 선한 것일지라도 맞는다면 따를 만하지만 치우
친다면 할 수 없으며 어긋난다면[5] 크게 헷갈릴 것이다.

百王之無變, 足以爲道貫. 一廢一起, 應之以貫, 理貫不亂. 不知貫, 不知
應變, 貫之大體未嘗亡也. 亂生其差, 治盡其詳, 故道之所善, 中則可從,
畸則不可爲, 匿則大惑.

1 道貫―관(貫)은 관통하는 줄기, 즉 근간(根幹). 도관(道貫)이란 정치 수행의
  방법. 예(禮)를 가리킴.
2 一廢一起―폐(廢)・기(起)는 정치적 기복(起伏)을 말함. 때로는 문(文)에 치

우치고 때로는 질(質)에 치우치는 경우.

3 大體 —대체(大體)는 본체(本體)와 같은 뜻. 일반법칙을 가리킴.

4 其詳 —상(詳)은 정(精)자와 같음. 정치(精緻), 즉 톡톡함.

5 匿 —여기서 닉(匿)은 특(慝)자로 통함. 위배(違背) 또는 사악(邪惡)의 뜻.

[13]

물을 건너는 자는 깊은 데 표시[1]를 하지만 그 표시가 분명하지 않으면 물에 빠진다. 민을 다스리는 자는 따라갈 길에 표시를 하지만 그 표시가 분명하지 않으면 혼란해진다. 예(禮)라 하는 것은 표시다. 예가 아니면 세상이 어둡고 세상이 어두우면 크게 혼란해진다. 그러므로 도는 분명하지 않을 수 없어 안팎에 표시를 달리하고[2] 그 겉과 속에도 일정한 원칙이 있다면[3] 민의 함정은 바로 사라질 것이다.

水行者表深, 表不明則陷. 治民者表道, 表不明則亂. 禮者表也. 非禮昏世也, 昏世大亂也. 故道無不明, 外內異表, 隱顯有常, 民陷乃去.

1 表深 —표(表)는 표지(表識)의 뜻. 여기서는 동사로 쓰임. 깊은 데 표지판을 세워둠.

2 外內異表 —외내(外內)란 공과 사의 구분을 말함. 그 의표(儀表)를 달리함.

3 隱顯有常 —은(隱)은 드러내지 않고 숨겨둘 일. 현(顯)은 겉으로 밝혀둘 일. 표리(表裏) 관계의 합법칙성을 말함.

[14]

만물은 도의 일부다.[1] 일물은 만물의 일부다. 어리석은 자는 그 일물 가운데 일부다. 그래서 스스로 도를 안다고 생각하더라도 알지 못하는 것이다. 신자(愼子)는 뒤에 대한 식견은 있으나 앞에 대한 식견은 없고[2] 노자는 굽힘에 대한 식견은 있으나 펼침에 대한 식견은 없으며[3] 묵자는 같음에 대한 식견은 있으나 다름에 대한 식견은 없고[4] 송자(宋子)는 적음에 대한 식견은 있으나 많음에 대한 식견은 없다.[5] 뒤만 있고 앞이 없다면 군중이 나아갈 문이 없을 것이고 굽힘만 있고 펼침이 없다면 귀천의 구분이 서지 않을 것이며 같음만 있고 다름이 없다면 정치 명령이 미치지 못할 것이고 적음만 있고 많음이 없다면 군중이 교화되지 않을 것이다. 『서』(書)⁶⁾에 이르기를 '좋아하는 마음을 갖지 말고⁷⁾ 왕의 도를 따르라. 싫어하는 마음을 갖지 말고 왕의 길을 따르라' 고 한다. 바로 이 것을 가리킨 말이다.

萬物爲道一偏. 一物爲萬物一偏, 愚者爲一物一偏, 而自以爲知道, 無知也. 愼子有見於後無見於先. 老子有見於詘無見於信. 墨子有見於齊無見於畸. 宋子有見於少無見於多. 有後而無先, 則群衆無門. 有詘而無信, 則貴賤不分. 有齊而無畸, 則政令不施. 有少而無多, 則群衆不化. 書曰, 無有作好, 遵王之道. 無有作惡, 遵王之路. 此之謂也.

1 一偏─일편(一偏)은 편단(片端)의 뜻. 만물의 근원 전체에 대한 한 부분을 말함.
2 無見於先─선(先)이란 적극적인 측면을 가리킴. 소극적인 견해인 후(後)의 대칭.
3 無見於信─신(信)은 신(伸)자로 통함. 굴(詘), 즉 굴종(屈從)에 대한 진취적 성향.
4 無見於畸─여기서 기(畸)란 차별의 뜻. 제일(齊一), 즉 동등한 측면만 강조하여 다른 점을 인정하지 않으려는 견해.
5 無見於多─다(多)는 과욕(寡慾)의 반대. 많은 욕심을 부림. 의욕적인 상태.
6 書─『서경』「홍범(洪範)·수신(修身)」편의 말미 글귀 인용.
7 無有作好─무(無)란 금지조사. 작호(作好)는 좋아하는 심정을 편파적으로 일으킴.

18 정론正論

이 편은 전국시대의 제자(諸子) 여러 학파간의 분분한 논의를 엄히 비판하고 그 잘못을 바로잡기 위하여 전개한 논의다. 일반에 전해지는 속설을 모두 타파하고 순황 자신의 세계관을 확립, 선양할 수 있었던 대목이다. 특히 송연(宋銒)의 비전론 근거와 과욕 주장의 모순에 대해 논파하고 있다. 전편을 통하여 고원한 이상 추구와 현실적 인간성의 용인이라는 명(名)과 실(實)의 일치 강조가 그 기조를 이룬다.

[1]

세속의 논자가 말하기를 '군주의 도는 은밀해야 좋다[1]'고 한다. 이것은 그렇지 않다. 군주라 하는 자는 민의 창도자[2]이고 위에 서는 자는 아랫사람의 모범[3]이다. 저들은 장차 선창을 듣고 응하고 모범을 보고 움직일 것이니 선창자가 가만히 있다면 민이 응할 리 없고 모범을 보이지 않는다면 아래가 움직일 리 없을 것이다. 응하지 못하고 움직이지 못한다면 위아래가 서로 있을 까닭이 없다.[4] 이와 같다면 윗사람이 없는 것과 똑같으니 이보다 큰 불상사는 없을 것이다. 그러므로 위에 선 자는 아랫사람의 근본인 것이다. 위의 도가 선명하다면 아래도 잘 다스려질[5] 것이고 위가 바르고 성실하다면 아래도 삼가고 진실해질[6] 것이며 위가 공정하다면 아래도 평온하고 솔직해질[7] 것이다. 잘 다스려진다면 하나로 통일하기 쉬울 것이고 삼가고 진실해진다면 부리기 쉬울 것이며 평온하고 솔직해진다면 그 심정을 이해하기 쉬울 것이다. 하나로 통일하기 쉽다면 강해질 것이고 부리기 쉽다면 공적이 있을 것이며 이해하기 쉽다면 헷갈리지 않을[8] 것이다. 이것이 다스림을 낳게 하는 원인이다. 위가 은밀하다면 아래가 의혹을 품게 될[9] 것이고 위가 음험하다면 아래가 속게 될[10] 것이며 위가 치우친다면 아래가 패거리를 짓게 될 것이다. 의혹을 품게 된다면 하나로 통일하기 어려울 것이고 속게 된다면 부리기 어려울 것이며 패거리를 짓게 된다면 이해하기 어려울 것이다. 하나로 통일하기 어렵다면 강해지지 못할 것이고 부리기 어렵다면 공적을 세우지 못할 것이며 이해하기 어렵다면 분명해지지 못할 것이다. 이것이 어지러움을 일으키는 원인이다.

그러므로 군주의 도는 밝아야 좋다 하고 어두우면 좋지 않다 하니 선명함은 좋고 은밀함은 좋지 않은 것이다. 그래서 군주의 도가 명백하다면 아래가 안정되고 군주의 도가 음험하다면 아래가 위구심을 지니게 된다. 아래가 안정된다면 위를 높일 것이고 아래가 위구심을 지니게 된다면 위를 낮추어 볼 것이다. 그러므로 위가 민의 본심을 이해하기 쉽다면 아래가 위를 가까이할 것이고 위가 이해하기 어렵다면 아래가 위를 두려워할 것이다. 아래가 위를 가까이한다면 위도 안정될 것이고 아래가 위를 두려워한다면 위도 위구심을 가지게 될 것이다. 그러므로 군주의 도가 이해하기 어려움보다 나쁜 것은 없고 아래가 자기를 두려워하게 함보다 위험한 것은 없다. 전해오는 말에 이르기를 '자신을 미워하는 자가 많다면 위험할 것이다'라 하고 『서』[11]에 이르기를 '밝은 덕을 충분히 잘 밝힌다'라 하며 『시』[12]에 이르기를 '아래에 덕이 분명히 밝혀지다'라고도 하였다. 그래서 선왕은 이를 분명하게 밝혔다. 어찌 다만 이를 은밀히 할 뿐이겠는가.

世俗之爲說者曰, 主道利周. 是不然. 主者民之唱也, 上者下之儀也. 彼將聽唱而應, 視儀而動. 唱默則民無應也, 儀隱則下無動也. 不應不動, 則上下無以相有也. 若是則與無上同也, 不祥莫大焉. 故上者下之本也, 上宣明則下治辨矣, 上端誠則下愿愨矣, 上公正則下易直矣. 治辨則易一, 愿愨則易使, 易直則易知. 易一則彊, 易使則功, 易知則明. 是治之所由生也. 上周密則下疑玄矣, 上幽險則下漸詐矣, 上偏曲則下比周矣. 疑玄則難一, 漸詐則難使, 比周則難知. 難一則不彊, 難使則不功, 難知則不明, 是亂之所由作也.

故主道利明, 不利幽, 利宣不利周. 故主道明則下安, 主道幽則下危. 下安則貴上, 下危則賤上. 故上易知則下親上矣, 上難知則下畏上矣. 下親上則上安, 下畏上則上危. 故主道莫惡乎難知, 莫危乎使下畏己. 傳曰, 惡之者衆則危, 書曰, 克明明德, 詩曰, 明明在下, 故先王明之, 豈特玄之耳哉.

1 利周 —이(利)는 의(宜)자로 통함. 주(周)는 주밀(周密)의 뜻. 사실을 숨겨서

알지 못하게 함. 법가적 통치술의 하나.

2 民之唱 — 창(唱)이란 읊어댐. 앞서서 외침. 여기서는 창도(唱導)·선창(先唱)의 뜻.

3 下之儀 — 의(儀)는 의표(儀表). 따라 지켜야 할 준칙(準則)을 일컬음.

4 無以相有 — 유(有)란 지탱하여 가짐. 보유(保有)의 뜻. 존립(存立) 사유를 말함.

5 治辨 — 변(辨)도 역시 치(治)와 같은 뜻. 잘 다스려진 상태를 이르는 말.

6 愿愨 — 원(愿)·각(愨) 두 글자 모두 신(愼)자와 같음. 순박하고 착함.

7 易直 — 이(易)는 화이(和易)의 뜻. 온화하고 공손함.

8 明 — 명(明)이란 명랑한 기운이 넘침. 시책에 있어 의혹이 전혀 없는 분위기를 말함.

9 疑玄 — 현(玄)은 눈이 아찔할 현(眩)자로 통함. 혹(惑)자와 마찬가지 의미.

10 漸詐 — 점(漸)은 잠(潛)자로 통용됨. 음(陰)자와 같은 뜻. 남이 모르게 속임.

11 書 — 『상서』(尙書)「강고」(康誥)편의 인용 글귀.

12 詩 — 『시경』「대아(大雅)·대명(大明)」편의 인용 시구.

[2]

세속의 논자가 말하기를 '걸(桀)·주(紂)가 천하를 보유하고 있었는데 탕(湯)·무(武)가 이를 빼앗았다[1]'고 한다. 이것은 그렇지 않다. 걸·주를 두고 일찍이 천자의 자리[2]에 있었다는 것은 옳다. 그 스스로 천자의 자리를 가졌다는 것은 옳지 않다. 천하 민심이 걸·주에게 있었다는 것도 옳지 않다. 옛날 천자에게는 천 개의 관직이 있었고 제후에게는 백 개의 관직이 있었다. 이 천 개의 관직을 가지고 온 중국 여러 나라[3]에 명령이 행해진다면 이를 가리켜 왕이라 말하고 이 백 개의 관직을 가지고 한 영역 안에 명령이 행해져 비록 안정되지는 못하더라도 폐위하고 바뀌거나 뒤집혀 멸망하는[4] 데까지 이르지 않는다면 이를 가리켜 군주라 말할 것이다. 걸과 주는 성왕의 자손이고 천하를 보유한 자의 후예이며 세위가 있는 바이고 천하의 종실이다. 그런데도 재주가 없고 바르지도 못하며[5] 안으로는 백성들이 그를 미워하고 밖으로는 제후들이 그를 거역하며 가까이는 영역 안이 하나되지 않고 멀리는 제후들이 듣지 않으며 명령이 영역 안에 행해지지 않고 심지어는 제후들이 침략하여 쳐들어오게 되었던 것이다. 이와 같으면 비록 망하지 않았더라도 나는 이를 가리켜 천하를 잃었다고 말할 것이다. 성왕이 사몰하고 세위를 보유한 그 자손도 무능하여 천하를 이어가기에 부족하며[6] 천하에 진정한 군주가 없을 경우 제후들 가운데 능히 덕을 밝히고 위세를 쌓아올린 자가 있다면 온 천하의 민이 그를 군사(軍師)[7]로 삼기를 원하지 않을 수 없을 것이다. 그런데도 포악한 나라가 홀로 방자하게 나선다면 바로 이를 주벌(誅伐)함[8]에 있어 마치 독부(獨夫)[9]를 죽이듯 결코 죄없는 민을 살상하지 않고 포악한 나라의 군주를 죽일 것이다. 이와 같으면 능히 천하를 다스릴 만하다[10]고 말할 수 있을 것이다. 능히 천하를 다스리는 자를 가리켜 왕이라 말하는 것이다. 탕·무가 천하를 탈취한 것이 아니다. 그 도를 닦고 그 의를 행하여 천하 공동의 이[11]를 일으키고 천하 공동의 해를 물리쳐서 천하 사람들이 그에게 귀의했던 것이다. 걸·주가 천하를 떠난 것이 아니다. 우(禹)·탕(湯)[12]의 덕을 어기고 예의의 분별을 어지럽히며 금수 같은 행위와 그 허물을 쌓고 그 악을 다하여 천하 사람들이 그를 떠났던 것이다. 천하가 귀의하는 것을 가리켜 왕이라 말하고 천하가 떠나는 것을 가리켜 망했다 말하는 것이다. 그러므로 걸·주가 천하를 잃고 탕·무가 군주를 시해하지 않은 일이 이것을 통하여 분명해지는[13] 것이다.

탕·무라 하는 이는 민의 부모고 걸·주라 하는 자는 민의 원한을 산 적이다. 지금 세속의 논자는 걸·주를 군주라 하고 탕·무를 시해한 자라고 한다. 그렇다면 이것은 민의 부모를 비난하여[14] 민의 원한을 산 적을 어른으로 높이는 것이다. 이보다 큰 불상사는 없다. 천하 민심을 모으는[15] 자를 군주라 한다면 천하가 일찍이 걸·주에게 모여든 일이 없었다. 그렇다면 탕·무를 시해한 자라고 하는 것은 일찍이 논의된 적이 없고 다만 그를 헐뜯으려는[16] 것일 따름이다. 그러므로 천자는 오직 걸맞는 사람이라야만 한다. 천하라 하는 것은 지극히 중하므로 더없는 강자가 아니면 능히 감당할 수 없고 지극히 크므로 더없는 분별[17]이 아니면 능히 가려낼 수 없으며 지극히 많으므로 더없는 현명이 아니면 능히 알맞게 할 수 없다. 이 세 가지 지극한 것은 성인이 아니면 능히 다할 수 없는 것이다. 그러므로 성인이 아니면 능히 왕이 될 수 없다. 성인은 도를 갖추어 미덕을 온전히 하는 자다.[18] 이것이 바로 천하를 평정하는 잣대[19]인 것이다. 걸·주라 하는 자는 그 지려가 더없이 음험하고 그 마음[20]이 더없이 암우하며 그 행위가 더없이 난폭하였다. 가까운 친척도 멀리하고 현자도 천시하며 백성을 미워하여 우·탕(성인)의 후예이면서 한 사람도 자기 편[21]을 얻지 못하였다. 비간(比干)의 가슴을 쪼개고 기자(箕子)를 잡아 가두어 끝내는 자신도 죽고 나라를 망쳐서 천하의 큰 치욕[22]이 되고 후세에 악을 말할 경우 반드시 예로 들게[23] 되었던 것이다. 이것은 처자도 감싸주지 못하는 짓이다.[24] 그래서 더없이 현명해야만 천하를 보존할[25] 것이니 탕·무가 바로 그다. 더없이 무능하면 처자도 감싸주지 못할 것이니 걸·주가 바로 그다. 지금 세속의 논자가 주장하기를 걸·주가 천하를 보유하고 탕·무를 신하로 삼았다고 하니 어찌 잘못이 심하지 않겠는가. 비유하면 이는 마치 곱사등이 무당이나 절름발이 박수 무당들[26]이 자신들은 뛰어나게 잘 안다고 생각하는 것과 같다.

그러므로 나라 빼앗는 일은 있을 수 있어도 천하 빼앗는 일은 있을 수 없고 나라 훔치는 일은 있을 수 있어도 천하 훔치는 일은 있을 수 없다. 빼앗아서 나라를 가질 수 있어도 천하를 가질 수는 없고 훔쳐서 나라를 얻을 수 있어도 천하를 얻을 수는 없다. 이것이 무엇인가. 말하기를 '나라는 작은 도구이기 때문에 소인도 보유할 수 있고 작은 도로도 얻을 수 있으며 작은 힘으로도 유지할[27] 수 있으나 천하라 하는 것은 큰 도구이므로 소인이 보유할 수 없고 작은 도로는 얻을 수 없으며 작은 힘으로는 유지할 수 없는 것이다'라고 한다. 나라라 하는 것은 소인도 그것을 보유할 수 있지만 반드시 망하지 않는 것은 아니다. 천하라 하는 것은 지극히 큰 것이어서 성인이 아니면 이를 능히 보유할 수 없는 것이다.

世俗之謂說者曰, 桀紂有天下, 湯武篡而奪之, 是不然. 以桀紂爲嘗有天
下之籍則然. 親有天下之籍則然, 天下謂在桀紂則不然. 古者天子千官,
諸侯百官. 以是千官也, 令行於諸夏之國, 謂之王, 以是百官也, 令行於境
內, 國雖不安, 不致於廢易遂亡, 謂之君. 聖王之子也, 有天下之後也, 執
籍之所在也, 天下之宗室也, 然而不材不中, 內則百姓疾之, 外則諸侯叛
之, 近者境內不一, 遙者諸侯不聽, 令不行於境內, 甚者諸侯侵削之, 攻伐
之, 若是則雖未亡, 吾謂之無天下矣. 聖王沒, 有執籍者罷不足以縣天下,
天下無君, 諸侯有能德明威積, 海內之民, 莫不願得以爲君師, 然而暴國
獨侈, 安能誅之, 必不傷害無罪之民, 誅暴國之君, 若誅獨夫. 若是則可謂
能用天下矣. 能用天下之謂王. 湯武非取天下也. 脩其道, 行其義, 興天下
之同利, 除天下之同害, 而天下歸之也. 桀紂非去天下也. 反禹湯之德, 亂
禮義之分, 禽獸之行, 積其凶, 全其惡, 而天下去之也. 天下歸之之謂王,
天下去之之謂亡. 故桀紂無天下而湯武不弒君, 由此效之也.

湯武者民之父母也, 桀紂者民之怨賊也. 今世俗之爲說者, 以桀紂爲君,
而以湯武爲弒, 然則是誅民之父母, 而師民之怨賊也, 不祥莫大焉. 以天
下之合爲君, 則天下未嘗合於桀紂也, 然則以湯武爲弒, 則未嘗有說也,
直墮之耳. 故天子唯其人. 天下者至重也, 非至彊莫之能任, 至大也, 非至
辨莫之能分, 至衆也, 非至明莫之能和. 此三至者, 非聖人莫之能盡. 故非
聖人莫之能王. 聖人備道全美者也, 是縣天下之權稱也. 桀紂者, 其知慮
至險也, 其至意至闇也, 其行爲至亂也, 親者疏之, 賢者賤之, 生民怨之,
禹湯之後也, 而不得一人之與, 刳比干, 囚箕子, 身死國亡, 爲天下之大
僇, 後世之言惡者必稽焉. 是不容妻子之數也. 故至賢疇四海, 湯武是也.
至罷不容妻子, 桀紂是也. 今世俗之爲說者, 以桀紂爲有天下而臣湯武,
豈不過甚矣哉. 譬之是猶傴巫跛匡, 而自以爲有知也.

故可以有奪國, 不可以有奪天下, 可以有竊國, 不可以有竊天下也. 奪可
以有國, 不可以有天下, 竊可以得國, 而不可以得天下. 是何也. 曰, 國小
具也, 可以小人有也, 可以小道得也, 可以小力持也, 天下者大具也, 不可
以小人有也, 不可以小道得也, 不可以小力持也. 國者小人可以有之, 然

而未必不亡也. 天下者至大也, 非聖人莫之能有也.

1 篡而奪之―찬(篡)은 탈위(奪位)의 뜻. 신하가 반역하여 임금의 자리를 빼앗아 가짐.

2 天下之籍―여기서 적(籍)이란 위(位), 즉 왕의 자리를 말함.

3 諸夏―하(夏)는 대(大)자와 같은 뜻. 중국 전체의 제후국을 가리킴.

4 廢易遂亡―폐(廢)는 폐제(廢除)의 뜻. 버려 없앰. 수(遂)는 추(墜)자로 통함. 전복(轉覆), 즉 뒤집힘.

5 不材不中―재(材)는 재(才)자로 통용됨. 중(中)은 중정(中正)·공평(公平)을 말함.

6 罷不足以縣―파(罷)는 무능의 뜻. 기력이 없음. 현(縣)은 맬 계(繫)자와 같음. 평형(平衡)의 뜻으로도 풀이됨.

7 君師―군(君)은 정치에 있어 수장(首長)의 뜻. 사(師)는 도의적 지도자. 순황은 이를 분리하지 않고 하나로 파악함.

8 安能誅之―안(安)은 즉(則)자와 같은 어조사. 어시(於是)의 뜻. 능(能)은 내(乃)자와 같음. 주(誅)란 때려서 죽임.

9 獨夫―독부(獨夫)는 고립무원으로 따돌림당한 사나이. 민이 등돌린 폭군을 가리킴.

10 能用―여기서 용(用)은 위(爲)자로 통함. 치(治)자와 마찬가지 의미.

11 天下之同利―동리(同利)란 이익을 함께함. 천하 사람이 똑같이 취할 이득을 말함.

12 反禹湯―우(禹)는 하(夏)왕조를 연 이. 걸(桀)의 시조. 탕(湯)은 은(殷)왕조 주(紂)의 시조. 모두 성인으로 일컬어짐.

13 效之―효(效)는 험(驗)자와 같은 뜻. 증명하여 원인을 밝혀냄.

14 誅―여기서 주(誅)는 꾸짖을 책(責)자로 쓰임. 허물 구(咎)자와 마찬가지 의미.

15 天下之合―합(合)은 집중(集中)의 뜻. 민심이 한데 모임.

16 直墮之―타(墮)는 헐 훼(毁)자와 마찬가지 의미. 얕보아 비방함. 직(直)은 다만이란 뜻.

17 至辨―변(辨)은 변지(辨智), 즉 판단지(判斷智)를 말함. 분별할 수 있는 최상의 능력.

18 全美者―전미(全美)란 진(眞)·선(善)·미(美)를 한 몸에 다 갖춤. 이른바 성인상을 가리킴.

19 權稱―권(權)·칭(稱) 두 글자 모두 저울의 뜻. 기준을 말함.

20 至意—여기서 지(至)는 지(志)자로 통함. 심지(心志)를 가리킴.

21 一人之與—여(與)는 당여(黨與)와 마찬가지 의미. 편들어 한패거리가 됨.

22 大傶—류(傶)는 욕(辱)자로 통용됨. 치욕(恥辱)의 뜻.

23 必稽—계(稽)는 계고(稽考)의 뜻. 예를 제시하여 비교 고찰함.

24 容妻子之數—용(容)은 복비(覆庇)의 뜻. 지켜줌. 수(數)는 리(理)자로 통함. 수단 방법.

25 疇四海—주(疇)는 수(壽)자로 함께 쓰임. 유월(兪樾)은 보(保)자와 같은 뜻으로 풀이함.

26 傴巫跛匡—구무(傴巫)는 곱사등이 무당. 파광(跛匡)은 절름발이 박수 무당. 광(匡)은 격(覡)자와 같음. 신의 뜻을 점치는 자.

27 持—여기서 지(持)는 유지(維持)와 같은 뜻. 지탱해나감.

[3]

세속의 논자가 말하기를 '잘 다스려졌던 고대에는 육형(肉刑)[1]은 없고 상형(象刑)[2]이 있었다. 묵형(墨刑)은 검정 건을 씌우고[3] 의형(劓刑)은 바랜 갓끈을 매게[4] 하며 궁형(宮刑)은 창백한 앞치마를 걸치게[5] 하고 비형(剕刑)은 삼신을 신기며[6] 사형은 붉은 옷을 입혀 깃을 달지 않게[7] 했다. 잘 다스려졌던 고대에는 이와 같았다'고 한다. 이것은 그렇지 않다. 정말 잘 다스려졌다고 생각하는가. 그렇다면 사람들은 본래부터 죄를 범하지 않았을[8] 것이고 비단 육형을 쓰지 않았을 뿐만 아니라 역시 상형도 쓰지 않았을 것이다. 상형은 사람이 혹 죄를 범하더라도 다만 그 형벌을 가볍게 하기 위한 것이라 한다. 그렇다면 이는 살인한 자를 죽이지 않고 사람 해친 자를 처벌하지 않는 것이 된다. 죄가 더 없이 중한데도 형벌은 지극히 가벼워 일반 사람은 악을 미워할 줄 모르게[9] 될 것이니 어지러움이 이보다 큰 것은 없다. 무릇 사람을 처형하는 근본은 난폭을 금하고 악을 미워하며 그 미래를 경계함이다.[10] 살인한 자를 죽이지 않고 사람 해친 자를 처벌하지 않는다면 이를 가리켜 난폭한 자에게 혜택을 주고 적에게 관대하다고 말할 것이니 악을 미워하는 처사가 아니다. 그러므로 상형은 아마도 잘 다스려졌던 고대에 생긴 것이 아니라 어지러운 오늘날 막 생긴[11] 것이다. 잘 다스려졌던 고대에는 그렇지 않았다. 무릇 작위·관직·포상·형벌은 모두 그 행위에 대한 보답이고 같은 유에 따라 서로 상응하는 것이다. 한 가지 일이라도 걸 맞지 않는다면[12] 혼란의 발단이 된다. 무릇 덕이 그 자리에 맞지 않고 능력이 그 관직에 맞지 않으며 포상이 그 공에 마땅하지 않고 처벌이 그 죄에 맞지 않는다면 이보다 큰 불상사는 없다. 옛날에 무왕은 은 (殷)[13]을 정벌하여 주를 주살하고 그 목을 잘라 붉은 기[14] 끝에 매달았 다. 무릇 난폭한 자를 정벌하고 흉악한 자를 주살한다는 것은 정치적으 로 대단한 일이다. 살인자는 죽이고 사람 해친 자는 처벌한다 함은 모 든 왕이 똑같이 해오던 것으로 그 유래하는 바를 아는 자는 없다. 형벌 이 그 죄에 걸맞으면 다스려지고 그 죄에 걸맞지 않으면 어지러워진다. 그러므로 잘 다스려지면 형벌이 무거울 것이고 어지러워지면 형벌이 가벼울 것이다. 다스려진 세상에서 범한 죄는 원래 무겁고 어지러워진 세상에서 범한 죄는 원래 가벼운 것이기 때문이다. 『서경』[15]에 이르기 를 '형벌은 때에 따라 가볍고 때에 따라 무겁다'라고 하니 이것을 가리 킨 말이다.

世俗之爲說者曰, 治古無肉刑, 而有象刑. 墨幪, 劓慅嬰, 宮艾畢, 荆䋽 屨, 殺赭衣而不純. 治古如是. 是不然. 以爲治邪, 則人固莫觸罪, 非獨不 用肉刑, 亦不用象刑矣. 以爲人或觸罪矣, 而直輕其刑. 然則是殺人者不 死, 傷人者不刑也. 罪至重, 而刑至輕, 庸人不知惡矣, 亂莫大焉. 凡刑人 之本, 禁暴惡惡且徵其未也. 殺人者不死, 而傷人者不刑, 是謂惠暴而寬 賊也, 非惡惡也. 故象刑殆非生於治古, 並起於亂今也. 治古不然. 凡爵 列官職賞慶刑罰, 皆報也, 以類相從者也. 一物失稱, 亂之端也. 夫德不 稱位, 能不稱官, 賞不當功, 罰不當罪, 不祥莫大焉. 昔者武王伐有商, 誅 紂斷其首, 縣之赤旆. 夫征暴誅悍, 治之盛也. 殺人者死, 傷人者刑, 是百 王之所同也, 未有知其所由來者也. 刑稱罪則治, 不稱罪則亂. 故治則刑 重, 亂則刑輕. 犯治之罪固重, 犯亂之罪固輕也. 書曰刑罰世輕世重, 此之 謂也.

1 肉刑─육형(肉刑)이란 체형(體刑)을 이르는 말. 묵(墨)·의(劓)·비(剕)·궁(宮)·대벽(大辟) 등 다섯 가지 형벌.

2 象刑─상(象)은 사(似)자로 통함. 본뜸. 실형을 대체하여 복장만 달리 구별하는 형벌.

3 黥墨幪─경(黥)은 이마에 먹물로 자자(刺字)하는 형벌. 묵형(墨刑). 몽(幪)은 복(覆)자와 같음. 검정 베를 얼굴에 뒤집어씌움.

4 劓慅嬰─의(劓)는 코 베는 형벌. 소(慅)는 조탁(澡濯)의 뜻. 천을 자주 빨아서 바래게 함. 영(嬰)은 영(纓)자와 같음.

5 宮艾畢─궁(宮)은 거세(去勢)하는 형벌. 애(艾)는 창백한 늙은이 색깔. 필(畢)은 불(紱)자와 같음. 일종의 앞치마를 두름.

6 剕緋屨─비(剕)는 발꿈치를 베는 형벌. 봉(緋)은 시(枲)자로 통용됨. 구(屨)는 삼신을 가리킴.

7 赭衣而不純─자의(赭衣)는 붉은 흙으로 물들인 옷. 순(純)은 옷단에 선을 두름.

8 莫觸罪─촉(觸)은 저촉(抵觸)의 뜻. 법을 어기는 범법을 말함.

9 庸人不知惡─용인(庸人)은 범인(凡人)을 가리킴. 악(惡)이란 나쁜 일을 증오한다는 뜻.

10 徵其未─징(徵)은 징(懲)자와 같음. 미(未)는 미래에 닥칠 일. 장래를 대비하여 경계함.

11 竝起─병(竝)은 방(方)자로 통함. 옛 음이 곁 방(傍)자에 가까움. 여기서는 막 일어나려 함.

12 失稱─칭(稱)이란 저울질함. 균형잡히지 않은 상태.

13 有商─상(商)은 은(殷) 왕조의 별칭. 유(有)는 부족이나 국명 앞에 붙이는 접두사.

14 赤斾─패(斾)는 기(旗)자와 같음. 끝이 갈라진 큰 깃발.

15 書─『서경』「주서(周書)·여형(呂刑)」편의 인용 글귀.

[4]

세속의 논자가 말하기를 '탕·무는 금령(禁令)[1]을 내릴 수 없었다'라고 하였다. 이것은 무엇인가. 말하기를 '초(楚)·월(越)[2]이 통제를 받지 않았다'라고 하였다. 이것은 그렇지 않다. 탕·무는 천하의 금령을 지극히 잘 내린 이다. 탕은 박(亳)[3]에 있고 무왕은 효(鄗)[4]에 있어 모두가 사방 백리의 땅이었으나 천하는 하나되고 제후들은 신하가 되어 가 닿을 수 있는 지역 안의 사람들[5)]이 떨쳐 일어나 복종하여 감화되고 따르지 않는 자가 없었다 한다. 어찌 초ㆍ월만이 홀로 통제받지 않았겠는가. 저 왕자의 통제라 하는 것은 형세를 살펴보아 기물이나 용구를 제정하고 원근 거리를 비교하여 바치는 공물을 구분하는[6)] 것이니 어찌 반드시 똑같게 하겠는가. 그러므로 노나라 사람은 당(橖)[7)]으로써 하고 위나라 사람은 가(柯)[8)]를 쓰며 제나라 사람은 일혁(一革)[9)]을 썼다. 토지 형세가 같지 않을 경우에는 그 기물ㆍ용기ㆍ의복ㆍ장식을 달리하지 않을 수 없었던 것이다. 그러므로 중원에 위치한 여러 나라들은 똑같이 섬기고 의식ㆍ제도도 같았으나 만(蠻)ㆍ이(夷)ㆍ융(戎)ㆍ적(狄)에 속한 나라들은 섬기는 일은 같더라도 의식 제도는 같지 않았다. 왕기(王畿) 안은 전복(甸服)[10)]으로 섬기게 하고 왕기 밖은 후복(侯服)[11)]으로 섬기게 하며 후위는 빈복(賓服)[12)]으로 만ㆍ이는 요복(要服)[13)]으로 융ㆍ적은 황복(荒服)[14)]으로 섬기게 하였다. 전복자는 그 제사마다 후복자는 그 달의 제사마다 빈복자는 계절의 행사마다 요복자는 한 해의 조공 바칠 때마다 황복자는 왕이 바뀔[15)] 때마다 내조(來朝)하게 정해졌다. 매일의 제사, 월 제사, 시향, 세공, 큰 제사인[16)] 것이다. 대저 이것을 가리켜 형세를 살펴보아 기물이나 용구를 제정하고 원근 거리를 비교하여 바치는 공물을 구분한다고 말하는 것이다. 이것이 바로 왕자가 정한 제도다. 저 초ㆍ월이라 하는 것은 장차 시향과 세공, 큰 제사에 참예하는 나라다. 반드시 매일의 제사와 월 제사에 참예하는 나라와 같게 한 연후에 통제받지 않았다고 말하려 하는가. 이것은 크게 어긋난 논의다.[17)] 개천에 빠진 거지[18)]라면 함께 왕자의 제도를 언급하기에 부족한 것이다. 전해오는 말에 이르기를 '천박한 자는 함께 심원한 것을 헤아릴 수 없고 어리석은 자는 함께 지려를 꾀할 수 없으며 무너진 우물 안의 개구리[19)]는 함께 동해 바다의 즐거움을 이야기할 수 없다'라고 한다. 이것을 가리킨 말이다.

世俗之爲說者曰, 湯武不能禁令. 是何也. 曰, 楚越不受制, 是不然. 湯武者至天下之善禁令者也. 湯居亳, 武王居鄗, 皆百里之地也, 天下爲一, 諸侯爲臣, 通達之屬, 莫不振動從服以化順之, 曷爲楚越獨不受制也. 彼王者之制也, 視形埶, 而制械用, 稱遠近而等貢獻, 豈必齊哉. 故魯人以榶, 衛人用柯, 齊人用一革, 土地形勢不同者, 械用備飾不可不異也. 故諸夏之國, 同服同儀, 蠻夷戎狄之國, 同服不同制. 封內甸服, 封外侯服, 侯衛賓服, 蠻夷要服, 戎狄荒服. 甸服者祭, 侯服者祀, 賓服者享, 要服者貢, 荒服者王. 日祭月祀時享歲貢終王. 夫是之謂視形勢而制械用, 稱遠近而等貢獻. 是王者之制也. 彼楚越者, 且時享歲貢終王之屬也, 必齊之日祭月祀之屬, 然後曰受制邪. 是規磨之說也, 溝中之瘠也, 則未足與及王者之制也. 語曰, 淺不足與測深, 愚不足與謀知, 坎井之鼃不可與語東海之樂, 此之謂也.

1 禁令 ― 금(禁)은 금법(禁法). 령(令)은 행정 명령. 왕이 지배권을 행사하기 위한 수단.

2 楚·越 ― 초(楚)는 장강의 중류, 월(越)은 그 하류 땅. 은·주의 권위가 미치지 못했던 지역.

3 亳 ― 박(亳)은 은의 옛 도읍지. 하남(河南)성 상구(商邱)현 부근의 땅.

4 鄗 ― 효(鄗)는 주의 옛 도읍지. 지금의 섬서성(陝西省) 서안(西安)을 가리킴.

5 通達之屬 ― 통달(通達)은 길이 통하여 수레나 배가 도달할 수 있는 범위. 속(屬)은 그 지역에 소속된 백성.

6 等貢獻 ― 등(等)은 등급을 정함. 산지와 거리에 따라 공물이나 헌상품을 구별하고 차등을 둠.

7 榶 ― 당(榶)은 완(盌)의 일종. 음식을 담아 먹는 주발.

8 柯 ― 가(柯)는 우(盂)자와 마찬가지 의미. 밥그릇을 가리킴.

9 一革 ― 일혁(一革)이란 치이(鴟夷)와 같음. 가죽으로 만든 용기. 술을 담아 두는 자루.

10 封內甸服 ― 봉내(封內)는 왕의 직할지. 기내(畿內)의 뜻. 전복(甸服)이란 사방 오백 리 안 왕의 땅을 농사지어 섬기는 일.

11 侯服 ― 후(侯)는 도성 밖 오백 리부터 천 리까지 이르는 범위의 땅. 후(侯)는 후(候)자로 통용됨. 척후(斥候)의 뜻을 아울러 지님.

12 侯衛賓服 — 위(衛)는 후기(侯圻) 경계로부터 이천오백 리 떨어진 지역. 빈복(賓服)은 그 토산물을 가지고 왕을 뵈러 오게 함.

13 蠻夷要服 — 만(蠻)은 위에서 오백 리. 이(夷)는 다시 오백 리를 가리킴. 요(要)는 강요의 뜻. 중국 문화에 익숙하도록 글을 가르침.

14 戎狄荒服 — 융(戎) · 적(狄)은 중원에서 가장 멀리 떨어진 지역을 가리킴. 황(荒)은 간이(簡易)의 뜻. 엄격하지 않은 상태.

15 荒服者王 — 여기서 왕(王)이란 새 왕의 즉위식을 말함. 그 경우에만 내조(來朝)한다는 의미.

16 終王 — 종왕(終王)은 대체(大禘)와 같은 뜻. 큰 제사를 올림.

17 規磨之說 — 규(規)는 둥근 형체를 만드는 도구. 마(磨)는 닳아서 찌그러짐. 무딘 상태. 도착(倒錯)된 생각.

18 溝中之瘠 — 척(瘠)은 여윌 리(羸)자로 통용됨. 병든 거지.

19 坎井之黿 — 감정(坎井)은 괴정(壞井) 무너진 웅덩이. 와(黿)는 와(蛙)의 속자.

[5]

세속의 논자가 말하기를 '요와 순은 선양(禪讓)[1]하였다'라고 한다. 이것은 그렇지 않다. 천자라 하는 이는 세위가 더없이 존귀하여 천하에 대적할[2] 자가 없다. 도대체 또 누구에게 물려준다는 말인가. 그 도덕은 완전히 갖추어지고 지혜가 크게 명석하여 천자 자리에 나아가[3] 천하 정사를 청단(聽斷)하였으니 백성들이 모두 떨쳐 일어나 복종하여 감화되고 따르지 않는 자가 없으며 천하에 숨는 인사가 없고 잊혀진 선인도 없었다. 여기에 함께 동조하는 자는 옳았고 달리 어기는 자는 옳지 않았다. 도대체 또 어떻게 천하를 물려준다는 말인가.

논자가 말하기를 '죽어서 자리를 물려주었다'라고 한다. 이것 또한 그렇지 않다. 성왕이 위에 있으면 덕을 가늠하여 그 차례를 정하고[4] 능력을 헤아려 벼슬을 주며 민으로 하여금 각자 그 일을 하게 하여 그 마땅한 데를 얻게 하며 도의로써 이욕을 억제할 수 없거나 수양으로써 본성을 조절할[5] 수 없는 자라도 고루 다 아울러 그 민으로 삼는다. 성왕은 이미 죽고 천하에 성자가 없다면 처음부터 천하를 물려주기에 족할 자가 없는 것이다. 그렇지만 천하에 성자가 있어 그 뒤를 이을 자[6]가

있다면 천하 사람은 흩어지지 않고 조정은 자리가 바뀌지 않으며 나라
는 제도를 고치지 않고 천하가 평온하여[7] 먼저와 다를 까닭이 없게 될
것이다. 요와 같은 이로 요를 잇는 것이니 도대체 또 무슨 변이 있었겠
는가. 성자가 뒤를 이을 자에게는 있지 않고 삼공(三公) 중에 있다면 천
하 사람이 그에게 귀의하는 것[8]이 마치 다시 떨쳐 일어서듯이 하여 천
하는 평온하고 전과 다를 까닭이 없게 될 것이다. 요와 같은 이로 요를
잇는 것이니 도대체 또 무슨 변이 있겠는가. 다만 그 조정을 옮기고 제
도 고치는 일을 흩어진다고 할 뿐이다. 그러므로 천자가 살아서는 천하
가 하나같이 높여 순종을 다하여 다스려지고 덕을 가늠하여[9] 차례를
정하며 죽으면 능히 천하 맡을 자를 반드시 가지게 되는 것이다. 그 예
의에 따르는 분수를 다한다는 것이다. 선양을 어떻게 한다는 것인가.

　논자가 말하기를 '노쇠하여 물려주었다'라고 한다. 이것 또한 그렇지
않다. 혈기나 근력이라면 쇠함이 있으나 그 지려 판단[10]은 쇠하는 경우
가 없는 것이다. 말하기를 '연로한 자는 그 노고를 견디지 못하여 쉬려
는 것이다'라고 한다. 이것은 또 일하기 무서워하는 자의 논의다. 천자
라 하는 이는 세위가 더없이 중하고 몸도 지극히 편안하며 마음은 더없
이 즐겁고 의지는 굽힐 데가 없으며 육신이 노고를 하지 않고 그 위가
더없는 존귀한 자리다. 입는 의복은 다섯 가지 색깔로 물들인[11] 것을
입고 간색 섞은 아롱무늬 수놓은 비단 여러 벌 위에 주옥을 가지고 장
식을 한다. 먹을 음식은 소·양·돼지고기를 포개고[12] 진미를 갖추어
맛을 다 내며[13] 만(曼)을 연주하는 가운데 상을 올리고[14] 북을 두들기
는 가운데 식사를 하며[15] 옹(雍)을 연주하는 가운데 주방으로 상을 물
리니[16] 음식 나르는 집천자(執薦者) 백 사람이 서상(西廂)에 대기해 서
있다.[17] 정사 보는 자리는 휘장과 병풍을 치고[18] 칸막이를 등에 대어
앉으면[19] 제후들이 당 아래로 종종걸음을 친다. 궁 밖을 나서면 무당들
이 굿판을 벌이고[20] 도성 문을 나서면 종축(宗祝)[21]이 안전을 비는 제
를 올린다. 큰 수레를 탈 때[22]는 창포 방석을 깔아[23] 몸을 편안케 하고 곁
에는 향초를 두어[24] 코를 좋게 하며 앞에는 채색 가로대가 있어[25] 눈을

좋게 하고 방울소리는 천천히 걸으면 무(武)·상(象) 곡조[26]에 알맞으며 빨리 달리면 소(韶)·호(護) 곡조[27]에 알맞아 귀를 즐겁게 한다. 삼공은 멍에를 받들고 고삐를 잡으며[28] 제후들은 수레바퀴를 지키고 가마 곁에 끼어 말을 이끈다. 큰 나라 제후가 뒤를 따르고 대부는 이를 따르며 작은 나라 제후와 상사들도 이를 따르고 군사는 무장하여 길가를 지키며[29] 서민들은 숨고[30] 감히 바라보지 못한다. 조정에 있으면 대신(大神)과 같고 나가 움직이면 천제(天帝)와 같아 늙은 몸을 지키고 쇠한 몸을 보살핌이 이보다 더 좋은 것이 있겠는가. 늙은이는 쉬어야 하지만 쉬는 일에 오히려 안락과 마음 편안함이 이 같은 것이 있겠는가. 그러므로 '제후는 늙더라도 천자는 늙지 않으며 나라는 물려주는 일이 있어도 천하는 물려주지 않는다' 라고 말한다. 이것은 예나 지금이나 같다. 저 요·순이 선양하였다고 한 것은 바로 헛된 말이다. 이것은 천박한 자가 전하는 말이고 고루한 자가 일삼는 논설이다. 역순의 도리와 대소의 구별, 지극하고 지극하지 않은 차를 알지 못하는 자다. 천하의 큰 도리를 함께 논할 수 없는 자다.

世俗之謂說者曰, 堯舜擅讓, 是不然. 天子者, 埶位至尊, 無敵於天下, 夫有誰與讓矣. 道德純備, 智惠甚明, 南面而聽天下, 生民之屬, 莫不振動從服以化順之, 天下無隱士無遺善. 同焉者是也, 異焉者非也. 夫有惡擅天下矣.

曰, 死而擅之. 是又不然. 聖王在上, 決德而定次, 量能而授官, 皆使民載其事而各得其宜, 不能以義制利, 不能以僞飾性, 則兼以爲民, 聖王已沒, 天下無聖, 則固莫足以擅天下矣. 天下有聖而在後子者, 則天下不離, 朝不易位, 國不更制, 天下厭然與鄉無以異也, 以堯繼堯, 夫又何變之有矣. 聖不在後子, 而在三公, 則天下如歸, 猶復而振之矣, 天下厭然與鄉無以異也, 以堯繼堯, 夫又何變之有矣. 唯其徙朝改制爲難. 故天子, 生則天下一隆致順而治, 謫德而定次, 死則能任天下者必有之矣. 夫禮義之分盡矣, 擅讓惡用矣哉.

曰, 老衰而擅, 是又不然. 血氣筋力則有衰, 若夫智慮取舍則無衰. 曰, 老者不堪其勞而休也. 是又畏事者之議也. 天子者, 執至重而形至佚, 心至愉而志無所詘, 而形不爲勞尊無上矣. 衣被則服五采, 雜間色重文繡, 加飾之以珠玉, 食飮則重大牢, 而備珍怪慕臭味, 曼而饋, 伐皋而食, 雍而徹五祀, 執薦者百人侍西方, 居則設張容, 負依而立, 諸侯趨走乎堂下. 出戶而巫覡有事, 出門而宗祝有事. 乘大路, 越席以養安, 側載睪芷以養鼻, 前有錯衡以養目, 和鸞之聲, 步中武象, 騶中詔護以養耳. 三公奉軶持納, 諸侯持輪挾輿先馬, 大侯編後, 大夫次之, 小侯元士次之, 庶士介而夾道, 庶人隱竄, 莫敢視望. 居如大神, 動如天帝, 持老養衰, 猶有善於是者與. 老者休也. 休猶有安樂恬愉如是者乎. 故曰諸侯有老, 天子無老, 有擅國, 無擅天下. 古今一也. 夫曰堯舜擅讓, 是虛言也. 是淺者之傳, 陋者之說也. 不知逆順之理, 小大至不至之變者也. 未可與及天下之大理者也.

1 擅讓—여기서 천(擅)은 선(禪)자와 같은 뜻. 천자의 자리를 덕망 있는 자에게 전함.

2 無敵—여기서 적(敵)이란 구적(仇敵)과 다름. 대비할 상대. 필적(匹敵)과 마찬가지 의미.

3 南面—남면(南面)은 천자의 자리를 가리킴. 남쪽을 향해 앉아 정치 현안을 청취하고 집행함.

4 決德而定次—결덕(決德)이란 신하가 갖출 덕의 질과 그 수준을 평가하고 판단함. 차(次)는 벼슬의 서열을 매김.

5 以僞飾性—위(僞)는 작위(作爲). 인간의 후천적 노력. 식성(飾性)이란 본래 악한 성정을 수양을 쌓아서 개선시킴.

6 在後子者—후자(後子)는 사(嗣), 즉 천자의 자리를 이을 혈연관계에 있는 사람.

7 厭然—염연(厭然)은 안화(安和)와 같은 뜻. 편안한 상태.

8 如歸—여(如)는 왕(往)자로 통함. 귀복(歸服)의 뜻. 새 천자에게 달려가 의지함.

9 譎德—휼(譎)은 논란함. 결덕과 마찬가지 의미. 다른 판본은 논(論)자로 되어 있음.

10 取舍—사(舍)는 사(捨)자와 같음. 취사선택하는 능력을 말함.

11 五采—채(采)는 채(彩)자와 통용됨. 오(五)는 청·적·황·백·흑의 다섯 가지 원색.

12 大牢—대뢰(大牢)는 소·양·돼지고기를 다 갖춘 음식상. 제사에 바치는 공물(供物).

13 綦臭味—기(綦)는 극(極)자의 뜻. 취미(臭味)란 코의 후각(嗅覺)과 혓바닥의 맛을 말함.

14 曼而饋—만(曼)은 만악(縵樂)을 가리킴. 다른 음악과 맞추어 연주하는 일종의 화음(和音). 궤(饋)는 음식상을 올림.

15 伐皐—고(皐)는 큰북 고(鼛)자로 통함. 벌(伐)은 타(打) 또는 고(叩)자와 같음.

16 雍而徹五祀—옹(雍)은 천자가 제사를 끝내고 상을 치울 때 연주하는 음악. 여기서 오사(五祀)란 조(竈), 즉 부엌신을 대표해 말함.

17 侍西方—방(方)은 방(房)자의 뜻으로 상(廂)자와 같음. 곁채·행랑을 말함.

18 設張容—장(張)은 유장(帷帳)을 가리킴. 용(容)은 작은 병풍의 일종.

19 負依而立—의(依)는 의(扆)자의 빌린 글자. 천자가 앉는 자리 뒤에 세운 칸막이. 입(立)은 좌(座)자와 함께 쓰임.

20 有事—사(事)는 불제(祓除), 즉 상서롭지 못한 징조를 털어 없애는 푸닥거리.

21 宗祝—종(宗)은 제례를 관장하는 대종백(大宗伯). 축(祝)은 기복(祈福)을 맡은 대축(大祝).

22 大路—로(路)는 로(輅)자와 같음. 천자가 타는 수레.

23 越席—월(越)은 포(蒲)자로 함께 쓰임. 창포로 짠 돗자리.

24 睪芷—역(睪)은 택란(澤蘭). 지(芷)는 백지(白芷). 둘 다 향초 이름.

25 錯衡—형(衡)은 수레 앞을 가로지른 나무. 착(錯)은 잡(雜)자와 같은 뜻. 여러 가지 색깔로 장식한 수레의 부품.

26 武象—무(武)와 상(象) 둘 다 무왕이 제정한 악의 곡명.

27 韶護—소(韶)·호(護) 모두 탕왕이 만든 악의 명칭. 호(護)를 획(擭)자로 쓰기도 함.

28 奉軛持納—액(軛)은 멍에 액(軶)자와 같음. 납(納)은 납(靹)자와 통용됨. 안쪽 고삐를 쥠.

29 介而夾道—개(介)는 갑옷을 입음. 협도(夾道)란 길가 양쪽을 지킴.

30 隱竄—은(隱)·찬(竄) 두 글자 모두 무서워 도망쳐서 숨음.

[6]

세속의 논자가 말하기를 '요·순은 능히 교화할 수 없었다'라고 한다. 이것이 무엇인가. 말하기를 '주(朱)·상(象)[1]도 교화하지 못하였다'라고 한다. 이것은 그렇지 않다. 요·순은 천하에 더없이 교화를 잘한 인물이다. 남면하여 천하의 정사를 청단하면 모든 백성들이 떨쳐 일어나 복종하여 감화되고 따르지 않는 자가 없었다. 그런데도 주·상만은 홀로 교화가 안 되었으니 이것은 요·순의 잘못이 아니고 주·상의 허물인 것이다. 요·순은 천하의 뛰어난 인물[2]이며 주·상은 천하의 괴팍스럽고[3] 한때의 쓸모도 없는[4] 자다. 지금 세속의 논자가 주·상을 이상하게 여기지 않고 요·순만 비난하니 어찌 잘못이 심하지 않겠는가. 무릇 이것을 가리켜 괴기한 설이라고 말한다. 예(羿)나 봉문(蠭門)[5]은 천하의 활 잘 쏘는 자이지만 뒤틀린 활[6]과 굽은 화살을 가지고는 능히 미세한 것을 맞힐 수 없다. 왕량(王梁)이나 조보(造父)[7]는 천하의 말 잘 부리는 자이지만 저는 말[8]과 부서진 수레를 가지고는 능히 멀리 치달을 수 없다. 요·순은 천하의 교화 잘 하는 인물이지만 워낙 괴팍한 소인은 교화시킬 수 없다. 어느 세상이라고 괴팍한 자가 없겠으며 어느 시대라고 쓸모없는 자가 없겠는가. 태호(太皞)·수인(燧人)[9] 때부터 있었던 것이다. 그러므로 세속의 망설을 지어낸 자는 상서롭지 못할 것이고 그대로 배워서 전한 자는 앙화를 입을 것이며 이를 부정한 자는 좋은 일이 있을 것이다. 『시』[10]에 이르기를 '아래 백성의 재앙은 하늘로부터 내리지 않는 것이며 모여서 지껄이고[11] 뒤로 미워함은 오로지[12] 사람으로부터 이르는 것이다'라고 한다. 이것을 가리킨 말이다.

世俗之爲說者曰, 堯舜不能教化. 是何也. 曰, 朱象不化, 是不然也. 堯舜者, 至天下之善教化者也, 南面而聽天下, 生民之屬, 莫不振動從服以化順之. 然而朱象獨不化, 是非堯舜之過, 朱象之罪也. 堯舜者, 天下之英也, 朱象者, 天下之嵬, 一時之瑣也. 今世俗之爲說者, 不怪朱象, 而非堯舜也, 豈不過甚矣哉. 夫是之謂嵬說. 羿蠭門者, 天下之善射者也, 不能以撥弓曲矢中微. 王梁造父者, 天下之善馭者也, 不能以辟馬毀輿致遠. 堯舜者, 天下之善教化者也, 不能使嵬瑣化. 何世而無嵬, 何時而無瑣. 自太皞燧人莫不有也. 故作者不祥, 學者受其殃, 非者有慶. 詩曰, 下民之孽, 匪降自天, 噂沓背憎, 職競由人, 此之謂也.

1 朱象—주(朱)는 요의 아들 단주(丹朱)를 말함. 상(象)은 순의 배다른 동생. 어리석고 무도했던 자라고 전해짐.

2 天下之英—영(英)은 만인(萬人) 가운데 가장 뛰어난 이를 일컬음. 영걸(英傑)과 같음.

3 嵬—외(嵬)는 산이 울퉁불퉁한 모양. 괴벽(怪辟)스런 사람을 가리킴. 정상 아닌 기괴함.

4 瑣—쇄(瑣)는 간세(奸細)한 행동. 자질구레하여 취할 데가 전혀 없는 소인이란 뜻.

5 羿逄門—예(羿)는 고대의 활 잘 쏘는 이 이름. 봉문(逄門)은 그 제자. 봉몽(逄蒙)으로 통함.

6 撥弓—발(撥)은 뒤집어진 상태. 모양이 비틀어진 활.

7 王梁造父—왕량(王梁)은 춘추 때 조간자(趙簡子)를 섬긴 왕량(王良). 조보(造父)는 서주(西周) 목왕(穆王)을 섬긴 어부(馭夫).

8 辟馬—벽(辟)은 절름거릴 벽(躄)자로 통함. 여기서는 다른 말과 보조를 맞춤.

9 太皞燧人—태호(太皞)는 요·순 이전의 전설적 제왕 복희(伏羲)를 말함. 수인(燧人)은 그 앞의 제왕. 불을 처음 사용했다고 전함.

10 詩—『시경』「소아(小雅)·시월지교(十月之交)」편 인용 시구.

11 噂沓—준(噂)은 수군거림. 많이 지껄여서 두서없이 얽히는 이야기를 준답(噂沓)이라 표현함.

12 職競—직(職)과 경(競) 두 글자가 어울려 성어를 이룸. 한결같은 상태.

[7]

세속의 논자가 말하기를 '아주 먼 옛날에는 박장(薄葬)하였다.[1] 관 두께가 세 치고 입힌 옷가지가 세 벌[2]이며 장지가 농토를 해치지 않았기[3] 때문에 파뒤집지 않았다. 난세인 오늘날은 후장(厚葬)하여 관을 꾸미기 때문에 파뒤집는다'라고 한다. 이것은 천하 다스리는 도를 아는 데 미치지 못하고 무덤을 파헤치고[4] 파헤치지 않는 까닭에 대하여 살피지 못하는 자가 말하는 것이다. 무릇 사람이 남의 것을 훔치는 데는 반드시 그 목적이 있다. 부족한 것을 채우기 위해서거나, 넉넉하면 더 넉넉하기 위해서다. 그런데 성인이 백성들을 살게 하는 데는 모두가 풍성하고 느긋하여[5] 만족함을 알게 하고 여유를 가지되 도에 지나치지 않게 한다. 그러므로 좀도둑은 훔치지 않고 큰 도둑은 파헤치지 않으며[6] 개돼지도 음식을 내버리고[7] 농민이나 상인이 재화를 서로 내줄 수 있으며 풍속이 아름다워 남녀 스스로 길에서 야합[8]하지 않고 백성들은 떨어뜨린 물건 줍는 것을 부끄럽게 여긴다. 그러므로 공자가 말하기를 '천하에 도가 있으면 도둑들이 먼저 변할 것이다'라고 하였다. 비록 주옥이 시신 전체에 가득하고 수놓은 무늬비단을 속관에 채우고 황금을 외곽에 채우며 그 위에 붉은 채색[9]을 가하고 청색[10]을 겹쳐 칠하며 서각(犀角)과 상아로 광중의 나무를 만들고 낭간(琅玕)·용자(龍玆)[11]·화근(華覲)[12]으로 그 열매를 만든다 하더라도 이를 파헤칠 자가 없을 것이다. 이것이 무엇인가. 바로 이를 구하는 사심이 느슨해지고[13] 분수를 어기는[14] 데 대한 수치심이 커지기 때문이다.

다만 난세인 오늘날에 이르러 이와 반대가 된 것이다. 위는 무법으로 아래를 부리고 아래는 잣대 없이 행동하며 지혜 있는 자도 사려할 수 없고 재능 있는 자도 일의 처리를 할 수 없으며 현자도 남을 부릴 수 없다. 이와 같으면 위로 천시(天時)[15]를 잃고 아래로 지리(地利)를 잃으며 가운데는 인화(人和)를 잃게 될 것이다. 그러므로 모든 일이 폐하고 재물은 궁해지며 화란이 일어 왕공은 위에서 물자 부족을 걱정하며 서민은 아래에서 춥고 배고파 여윈다. 이에 걸·주 같은 자가 떼지어 모이고 도적들이 쳐들어와 약탈하여 위를 위태롭게 한다. 반드시 금수처럼 행동하고 호랑이나 이리 떼같이 탐욕을 부려 그 때문에 산사람까지 죽여 어른 살은 포 뜨고[16] 어린아이는 구워먹는다. 이와 같으면 남의 무덤을 파헤치고 남의 입을 벌려서[17] 이득을 구한다고 어찌 탓할 수 있겠는가. 비록 벌거벗긴 채 묻는다 하더라도 오히려 파헤칠 것이다. 어찌 매장[18]을 할 수 있겠는가. 아주 먼 옛날엔 박장했기 때문에 파헤치지 않았고 난세인 오늘날은 후장하기 때문에 파헤친다 라고 하는 말은 다만 간악한 사람들이 허튼 설에 현혹되어 어리석은 자를 속이고 수렁에 빠지게 하여[19] 그 이득을 절취하려는 것이다. 대저 이것을 가리켜 대간(大姦)이라 말한다. 전해오는 말에 이르기를 '남을 위태롭게 하여 자신은 안전하고 남을 해쳐서 자신은 이를 얻는다 라고 한다. 이것을 가리킨 말이다.

世俗之爲說者曰, 大古薄葬, 棺厚三寸, 衣衾三領, 葬不妨田, 故不掘也. 亂今厚葬飾棺, 故掘也. 是不及知治道, 而不察於扣不扣者之所言也. 凡人之盜也, 必以有爲. 不以備不足, 則以重有餘也. 而聖王之生民也, 皆使富厚優猶知足, 而不得以有餘過度. 故盜不竊, 賊不刺, 狗豕吐菽粟, 而農賈皆能以貨財讓, 風俗之美, 男女自不取於涂, 而百姓羞拾遺. 故孔子曰, 天下有道, 盜其先變乎. 雖珠玉滿體, 文繡充棺, 黃金充槨, 加之以丹矸, 重之以曾靑, 犀象以爲樹, 琅玕龍茲華覲以爲實, 人猶且莫之扣也. 是何也. 則求利之詭緩, 而犯分之羞大也.

夫亂今然後反是, 上以無法使, 下以無度行, 知者不得慮, 能者不得治, 賢者不得使. 若是則上失天性, 下失地利, 中失人和, 故百事廢, 財物詘, 而禍亂起. 王公則病不足於上, 庶人則凍餧羸瘠於下, 於是焉桀紂羣居, 而盜賊擊奪, 以危上矣. 必禽獸行, 虎狼貪, 故脯巨人而炙嬰兒矣. 若是則有何尤扣人之墓抉人之口而求利矣哉. 雖此倮而埋之, 猶且必扣也. 安得葬薶哉. 彼乃將食其肉而齕其骨也. 夫曰大古薄葬故不扣, 亂今厚葬, 故扣也, 是特姦人之誤於亂說, 以欺愚者, 而淖陷之以偸取利焉. 夫是之謂大姦. 傳曰, 危人而自安, 害人而自利, 此之謂也.

1 大古薄葬—대고(大古)는 태고(太古)를 가리킴. 박장(薄葬)이란 간소하게 치르는 장례를 말함.
2 衣衾三領—의금(衣衾)은 염(殮)할 때 입히는 옷과 금침. 령(領)은 수를 세는 단위.
3 妨田—전(田)은 농사지을 땅. 방(妨)이란 묘지가 경작지를 침범하여 농사지을 수 없게 함.
4 扣—골(扣)은 굴(掘)자와 같음. 무덤에 구멍을 뚫음. 천(穿)자로 통함.
5 優猶—유(猶)는 유(裕)자와 같음. 관태(寬泰)의 뜻. 마음이 안온함.
6 不刺—척(刺)은 탐후(探候)와 마찬가지 의미. 형편을 살펴보며 도굴을 꾀함.
7 吐菽粟—숙(菽)·속(粟)이란 사람이 평소에 먹는 음식. 토(吐)는 내버릴 기(棄)자와 같음.

8 取於涂 —취(取)는 취(娶)자로 통용됨. 도(涂)는 도(塗)자와 같음. 정식 결혼
　과 반대의 뜻.

9 丹矸 —단안(丹矸)은 단사(丹砂)를 가리킴. 붉은 빛깔의 흙. 자주색 물감의
　원료.

10 曾青 —증청(曾青)은 청동(青銅)의 정수. 청록색 물감으로 쓰임. 최상품의
　염료.

11 琅玕龍茲 —낭간(琅玕)·용자(龍茲) 둘 다 옥과 비슷한, 그에 버금가는 아름다
　운 돌.

12 華覲 —근(覲)은 근(瑾)자로 통함. 미옥(美玉)을 가리킴. 화(華)는 광채가
　나는 모양.

13 詭緩 —궤(詭)는 기사(欺詐)의 뜻. 완(緩)이란 강력하지 못한 상태를 가리킴.

14 犯分 —범분(犯分)은 사람의 본분에 어긋나는 행위. 자기 분수에 넘침.

15 天性 —여기서 천성(天性)이란 자연의 운동법칙. 계절의 순조로운 변화를
　말함.

16 脯巨人 —거인(巨人)은 어린아이의 대칭인 성인(成人)의 뜻. 포(脯)는 엷게
　살을 저며서 말림.

17 抉人之口 —결(抉)은 열어젖힘. 죽은 자의 입에 물린 보석이 상하지 않게 입
　을 가만히 두드림.

18 葬薶 —매(薶)는 매(埋)자와 같은 뜻. 시신을 땅 속에 파묻어 장사지냄.

19 淖陷 —뇨(淖)는 니(泥)자와 통용됨. 흙탕물. 진흙 속에 사람을 빠뜨림.

[8]

　송연(宋鈃)학파[1]에서 말하기를 '업신여기더라도 치욕이 안 된다고
밝히면 사람들을 다투지 않게 할 수 있다. 사람이란 모두 남이 업신여
기는 것을 치욕이라 여기는 까닭[2]에 다툰다. 남이 업신여기더라도 치
욕이 안 된다는 것을 알면 다투지 않을 것이다' 라고 한다. 대응하여 말
하기를 '그렇다면 또한 사람의 성정이 업신여기는 것을 증오하지 않는
다고 생각하는가' 라고 물었다. 말하기를 '증오하더라도 치욕으로 여기
지는 않는다' 라고 한다. 말하건대 이와 같다면 반드시 그 구하는 바를
얻지 못할 것이다. 무릇 사람들의 다툼이란 반드시 그 증오하는 것으로
핑계를 삼지 그 치욕이 되는 것으로 이유를 삼지 않는다. 지금 광대나

난쟁이, 놀이꾼들[3)]이 남의 업신여김을 받으면서도 다투려고 하지 않는 것이 어찌[4)] 업신여기는 일이 치욕이 안 된다고 깨달은 까닭이겠는가. 그렇더라도 다투지 않는 것은 증오하지 않기 때문이다. 지금 어떤 사람이 혹 하수구[5)]로 들어와 돼지를 훔친다면 칼이나 창을 들고 쫓아가 죽거나 다치는 것을 피하지 않을 것이다. 이 어찌 돼지 잃는 일을 치욕이라고 여기는 까닭이겠는가. 그런데도 다툼을 꺼리지 않는 것은 증오하기 때문이다. 비록 업신여기는 일을 치욕으로 여기더라도 증오하지 않는다면 다투지 않는다. 비록 업신여기는 일을 치욕으로까지 생각하지는 않더라도 증오한다면 반드시 다툰다. 그렇다면 다투고 다투지 않는 것은 치욕을 느끼거나 느끼지 않는 데 있지 않고 바로 이를 증오하고 증오하지 않는 데 있는 것이다. 도대체 지금 송선생은 업신여김을 증오한다는 사실 자체를 능히 이해하지 못하면서 치욕으로 여기지 말라고 사람들을 설득하는 데 힘쓰고 있다. 어찌 잘못이 심하지 않겠는가. 계속 입을 벌려 혀가 닳도록 지껄이더라도[6)] 오히려 무익할 것이다. 그 무익을 알지 못한다면 무지한 것이다. 그 무익을 알면서도 다만 그것을 가지고 사람을 속이려 한다면 불인한 것이다. 불인하고 무지하다면 치욕치고 이보다 큰 것은 없다. 장차 사람에게 유익한가 생각해 보아도 이득이란 전혀 없을 것이다. 바로 큰 치욕을 얻고 물러설 따름인 것이다. 설(說)치고 이보다 나쁜 병폐는 없을 것이다.

子宋子曰, 明見侮之不辱, 使人不鬪. 人皆以見侮爲辱, 故鬪也, 知見侮之爲不辱, 則不鬪矣. 應之曰, 然則亦以人之情爲不惡侮乎. 曰, 惡而不辱也, 曰, 若是則必不得所求焉. 凡人之鬪也, 必以其惡之爲說, 非以其辱之爲故也. 今倡優侏儒狎徒, 詈侮而不鬪者, 是豈鉅知見侮之爲不辱哉. 然而不鬪者不惡故也. 今人或入其央瀆竊其豬彘, 則援劍戟而逐之, 不避死傷. 是豈以喪豬爲辱也哉. 然而不憚鬪者惡之故也. 雖以見侮爲辱也, 不惡則不鬪. 雖知見侮爲不辱, 惡之則必鬪. 然則鬪與不鬪邪, 亡於辱之與不辱也, 乃在於惡之與不惡也. 夫今子宋子不能解人之惡侮, 而務說人以

勿辱也. 豈不過甚矣哉. 金口弊舌, 猶將無益也. 不知其無益, 則不知, 知其無益也, 直以欺人, 則不仁. 不仁不知, 辱莫大焉. 將以爲有益於人, 則與無益於人也, 則得大辱而退耳. 說莫病是矣.

1 子宋子─송자(宋子)는 송연(宋鈃)을 가리킴. 제자가 남달리 스승을 존중하기
　위해 성 위에도 자(子)자를 붙임.

2 故鬪─여기서 고(故)는 원인(原因)의 뜻. 그 까닭을 말함.

3 倡優侏儒狎徒─창(倡)·우(優) 둘 다 배우를 말함. 주유(侏儒)는 난쟁이. 익
　살로 굿판을 벌임. 압도(狎徒)는 연회석상의 주흥을 돋우는 일을 업으로 삼는
　자. 남의 비위를 맞추는 놀이꾼.

4 豈鉅─기(豈)·거(鉅) 두 글자가 함께 의문조사로 쓰임.

5 央瀆─앙(央)은 중(中)자와 같음. 독(瀆)이란 부엌에서 물을 흘려보내는 도랑.

6 金口弊舌─금(金)은 금(唅)자로 쓰임. 입을 급하게 다룸. 날카로운 변론. 폐
　(弊)는 폐(敝)자로 통함. 괴(壞)의 뜻. 혀가 닳도록 지껄임.

7 與無益─왕염손(王念孫)은 여(與)를 거(擧)자로 풀이함. 개(皆)자와 같은 뜻.

[9]

　송연학파에서 말하기를 '업신여김을 당해도 치욕이 안 된다' 라고 한
다. 대응하여 말하자면 무릇 논의라 하는 것은 반드시 표준1)을 세운 연
후라야 가능한 것이다. 표준이 없으면 옳고 그른 구분이 안 서서 논쟁2)
의 결말이 안 난다. 그래서 듣는 바에 이르기를 '천하의 큰 표준은 시비
를 가리는 경계 시점이고 신분과 직책·명의·법규3)가 생기는 바가 되
는 근본으로 왕자의 제도가 바로 그것이다' 라고 한다. 그러므로 모든
말과 논의·명명(命名)·결정4)은 성왕을 본받지 않을 수 없으며 성왕
의 구분이 영예와 치욕 바로 이것이다. 이것은 두 가닥이 있다. 의영(義
榮)이라 하는 것이 있고 세영(勢榮)이라 하는 것이 있으며 의욕(義辱)
이라 하는 것이 있고 세욕(勢辱)이라 하는 것이 있다. 심지가 잘 닦이고
덕행이 후하며 지려가 명석한 것은 영예가 속으로부터 나오는 것이다.
대저 이를 가리켜 의영이라 말한다. 작위가 높고 공물이나 봉록이 많으
며 형세가 성하여 위로 천자나 제후가 되고 아래로 경상 사대부가 되는

것은 영예가 밖으로부터 따라오는 것이다. 대저 이를 가리켜 세영이라 말한다. 행실이 난잡하고 멋대로 굴며[5] 본분을 어기고 도리에 어긋나며 교만하고 포악하며 이만 탐내는 것은 치욕이 속으로부터 나오는 것이다. 대저 이를 가리켜 의욕이라 말한다. 욕먹고 머리털 잡히며[6] 매맞고 발 잘리고[7] 목베어 찢겨 죽으며[8] 밧줄로 묶이고 재갈 물리는[9] 것은 치욕이 밖으로부터 따라오는 것이다. 대저 이를 가리켜 세욕이라 말한다. 이것이 바로 영예와 치욕의 두 가닥인 것이다.

그러므로 군자에게 세욕은 있을 수 있으나 의욕은 있을 수 없다. 소인에게 세영은 있을 수 있으나 의영은 있을 수 없다. 세욕이 있더라도 요(堯)같이 되는 데 장애가 안 되고 세영이 있더라도 걸(桀)같이 되는 데 장애가 되지 않는다. 의영과 세영은 오직 군자가 된 연후라야 겸할 수 있고 의욕과 세욕은 오직 소인이 된 연후라야 겸할 수 있다. 이것이 영예와 치욕의 분별이다. 성왕은 이것을 가지고 법을 삼고 사대부는 이것을 가지고 도를 삼으며 관원은 이것을 가지고 수칙을 삼고 백성은 이것을 가지고 풍속으로 삼아 만세에 이르기까지 바꿀 수 없는 것이다. 지금 송선생은 전혀[10] 그렇지 않다. 저 혼자 비굴을 자기 설로 하여[11] 하루아침에 그것을 바꾸려고 하니 그 설은 반드시 행해지지 못할 것이다. 비유하자면 이는 마치 뭉친 흙[12]으로 강이나 바다를 메우려 하거나 작은 키[13]로 태산을 머리에 이려 하는 것과 같아서 거꾸러지거나[14] 손발이 꺾이고 부서지는 데 경각도 안 걸릴 것이다. 송선생을 좋아하는 몇몇 제자들은 그것을 거의 그만두는 것만 같지 못할 것이니 장차 몸을 상할까 도리어 두렵다.[15]

子宋子曰, 見侮不辱, 應之曰, 凡議, 必將立隆正, 然後可也. 無隆正, 則是非不分, 而辨訟不決. 故所聞曰, 天下之大隆, 是非之封界, 分職名象之所起, 王制是也. 故凡言議期命, 是非以聖王爲師, 而聖王之分, 榮辱是也. 是有兩端矣, 有義榮者, 有執榮者, 有義辱者, 有執辱者. 志意脩, 德行厚, 知慮明, 是榮之由中出者也, 夫是之謂義榮. 爵列尊, 貢祿厚, 形執勝, 上

爲天子諸侯, 下爲卿相士大夫, 是榮之從外至者也, 夫是之謂埶榮. 流淫
汙慢, 犯分亂理, 驕暴貪利, 是辱之由中出者也, 夫是之謂義辱. 詈侮捽
搏, 捶笞臏脚, 斬斷枯磔, 藉靡舌繹, 是辱之由外至者也. 夫是之謂埶辱.
是榮辱之兩端也.

故君子可以有埶辱, 而不可以有義辱. 小人可以有埶榮, 而不可以有義榮.
有埶辱, 無害爲堯, 有埶榮, 無害爲桀. 義榮埶榮, 唯君子然後兼有之, 義辱
埶辱, 唯小人然後兼有之. 是榮辱之分也. 聖王以爲法, 士大夫以爲道, 官
人以爲守, 百姓以爲成俗, 萬世不能易也. 今子宋子案不然, 獨詘容爲己,
慮一朝而改之, 說必不行矣. 譬之是猶以博塗塞江海也, 以焦僥而戴太山
也, 蹎跌碎折, 不待頃矣. 二三子之善於子宋子者, 殆不若止之, 將恐復傷
其體也.

1 隆正 ─ 융(隆)은 존중되어야 할 원칙. 정(正)은 중심되는 정확한 기준을 말함.
2 辨訟 ─ 변(辨)은 논변을 함. 송(訟)은 소송을 가려서 밝힘.
3 分職名象 ─ 분(分)은 신분의 차등. 직(職)은 맡은 일의 직분. 명(名)은 사물에
　대한 명칭. 상(象)은 법(法)자와 통용됨.
4 期命 ─ 기(期)는 사물을 한데 모아 비교함. 명(命)은 명호(名号)를 붙임.
5 流淫汙慢 ─ 유음(流淫)이란 분수에 넘치는 행동. 단정치 못한 언행. 우만(汙
　慢)이란 마음이 더럽혀지고 멋대로 굶.
6 捽搏 ─ 졸(捽)은 머리카락을 움켜잡음. 박(搏)은 맨손으로 때림.
7 捶笞臏脚 ─ 추(捶)·태(笞) 두 글자 모두 매질, 즉 장격(杖擊)의 뜻. 빈각(臏
　脚)은 발자르는 형벌. 월(刖)·비(剕)와 같음.
8 斬斷枯磔 ─ 참단(斬斷)은 목을 베고 팔다리를 자름. 고책(枯磔)은 찢어서 죽
　이는 형벌.
9 藉靡舌繹 ─ 미(靡)는 미(麋)자와 같음. 얽어맴. 자(藉)도 계박(繫縛)의 뜻. 설
　역(舌繹)은 수건으로 재갈을 물림.
10 案 ─ 여기서 안(案)은 즉(則)자와 같음. 어조사로 쓰임.
11 詘容爲己 ─ 굴(詘)은 비굴(卑屈)의 뜻. 용(容)은 치욕을 받아들임. 위기(爲
　己)란 자기 주장을 내세움.
12 博塗 ─ 전(博)은 단(團)자로 통함. 둥글게 뭉침. 도(塗)는 진흙을 가리킴.
13 焦僥 ─ 초요(焦僥)는 난쟁이가 사는 지역 이름. 키 작은 종족.
14 蹎跌 ─ 전(蹎)은 지(躓)자와 같음. 비틀거림. 질(跌)은 강부(僵仆)의 뜻. 엎어짐.

[10]

송연학파에서 말하기를 '사람의 성정은 본래 욕심이 적은[1] 것이나 모두 자기 성정을 욕심 많다고 생각하니 이것은 잘못이다. 그러므로 그 많은 문도들을 거느려 그 담설을 논변하고 그 비유를 명확히 들어 장차 사람들에게 성정이 본래는 욕심이 적다는 것을 알리려는 것이다' 라고 한다. 대응하여 '그렇다면 또한 사람의 성정이란 눈이 색을 한없이 보기 바라지 않고[2] 귀가 소리를 한없이 듣기 바라지 않으며 입이 음식을 한없이 맛보기 바라지 않고 코가 향내를 한없이 맡기 바라지 않으며 몸이 한없이 안락하기 바라지 않게 될 것이다. 이 다섯 가지 한없이 하려 하는 것도 역시 사람의 성정이 바라지 않는다 생각하는가' 라고 말하였다. 대답하여 말하기를 '사람의 성정이 바라는 것은 그 정도뿐이다' 라고 한다. 말하건대 이와 같다면 그 설은 반드시 행해지지 못할 것이다. 사람의 성정이 이 다섯 가지 한없이 하려 하는 것을 바라면서 욕심 많지 않다고 생각하는 것은, 비유하자면 마치 사람의 성정이 부하기를 바라면서 재화를 바라지 않고 미인을 좋아하면서 서시(西施)[3]를 미워한다고 생각하는 것과 같다. 옛 사람은 이를 그렇지 않다고 생각한다. 사람의 성정은 본래 많은 것을 바라고 적은 것을 바라지 않는다고 생각한다. 그러므로 포상은 넉넉히 후하게 하고 처벌은 낮게 감해준다.[4] 이것이 모든 왕들이 똑같이 하는 바다. 그러므로 최상의 현자는 천하를 봉록받고 버금가는 현자는 한 나라를 봉록받으며 그 아래 현자는 전읍(田邑)[5]을 봉록받고 성실하고 정직한 민[6]은 의식을 온전하게 보장받는다. 지금 송선생은 사람의 성정이 본래 적은 것을 바라고 많은 것을 바라지 않는다고 생각한다. 그렇다면 선왕은 사람이 바라지 않는 것을 상주고 사람이 바라는 것을 벌한다는 것인가. 어지러움이 이보다 큰 것은 없다. 지금 송선생은 근엄하게[7] 자기 설 펼치기를 좋아하여 문도들을 모으고 교사와 학당을 세우며 글과 책을 만들고 있다. 그러나 그 설은 더 없이 잘 다스려진 것을 가지고 더없는 혼란으로 이끌려는 것일 뿐이다. 어찌 잘못이 심하지 않겠는가.

子宋子曰, 人之情, 欲寡, 而皆以己之情爲欲多, 是過也. 故率其羣徒, 辨其談說, 明其譬稱, 將使人知情之欲寡也. 應之曰, 然則亦以人之情, 爲目不欲綦色, 耳不欲綦聲, 口不欲綦味, 鼻不欲綦臭, 形不欲綦佚. 此五綦者, 亦以人之情爲不欲乎. 曰, 人之情欲是已. 曰, 若是則說必不行矣. 以人之情爲欲此五綦者, 而不欲多, 譬之是猶以人之情爲欲富貴而不欲貨也, 好美而惡西施也. 古人爲之不然. 以人之情爲欲多而不欲寡, 故賞以富厚, 而罰以殺損, 是百王之所同也. 故上賢祿天下, 次賢祿一國, 下賢祿田邑. 愿慤之民完衣食. 今子宋子以人之情爲欲寡而不欲多也. 然則先王以人之所不欲者賞, 而以人之所欲者罰邪. 亂莫大焉. 今子宋子嚴然而好說, 聚人徒, 立師學, 成文典, 然而說不免於以至治爲至亂也, 豈不過甚矣哉.

1 欲寡 ─ 욕(欲)은 사람이 갖는 욕망. 과(寡)는 정욕의 과천(寡淺)을 말함.
2 綦色 ─ 기(綦)는 극(極)자로 통함. 한없이 좋아함. 아름다운 색을 모두 다 보고 싶어함.
3 西施 ─ 서시(西施)는 춘추시대 월나라 미인. 고대 미인의 대표로 이름남.
4 殺損 ─ 쇄(殺)는 깎아 줄임. 삭감(削減)의 뜻.
5 田邑 ─ 전읍(田邑)이란 봉(封)받은 전답. 토지와 촌락을 말함.
6 愿慤之民 ─ 원(愿)·각(慤) 두 글자 모두 근신(謹愼)의 뜻. 성실하고 정직한 사람을 말함.
7 嚴然 ─ 엄(嚴)은 엄(儼)자로 통함. 엄숙히 함. 정중한 태도를 가리킴.

19 예론禮論

이 편은 순황 학술사상의 핵심이고 중심적 과제 가운데
하나다. 먼저 예의 성립 기원과 그 기능에 대하여 논하
고 있다. 순황은 예의 기원을 인간의 욕망 조절이라는
사회적 요청으로 본다. 무엇보다 예는 합리성과 그 수
식을 극진히 하는 것이 최고의 규범과 원칙이다. 끝장
에서는 의례 가운데 상례가 가장 엄숙히 거행되어야 한
다는 주장을 하고 있다. 유가가 특히 강조하는 삼년상
에 관한 의의를 상세하게 천명하고 죽은 자에 대한 제
사도 논의하고 있다.

[1]

예(禮)는 어디에 기원[1]하는가. 말하기를 사람은 나면서 욕망을 갖는다. 욕망을 가지고 얻지 못하면 구하지 않을 수 없다. 구하면서 기준과 한계가 없으면 다투지 않을 수 없다. 다투면 어지러워지고 어지러우면 궁해진다. 선왕은 그 어지러움을 싫어한다. 그래서 예의를 제정하여 구분을 짓고[2] 그렇게 함으로써 사람의 욕망을 기르고[3] 사람의 욕구를 채우며 욕망으로 반드시 사물에 궁하지 않게 하고 사물의 욕망에 굴하지도 않게[4] 하여 양자가 서로 버티며 자라게 하려는 것이다. 바로 이것이 예가 일어나게 되는 바 기원인 것이다. 그러므로 예라 하는 것은 기르는 일이다. 예의 규정에 있어 쇠고기·돼지고기·쌀·기장에 다섯 가지 맛의 조화[5]는 입맛을 기르기 위한 것이다. 산초·난·향기로운 풀 냄새는 코의 후각을 기르기 위한 것이다. 금옥 조각 장식과 수놓은 비단, 산뜻한 색채 문양은 눈의 즐거움을 기르기 위한 것이다. 종·북·피리·경쇠·거문고·비파·우(竽)·생(笙)은 귀의 즐거움을 기르기 위한 것이다. 환한 방, 아늑한 집,[6] 부드러운 창포 방석, 삿자리 궤연[7]은 몸의 즐거움을 기르기 위한 것이다. 그러므로 예라 하는 것은 기르는 일이다. 군자가 이미 그 기르는 기능을 모두 충족시킬 수 있으면 또 그 변별을 좋아한다. 무엇을 일러 변별이라 말하는가. 말하기를 귀천 사이에 등급이 있고 장유 사이에 차별이 있으며 빈부나 사회적 지위의 경중 사이에 모두 균형[8]이라 하는 것이 있다.

그러므로 천자의 수레,[9] 창포 방석은 몸의 즐거움을 기르기 위한 것이다. 옆에 택란 향풀을 두는 것은 코의 즐거움을 기르기 위한 것이다. 앞에 조각 장식의 가로대가 있는 것은 눈이 보기 좋게 하기 위한 것이다. 방울소리가 천천히 걸을 때는 무(武)·상(象)의 악에 맞고 빨리 달릴 때는 소(韶)·획(護)의 악에 맞는 것은 귀의 즐거움을 기르기 위한 것이다. 용을 그린 술 아홉 갈래 깃발[10]은 신의를 기르기 위한 것이다. 외뿔소와 호랑이 그림의 바퀴 장식,[11] 이무기 모양의 말 뱃대끈, 비단 덮개나 용머리 가로대[12] 등은 위엄을 기르기 위한 것이다. 그래서 수레 끄는 말은 반드시 믿음이 가고 길들여진 후에 타는 것은 몸의 편안함을 기르기 위한 것이다. 저 목숨 바쳐 지조 지키는 일[13]이 내 생을 기르기 위한 것임을 충분히 알고 저 비용을 내놓는 일이 내 재산을 기르기 위한 것임을 충분히 알며 저 공경하고 사양하는 일이 내 안전을 기르기 위한 것임을 충분히 알고 저 예의 질서에 따르는 일이 내 성정을 기르기 위한 것임을 충분히 알아야 할 것이다. 그러므로 사람이 굳이 생(生)만 탐한다면 그같은 자는 반드시 죽게 될 것이고 굳이 이(利)만 탐하면 그같은 자는 반드시 해가 있을 것이며 굳이 게으르고 빈들거리는 것[14]이 편안하다 생각하면 그같은 자는 반드시 위태롭게 될 것이고 굳이 성정 그대로 좋아하기만 낙으로 생각하면 그같은 자는 반드시 파멸하게 될 것이다. 그러므로 사람이 예의와 하나가 되면 양쪽을 모두 얻을[15] 것이고 성정과 하나가 되면 양쪽을 모두 잃을 것이다. 그래서 유자(儒者)는 장차 사람으로 하여금 양쪽을 다 얻도록 시키는 자이고 묵자(墨者)는 장차 사람으로 하여금 양쪽을 다 잃도록 시키는 자이다. 이것이 바로 유자와 묵자의 다른 점이다.

禮起於何也. 曰, 人生而有欲, 欲而不得, 則不能無求. 求而無度量分界, 則不能不爭. 爭則亂, 亂則窮. 先王惡其亂也, 故制禮義以分之, 以養人之欲, 給人之求, 使欲必不窮乎物, 物必不屈於欲, 兩者相持而長, 是禮之所起也. 故禮者養也. 芻豢稻粱五味調盉, 所以養口也. 椒蘭芬芳, 所以養鼻也. 雕琢刻鏤黼黻文章, 所以養目也, 鐘鼓管磬琴瑟竽笙, 所以養耳也. 疏房檖䫉越席床笫几筵, 所以養體也. 故禮者養也. 君子旣得其養, 又好其別. 曷謂別. 曰, 貴賤有等, 長幼有差, 貧富輕重皆有稱者也. 故天子大路越席, 所以養體也, 側載睪芷, 所以養鼻也, 前有錯衡, 所以養

目也, 和鸞之聲, 步中武象, 趨中韶護, 所以養耳也, 龍旗九斿, 所以養信
也, 寢兕特虎蛟韅絲末彌龍, 所以養威也, 故大路之馬, 必信至敎順, 然後
乘之, 所以養安也. 孰知夫出死要節之所以養生也, 孰知夫出費用之所以
養財也, 孰知夫恭敬辭讓之所以養安也, 孰知夫禮義文理之所以養情也.
故人苟生之爲見, 若者必死, 苟利之爲見, 若者必害, 苟怠惰偸儒之爲安,
若者必危, 苟情說之爲樂, 若者必滅. 故人一之於禮義, 則兩得之矣, 一之
於情性則兩喪之矣. 故儒者將使人兩得之者也, 墨者將使人兩喪之者也,
是儒墨之分也.

1 禮起—예(禮)는 사회 질서를 유지하기 위하여 사람이 마련한 제도. 기(起)는
   그 필요한 사유.
2 分之—분(分)은 사회를 여러 계층으로 나눔. 차별 범위를 설정함.
3 養人之欲—양(養)은 만(滿)자와 같은 뜻. 삶을 알맞게 충족시켜주는 기능을
   말함.
4 不屈—여기서 굴(屈)은 갈(竭)자로도 통함. 소진(消盡), 즉 다 마르고 없어져
   바닥이 남.
5 五味調盉—오미(五味)는 신(辛)·산(酸)·감(甘)·함(鹹)·고(苦)를 가리
   킴. 화(盉)는 화(和)의 옛 글자.
6 疏房檖須—소(疏)는 밝고 바람이 잘 통함. 수(檖)는 깊숙할 수(邃)자로 통함.
   묘(須)는 묘(廟)자와 같음.
7 牀第几筵—자(第)는 책(簀)자의 뜻. 대발로 만든 평상. 궤연(几筵)은 바닥에
   까는 요.
8 稱—여기서 칭(稱)이란 적(適)자와 마찬가지 의미.
9 大路—대로(大路)는 대로(大輅)와 같음. 천자가 타는 수레.
10 九斿—구류(九斿)는 아홉 갈래로 깃술을 늘어뜨린 정기(旌旗).
11 寢兕特虎—침(寢)은 복(伏)자의 뜻. 시(兕)는 물소의 일종. 특호(特虎)는
   한 마리 호랑이.
12 蛟韅絲末彌龍—현(韅)은 말 배에 두르는 가죽띠. 말(末)은 수레 먼지를 막
   는 복령(覆笭). 미용(彌龍)은 가로대 끝에 그린 용머리 그림.
13 出死要節—출사(出死)는 순사(殉死)와 같은 뜻. 몸을 내던짐. 요절(要節)은
   절개를 지키느라고 자신을 붙들어맴.
14 偸儒—유(儒)는 유(柔)자로 통함. 편안한 것만 생각함.

15 兩得—양(兩)은 규범에 의한 안정과 성정의 배양이라는 두 측면을 함께
  취함.

[2]

예에는 세 가지 근본이 있다. 천지라 하는 것은 생명의 근본이고 선
조라 하는 것은 종족의 근본이며 군사(君師)[1]라 하는 것은 치평(治平)
의 근본이다. 천지가 없다면 어찌 살고 선조가 없다면 어찌 태어나며
군사가 없다면 어찌 다스려지겠는가. 세 가지 가운데 하나라도 없으면[2]
안정될 사람은 없을 것이다. 그러므로 예라 함은 위로 하늘을 섬기고
아래로 땅을 섬기며 선조를 존중하고 군사를 우러러 받든다는 것이다.
이것이 예의 세 가지 근본이다.

禮有三本. 天地者生之本也, 先祖者類之本也, 君師者治之本也. 無天地
惡生. 無先祖惡出. 無君師惡治. 三者偏亡, 焉無安人. 故禮上事天, 下事
地, 尊先祖, 而隆君師. 是禮之三本也.

1 君師—군사(君師)란 군주인 동시에 인류의 스승이 되는 존재, 즉 왕자(王者)
  를 일컫는 말.
2 偏亡—편(偏)이란 어느 한쪽으로 치우침. 망(亡)은 결여(缺如)와 같은 뜻.

[3]

그러므로 왕자는 그 태조를 하늘로 배향하고[1] 제후는 이를 없애지
않으며[2] 대부나 사도 그 종가를 갖는다.[3] 시조를 높여 받드는 일을 구
별하기 위한 것으로 시조를 높여 받드는 일이 덕의 근본[4]인 것이다. 하
늘을 제사지내는 교(郊)는 천자로 그치고 땅을 제사지내는 사(社)는 제
후에 그치며 조상을 제사지내는 담(禫)[5]은 사대부까지 이른다. 격 높은
자는 높게 섬기고 낮은 자는 낮게 섬기며 크게 해야 마땅한 자는 크게
하고 작게 해야 마땅한 자는 작게 한다는 구별을 짓기 위한 것이다. 그
러므로 천하를 자진 자는 칠대조 봉사[6]를 하고 한 나라를 가진 자는 오

120

대조 봉사를 하며 수레 다섯 대 몫의 토지를 가진 자[7]는 삼대조 봉사를 하고 세 대 몫의 토지를 가진 자는 이대조 봉사를 하며 일반 서민[8]은 제사지내는 사당을 세울 수 없다. 공적을 많이 쌓는 자가 (후세에) 끼치는 혜택[9]도 넓고 공적을 적게 쌓는 자가 끼치는 혜택이 좁다는 구별을 짓기 위한 것이다.

故王者天太祖, 諸侯不敢壞, 大夫士有常宗, 所以別貴始. 貴始得之本也. 郊止乎天子, 而社止於諸侯, 道及士大夫. 所以別尊者事尊, 卑者事卑, 宜大者巨, 宜小者小也. 故有天下者事七世, 有一國者事五世, 有五乘之地者事三世, 有三乘之地者事二世, 恃手而食者不得立宗廟, 所以別積厚者流澤廣, 積薄者流澤狹也.

1 天太祖―천(天)은 배천(配天)의 뜻. 하늘과 맞먹는 제사. 태조(太祖)는 제일 오래된 시조.
2 不敢壞―괴(壞)는 훼(毁)자와 같음. 그 시조 사당(祠堂)을 결코 부수지 않음.
3 常宗―상종(常宗)이란 영원히 옮기지 않는 위패를 사당에 모신 일족의 대종손을 말함.
4 得之本―득(得)은 덕(德)자와 마찬가지로 쓰임. 도덕의 출발 기점을 가리킴.
5 道―여기서 도(道)는 담(禫)의 옛 글자. 삼년상 지낸 다음의 부모 제사.
6 事七世―여기서 사(事)란 제사지내는 일. 세(世)는 조상의 세대수를 가리킴.
7 五乘之地者―승(乘)은 고대의 전차 대수. 다섯 대 동원할 토지를 소유한 자. 대부의 신분.
8 恃手而食者―시(恃)는 지(持)자로 통용됨. 막일을 해서 먹고 사는 자를 일컬음.
9 流澤―류(流)는 후세까지 미침. 자손에게 전해주는 은덕을 가리킴.

[4]

종묘 큰제사에 있어[1] 물 담은 독을 상단에 두고[2] 조(俎)에 날생선을 얹으며[3] 고깃국을 맨 먼저 올린다[4]는 것은 음식을 해먹게 된 그 처음의 근본 뜻을 귀하게 여기기 위함이다. 사철 시향[5]은 물 담은 독을 상단에 두고 맑은 술을 쓰며 기장과 피를 먼저 놓고 쌀과 조밥을 올리며 매달 제사에 고깃국을 바치고[6] 여러 가지 음식을 모두 바친다[7]는 것은 그 근본을 귀하게 여기고 또한 실용에 익숙하게 하기[8] 위함이다. 근본을 귀하게 여기는 것을 일러 문(文)이라 말하고 실용에 익숙한 것을 일러 이(理)라 말하며 이 양자가 합쳐서 보다 융성한 문식을 이루어[9] 대일(大一)[10]로 귀착하게 되는 것이다. 대저 이것을 가리켜 대륭(大隆)[11]이라 말한다. 그러므로 독에 물을 담아 상단에 두고 조에 날생선을 얹어 상단에 두며 두(豆)[12]에 고깃국을 담아 먼저 올리는 일은 그 기본 뜻에 있어 같은 것이다. 제사 보좌하는 이가 받드는 술잔을 비우지 않고[13] 상례 끝난 뒤[14] 제기를 입에 대지 않으며 세 번 권하는 식사[15]를 다 들지 않는 일은 그 뜻이 같은 것이다. 혼사에 아직 초례를 치르지 않고[16] 태묘(太廟)에 아직 시축(尸祝)이 들지 않으며 숨을 거둘 때 아직 염하지 않는[17] 경우는 뜻이 같은 것이다. 천자가 타는 수레에 흰 비단 덮개를 씌우고[18] 교사(郊祀) 지낼 때 삼베 관을 쓰며[19] 상복 끝자락을 삼베로 늘어뜨리는[20] 일은 그 뜻이 같은 것이다. 삼년상은 곡소리에 가락이 없고[21] 청묘(淸廟)의 송가는 한 사람이 선창하여 셋만 따라 부르며 종 하나 걸어 작은북을 그 위에 얹고[22] 붉은 줄의 거문고 바닥을 구멍내는[23] 일은 그 뜻이 같은 것이다.

모든 예는 간략한 데[24]서 시작하여 차츰 문식을 이루고 기뻐하는 데[25]서 끝이 난다. 그러므로 완비된 상태는 성정과 문식을 함께 다하고[26] 그 다음은 성정과 문식 어느 쪽이 더 우세하며 그 아래라도 본래의 성정으로 돌아가 대일에 귀착된다는 것이다. 천지도 그것으로 화합하고 일월도 그것으로 밝아지며 사시도 그것으로 질서가 잡히고 성신도 그것으로 돌며 강하도 그것으로 흐르고 만물도 그것으로 번창하며 호오(好惡)도 그것으로 조절되고 희로(喜怒)도 그것으로 알맞게 된다. 그것으로 신하가 되면 종순하고 그것으로 군주가 되면 현명하며 만변하더라도 어지러워지지 않으나 어긋나면 모두 잃게 된다는 것이다. 예가 어찌 지극한 것이 아니겠는가. 융성한 예를 세워 극치로 삼는다면 천하에 이를 능히 덜거나 더하는 자가 없을 것이다. 본과 말이 서로 따르고 시와 종이 서로 응하여 최상의 문식을 가지고 분별이 서고 최상의 성찰을 가지고 설득이 가능하다. 천하에 이를 따르는 자는 다스려지지만 따르지 않는 자는 어지러워지고 이를 따르는 자는 안정되지만 따르지 않는 자는 위태하며 이를 따르는 자는 존속하지만 따르지 않는 자는 멸망한다. 소인은 능히 헤아리지 못한다.

大饗尙玄尊, 俎生魚, 先大羹, 貴食飮之本也. 饗尙玄尊而用酒醴, 先黍稷而飯稻粱, 祭齊大羹而飽庶羞, 貴本而親用也. 貴本之謂文, 親用之謂理, 兩者合而成文, 以歸大一, 夫是之謂大隆. 故尊之尙玄酒也, 俎之尙生魚也, 豆之先大羹也, 一也. 利爵之不醮也, 成事之俎不嘗也, 三侑之不食也, 一也. 大昏之未發齊也, 太廟之未入尸也, 始卒之未小斂也, 一也. 大路之素末也, 郊之麻絻也, 喪服之先散麻也, 一也. 三年之喪, 哭之不反也, 淸廟之歌一倡而三歎也, 縣一鍾尙拊膈, 朱絃而通越也, 一也.

凡禮始乎脫, 成乎文, 終乎悅恔. 故至備, 情文俱盡, 其次情文代勝, 其下復情以歸大一也. 天地以合, 日月以明, 四時以序, 星辰以行, 江河以流, 萬物以昌, 好惡以節, 喜怒以當, 以爲下則順, 以爲上則明, 萬變不亂. 貳之則喪也. 禮豈不至矣哉. 立隆以爲極, 而天下莫之能損益也. 本末相順, 終始相應, 至文以有別, 至察以有說. 天下從之者治, 不從者亂, 從之者安, 不從者危, 從之者存, 不從者亡. 小人不能測也.

1 大饗 —대향(大饗)이란 천자가 삼년마다 태묘(太廟)에 조상 신주를 모아 함께 지내는 제사. 협(祫)을 말함.
2 尙玄尊 —상(尙)은 상(上)자와 같음. 현(玄)은 제사 때 술 대신 올리는 물, 즉 현주(玄酒). 준(尊)은 술단지 준(樽)자로 쓰임.
3 俎生魚 —조(俎)는 나무로 만든 굽 낮은 제기. 생어(生魚)란 익히지 않은 생선을 말함.
4 大羹 —대갱(大羹)이란 제사 공물(供物)의 한 가지. 양념을 하지 않은 고깃국물.
5 饗 —여기서 향(饗)이란 시향(時享)과 같은 뜻. 계절마다 사당에 지내는 제사.

6 祭齊―제(祭)는 일반 제사. 제(齊)는 오를 제(躋)자의 뜻으로 천(薦)자와 같음.

7 飽庶羞―서수(庶羞)는 신에게 드리는 온갖 맛의 음식. 포(飽)는 싫증나게 먹는 상태.

8 親用―친(親)은 근접시킴. 용(用)이란 요리가 안 된 음식과는 달리 일상 먹을 수 있는 실용성을 가리킴.

9 合而成文―성문(成文)은 조상 제사라 하는 문(文)과 이(理)를 이룸. 수식과 합리적 절차가 보다 융성해진 상태.

10 大一―대일(大一)이란 천지개벽 이전 혼돈(混沌)의 상태.

11 大隆―융(隆)은 성대(盛大)함. 문리를 다 갖춘 최상의 예를 가리킴.

12 豆―여기서 두(豆)는 음식을 담는 굽 높은 제기. 조(俎)와 마찬가지 나무 그릇.

13 利爵之不醮―이(利)는 시축(尸祝)을 시중드는 사람. 좌식(佐食)을 일컬음. 초(醮)는 진(盡)자와 같음.

14 成事―성사(成事)란 졸곡(卒哭)을 말함. 삼우제 뒤 석 달 만에 지내는 제사.

15 三侑―유(侑)는 배식(陪食)하여 식사를 권하는 일. 세 차례 번갈아 시축에게 권하는 제례의식.

16 未發齊―제(齊)는 초례(醮禮)를 말함. 신랑 신부가 술잔을 받들고 서로 맞절하는 의식. 발(發)은 치(致)자와 같음.

17 始卒之未小斂―시졸(始卒)은 사람이 죽은 직후. 소렴(小斂)은 수의를 입히는 절차. 입관하는 대렴(大斂)과 대칭되는 말.

18 素末―소(素)는 흰 비단. 말(末)은 벽(幦)자와 통용됨. 채색하지 않은 수레 덮개.

19 麻統―문(統)은 통관을 가리킴. 천자가 쓰는 삼베로 만든 관.

20 散麻―마(麻)는 삼베 띠. 산(散)은 단정치 못함. 길게 늘어뜨린 모양.

21 不反―불반(不反)이란 곡성을 지르기만 하고 억양이 없는 상태.

22 拊膈―부(拊)는 박(搏)자와 함께 두드리는 악기명. 격(膈)은 가죽 자루. 속에 겨를 넣은 작은 북의 일종.

23 朱絃而通越―주현(朱絃)은 연사(練絲)로 만든 붉은색의 거문고 줄. 월(越)은 거문고 바닥에 구멍을 뚫음. 둔탁한 소리를 냄.

24 始乎脫―탈(脫)은 조략(粗略)의 뜻. 꾸밈없는 소박한 상태에서 성정을 다잡음.

25 悅恔―효(恔)는 쾌(快)자로 통함. 열락(悅樂)과 같은 뜻.

26 情文俱盡―여기서 정문(情文)이란 친용(親用)하는 실제면과 귀본(貴本) 수식의 두 가지 측면을 다 갖춤.

예의 원리는 참으로 깊어서 견백(堅白)·동이(同異)의 헤아림도 여기에 들어오면 빠져버린다.[1] 그 원리는 참으로 커서 제멋대로 법제를 만들거나 편협하고 고루한 설도 여기에 들어오면 없어져버린다. 그 원리는 참으로 높아서 난폭하고 방자하고 세속을 얕보며 고상하게 여기는 무리들도 여기에 들어오면 떨어져버린다.[2] 그러므로 승묵이 바르게 펴진다면[3] 곡직(曲直)을 속일 수 없다. 저울추가 바르게 걸린다면 경중을 속일 수 없다. 규구가 바르게 마련된다면 방원(方圓)을 속일 수 없다. 군자가 예에 대하여 소상하게 통한다면 거짓으로 속일 수 없다. 그러므로 승묵이라 하는 것은 직선을 긋는 기준이고 저울대라 하는 것은 수평을 잡는 기준이며 규구라 하는 것은 방원을 그리는 기준이고 예라 하는 것은 인도의 극치가 되는 것이다. 그런데도 예를 본받지 않고 예를 족히 따르지 않는 자를 일러 무도한 백성[4]이라 말하고 예를 본받아 예를 족히 따르는 자를 일러 유도의 인사라 말한다. 예가 알맞아 능히 사색할 수 있는 것을 가리켜 능려(能慮)[5]라 말하고 예가 알맞아 능히 바꾸지 않을 수 있는 것을 가리켜 능고(能固)[6]라 말한다. 능려하고 능고하며 그 위에 이를 더 좋아하는 자가 바로 성인이다. 그러므로 하늘이라 하는 것은 높이의 극치고 땅이라 하는 것은 낮음의 극치며 무궁이라 하는 것은 광대함의 극치고 성인이라 하는 것은 도의 극치인 것이다. 그러므로 학문이라 하는 것은 본래 성인이 되려고 배우는 것이며 헛되게[7] 무도한 백성이 되려고 배우는 것이 아니다.

禮之理誠深矣, 堅白同異之察, 入焉而溺, 其理誠大矣, 擅作典制辟陋之說, 入焉而喪, 其理誠高矣, 暴慢恣睢, 輕俗以爲高之屬, 入焉而隊. 故繩墨誠陳矣, 則不可欺以曲直, 衡誠縣矣. 則不可欺以輕重. 規矩誠設矣, 則不可欺以方圓. 君子審於禮, 則不可欺以詐僞. 故繩者直之至, 衡者平之至, 規矩者方圓之至, 禮者人道之極也. 然而不法禮, 不足禮, 謂之無方之民, 法禮足禮, 謂之有方之士. 禮之中焉能思索, 謂之能慮, 禮之中焉能勿

易, 謂之能固. 能慮能固, 加好之者焉, 斯聖人矣. 故天者高之極也, 地者下之極也, 無窮者廣之極也, 聖人者道之極也. 故學者固學爲聖人也, 非特學爲無方之民也.

1 入焉而溺—여기서 언(焉)이란 앞서 말한 예의 원리를 가리킴. 이(而)는 즉(則)자로 풀이됨.
2 隊—추(隊)는 추(墜)자로 통용됨. 추락(墜落)의 뜻.
3 誠陳—성(誠)은 정(正)자와 마찬가지 의미. 진(陳)은 나란히 늘어섬. 선을 그음.
4 無方之民—방(方)은 도(道)자와 같음. 올바른 규범. 무방이란 기댈 데가 전혀 없음.
5 能慮—려(慮)는 예의 범위 안에서 깊이 사려할 수 있음.
6 能固—고(固)는 견고(堅固)의 뜻. 의지를 굳게 가짐.
7 非特—특(特)은 다만 직(直)자로 통함. 부질없는 일을 하지 않음.

[6]

예라 하는 것은 재물로 그 실제 운용을 삼고[1] 귀천 신분의 관계로 그 문식을 삼으며 다소의 차이로 구분을 달리하고 융성과 감쇄로 그 요점을 삼는다. 문식과 규제가 번다하고 성정과 실용을 줄이는 것은 바로 예가 융성한 측면이다. 문식과 규제를 줄이고 성정과 실용이 번다한 것은 바로 예가 감쇄된 측면이다. 문식과 규제, 성정과 실용이 서로 안팎 표리가 되어 아울러 뒤섞이는 것은 바로 예가 알맞은 상태다.[2] 그러므로 군자는 위로 그 융성을 다하고 아래로 감쇄를 다하며 게다가 일상 그 중간에 처하여 걷거나 달리거나 치닫고 갑자기 뛸 때도 이를 벗어나지 않는다. 이것이 군자의 단우(壇宇) 궁정(宮廷)[3]이다. 사람이 이것을 간직하면 사군자이고 이것을 벗어나면 일반 민중이다. 여기서 그 안에 들어 있으면서 구석까지 두루 다 미치고[4] 차례 질서를 곡진히 다할 수 있으면 이가 바로 성인이다. 그러므로 성인이 중후한 것은 예가 쌓여 있기 때문이고 그 위대한 것은 예가 넓혀져 있기 때문이며 그 숭고한 것은 예가 높여져 있기 때문이고 그 지혜가 밝은 것은 예가 다 행해져 있기 때문이다. 『시』[5]에 이르기를 '예의 몸가짐이 모두 법도에 알맞

으면 웃음도 이야기도 모두 마땅함을 얻는다'라고 하니 이것을 가리킨
말이다.

禮者以財物爲用, 以貴賤爲文, 以多少爲異, 以隆殺爲要. 文理繁, 情用
省, 是禮之隆也. 文理省, 情用繁, 是禮之殺也. 文理情用, 相爲內外表裏,
竝行而雜, 是禮之中流也. 故君子上致其隆, 下盡其殺, 而中處其中. 步驟
馳騁厲騖, 不外是矣, 是君子之壇宇宮廷也. 人有是士君子也, 外是民也.
於是其中焉, 方皇周挾, 曲得其次序, 是聖人也. 故厚者禮之積也, 大者禮
之廣也, 高者禮之隆也, 明者禮之盡也. 詩曰, 禮儀卒度, 笑語卒獲, 此之
謂也.

1 以財物爲用─재물(財物)이란 문안 인사 때 쓰이는 물품. 폐백이나 공물(貢
  物)을 말함. 용(用)은 실제 활용의 뜻.
2 中流─중(中)은 중도(中道)의 뜻. 중용(中庸)을 이룸. 류(流)는 유행되는 추
  세를 말함.
3 壇宇宮廷─단(壇)은 기단(基壇). 우(宇)는 지붕 둘레. 궁(宮)은 건물 안. 정
  (廷)은 안마당. 일정 영역 또는 지켜야 할 범위를 말함.
4 方皇周挾─방황(方皇)은 방황(彷徨)과 같은 뜻. 협(挾)은 둘린 협(浹)자와
  통용됨. 구석구석 두루 다 미침.
5 詩─『시경』「소아(小雅)·초자(楚茨)」편의 인용 시구.

[7]

예라 하는 것은 생과 사를 영위함에 있어 엄숙히 하는 것이다. 생은
인생의 시작이고 사는 인생의 끝이다. 끝과 시작이 함께 잘되어야 인도
가 완성되는 것이다. 그러므로 군자는 시작을 경외하고 끝을 신중히 하
여 끝과 시작을 똑같게 한다. 이것이 군자의 도이고 예의의 문식이다.
대저 그 생만 후히 다루고 그 사를 박하게 하는 것은 곧 그 지각 있을
때[1]만 경외하고 그 지각 없을 때는 소홀히 하는 것이 된다. 이것이 간
악한 사람의 도이고 사람의 도리에 어긋나는[2] 마음이다. 군자는 어긋
나는 마음을 가지고 하찮은 종[3]을 접하더라도 오히려 부끄럽게 여길

것이다. 하물며 그 존경하고 친애하는 이를 섬기는 데 있어서랴. 본래 사자에 대하는 도는 단 한 번으로 다시 할 수 없는 것이다. 신하가 소중한 마음을 그 군주에게 다 바치는 길과 자식이 소중한 마음을 그 부모에게 다 바치는 길도 여기서 극치를 이루는 것이다.

그러므로 산 자를 섬기는 데 정성을 다하지 않고 공경과 예의를 갖추지 않는 것을 일러 야(野)[4]라 말하고 사자를 장송함에 정성을 다하지 않고 공경과 예의를 갖추지 않는 것을 일러 척(瘠)[5]이라 말한다. 군자는 야를 천하게 여기고 척을 부끄럽게 생각한다. 그러므로 천자의 관곽은 일곱 겹으로 하고 제후는 다섯 겹으로 하며 대부는 세 겹으로 하고 사는 두 겹으로 하며 그런 연후에 입히는 옷과 바치는 식사도 모두 다소와 후박의 규정을 두고 여러 가지 문양 장식[6]에도 모두 차등을 가지며 그것으로 사자에 대하여 엄숙히 꾸미고 생과 사, 끝과 시작을 한결같이 다루어 사람 평생의 소원을 오로지 충족시키도록 한다는 것이다. 이것이 바로 선왕의 도이고 충신 효자의 극치다. 천자의 상사(喪事)에는 천하를 움직여 제후들을 회장(會葬)[7]시킨다. 제후의 상사에는 잘 통하는 나라[8]를 움직여 그 대부들을 회장시키고 대부의 상사에는 한 나라를 움직여 그 수사(修士)들을 회장시키며 수사의 상사에는 한 고을을 움직여 그 친구들을 회장시키고 서인의 상사에는 혈족 일가를 모아 그 동네를 움직인다. 형을 받은[9] 죄인의 상사에는 혈족 일가도 모일 수 없고 오직 처자만이 회장한다. 관곽의 두께는 세 치로 하고 입히는 옷은 세 벌이며 관을 장식할 수 없고 낮에 내갈 수도 없다. 어둠을 틈타서 길을 가다가 넘어져 죽은 사람 파묻듯이[10] 늘 입는 옷차림[11]으로 가서 묻고 돌아와서는 곡소리 내어 우는 절차도 없이 상복을 입지도 않으며[12] 친소에 따르는 복을 입는 달수의 차등도 없이 각자 그 평소대로 돌아간다. 각자가 다시 그 처음과 같이 하여 장매가 다 끝나면 상사가 전혀 없었던 것처럼 하여 그친다. 대저 이것을 가리켜 더없이 큰 욕이라 말한다.

禮者謹於治生死者也. 生人之始也, 死人之終也, 終始俱善, 人道畢矣. 故君子敬始而愼終, 終始如一, 是君子之道, 禮義之文也. 夫厚其生而薄其死, 是敬其有知, 而慢其無知也, 是姦人之道, 而倍叛之心也. 君子以倍叛之心接臧穀, 猶且羞之, 而況以事其所隆親乎. 故死之爲道一也, 而不可得再復也. 臣之所以致重其君, 子之所以致重其親, 於是盡矣.

故事生不忠厚, 不敬文, 謂之野, 送死不忠厚, 不敬文, 謂之瘠. 君子賤野而羞瘠. 故天子棺槨十重, 諸侯五重, 大夫三重, 士再重, 然後皆有衣衾多少厚薄之數, 皆有蔞翣文章之等, 以敬飾之, 使生死終始若一, 一足以爲人願. 是先王之道, 忠臣孝子之極也. 天子之喪, 動四海, 屬諸侯. 諸侯之喪, 動通國, 屬大夫. 大夫之喪, 動一國, 屬脩士. 脩士之喪, 動一鄕, 屬朋友. 庶人之喪, 合族黨, 動州里. 刑餘罪人之喪, 不得合族黨, 獨屬妻子, 棺槨三寸, 衣衾三領, 不得飾棺, 不得晝行, 以昏殣, 凡緣而往埋之, 反無哭泣之節, 無衰麻之服, 無親疏月數之等, 各反其平, 各復其始, 已葬埋, 若無喪者而止. 夫是之謂至辱.

1 有知 ─ 지(知)는 지각(知覺), 즉 의식을 말함. 살아 있을 때를 가리킴.

2 倍叛 ─ 배(倍)는 배(背)자로 통함. 등을 돌림. 배반(背叛)의 뜻.

3 臧穀 ─ 장곡(臧穀)이란 장획(臧獲)과 같음. 노비를 가리킴.

4 野 ─ 여기서 야(野)는 촌스러움. 조심성 없고 거친 모양.

5 瘠 ─ 척(瘠)은 여윌 수(瘦)자와 같은 뜻. 척박한 상태.

6 蔞翣 ─ 루(蔞)는 버들 류(柳)자와 같음. 삽(翣)은 운기(雲氣)의 뜻. 관의 측면을 꾸미는 부채꼴의 장식.

7 屬 ─ 촉(屬)은 모을 회(會)자로 통함. 장례에 참석함.

8 通國 ─ 통(通)이란 우호(友好)의 뜻. 동맹관계에 있는 나라.

9 刑餘 ─ 형여(刑餘)는 처형당하여 불구의 몸이 된 자를 일컬음.

10 昏殣 ─ 근(殣)은 매(埋)자와 같은 뜻. 관 없는 상태로 밤중에 시체를 파묻어 버림.

11 凡緣 ─ 범(凡)은 상(常)자와 같음. 연(緣)은 인(因)자로 통용됨. 일상적인 옷차림.

12 衰麻之服 ─ 최마(衰麻)란 참최(斬衰)·자최(齊衰)를 말함. 베로 만들어 시침하지 않은 상복.

예라 하는 것은 길흉사 구분을 신중히 하여 서로 뒤섞이지 않게 하는[1] 것이다. 막 죽어가는 이의 코에 솜을 대어 숨소리를 진단할[2] 때는 아무리 충신 효자일지라도 다만 그 위독함을 의식할 뿐[3]이고 따라서 빈 (殯) · 염(斂)에 쓰일 물건[4]을 아직 구할 여유가 없다. 눈물 흘리며 놀라워하면서 살기 바라는 마음이 가시지 않고 생을 지탱시킬 일을 멈추지 않는다. 운명한 다음이라야 그 물건들을 장만한다. 그러므로 비록 넉넉히 갖춘 집일지라도 반드시 하루를 넘긴 다음이라야 빈소를 차리고 삼일이 되어서 성복(成服)[5]을 하며 그런 뒤에 멀리 알릴 자를 떠나보내고 쓰일 물건 갖추는 자가 일을 시작한다. 그러므로 빈소를 차리는 기간은 길어야 칠십 일을 지나지 않고 빠르더라도 오십 일을 덜하지 않는다. 이것이 무엇인가. 말하자면 멀리 있는 자를 이르게 할 수 있고 모든 쓰임을 얻을 수 있게 하며 모든 행사를 이룰 수 있게 하기 때문이다. 그 정성을 다하고 그 예절을 성대히 하며 그 문식을 갖추는 것이다. 그런 연후 낮에 날짜를 점치고[6] 밤에 묘자리를 점친[7] 뒤 매장한다. 이때를 당하여 그 의의가 그만두게 되어 있다면 누가 그것을 더할 수 있으며 그 의의가 더 행하게 되어 있다면 누가 그것을 그만둘 수 있겠는가. 그러므로 석 달 동안의 빈소는 그 형식[8]이 살아 있을 때의 차림을 가지고 사자를 꾸민 것이다. 비단 사자를 머무르게 하여 산 자를 위로하려는 것만은 아니다. 바로 그 융성함에 사모하는 정을 다하려는 뜻이다.

禮者謹於吉凶, 不相厭者也. 絿纊聽息之時, 則夫忠臣孝子, 亦知其閔已, 然而殯殮之具, 未有求也. 垂涕恐懼, 然而幸生之心未已, 持生之事未輟也. 卒矣然後作具之. 故雖備家, 必踰日然後能殯, 三日而成服. 然後告遠者出矣, 備物者作矣. 故殯久不過七十日, 速不損五十日. 是何也. 曰, 遠者可以至矣, 百求可以得矣, 百事可以成矣. 其忠至矣, 其節大矣, 其文備矣. 然後日朝卜日, 月夕卜宅, 然後葬也. 當是時也, 其義止, 誰得行之, 其義行, 誰得止之. 故三月之殯, 其須以生設飾死者也, 殆非直留死者以安

生也. 是致隆思慕之義也.

1 不相厭—염(厭)은 엄(掩)자와 같음. 서로 침범하거나 일을 못하게 방해함.
2 紸纊聽息—주(紸)는 주(注)자로 통함. 광(纊)은 고운 새 솜. 청식(聽息)이란 숨 거두기를 기다리는 임종 때의 한 형식.
3 亦知其閔—역(亦)은 다만 특(特)자와 같은 뜻. 민(閔)은 병이 중한 상태.
4 殯斂之具—빈(殯)은 입관하기 전에 시신을 안치(安置)하는 일. 염(斂)은 수의를 입히는 일. 구(具)란 그 필요로 하는 물품.
5 成服—성복(成服)이란 상을 당했을 때 상복을 마련하여 처음 입는 장례의식 중의 하나를 말함.
6 日朝卜日—복일(卜日)은 매장 날짜를 점침. 일조(日朝)는 낮 동안을 말함.
7 月夕卜宅—택(宅)은 파묻을 구덩이. 무덤의 뜻. 월석(月夕)은 달밤을 가리킴.
8 貌—묘(貌)는 모뜰 모(貌)자와 같음. 상징적인 형식.

[9]

상례(喪禮)의 대략은 절차가 변할 때[1]마다 꾸미고 시신을 옮길 때[2]마다 멀리하며 시간이 지나면서 평상대로 돌아온다. 그러므로 죽은 이를 대하는 도에 있어 꾸미지 않으면 추해 보이고 추해 보이면 슬픈 정이 나지 않는다. 가까이하면 익숙해지고[3] 익숙해지면 싫증나고 싫증나면 게을러지고 게을러지면 신중하지 않게 된다. 하루아침에 그 군주나 부모[4]를 잃고 이를 장사지내는 자가 슬퍼하지 않고 신중하지 않는다면 금수와 가까운[5] 것이다. 군자는 이를 부끄럽게 생각한다. 그러므로 절차가 변할 때마다 꾸미는 것은 추한 것을 없애려 하는 수단이며 시신을 옮길 때마다 멀리하는 것은 소중한 마음가짐을 끝까지 다하려는 수단이며 시간이 지나면서 평상대로 돌아오는 것은 산 자를 느긋하게 하려는[6] 수단인 것이다.

喪禮之凡, 變而飾, 動而遠, 久而平. 故死之爲道也, 不飾則惡, 惡則不哀. 爾則翫, 翫則厭, 厭則怠, 怠則不敬. 一朝而喪其嚴親, 而所以送葬之者不哀不敬, 則嫌於禽獸矣. 君子恥之. 故變而飾, 所以滅惡也. 動而遠, 所以

遂敬也. 久而平, 所以優生也.

1 變而飾 ― 변(變)은 염(斂)을 끝내고 빈소(殯所) 차리는 절차상의 변화 과정.
2 動而遠 ― 동(動)은 시신 모시는 자리를 이동시킴. 산 자와 멀리 떨어지게 안치(安置)함.
3 爾則翫 ― 이(爾)는 가까울 이(邇)자로 통함. 완(翫)은 일종의 습관처럼 길들여짐.
4 嚴親 ― 엄(嚴)이란 경(敬)자와 같음. 군주를 가리킴. 친(親)이란 친애하는 부모를 말함.
5 嫌 ― 여기서 혐(嫌)은 근(近)자와 마찬가지 의미. 꺼리고 미워하는 혐의(嫌疑)의 뜻으로도 통함.
6 優生 ― 우(優)는 유(裕)자와 같은 뜻. 생(生)은 생존한 자를 가리킴. 산 자를 느긋하게 함.

[10]

예라 하는 것은 길면 자르고 짧으면 이으며[1] 남으면 덜고 부족하면 보태어 애정과 경외하는 수식에 도달하여 도의를 행하는 미를 이루자는 것이다. 여기서 문식과 조악,[2] 음악과 곡읍, 편안한 마음과 근심 걱정은 상반되는 것이다. 그런데도 예는 이를 함께 아울러 써서 번갈아 알맞게 해나가는[3] 것이다. 그래서 문식과 음악, 편안한 마음은 평상의 상태를 유지하여 길사의 예를 받들기 위한 것이다. 조악과 곡읍, 근심 걱정은 정상이 아닌 상태를 유지하여 흉사의 예를 받들기 위한 소이이다. 그러므로 그 문식을 내세우더라도 요염한 데[4]까지 이르지 않는다. 그 조악을 내세우더라도 말라서 버려지는 데[5]까지 이르지 않는다. 그 음악과 편안한 마음을 내세우더라도 지나치게 난잡하고 방자스런 데까지 이르지 않는다. 그 곡읍과 슬퍼함을 내세우더라도 몹시 괴로워하여[6] 생을 상하게 하는 데까지 이르지 않는다. 이것이 예의 중도다. 그러므로 감정과 외모를 바꾸는 데 있어[7] 족히 길흉사를 구별하고 귀천과 친소의 분간을 명확히 할 수 있다면 바로 그친다. 이를 벗어난다면 악이다. 비록 하기 어렵더라도 군자는 이를 천하게 여긴다. 그러므로 복상 중에 감식하느라고 먹는 양을 헤아려서 먹고 허리 굵기를 재어서 띠 두르며 일부러 몸을 수척하게 보이도록 하는 짓[8]은 간악한 사람이나 하는 도다. 예의 있는 문식도 아니고 효자의 정도 아니며 장차 노림수[9]가 있는 짓이다. 여기서 즐거워 윤기가 나는 것[10]과 슬퍼서 수척해 보이는 것[11]은 바로 길과 흉, 근심과 기뻐하는 정이 안색에 나타난 것이다. 노래 부르고 웃는 것[12]과 곡소리 내어 우는[13] 것은 바로 길과 흉, 근심과 기뻐하는 정이 음성에 나타난 것이다. 소·돼지·쌀·조·술·감주·생선·육류나 된죽·묽은 죽[14]·콩·콩잎물·장국 등은 바로 길과 흉, 근심과 기뻐하는 정이 음식물에 나타난 것이다. 비문(卑統)·보불(黼黻)·문치(文織)[15]·자추(資麤)·최질(衰絰)·비세(菲繐)[16]는 길과 흉, 근심과 기뻐하는 정이 의복에 나타난 것이다. 훤한 방, 아늑한 집, 부드러운 방석, 삿자리, 궤연과 띠로 이은 지붕, 오두막집,[17] 거적자리, 흙베개[18] 등은 길과 흉, 근심과 기뻐하는 정이 거처에 나타난 것이다. 이 두 가지 감정은 사람의 성품 속에 처음부터 있다.[19] 만약 그것을 자르고 이으며 넓히고 좁히며 더하고 덜며 나누고 다하며 부풀리고 미화하여 그 본말과 종시로 하여금 순조롭고 온전히 갖추지[20] 않을 수 없도록 함으로써 족히 만세에 걸친 모범을 삼는다면 이것이 바로 예다. 여기에 익숙해지고 수양을 쌓은 군자가 아니면 능히 이를 알지 못할 것이다.

禮者斷長續短, 損有餘益不足, 達愛敬之文, 而滋成行義之美者也. 故文飾麤惡, 聲樂哭泣, 恬愉憂戚, 是反也. 然而禮兼而用之, 時舉而代御. 故文飾聲樂恬愉, 所以持平奉吉也. 麤衰哭泣憂戚, 所以持險奉凶也. 故其立文飾也, 不至於窕冶. 其立麤衰也, 不至於瘠棄. 其立聲樂恬愉也, 不至於流淫惰慢. 其立哭泣哀戚也, 不至於隘懾傷生. 是禮之中流也. 故情貌之變, 足以別吉凶, 明貴賤親疏之節, 期止矣. 外是姦也. 雖難君子賤之. 故量食而食之, 量要而帶之. 相高以毀瘠, 是姦人之道也, 非禮義之文也, 非孝子之情也, 將以有爲者也. 故說豫娩澤, 憂戚萃惡, 是吉凶憂愉之情, 發於顏色者也. 歌謠謸笑, 哭泣諦號, 是吉凶憂愉之情, 發於聲音者也. 芻

稻粱酒醴魚肉, 菽藿酒漿, 是吉凶憂愉之情, 發於飲食者也. 卑絻黼黻文織, 資麤衰絰菲繐, 是吉凶憂愉之情, 發於衣服者也. 疏房檖貌越席床第几筵, 屬茨倚廬席薪枕塊, 是吉凶憂愉之情, 發於居處者也. 兩情者, 人生固有端焉. 若夫斷之繼之, 博之淺之, 益之損之, 類之盡之, 盛之美之, 使本末終始莫不順比純備, 足以爲萬世則, 則是禮也. 非順孰修爲之君子, 莫之能知也.

1 斷長續短―예의 형식이 극단을 피하고 조화를 이룬 상태. 중용(中庸)의 유지를 말함.

2 麤惡―추(麤)는 조(粗)의 옛 글자. 보기 흉함. 문식(文飾)의 반대 의미.

3 時舉而代御―시(時)는 갱(更)자의 뜻. 대(代)자와 같음. 어(御)는 나아갈 진(進)자로 통함.

4 窕冶―조(窕)는 예쁠 요(姚)자로 통용됨. 야(冶) 또한 요미(妖媚)와 같은 뜻.

5 瘠棄―척(瘠)은 박(薄)자와 같음. 빈약하고 경박스런 모습. 기(棄)는 쓸모없다 하여 버려짐.

6 隘慴―애(隘)는 옹색하고 답답함. 섭(慴)은 조마조마하는 두려운 상태.

7 情貌之變―정(情)은 마음의 표현. 모(貌)는 몸가짐. 변(變)이란 문식 또는 조악의 형식이 바뀜.

8 相高以毀瘠―고(高)는 자랑스러워 뻐김. 훼척(毀瘠)은 상사에 슬퍼하느라고 몸이 수척해짐.

9 有爲―여기서 위(爲)란 무엇인가 성취하려는 목적의식을 말함.

10 說豫娩澤―열예(說豫)는 안락하게 즐김. 면택(娩澤)은 얼굴에 윤기가 있어 곱게 보임.

11 莘惡―췌(莘)는 췌(顇)자로 통함. 여위어 초라해 보임. 악(惡)은 안색이 나빠짐.

12 謷笑―오(謷)는 오(傲)자와 같음. 희학(戱謔)의 뜻. 희롱하는 웃음.

13 諦號―체(諦)는 체(啼)자로 통함. 슬퍼서 우는 것. 호(號)는 큰 소리를 냄.

14 餰鬻―전(餰)은 전(饘)자와 같음. 농죽(濃鬻). 죽(鬻)은 상중에 상주가 먹는 박죽(薄鬻).

15 卑絻黼黻文織―비문(卑絻)은 비면(裨冕)과 같음. 좋은 일에 입는 옷. 문직(文織)는 문채나는 실로 짠 옷감.

16 資麤衰絰菲繐―자(資)는 자최(齊衰), 추(麤)는 거친 삼베. 최(衰)는 상복. 질(絰)은 상중에 머리나 허리를 감는 베끈. 비(菲)는 상복과 함께 신는 짚

신. 세(繐)는 거친 베옷.

17 屬茨倚廬 — 촉(屬)은 이을 련(連)자와 같음. 자(茨)는 띠의 일종. 의려(倚廬)는 상중에 거처하는 초막.

18 席薪枕塊 — 석신(席薪)은 침점(寢苫), 즉 왕골로 만든 자리. 침괴(枕塊)는 흙덩어리로 베개를 삼는 부모 상중의 한 의식.

19 人生固有端 — 생(生)은 성(性)자와 같음. 단(端)은 단서(端緒). 여기서는 소질(素質)을 말함.

20 順比純備 — 순(順)은 순종의 뜻. 비(比)는 친근함. 순(純)은 전(全)자와 같은 뜻.

21 順孰修爲 — 순숙(順孰)은 익숙하게 길들여짐. 수위(修爲)는 수양을 쌓는 일.

[11]

그러므로 말하기를 성(性)이란 것¹⁾은 원시적이고 소박한 재질이고 위(僞)라 하는 것²⁾은 꾸미는 일의 융성한 상태라고 한다. 성이 없다면 위가 가해야 할 데가 없고 위가 없다면 성이 스스로 아름다워질 수도 없다. 성과 위가 합해진³⁾ 연후에 성인이란 이름이 이루어지고 천하를 하나되게 하는 공적도 여기서 성취하는 것이다. 그러므로 또 말하기를 하늘과 땅이 합하여 만물이 생기고 음과 양이 접하여 변화가 일어나며 성과 위가 합해져서 천하가 다스려지는 것이라고 한다. 하늘은 능히 만물을 내더라도 만물을 분별해낼 수 없고 땅은 능히 사람을 그 위에 태우더라도 사람을 다스릴 수 없다. 우주 안의 만물과 사람이라 하는 족속 모두가 성인을 기다리고 그런 뒤에 분별이 가능한 것이다. 『시』⁴⁾에 이르기를 '여러 신들을 모두 편안하게 회유하여 큰 물과 높은 산에까지 미친다'라고 하였으니 이것을 가리킨 말이다.

故曰, 性者本始材朴也, 僞者文理隆盛也. 無性則僞之無所加, 無僞則性不能自美. 性僞合, 然後成聖人之名, 一天下之功, 於是就也. 故曰, 天地合而萬物生, 陰陽接而變化起, 性僞合而天下治. 天能生物, 不能辨物也, 地能載人, 不能治人也, 宇中萬物生人之屬, 待聖人, 然後分也. 詩曰, 懷柔百神, 及河喬嶽. 此之謂也.

1 性者—성(性)이란 사람이 태어날 때부터 스스로 지닌 성정을 말함. 선천적인 소질.

2 僞者—위(僞)는 인(人)과 위(爲)의 복합 글자. 인위(人爲)의 뜻. 인간의 후천적 공작 기능. 자연과의 대칭으로 쓰임.

3 性僞合—여기서 합(合)이란 소박한 자연의 심성 위에 인위적 수식을 가한 상태. 도덕적 수위(修爲)를 말함.

4 詩—『시경』「주송(周頌)·시매(時邁)」편의 인용 시구.

[12]

상례(喪禮)라 하는 것은 산 자를 대하는 것과 마찬가지 정서를 가지고 사자를 꾸미는 것이다. 그 생전의 모습을 가장 근사하게 본떠서[1] 그 주검을 보내는 행사다. 그러므로 죽은 것 같기도 하고 살아 있는 것 같기도 하며 거기에 있는 것 같기도 하고 없는 것 같기도 하여 마지막과 처음을 하나같이 하는 것이다. 사람이 죽으면 처음에 머리 감기고 몸 씻기며 머리 매고 몸 가지런히 하며 입에 밥 먹이고 조가비 물리는 일[2]은 살아 있는 행세대로 본뜨는 것이다. 머리를 감기지 못할 때는 물 적신 빗으로 세 번 빗질하는 것[3]으로 그치고 몸을 씻기지 못할 때는 젖은 수건으로 세 번 씻기는 것[4]으로 그친다. 그러나 귀를 막는 데 진옥[5]으로 하고 밥을 먹이는 데 생쌀로 하며 입을 막는 데도 흰 조가비[6]로 하는 것은 살아 있을 때의 행세와 다른 것이다. 속옷을 마련하고 세 겹 겉옷을 입히며[7] 굵은 띠에 홀(笏)을 끼우더라도[8] 띠 고리는 없고 얼굴 덮어 눈을 가리며[9] 머리털을 매더라도 비녀는 꽂지 않는다. 그 이름을 써서 신주 모실 자리에 걸어두는 것[10]은 이름은 안 보이고 관만 유독 눈에 띄기 때문이다. 죽은 자에게 부장품으로 올리는 기물에 있어 관(冠)은 머리덮개가 달려 있더라도 묶는 댕기는 없고[11] 술독[12]은 비운 그대로 채우지 않으며 대자리는 있어도 삿자리는 없고 목기는 조각이 없고 질그릇은 모양이 없고 작은 그릇류[13]도 실용되지 않는 것이며 우(竽)와 생(笙)을 갖추더라도 소리가 조화되지 않고 거문고나 비파 줄을 펴더라도 고르지 못하며 상여는 묻어버리고[14] 끌던 말만 되돌리는 것은 실용할 수 있는 것이 아님을 가리킨 것이다. 살아서 쓰던 기물을 갖추어 가지고 무덤까지 가는 것은 이사하는 방법을 본뜬[15] 것이다. 간단히 줄여서 다하지 않고 모양만 내어 쓸모는 없으며 상여를 몰아서 그것을 묻더라도 고삐나 재갈[16]을 넣지 않는 것은 쓰일 물건이 아님을 밝힌 것이다. 이사하는 방법을 본뜨고 또 쓰일 물건이 아님을 밝혀둔다. 이것은 모두 슬퍼하는 정을 거듭하기 위함이다. 그러므로 살아서 쓰던 기물은 꾸미더라도 쓸모는 없고 명기(明器)[17]는 모양이 같더라도 쓰이지 않는다. 무릇 예란 산 자를 섬길 경우 즐거운 정을 꾸미고 죽은 자를 보낼 경우 슬퍼하는 정을 꾸미며 제사를 지낼 경우 경외하는 뜻을 꾸미고 군사에 관한 경우 위엄의 뜻을 꾸미는 것이다. 이는 모든 왕이 다같이 하는 바이고 옛과 오늘이 한결같은 바로서 그 유래하는 바를 아는 자가 없다.

여기서 광중과 무덤[18]은 그 모양이 사는 방이나 집을 본뜨고 관과 곽은 그 모양이 수레의 널판 뚜껑이나 가죽 장식[19]을 본뜨며 관 위를 덮는 천과 장식 무늬들[20]은 그 모양이 문에 드리운 휘장과 방안에 치는 장막[21]을 본뜨고 항석(抗析)[22]은 그 모양이 중방 서까래나 잡목 울타리[23]를 본뜬다. 그러므로 상례라 함은 다른 것이 아니다. 사와 생의 도리를 분명히 하고 슬픔과 경건한 마음을 가지고 보내며 마침내는 실수 없이 장사를 지내는[24] 것이다. 그러므로 장매는 그 시신을 정중히 묻고 제사는 그 영혼을 정중히 받들며 그 명정과 만장 계보(系譜)[25]는 그 이름을 정중히 후세에 전하는 것이다. 산 자를 섬기는 것은 생의 시작을 꾸미는 일이고 죽은 자를 보내는 것은 생의 마지막을 꾸미는 일이다. 시작과 마지막이 갖추어져야 효자가 할 일이 모두 끝나고 성인의 도가 완비되는 것이다. 죽은 자에 대한 것을 깎아서 산 자에게 보태는 것을 일러 묵(墨)[26]이라 말하고 산 자에 대한 것을 깎아서 죽은 자에게 보태는 것을 일러 혹(惑)이라 말하며 산 자를 죽여서 죽은 자를 보내는 일[27]을 가리켜 적(賊)이라 말한다. 크게 그 살아 있는 상태를 본떠 그 죽은 자를 보내고 생과 사, 종과 시로 하여금 걸맞게 어울려서 좋게 잘

되지 않을 수 없게 한다. 이것이 예의의 법칙이다. 유자(儒者)가 바로
이것이다.

喪禮者, 以生者飾死者也. 大象其生, 以送其死也. 故事死如生, 如存如
亡, 終始一也. 始卒, 沐浴鬠體飯唅, 象生執也. 不沐則濡櫛三律而止, 不
浴則濡巾三式而止. 充耳而設瑱, 飯以生稻, 唅以槁骨, 反生術矣. 設褻
衣, 襲三稱, 縉紳而無鉤帶矣. 設掩面儇目, 鬠而不冠笄矣. 書其名, 置于
其重, 則名不見而柩獨明矣, 薦器則冠有鍪而毋縱, 甕廡虛而不實, 有簟
席而無牀笫, 木器不成斲, 陶器不成物, 薄器不成用, 笙竽具而不和, 琴瑟
張而不均, 輿藏而馬反, 告不用也. 具生器以適墓, 象徙道也. 略而不盡,
貌而不功, 趨輿而藏之, 金革轡靷而不入, 明不用也. 象徙道, 又明不用
也. 是皆所以重哀也. 故生器文而不功, 明器貌而不用. 凡禮事生飾歡也,
送死飾哀也, 祭祀飾敬也, 師旅飾威也. 是百王之所同, 古今之所一也, 未
有知其所由來者也.
故壙壟其貌象室屋也, 棺椁其貌象版蓋斯拂也, 無帾絲歶縷翣, 其貌以象
菲帷幬帽也, 抗折其貌以象槾茨番閼也. 故喪禮者無他焉. 明死生之義,
送以哀敬, 而終周藏也. 故葬埋敬藏其形也, 祭祀敬事其神也, 其銘誄繫
世. 敬傳其名也. 事生飾始也, 送死飾終也. 終始具, 而孝子之事畢, 聖人
之道備矣. 刻死而附生, 謂之墨, 刻生而附死, 謂之惑, 殺生而送死, 謂之
賊. 大象其生以送其死, 使死生終始莫不稱宜而好善, 是禮義之法式也,
儒者是矣.

1 大象 ─ 상(象)은 사(似)자와 같음. 상징(象徵)의 뜻. 닮은꼴이 되도록 본뜸.
2 鬠體飯唅 ─ 승(鬠)은 결(髻)자로 통함. 속발(束髮)의 뜻. 체(體)는 손톱과 발
   톱을 깎고 몸을 가다듬음. 함(唅)은 물건을 입에 물림.
3 三律 ─ 율(律)은 비발(枇髮), 즉 빗질할 율(栗)자와 음이 같음. 이발(理髮)을
   가리킴.
4 三式 ─ 여기서 식(式)은 씻을 식(拭)자와 마찬가지 의미임.
5 設瑱 ─ 진(瑱)은 귀에 장식하는 옥의 일종. 여기서는 흰 솜으로 죽은 이의 귓

138

구멍을 채움.

6 槁骨―고(槁)는 호(嚆)자로 통함. 골(骨)은 패(貝)자가 잘못 쓰인 것. 하얀
조개 껍데기.

7 襲三稱―습(襲)은 중의(重衣)의 뜻. 칭(稱)은 옷을 갖추어서 입음.

8 縉紳―진(縉)은 고대의 벼슬 명칭. 진신(縉紳)이란 큰 띠를 두르고 홀(笏)을
꽂는 모양.

9 掩面儇目―엄면(掩面)은 죽은 이의 얼굴을 치포(緇布), 즉 검정 베로 쌈. 환
(儇)은 환(還) 또는 요(繞)자로 통함.

10 置于其重―중(重)이란 죽은 이의 위패가 만들어지기 전에 명정을 써서 신
령을 모셔두는 데를 말함.

11 有鍪而毋縱―무(鍪)는 투구를 머리에 씌울 때 덮는 모자의 한 부분. 사(縱)
는 검은 비단 댕기.

12 甕廡―옹(甕)은 술 담는 작은 독. 무(廡)는 술항아리 무(甒)자와 같은 뜻.

13 薄器―박기(薄器)란 작은 물건을 담아 쓰는 기구를 말함. 주로 대나 갈대로
만든 세공품.

14 輿藏―여(輿)는 공축(輁軸), 즉 침상과 똑같이 생긴 영구차의 일종. 장(藏)
은 매장(埋葬)의 뜻.

15 象徙道―사(徙)는 천사(遷徙)의 뜻. 생시에 집을 옮기던 방법 그대로를 흉
내냄.

16 金革轡靷―금혁(金革)은 수혁(鑾革)과 같음. 수레를 끄는 부속품 일체. 비
인(轡靷)은 가죽으로 만든 고삐와 말 가슴걸이.

17 明器―명기(明器)는 생기(生器)의 대칭. 죽은 자와 함께 묻는 생활 집기의
모조품을 가리킴.

18 壙壟―광(壙)은 땅속 구덩이. 롱(壟)은 총(冢)자와 같은 뜻. 흙무덤을 말함.

19 版蓋斯拂―판(版)은 판(板)자와 같음. 개(蓋)는 수레 위를 덮는 지붕. 근
(斯)은 수레 앞면의 가죽 장식. 불(拂)은 뒷면의 장식.

20 無帾絲歶縷翣―무(無)는 무(幠)자로 통함. 관을 아래까지 늘어지게 덮는
천. 저(帾)는 역시 관을 덮는 붉은 베. 사우(絲歶)는 미상. 누삽(縷翣)은 이
편의 7절 주 참조.

21 菲帷幬楎―비(菲)는 역(茀)자와 같음. 작은 장막. 주(幬)는 홑휘장을 말함.

22 抗折―항(抗)은 흙을 막는 멍석을 말함. 석(折)은 쪼갠 나무. 횡대(橫帶).
관을 묻을 때 그 위에 흙이 닿지 않게 하는 장치.

23 楣茨番閼―만(楣)은 려(梠)·미(楣)자와 같음. 방문 위의 중방. 자(茨)는
최(榱)자로 통함. 지붕 서까래. 번(番)은 번(藩)자와 같은 뜻. 울타리. 알

(賵)은 옹알(雍閼)을 말함.

24 周藏—주장(周藏)이란 경장(敬葬)의 뜻을 지님. 용의주도하게 장례를 모심.

25 銘誄繫世—명(銘)은 명정(銘旌)의 뜻. 뢰(誄)는 죽은 자의 공덕을 기리는 만장(輓章). 계세(繫世)는 대대로 가계를 잇는 연결 기록 혹은 그 계보(系譜).

26 謂之墨 — 여기서 묵(墨)은 묵자(墨子)를 가리킨 말이 아니고 척묵(瘠墨)과 같은 뜻. 조략(粗略)의 상태를 말함.

27 殺生而送死—살생(殺生)이란 순장(旬葬)을 가리킴. 산 사람을 함께 묻는 고대의 장매의식.

[13]

삼년상(喪)이란 무엇인가. 말하자면 사람의 정이 우러나는 낌새를 가늠하여 문식을 정하고[1] 이에 따라 모여 사는 예절을 꾸미며 친소와 귀천의 절목(節目)을 구별하여 더하거나 덜할 수 없는 것이다. 그러므로 달리 비할 데가 없고 바꾸지도 못하는 규정이다.[2] 상처가 큰 것은 그 낫는 시일이 오래가고 통증이 심한 것은 그 치유가 더디다. 삼년상이란 사람의 정이 우러나는 낌새를 가늠하여 문식을 정한 것이며 아픔이 극에 이른 까닭인 것이다. 상복을 입고 상장을 짚으며[3] 여막에 거처하고 죽을 먹으며 띠풀 자리를 깔고 흙베개를 베는 것은 더없는 아픔을 꾸미기 위한 까닭인 것이다. 삼년상은 이십오 개월로 마친다. 애통함이 아직 다하지 않고 그리는 마음도 아직 잊혀지지 않았지만, 이것으로 끝내는 것은 죽은 자를 보내는 데 그만둘 기한이 있고 정상으로 돌아오는 데[4] 절도가 있기 때문이 아니겠는가. 모든 천지 사이에 사는 것 중 혈기 있는 붙이들은 반드시 지각을 가진다. 지각을 가진 붙이들은 그 동류를 소중히 여기지 않을 수 없다. 이제 저 큰 새나 짐승이라도 그 무리나 짝을 잃어 떨어지면 달을 넘기고 때가 지나면 반드시 되돌아오며[5] 옛 보금자리를 지날 때는 반드시 어정거리고 울부짖으며 발을 구르고[6] 망설인[7] 연후라야 떠날 수 있다. 작은 것은 제비나 참새[8]에 이르기까지 오히려 한동안 지저귀고[9] 난 다음이라야 떠날 수 있는 것이다. 여기서 혈기 있는 붙이들 가운데 사람보다 지각이 있는 것은 없다. 그러므로 사람이 그 부모를 대하는 정은 죽을 때까지 다하지 않는 것이다. 앞으로 그 어리석고 완고하며 음란하고 사악한 사람을 따르려 하는가. 저들은 그 부모가 아침에 죽더라도 저녁에 잊어버릴 것이다. 그런데도 제멋대로 방치해둔다면 이는 바로 새나 짐승만 같지 못할 것이다. 저들이 어찌 능히 함께 모여 살아 혼란스럽지 않을 수 있겠는가. 앞으로 저 수양을 쌓은[10] 군자를 따르려 하는가. 삼년상 이십오 개월로 끝내는 것은 마치 빨리 달리는 사마(駟馬)가 벽 틈새를 지나는 것[11]과 같다. 그 슬픔은 이것으로 끝낼 수 없이 무궁한 것이다. 그러므로 옛 선왕이나 성인이 이를 위하여 중용의 도를 세워 절도를 제정하고 하나같이 모두 족히 문(文)과 이(理)를 이루어[12] 삼년상을 끝내도록[13] 하였던 것이다.

그렇다면 무엇 때문에 상복의 기간을 나누는가.[14] 말하자면 가장 친근한 부모일지라도 일 년 단위로 끊는다는[15] 것이다. 이것이 무엇인가. 말하자면 천지가 이미 변하고 사시 계절이 한바퀴 돌아 그 우주 안에 있는 것 가운데 다시 시작하지 않는 것이 없다. 그러므로 선왕이 이를 본떠 정한 것이다. 그렇다면 삼 년이란 무엇인가. 말하자면 이를 성하게 한층 더하여 갑절이 되도록 하는 것이므로 두 번의 기(期)가 된 것이다. 그러면 구 개월 이하는 무엇인가. 말하자면 기에는 미치지 못하게 한 것이다. 그러므로 삼 년을 그 융성한 기간으로 삼고 삼 개월과 오 개월[16]을 그 경미한 기간으로 삼으며 일 년의 기(期)와 구 개월을 그 중간으로 삼는다. 위는 그 본을 하늘에서 취하고 아래는 그 본을 땅에서 취하며 가운데는 사람에게서 취한다. 사람이 모여 살아 하나로 화합하기 위한 원리가 여기에 다하는 것이다. 그러므로 삼년상은 인간 도덕의 더 없는 문식인 것이다. 대저 이를 가리켜 지극한 융성이라 말하고 바로 모든 왕이 다같이 하는 바이며 고금에 걸쳐 하나같이 하는 바이다.

三年之喪何也. 曰, 稱情而立文, 因以飾羣, 別親疎貴賤之節, 而不可益損也. 故曰無適不易之術也. 創巨者其日久, 痛甚者其癒遲, 三年之喪, 稱情

而立文, 所以爲至痛極也. 斬衰苴杖, 居廬食粥, 席薪枕塊, 所以爲至痛飾也. 三年之喪, 二十五月而畢. 哀痛未盡, 思慕未忘, 然而禮以是斷之者, 豈不以送死有已, 復生有節也哉. 凡生乎天地之間者, 有血氣之屬, 必有知. 有知之屬, 莫不愛其類. 今夫大鳥獸則失亡羣匹, 越月踰時, 則必反鉛, 過故鄉, 則必徘徊焉, 鳴號焉, 躑躅焉, 踟躕焉, 然後能去之也. 小者是燕爵, 猶有啁噍之頃焉, 然後能去之. 故有血氣之屬, 莫知於人. 故人之於其親也, 至死無窮. 將由夫愚陋淫邪之人與, 則彼朝死, 而夕忘之. 然而縱之, 則是曾鳥獸之不若也. 彼安能相與羣居而無亂乎. 將由夫脩飾之君子與. 則三年之喪, 二十五月而畢, 若駟之過隙. 然而遂之, 則是無窮也. 故先王聖人, 安爲之立中制節, 一使足以成文理, 則舍之矣.

然則何以分之. 曰, 至親以期斷. 是何也. 曰, 天地則已易矣, 四時則已徧矣, 其在宇中者莫不更始矣. 故先王案以此象之也. 然則三年何也. 曰, 加隆焉, 案使倍之, 故再期也. 由九月以下何也. 曰, 案使不及也. 故三年以爲隆, 緦小功以爲殺, 期九月以爲間. 上取象於天, 下取象於地, 中取則於人, 人所以羣居和一之理盡矣. 故三年之喪, 人道之至文者也. 夫是之謂至隆, 是百王之所同, 古今之所一也.

1 稱情而立文─칭(稱)은 걸맞는 균형의 뜻. 정(情)은 죽은 자에 대한 슬픈 심정. 입문(立文)이란 예법의 형식을 마련함.
2 無適不易之術─적(適)은 필적(匹敵)과 같은 뜻으로 쓰임. 술(術)은 구체적인 방법 또는 마음씨.
3 斬衰苴杖─참최(斬衰)는 베로 만들어 시침질을 하지 않은 상복. 저장(苴杖)은 검은 대지팡이.
4 復生─부생(復生)이란 상을 마치고 난 후 정상생활로 되돌아옴을 말함.
5 反鉛─연(鉛)은 연(沿)자로 통함. 순(徇)자와 같은 뜻. 반순(反巡), 즉 되돌아 뒤척거림.
6 躑躅─척(躑)·촉(躅) 모두 머뭇거리는 모양. 제자리걸음을 말함.
7 踟躕─지주(踟躕)란 걸음걸이가 잘 나가지 못함. 꾸물거림.
8 燕爵─작(爵)은 작(雀)자와 같음. 제비나 참새.
9 啁噍之頃─주초(啁噍)는 새가 지저귀는 소리. 경(頃)은 얼마 안 되는 짧은

시간.

10 脩飾—여기서 수식(脩飾)이란 인간의 노력이 충분히 가해지는 상황을 가리킴.

11 駟之過隙—사(駟)는 수레를 끄는 네 필의 말. 극(隙)은 벽틈 저쪽을 가리킴. 대단히 빠른 경과의 뜻.

12 成文理—문(文)은 예절을 꾸미는 형식. 리(理)는 사람의 정서에 맞는 합리성. 문리를 함께 완성시킴.

13 舍之—사(舍)는 제(除)자와 같은 뜻. 탈상(脫喪), 즉 삼년상을 다 마침.

14 分之—분(分)은 반(半)자로 통함. 복상 기간 이십오 개월의 절반을 일년으로 간주함.

15 以期斷—기(期)는 일년의 복상 기간을 말함. 소상(小祥)·대상(大祥)으로 기간을 끊어서 상복을 다르게 갈아입음.

16 緦小功—시(緦)는 시마(緦麻), 즉 삼년 동안 입는 상복. 가장 짧은 기간을 말함. 소공(小功)은 다섯 달 입는 복제(服制).

[14]

군주에 대한 상도 삼 년을 취하는 까닭이 무엇인가. 말하기를 군이라 하는 것은 다스리는 주체[1]이고 예절을 꾸미는 문리의 원천이며 성정을 구현하는 극치이기 때문이다. 서로 이끌어 존숭을 다하는 것이 또한 옳지 않겠는가. 『시』[2]에 이르기를 '평온한 군자여[3] 민의 부모로다' 라고 한다. 저 군이란 본래 민의 부모가 된다는 말이 있다. 아버지는 능히 자식을 낳을 수 있어도 능히 기를 수는 없고[4] 어머니는 기를 수 있어도 능히 가르쳐서 깨우칠 수는 없다. 군이란 이미 능히 기를 수도 있고 또 잘 가르쳐서 깨우치는 자다. 삼 년으로 끝내겠는가. 유모는 젖을 먹여주기만 하는 자인데도 석 달을 하고 자모(慈母)[5]는 옷을 입혀주기만 하는 자인데도 아홉 달을 한다. 군주는 이를 곡진히 다 갖추어주는 자인데 삼 년으로 끝내겠는가. 그가 있으면[6] 다스려지고 그를 잃으면 어지러워지는 것이니 문(文)의 극치다. 그가 있으면 편안해지고 그를 잃으면 위태해지는 것이니 정(情)의 극치다. 두 극치가 한데 모여 쌓여 있으니 삼 년으로도 오히려 부족하지만 다만 더 나아갈 규정이 없을 따름이다. 그러므로 사(社)는 토지신을 제사지내고 직(稷)은 곡식신을 제사지내지만 교(郊)라 하는 것은 모든 왕과 하늘을 아울러 제사지내는 것이다.

君之喪, 所以取三年何也. 曰, 君者治辨之主也, 文理之原也, 情貌之盡也. 相率而致隆之, 不亦可乎. 詩曰, 愷悌君子, 民之父母. 彼君者, 固有爲民父母之說焉. 父能生之, 不能食之, 母能食之, 不能敎誨之. 君者已能食之矣, 又善敎誨之者也, 三年畢矣哉. 乳母飮食之者也而三月, 慈母衣被之者也而九月. 君曲備之者也, 三年畢乎哉. 得之則治, 失之則亂, 文之至也. 得之則安, 失之則危, 情之至也. 兩至者俱積焉, 以三年事之, 猶未足也, 直無由進之耳. 故社祭社也, 稷祭稷也, 郊者幷百王於上天, 而祭祀之也.

1 治辨之主—변(辨)은 평(平)자로 통용됨. 치(治)자와 마찬가지 의미를 가짐.
2 詩—『시경』 「대아(大雅)·형작(泂酌)」편의 인용 시구.
3 愷悌君子—개제(愷悌)는 강락(康樂)의 뜻. 용모와 기상이 화락하고 단정함.
4 不能食之—식(食)은 양(養)자와 같음. 포유(哺乳), 즉 젖을 먹여서 기름.
5 慈母—자모(慈母)란 서모(庶母)를 일컬음. 어렸을 때 측근에 있어 자신을 돌보아준 분.
6 得之—여기서 지(之)는 군주를 가리킴. 현명한 군주의 존재 여부를 말함.

[15]

석 달을 빈소에 모신다[1] 함은 무엇인가. 말하기를 크게 하고 정중히 하려는 것이라 한다. 존중을 다해야 할 대상을, 친애하는 정을 다해야 할 대상을 장차 움직여 옮겨놓고 살던 집을 떠나서 구릉(丘陵)[2]으로 돌아가게 하기 때문이다. 선왕은 그 예의 문식이 잘 안 될까 두려워하였다. 그런 까닭에 그 기간을 길게 늘려[3] 날짜를 넉넉히 잡았던 것이다. 그러므로 천자는 칠 개월로 하고 제후는 오 개월로 하며 대부는 삼 개월로 정하여 각각 그 사이[4]에 장례 물건을 족히 마련할 수 있고[5] 그 일을 족히 마무리지을 수 있으며 그 마무리가 족히 장구(葬具) 장식을 할 수 있고 그 장식이 족히 장구를 다 갖출 수 있도록 하는 것이다. 고루 빠짐없이 다 갖춘 상태를 일러 도라 말한다.

三月之殯何也. 曰, 大之也, 重之也. 所致隆也, 所致親也, 將擧錯之, 遷徙
之, 離宮室, 而歸丘陵也. 先王恐其不文也. 是以繇其期, 足之日也. 故天
子七月, 諸侯五月, 大夫三月, 皆使其頃 足以容事, 事足以容成, 成足以
容文, 文足以容備·曲容備物之謂道矣.

1 三月之殯—빈(殯)은 빈소(殯所)를 가리킴. 장례 전 임시로 시신을 안치해두
는 곳. 삼월(三月)이란 최소한의 기간을 말함.
2 歸丘陵—구릉(丘陵)은 분묘(墳墓)를 가리킴. 무덤 속에 시신을 파묻는 것을
비유한 말.
3 繇其期—요(繇)는 요(遙)자로 통함. 원(遠)자와 같은 뜻. 장례 준비 기간을
길게 잡음.
4 其頃—경(頃)은 잠깐 수(須)자와 마찬가지 의미. 여기서는 사이 간(間)자의
뜻으로 쓰임.
5 容事—용(容)은 일을 마무리함. 사(事)란 상구(喪具), 즉 장례 때 쓰일 제구
를 마련하는 작업을 말함.

[16]

제사라 하는 것은 죽은 이에 대한 추모의 정을 쌓는 표현이다. 남달
리 느끼고 울적하여[1] 때때로 지극해지지 않을 수 없는 것이다. 그러므
로 사람들이 기뻐하고 화목하게 어울릴 때면 저 충신이나 효자들도 역
시 남달리 느껴서 지극해지는 바가 있다. 저들이 그 지극해지는 바 심
정이라 하는 것이 대단히 크게 동요하는데도 아무 일도 하지 않는다면[2]
그 생각이 쌓여 한이 풀리지 않고[3] 그 예절이 텅 빈 대로 갖추지 못할[4]
것이다. 그러므로 선왕이 바로 이를 위하여 문식을 마련하고 존귀한 자
를 높이며 가까운 육친을 친숙히 대하는 의리를 다하도록 이른 것이다.
그러므로 말하기를 제사라 하는 것은 추모의 정을 쌓는 표현이라고 한

다. 성실과 애경의 극치고 예절과 문식의 성한 모습이다. 참으로 성인이 아니면 능히 알지 못하는 것이다. 성인이 분명하게 이를 알고 사군자가 어김없이 이를 행하며 관인이 지켜야 할 수칙을 삼고 백성이 풍속을 이룬다. 그것이 군자에게는 사람의 도라 생각되지만 백성에게는 귀신 섬기는 일이라 생각되는 것이다.

그러므로 종·북·피리·경쇠·거문고·비파·우·생과 소(韶)·하(夏)·호(護)·무(武)·작(汋)·환(桓)·삭(箾)·상(象)[5]은 바로 군자가 남달리 느끼는 감동을 그 기뻐하고 즐거워하는 것으로 나타내기 위한 문식이다. 시침질을 하지 않은 상복을 입고 검은 대지팡이를 짚으며 여막에 거처하고 죽을 먹으며 짚자리를 깔고 흙베개를 베는 것은 바로 군자가 남달리 느끼는 감동을 그 애통해하는 것으로 나타내기 위한 문식이다. 군에는 편제가 있고 형법에도 등차가 있어 걸맞지 않는 경우가 없는 것은 바로 군자가 남달리 느끼는 감동을 그 깊이 증오하는[6] 것으로 나타내기 위한 문식이다. 점을 쳐서 날을 잡고[7] 목욕재계하여 제사자리를 말끔히 쓸며[8] 궤연을 차려 음식을 드리고 고축(告祝)[9]하기를 마치 이를 잡수시는 이가 있는 듯이 한다. 제물을 하나하나 들어서 모두 바치기를 마치 이를 맛보시는 이가 있는 듯이 한다. 좌식(佐食)이 잔을 올리지 않고[10] 제주가 술 권하기[11]를 마치 이를 마시는 이가 있는 듯이 한다. 손님이 나가면 절을 하고 배웅하며 돌아와 옷을 갈아입고 그 자리에 나아가서 곡하기를 마치 떠나가신 이가 있는 듯이 한다. 슬퍼하고 경건히 할 일이다. 죽은 자 섬기기를 마치 산 자 섬기듯이 하고 없는 사람 섬기기를 마치 있는 사람 섬기듯이 하며 형체도 그림자도 없는 상태로 의식을 차리는[12] 가운데 문식을 다 이루는 것이다.

祭者志意思慕之積也. 惆詭惝罔, 而不能無時至焉. 故人之歡欣和合之時, 則夫忠臣孝子亦惆詭而有所至矣. 彼其所至者甚大動也, 案屈然已, 則其於志意之積者, 惆然不嗛, 其於禮節者, 闕然不具. 故先王案爲之立文, 尊尊親親之義至矣. 故曰, 祭者志意思慕之積也. 忠信愛敬之至矣, 禮節文

貌之盛矣. 苟非聖人莫之能知也. 聖人明知之, 士君子安行之, 官人以爲守, 百姓以成俗. 其在君子以爲人道也, 其在百姓以爲鬼事也.

故鐘鼓管磬琴瑟竽笙, 韶夏護武汋桓箾象, 是君子之所以爲愅詭其所喜樂之文也. 斬衰苴杖, 居廬食粥, 席薪枕塊, 是君子之所以爲愅詭其所哀痛之文也. 師旅有制, 刑法有等, 莫不稱罪, 是君子之所以爲愅詭其所敦惡之文也. 卜筮視日, 齋戒修塗, 几筵饋薦, 告祝, 如或饗之. 物取而皆祭之, 如或嘗之. 毋利擧爵, 主人有尊, 如或觴之. 賓出主人拜送, 反易服卽位而哭, 如或去之. 哀夫, 敬夫. 事死如事生, 事亡如事存, 狀乎無形影, 然而成文.

1 愅詭悒僾─격(愅)은 변(變)자와 같음. 궤(詭)는 이(異)자로 통함. 읍(悒)은 답답함. 애(僾)는 어렴풋한 느낌. 네 글자 모두 마음의 동요를 가리킴.

2 屈然已─굴연(屈然)은 거연(居然)과 같은 뜻. 있는 그대로 움직이지 않는 모양. 이(已)는 아무 일도 하지 않음.

3 惆然不嗛─추연(惆然)은 창연(悵然)과 같은 뜻. 한이 맺힘. 불겸(不嗛)이란 불만스런 모양.

4 闖然─궐(闖)은 빌 공(空)자로 통함. 이지러져 발전하지 못하는 상태를 가리킴.

5 韶夏護武汋桓箾象─소(韶)는 순(舜)의 악곡. 하(夏)는 우(禹)의 악곡. 호(護)는 확(濩)자와 같음. 탕(湯)의 악곡. 무(武)는 무왕의 악곡. 작(汋)은 작(酌)자로 통함. 환(桓)·삭(箾)·상(象) 모두 무악(舞樂)의 이름.

6 敦惡─돈(敦)은 미워할 둔(譚)자로 쓰임. 원망할 대(憝)자로도 함께 쓰임. 증오(憎惡)의 표현.

7 卜筮視日─복(卜)은 거북 등을 구워서 점치는 법. 서(筮)는 산가지 수를 맞추어 점치는 법. 시일(視日)이란 제사 날짜를 고름.

8 齊戒修塗─제(齊)는 재(齋)자로 통함. 제사 때 몸을 깨끗이 하고 근신함. 도(塗)는 제(除)자와 같은 뜻. 청소함.

9 告祝─축(祝)은 죽은 영혼과 산 사람 사이를 매개하는 신관을 말함. 여기서는 축문(祝文)을 읽음.

10 毋利擧爵─무(毋)는 부정사. 리(利)는 좌식(佐食), 즉 식사 때 곁에서 시중드는 도우미. 거작(擧爵)이란 신에게 술잔을 드림.

11 有尊─유(有)는 권할 유(侑)자와 마찬가지 의미. 준(尊)은 술독 준(樽)자로 통함.

12 狀乎無形影─여기서 형영(形影)이 없다 함은 죽은 자의 영혼을 가리킴. 상(狀)이란 그 영혼 앞에 의례 형식을 갖춤.

20 악론樂論

이 편은 음악의 발생 사유와 그 효과에 대한 논의다. 우
선 음악 자체를 부정했던 묵자의 '비악'(非樂) 주장을
반박하고 있다. 순황은 음악이 본래 천지 만물의 자연
스런 상태를 본떠서 제정한 것이며 우리 정서를 순화시
키는 데 없어서는 안 될 것이라고 주장한다. 특히 왕도
정치 실현을 위하여 정악(正樂)과 사음(邪音)의 판별
이 강조되고 있다.

[1]

　대저 악이라 하는 것은 즐거워함이다. 사람의 감정이 반드시 벗어날 수 없는 것이다. 즐거우면 반드시 소리를 지르고 동작으로 나타낸다. 따라서 사람의 음성과 동작으로 심정의 변화[1]가 다 발휘되는 것이다. 본래 사람은 즐거워하지 않을 수 없다. 즐거우면 겉으로 드러내지 않을 수 없다. 드러내되 도리에 맞지 않으면 어지러워질 수밖에 없다. 선왕은 그 어지러움을 싫어한다. 그러므로 아(雅)·송(頌)이란 성조[2]를 제정하여 이끌어 그 소리로 족히 즐거워할 수 있게 하되 음란에 흐르지 않게 하며 그 악장으로 족히 분별할 수 있게 하되 막히지 않게 하며[3] 그 굽히거나 펼침, 빠르고 질펀함, 날카롭고 느릿함, 누르고 올림[4]으로 족히 사람의 선심을 감동하게 하며 저 사악하고 더럽혀진 감정이 접해 들어올 데가 없도록 하였던 것이다. 이것이 바로 선왕이 악을 세운 까닭이다. 그런데 묵자가 이를 부정하니 어찌된 일인가.

　그러므로 악이 종묘 가운데 있어 군주와 신하, 아래위가 함께 듣는다면 부드럽게 삼가지 않을 수 없고 집안에서 부자 형제가 함께 듣는다면 부드럽게 친하지 않을 수 없으며 마을 문중[5]에서 나이 많은 이와 젊은 이가 함께 듣는다면 부드럽게 따르지 않을 수 없다. 그러므로 악이라 하는 것은 하나되는 데[6]를 살펴 부드럽게 조화를 정하는 것이다. 여러 악기를 늘어놓아 음절을 꾸미는 것이다. 곡조가 잘 어울려[7] 악장을 이루면 족히 한 길로 이끌 수 있고 족히 모든 변화를 다스릴 수 있다. 이것이 바로 선왕이 악을 세운 근거다. 그런데 묵자가 이를 부정하니 어찌된 일인가. 그러므로 그 아·송 소리를 들으면 마음이 넓어질 수 있다. 악에 맞추어 춤추는 자가 그 방패와 도끼[8]를 손에 쥐어 그 몸 굽히고 펴는 동작을 익히면 용모가 장중해질 수 있으며 그 정해진 자리[9]로 줄을 지키고 그 가락을 맞추면[10] 벌린 행렬이 바르고 진퇴도 가지런히 할 수 있다. 그러므로 악이란 나가서 정벌하는[11] 것이고 들어와 읍양하는[12] 것으로 정벌과 읍양은 그 의의가 똑같다. 나가서 정벌하는 것이라면 듣고 따르지 않을 수 없다. 들어와 읍양하는 것이라면 따르고 복종하지 않을 수 없다. 그러므로 악이라 하는 것은 천하를 크게 정제하는 것이고 중화의 대강이며 사람의 감정이 벗어날 수 없는 것이다. 이것이 바로 선왕이 악을 세운 근거다. 그런데 묵자가 이를 부정하니 어찌된 일인가.

또 악이라 하는 것은 선왕이 기쁨을 수식한 것이다. 군대와 부월[13]이라 하는 것은 선왕이 노여움을 수식한 것이다. 선왕은 기쁨과 노여움을 모두 가지런히 중화시킬 수 있다. 이런 까닭으로 기뻐하면 천하가 화합하고 노하면 난폭한 자도 두려워했던 것이다. 선왕의 도는 곧 예와 악이 성한 것이다. 그런데도 묵자는 이를 부정한다. 그러므로 말하기를 묵자가 도에 대해서는 마치 눈먼 자가 흑백을 대하는 것과 같고 귀머거리가 청탁소리를 대하는 것과 같으며 초나라로 가려 하면서 북쪽을 찾는 것과 같다고 한다.

대저 음악이란 사람을 감동시키는 바가 깊고[14] 그 감화시키는 바가 빠르다. 그러므로 선왕이 신중하게 악장을 꾸민 것이다. 악이 중정·화평하면 민이 화합하여 흐르지 않고 악이 엄숙·장엄하면 민이 가지런해져서 어지럽히지 않는다. 민이 화합하고 가지런해지면 군대가 강하고 성도 견고하여 적국이 감히 범하지 않는다. 이와 같다면 백성들은 그 처지에 안주하고 그 향리에서 즐거워함으로써 그 군주에 지극히 만족해할 것이다. 그런 연후에 명성이 여기서 밝아지고 광휘가 여기서 크게 빛나며 온 천하 백성들은 그를 군사(君師)로 삼기를 원하지 않는 자가 없다. 이것이 바로 왕자(王者)의 시작인 것이다. 악이 지나치게 아름답고 치우치면[15] 민은 방종에 흐르고 천박해진다. 방종에 흐르면 어지러워지고 천박해지면 다투게 된다. 어지럽고 다투게 되면 군대가 약해지고 성도 침범당해 적국의 위협을 받게 된다. 이와 같다면 백성들은 그 처지에 안주하지 못하고 그 향리에서 즐거워하지 못하며 그 군주에 만족해하지 않는다. 그러므로 예와 악이 무너지고 사악한 소리가 일어 난다 하는 것은 나라가 위태롭고 국토가 깎이며 모욕당하는 근본인 것이다. 그러므로 선왕은 예와 악을 귀히 여기고 사악한 소리를 천하게 여겼던 것이다. 그 관작 서열을 매김에 있어서도[16] 이르기를 법령을 고치고[17] 시(詩)의 장(章)을 소상히 하며[18] 음란한 소리를 금하고 때맞추어 바르게 손질하며 오랑캐의 비천한 낮은 풍속과 사악한 소리로 하여금 바른 아악을 감히 어지럽히지 않게 함이 태사(大師)가 할 일이라고 하였던 것이다.

묵자는 말하기를 '악이라 하는 것은 성왕이 부정했던 바인데도 유자가 이를 즐긴다 하는 것은 잘못이다'라고 한다. 군자는 그렇지 않다고 생각한다. 악이라 하는 것은 성인이 즐겼던 바이다. 더구나 그것을 가지고 민심을 선도할 수 있어 그 사람을 감동시키는 바가 깊고 그 풍속을 변화시키는 바도 용이한 것이다. 그러므로 선왕이 예와 악으로 이끌면 민이 화목하였던 것이다. 대저 민은 좋아하고 싫어하는 감정을 가졌으나 기뻐하고 노여워함이 알맞지 않으면 어지러워진다. 선왕은 그 어지러움을 싫어한다. 그러므로 그 행동을 반듯하게 닦고 그 악을 바로잡아 천하가 순종하였던 것이다. 그러므로 상복과 곡읍 소리는 사람의 마음을 슬프게 한다. 갑옷 입고 투구 쓰고[19] 행군하며 부르는 노래는 사람의 마음을 격동하게[20] 한다. 요염한 모양과 정·위의 음악은 사람의 마음을 음란하게 한다. 예복 차림[21]과 소(韶)·무(武)의 춤과 노래는 사람의 마음을 장엄하게 한다. 그러므로 군자는 귀로 음란한 소리를 듣지 않고 눈으로 여색을 보지 않으며 입으로 나쁜 말을 내지 않는다. 군자는 이 세 가지를 삼간다. 무릇 간악한 성조가 사람을 감동시켜 역기(逆氣)가 일고 역기가 나타나면[22] 패란이 생긴다. 아악의 바른 성조가 사람을 감동시켜 순기(順氣)가 일고 순기가 나타나면 치평을 이룬다. 부르면 따라 불러 조응하고 선과 악이 서로 드러난다. 그러므로 군자는 버리고 취하는 그 거취를 신중히 한다. 악에 있어 군자는 종과 북으로 의지를 이끌고 거문고와 비파로 마음을 즐겁게 하며 춤에 있어 간척을 가지고 동작하고 우모를 가지고 장식하며 경과 피리로 여기에 따른다. 그러므로 그 청명함은 하늘을 본뜨고 그 광대함은 땅을 본뜨며 그 몸을 굽혔다 폈다 하는 동작은 사계절을 닮은 데가 있다. 그러므로 악이 행해지면 뜻이 맑아지고 예가 닦이면 행동이 가지런해진다. 이목이 총명해지고 혈기가 온화해진다. 기풍이 변하여 풍속도 바뀌고 천하가 모두 편안하며 선과 미를 다하여 서로 즐기게 되는 것이다. 그러므로 말하기를 악이라 하는 것은 즐거워함이다 라고 한다. 군자는 그 도 얻음을 즐기고 소인은 그 욕심 채움을 즐긴다. 도로써 욕심을 제어하면 즐거워 어지럽지 않다. 욕심 때문에 도를 잊는다면 혼란해서 즐겁지 않다. 그러므로 악이라 하는 것은 즐거움을 이끌어내는 것이고 악기[23]는 덕을 이끌어내는 것이다. 악을 행하면 민이 바른 길로 향한다.[24] 그러므로 악이란 사람을 다스리는 데 가장 좋은 것이다. 그런데도 묵자는 이를 부정한다.

또 악이라 하는 것은 다른 것으로 바꿀 수 없는 조화 자체다. 예라 하는 것은 다른 것으로 바꿀 수 없는 도리다. 악은 똑같게 합치고 예는 다르게 가름으로써 예와 악이 통합되어 사람의 마음을 묶는[25] 것이다. 그 근본을 다하여 그 변화를 극진히 함은 악의 본뜻이다. 진실을 드러내고 거짓을 물리침은 예의 길이다. 묵자가 이를 부정하니 거의 처형을 당해야 할 것이다. 현명한 왕자가 없어[26] 이를 바로잡지 못하고 어리석은 자가 이를 배우니 그 자신이 위태하다. 군자가 악을 밝힘은 바로 그 덕 때문이나 난세에는 선을 미워하고 들으려 하지 않는다. 아아,[27] 슬프도다. 그 덕을 이룰 수가 없다. 제자들은 학문에 힘써서 현혹되지 않게[28] 하라.

夫樂者樂也, 人情之所必不免也. 故人不能無樂. 樂則必發於聲音, 形於動靜. 而人之道聲音動靜, 性術之變, 盡是矣. 故人不能不樂, 樂則不能無形, 形而不爲道, 則不能無亂. 先王惡其亂也, 故制雅頌之聲, 以道之, 使

其聲足以樂而不流, 使其文足以辨而不諰, 使其曲直繁省廉肉節奏, 足以感動人之善心, 使夫邪汙之氣無由得接焉. 是先王立樂之方也, 而墨子非之奈何.

故樂在宗廟之中, 君臣上下同聽之, 則莫不和敬, 閨門之內, 父子兄弟同聽之, 則莫不和親, 鄉里族長之中, 長少同聽之, 則莫不和順. 故樂者審一以定和者也, 比物以飾節者也, 節奏合以成文, 足以率一道, 足以治萬變. 是先王立樂之術也, 而墨子非之奈何. 故聽其雅頌之聲, 而志意得廣焉, 執其干戚, 習其俯仰屈伸, 而容貌得莊焉, 行其綴兆, 要其節奏, 而行列得正焉, 進退得齊焉. 故樂者出所以征誅也, 入所以揖讓也. 征誅揖讓, 其義一也. 出所以征誅, 則莫不聽從, 入所以揖讓, 則莫不從服. 故樂者天下之大齊也, 中和之紀也, 人情之所必不免也. 是先王立樂之術也, 而墨子非之奈何.

且樂者先王之所以飾喜也, 軍旅鈇鉞者, 先王之所以飾怒也. 先王喜怒皆得其齊焉. 是故喜而天下和之, 怒而暴亂畏之. 先王之道, 禮樂正其盛者也, 而墨子非之. 故曰, 墨子之於道也, 猶瞽之於白黑也, 猶聾之於清濁也, 猶欲之楚而北求之也.

夫聲樂之入人也深, 其化人也速, 故先王謹爲之文. 樂中平則民和而不流, 樂肅莊則民齊而不亂. 民和齊則兵勁城固, 敵國不敢嬰也. 如是則百姓莫不安其處樂其鄉以至足其上矣. 然後名聲於是白, 光輝於是大, 四海之民, 莫不願得以爲師. 是王者之始也. 樂姚冶以險, 則民流慢鄙賤矣. 流慢則亂, 鄙賤則爭. 亂爭則兵弱城犯, 敵國危之. 如是則百姓不安其處, 不樂其鄉, 不足其上矣. 故禮樂廢而邪音起者, 危削侮辱之本也. 故先王貴禮樂而賤邪音, 其在序官也, 曰修憲命, 審詩賞, 禁淫聲, 以時順脩, 使夷俗邪音不敢亂雅, 大師之事也.

墨子曰, 樂者聖王之所非也, 而儒者爲之過矣. 君子以爲不然. 樂者聖人之所樂也, 而可以善民心, 其感人深, 其移風俗易. 故先王導之以禮樂, 而民和睦. 夫民有好惡之情, 而無喜怒之應則亂. 先王惡其亂也, 故脩其行正其樂, 而天下順焉. 故齊衰之服, 哭泣之聲, 使人之心悲, 帶甲嬰軸, 歌

於行伍, 使人之心惕. 姚冶之容, 鄭衛之音, 使人之心淫. 紳端章甫, 舞韶
歌武, 使人之心莊. 故君子耳不聽淫聲, 目不視女色, 口不出惡言. 此三者
君子愼之. 凡姦聲感人, 而逆氣應之, 逆氣成象, 而亂生焉. 正聲感人, 而
順氣應之, 順氣成象, 而治生焉. 唱和有應, 善惡相象, 故君子愼其所去就
也. 君子以鐘鼓道志, 以琴瑟樂心. 動以干戚, 飾以羽毛, 從以磬管. 故其
淸明象天, 其廣大象地, 其俯仰周旋, 有似於四時. 故樂行而志淸, 禮脩而
行成. 耳目聰明, 血氣和平, 移風易俗, 天下皆寧, 美善相樂. 故曰, 樂者樂
也. 君子樂得其道, 小人樂得其欲. 以道制欲, 則樂而不亂, 以欲忘道, 則
惑而不樂. 故樂者所以道樂也. 金石絲竹, 所以道德也. 樂行而民鄕方矣.
故樂者治人之盛者也, 而墨子非之.

且樂也者, 和之不可變者也, 禮也者, 理之不可易者也. 樂合同, 禮別異.
禮樂之統, 管乎人心矣. 窮本極變, 樂之情也, 著誠去僞, 禮之經也. 墨
子非之, 幾遇刑也. 明王以沒, 莫之正也. 愚者學之, 危其身也. 君子明
樂, 乃其德也. 亂世惡善, 不此聽也. 於乎哀哉. 不得成也. 弟子勉學, 無所
營也.

1 性術之變―성(性)은 생(生)자로 통용됨. 변(變)은 인성 내면의 동요를 말함.
2 雅頌之聲―아(雅)나 송(頌)은 『시』(詩)의 육의(六義) 가운데 하나. 종묘 제
  사 때 연주하는 정악(正樂)을 일컬음.
3 辨而不諰―변(辨)은 명료(明瞭)와 같은 뜻. 시(諰)는 식(諰)자의 잘못 쓰임.
  지(止)자로 통함.
4 繁省廉肉節奏―번(繁)은 급속(急速). 성(省)은 담백(淡白)의 뜻. 렴(廉)은 모
  날 릉(稜)자와 같음. 육(肉)은 태완(太緩), 즉 둥근 모양. 절주(節奏)는 음의
  장단과 강약이 일정한 규칙에 따라 되풀이되는 것.
5 族長―족(族)은 시골의 가옥 수. 단위부락을 말함. 장(長)은 당(黨)자로 통
  함. 향당(鄕黨)과 같은 뜻.
6 審―一(一)이란 음악의 조화를 이루기 위한 중심적 표준을 의미함. 오성
  가운데 궁(宮)을 가리킴.
7 節奏合―합(合)은 해화(諧和)의 상태. 장단 가락이 서로 잘 맞음.
8 干戚―간(干)은 순(盾)자와 같음. 척(戚)은 부(斧)자로 통함. 무무(武舞) 때
  손에 들고 춤추는 방패와 도끼.

9 綴兆―철(綴)은 표(表)자와 같음. 춤출 사람을 세운 줄의 표시. 조(兆)는 조(姚)자로 통함. 제단의 구역 또는 그 장소.

10 要其節奏―요(要)는 합(合)자와 같음. 협화(協和)의 뜻. 그 가락에 잘 맞는 상태.

11 征誅―정(征)은 토(討)자와 같음. 주(誅)는 벌을 줌. 죄지은 무리를 무력으로 침.

12 揖讓―읍(揖)은 두 손을 모아서 절함. 양(讓)은 겸손의 표시. 현자에게 자리를 사양함.

13 鈇鉞―부(鈇)는 부(斧)자와 같음. 월(鉞)은 큰 도끼. 천자가 제후에게 생살권을 물려주는 증표.

14 入人也―여기서 입인(入人)이란 사람 마음속에 스며듦. 심정의 변화를 말함.

15 姚冶以險―요야(姚冶)는 요미(妖美)와 같음. 요염이 넘침. 험(險)은 편험(偏險)의 뜻. 편향성을 말함.

16 其在序官―서관(序官)은 왕자(王者)의 관제(官制) 명칭. 관작의 서열을 정함.

17 修憲命―헌명(憲命)이란 법령을 가리킴. 수(修)는 수정(修正)의 뜻.

18 審詩賞―시(詩)가 원판본엔 주(誅)자로 잘못됨. 시상(詩賞)은 시장(詩章)과 같음.

19 帶甲嬰軸―영(嬰)은 두를 대(帶)자로 통함. 수(軸)는 주(胄)자와 같음. 갑옷 입고 투구 씀.

20 惕―척(惕)은 동탕(動蕩)의 뜻. 진동(震動)을 말함.

21 紳端章甫―신(紳)은 폭이 넓은 큰 띠. 단(端)은 조회 때 입는 검은 예복. 장보(章甫)는 의례를 갖출 때 쓰는 관.

22 成象―상(象)은 탈을 쓰고 춤추는 일종의 유희. 가무(歌舞)로 드러남을 말함.

23 金石絲竹―악기의 여러 가지 종류. 그 만드는 재료를 금석사죽(金石絲竹)이라 부름.

24 鄉方―향(鄉)은 향(嚮)자와 같음. 향(向)자의 뜻. 방(方)은 바른 도(道)를 가리킴.

25 管乎―관(管)은 포(包)자와 통용됨. 한데 통합하여 관할함.

26 以沒―이(以)는 이미 이(已)자로 쓰임. 몰(沒)은 사람이 죽어 없어짐.

27 於乎―오호(於乎)는 오호(嗚呼)와 같음. 통탄하는 발어사.

28 無所營―영(營)은 형(熒)자로 통함. 현혹될 혹(惑)자와 같은 뜻. 무(無)는 금지조사.

[2]

악기 소리의 형상에 대하여. 북은 광대하고[1] 종은 올차며 경은 단호하고[2] 우 · 생은 엄숙하며[3] 관 · 약은 세차게 떨치고[4] 훈 · 지는 아늑하게 깊으며[5] 비파는 부드럽고[6] 거문고는 우아하며[7] 노래는 청아함을 다하고 춤의 정신은 천도와 함께한다. 북은 그 악기들 가운데 군왕이다. 그러므로 북은 하늘을 닮고 종은 땅을 닮으며 경은 물을 닮고 우 · 생과 관 · 약은 해와 달과 별들을 닮으며 도고와 부격 · 강갈[8]은 만물을 닮았다. 무엇을 가지고 춤의 정신을 아는가. 말하기를 눈은 스스로 보지 못하고 귀는 스스로 듣지 못한다. 그렇더라도 부앙 · 굴신 · 진퇴하는 동작에 단호하지 않음이 없고 근골의 온 힘을 다함으로써 종과 북에 맞추는 절도가 필요하더라도 거슬려 어긋남이 없는 것은 많이 쌓인 그 정신을 되풀이하기[9] 때문이라고 한다.

聲樂之象, 鼓大麗, 鐘統實, 磬廉制, 竽笙肅和, 筦籥發猛, 塤箎翁博, 瑟易良, 琴婦好, 歌淸盡, 舞意天道兼. 鼓其樂之君邪. 故鼓似天, 鐘似地, 磬似水, 竽笙筦籥似星辰日月, 鞉鼓拊鞇椌楬似萬物. 曷以知舞之意. 曰, 目不自見, 耳不自聞也, 然而治俯仰詘信進退遲速, 莫不廉制, 盡筋骨之力, 以要鐘鼓俯會之節, 而麾有悖逆者, 衆積意譚譚乎.

1 大麗—리(麗)는 리(離)자로 통함. 북소리가 크게 멀리 울려퍼짐을 말함.
2 廉制—렴(廉)은 릉(稜)자와 같음. 제(制)는 재단(裁斷)의 뜻. 모가 나게 짧음.
3 肅和—숙(肅)은 경(敬)자와 같은 뜻. 정숙함. 화(和)는 옹화(雍和), 즉 화합하여 어울림.
4 筦籥發猛—관(筦)은 피리 관(管)자와 같음. 약(籥)도 피리의 일종. 발맹(發猛)은 맹기발양(猛起發揚)의 뜻.
5 塤箎翁博—훈(塤)은 토적(土笛). 지(箎)는 대로 만든 피리. 옹(翁)은 앙(泱)자와 같음. 물이 넓고 깊은 모양.
6 易良—이(易)는 화이(和易)의 뜻. 유순함. 량(良)은 온량(溫良)과 같음.
7 婦好—여기서 부(婦)란 완려(婉麗)의 뜻. 즉 부드럽고 아름다운 자태를 가리켜 말함.

8 鞉鼓拊鞷椌楬—도고(鞉鼓)는 작은 북. 부격(拊鞷)은 둔탁한 소리가 나는 악
기 이름. 강갈(椌楬)은 타악기의 일종.
9 譯譯—지(譯)는 말이 둔하고 느린 모양. 또는 순(諄)자로도 통용됨. 돈후(敦
厚)의 뜻.

[3]

나는 향음주(鄕飮酒)의 예를 보고[1] 왕도가 대단히 용이함을 알았다.
예를 진행하는 데 있어 주인이 몸소 주빈과 곁다리를 초대하면[2] 일반
객들[3]도 모두 따라온다. 문 밖에 이르러 주인이 주빈과 곁다리에게 배
(拜)[4]하면 일반 객들도 모두 안으로 든다. 주빈과 일반 객의 차를 가지
고 귀천의 뜻을 밝혀 구별하는 것이다. 섬돌에 이르러 세 번 읍(揖)[5]하
고 세 번 양(讓)하며 주빈을 당상에 오르게 한다.[6] 오르기를 기다려 서
로 배하고 술잔을 나누는 헌수(獻酬)와 사양(辭讓)의 예를 융성하게 한
다. 그러나 곁다리는 이를 간략하게 줄인다. 일반 객들은 (당상에) 올라
가 잔을 받고 꿇어앉아 제 지내듯이 받들며[7] 일어서서 마시고 반배하
지 않은 채 내려온다. 융성함과 감쇄하는 뜻을 분명히 가리는 것이다.
악공(樂工)이 들어와[8] 당상에 올라 아악(雅樂) 삼장을 부르고 끝내면
주인은 술잔을 권한다. 생(笙) 부는 이가 들어와 곡을 삼장 끝내면 주인
은 또 술잔을 권한다. 당상과 당하에서 번갈아[9] 노래와 피리를 세 차례
부르고 끝내면 곧이어 합주가 세 차례 끝나 이에 악공은 연주가 끝났다
알리고 나간다. 주인은 아래 두 사람을 시켜 술잔을 받쳐들게 하고[10]
사정(司正)을 내세운다.[11] 이는 능히 화락하면서 방만에 흐르지 않게
하려는 것이다. 잔 돌리는 예에 있어 주빈이 주인에게 잔을 돌리면 주
인은 곁다리에게 잔을 돌리고 곁다리도 일반 객들에게 잔을 돌린다. 젊
은이와 연장자가 나이순으로 차례대로 돌리다가 마지막엔 술잔 닦는
자[12]에게까지 이르러 끝낸다. 이는 능히 연장자를 공순히 대하면서 한
사람도 빼놓지 않으려는 것이다. 당하로 내려서서 신을 벗고 올라 느긋
하게 앉아 잔을 주고받는 수작을 셀 수 없이 하더라도[13] 음주하는 절도

가 있다. 아침은 아침 일을 폐하지 않고 저녁은 저녁 일을 폐하지 않는다. 주빈이 나가면 주인은 큰절하고 전송하며 예의 절도와 문식을 끝내다 갖춘다. 이는 능히 잔치를 즐기면서[14] 어지럽지 않게 하려는 것이다. 귀천의 뜻을 밝혀 구별하고 융성함과 감쇄하는 뜻을 분명히 가리며 화락하면서도 방만에 흐르지 않고 연장자를 공순히 대하면서도 빼놓지 않으며 잔치를 즐기면서도 어지럽지 않게 한다는 이 다섯 가지 행위가 바로 내 한 몸을 족히 바르게 하고 나라를 안정시키는 조건이다. 저 나라가 안정된다면 천하가 편안해질 것이다. 그러므로 말하기를 나는 향음주의 예를 보고 왕도가 대단히 용이함을 알았다고 하였던 것이다.

吾觀於鄕, 而知王道之易易也. 主人親速賓及介, 而衆賓皆從之, 至於門外, 主人拜賓及介, 而衆賓皆入, 貴賤之義別矣. 三揖至於階, 三讓以賓升, 拜至, 獻酬辭讓之節繁. 及其介省矣. 至于衆賓, 升受坐祭立飮, 不酢而降. 隆殺之義辨矣. 工入升歌三終, 主人獻之. 笙入三終, 主人獻之, 間歌三終, 合樂三終, 工告樂備遂出. 二人揚觶, 乃立司正焉. 知其能和樂而不流也. 賓酬主人, 主人酬介, 介酬衆賓, 少長以齒, 終於沃洗者焉. 知其能弟長而無遺也. 降說屨升坐, 脩爵無數. 飮酒之節, 朝不廢朝, 莫不廢夕. 賓出主人拜送, 節文終遂焉. 知其能安燕而不亂也. 貴賤明, 隆殺辨, 和樂而不流, 弟長而無遺, 安燕而不亂. 此五行者, 是足以正身安國矣. 彼國安而天下安. 故曰, 吾觀於鄕而知王道之易易也.

1 吾觀於鄕 ― 오(吾)는 공자를 가리킴. 향(鄕)이란 향촌의 맨 웃어른이 학업을 마친 유생을 자기 집으로 초대하여 술 마시는 예를 시범으로 가르치던 잔치를 말함.
2 親速賓及介 ― 속(速)은 부를 소(召)자와 같음. 빈(賓)은 초대받은 정객(正客). 개(介)는 그를 수행하여 일을 거들어주는 도우미.
3 衆賓 ― 여기서 중빈(衆賓)이란 정식으로 초대받지 않고 정객에 따라붙는 나그네를 말함.
4 拜 ― 배(拜)는 두 손을 앞으로 잡고 머리를 무릎까지 닿도록 숙이는 큰절을

말함.

5 三揖―읍(揖)은 두 손을 겹쳐 모아 가볍게 겸양을 표시하는 인사 방법.

6 讓以賓升―양(讓)은 몸을 움츠리고 겸손하게 남을 앞세우는 예절의 표시. 이(以)는 솔(率)자로 통함. 도(導)자와 같은 뜻. 객을 당상에 오르도록 안내함.

7 坐祭―좌(坐)는 무릎을 꿇고 앉음. 궤(跪)자와 마찬가지 의미. 제(祭)는 잔에 술을 조금 부어 신에게 바치는 시늉을 해 보이는 몸짓을 가리킴.

8 工入升歌―공(工)은 악을 담당하는 악정(樂正) 또는 악사를 가리킴. 가(歌)는 『시경』「소아」(小雅)편의 시 낭송의 뜻.

9 間歌―간(間)은 번갈을 대(代)자로 쓰임. 노래를 교대로 부름.

10 二人揚觶―이인(二人)이란 주인에게 속하여 일하는 사람. 양(揚)은 받들 봉(奉)자와 같음. 지(觶)는 주둥이가 넓적하게 벌어진 잔.

11 立司正―사정(司正)이란 연회석상에서 주인의 예 집행을 돕는, 일종의 감독 역할을 하는 사람.

12 沃洗者―옥(沃)은 손 씻을 관(盥)자로 통함. 여기서 세(洗)란 술잔을 닦는 신분 낮은 시종.

13 脩爵無數―수(脩)는 거(擧)자와 같은 뜻. 작(爵)은 술잔 배(盃)자로 통함. 수(數)는 산작(算爵), 즉 잔수를 셈.

14 安燕―안(安)은 즐길 락(樂)자의 뜻으로 쓰임. 연(燕)은 잔치 연(宴)자와 같음.

[4]

어지러운 세상 징조에 대하여. 그 복장은 화려하고[1] 그 용의는 아름다우며[2] 그 풍속은 음란하고 그 뜻은 이득에 있으며 그 행동은 난잡하고 그 노랫소리는 음험하며 그 문장 꾸밈은 사특하고 눈부시며[3] 그 생활은 법도가 없고 그 장례는 소홀하며[4] 예의를 가볍게 여기고 사나운 용력을 높이며 가난하면 도둑질하고 넉넉하면 해악을 부린다. 다스려지는 세상은 이와 반대다.

亂世之徵, 其服組, 其容婦, 其俗淫, 其志利, 其行雜, 其聲樂險. 其文章匿而采, 其養生無度, 其送死瘠墨, 賤禮義而貴勇力, 貧則爲盜, 富則爲賊. 治世反是也.

1 其服組—조(組)는 장(駔)자로 통함. 화치(華侈)의 뜻. 호사스럽게 크고 좋은 모양.

2 容婦—부(婦)는 요야(姚冶), 즉 요염한 몸짓과 태도를 말함.

3 文章匿而采—문장(文章)은 장식의 꾸밈새. 익(匿)은 특(慝)자로 통함. 어긋날 채(差) 또는 사(邪)자와 같은 뜻. 채(采)는 채색(彩色)이 지나치게 아름다움.

4 瘠墨—척(瘠)은 박(薄)자로 통함. 장례를 간소하게 지냄. 후장(厚葬)의 반대. 묵(墨)은 암우(闇愚)의 뜻. 예를 갖추지 않는 비례(非禮) 현상을 가리킴.

21 해폐解蔽

해폐는 우리의 사물에 대한 바른 인식을 그르치고 사실을 정확히 판단할 수 없도록 가로막는 갖가지 옹폐(壅蔽) 요소들을 제거·해소시킨다는 말이다. 계몽(啓蒙)과 마찬가지 의미다. 실제로 우리의 사유체계 가치 정립에 있어 묵자 일파와 궤변론자 법가자류의 주장들은 우리를 혼미 속으로 빠져들게 만드는 저해 구실만 한다고 논박, 이를 배척해야 할 대상으로 비판한 것이다.

[1]

무릇 사람의 약점[1]은 한쪽의 사설(邪說)에 가려져서[2] 바른 도리를 이해하지 못하는 일이다. 이를 공평히 다스리면 정도(正道)로 돌아오지만[3] 양쪽으로 갈리면 의혹만 인다.[4] 천하에 두 길이 없고 성인에게 두 마음이 없다. 지금 제후들이 정치를 달리하고 여러 학자들이 주장을 달리한다면 반드시 어느 한쪽이 옳으면 다른 한쪽은 그르며 어느 한쪽이 다스려지면 다른 한쪽은 어지러워질 것이다. 난국의 군주나 어수선한 설을 내세우는 사람들도 그 진심은 정도를 찾아서 자신을 위하려고 하지만 도를 행함에 있어 시새움과 잘못을 저지르면 다른 사람이 다가가 유혹하게 된다[5]는 것이다. 자신의 그 오래 쌓인 습관만 고집하여[6] 오직 비난을 들을까 두려워하고 그 자신이 집착하는 바에 기대어 다른 생각들을 대한다 하더라도 오직 그쪽만 칭찬을 들을까 두려워한다. 이런 까닭으로 정도와 다른 방향으로 치달으면서도[7] 자기가 옳다고 멈추지 않는다. 어찌 한쪽의 사설에 가려져서 바른 도리를 찾으려는 마음을 잃은 것이 아니겠는가. 마음을 바르게 쓰지 않는다면 백과 흑이 앞에 있더라도 눈이 보지 못하고 우레나 북이 곁에 있더라도 귀가 듣지 못한다. 하물며 사설로 가려진 자에게 있어서랴. 정도를 체득한 사람은 난국의 군주가 위에서 그를 비난하고 어수선한 설을 내세우는 사람들도 아래에서 그를 비난한다. 어찌 슬프지 않겠는가.

여기서 그 무엇이 우리 마음을 가리는가.[8] 욕망이 가리고 혐오가 가리며 최초의 것이 가리고 최종의 것이 가리며 소원한 것이 가리고 친근한 것이 가리며 후박한 것이 가리고 천박한 것이 가리며 옛 것이 가리고 지금 것이 가린다. 무릇 만물은 달라서 서로가 가리지 않을 수 없는 것이다. 이것이 마음을 쓰는 인식 과정에 있어 공통의 약점이 되는 것이다.

凡人之患, 蔽於一曲而闇於大理. 治則復經, 兩則疑惑矣. 天下無二道, 聖
人無兩心. 今諸侯異政, 百家異說, 則必或是或非, 或治或亂. 亂國之君,
亂家之人, 此其誠心莫不求正而以自爲也, 妬繆於道而人誘其所迨也. 私
其所積, 唯恐聞其惡也. 倚其所私, 以觀異術, 唯恐聞其美也. 是以與治離
走, 而是己不輟也. 豈不蔽於一曲而失正求也哉. 心不使焉, 則白黑在前,
而目不見, 雷鼓在側, 而耳不聞, 況於蔽者乎. 德道之人, 亂國之君, 非之
上, 亂家之人, 非之下, 豈不哀哉.

故爲蔽, 欲爲蔽, 惡爲蔽, 始爲蔽, 終爲蔽, 遠爲蔽, 近爲蔽, 博爲蔽, 淺爲
蔽, 古爲蔽, 今爲蔽. 凡萬物異, 則莫不相爲蔽, 此心術之公患也.

1 人之患―환(患)은 우(憂)자와 같은 뜻. 걱정거리. 결점이라고 풀이할 수도 있음.
2 蔽於一曲―곡(曲)은 한구석에 치우침. 또는 사벽(邪僻)의 뜻. 옳지 않은 이론.
3 治則復經―여기서 치(治)는 평치(平治)를 말함. 경(經)은 경(徑)자로 통함.
　바른 길로 되돌림.
4 兩則疑惑―양(兩)은 전일(專一)과 반대되는 태도. 헷갈려서 이단이나 사설
　을 분별하지 못함.
5 人誘其所迨―인(人)은 이단 사설의 주창자. 태(迨)는 미칠 체(逮)자로 통함.
　손닿을 수 있는 데. 유(誘)는 그 기회를 노림.
6 私其所積―사(私)는 고집스럽게 편애함. 적(積)은 적습(積習)의 뜻. 묵은 버
　릇을 가리킴.
7 與治離走―여기서 치(治)란 정도(正道)를 가리킴. 이주(離走)는 배치(背馳)
　와 마찬가지 의미.
8 故爲蔽―고(故)는 의문사 호(胡)자로 통함. 혹은 셈할 수(數)자의 뜻으로 쓰
　이기도 함.

[2]

옛 임금 가운데 마음이 가려진 자는 하(夏)의 걸(桀)과 은(殷)의 주
(紂)가 바로 그런 사람이다. 걸은 말희(末喜)·사관(斯觀)[1]에게 가려
서 관용봉(關龍逄)[2]을 알지 못하였기 때문에 그 마음을 미혹 속에 빠뜨

166

리고 그 행동을 어지럽혔다. 주(紂)는 달기(妲己)·비렴(飛廉)[3]에게
가려서 미자계(微子啓)[4]를 알지 못하였기 때문에 그 마음을 미혹 속에
빠뜨리고 그 행동을 어지럽혔다. 그러므로 여러 신하들은 충의를 버리
고 사삿일에 힘쓰며 백성들은 원망과 비방으로 할 일을 안하며 어질고
선량한 이는 자리를 물러나 숨어 살았다. 이것이 그 구목(九牧) 땅[5]을
잃고 종묘 국가를 비우게 만든 원인이다. 걸은 역산(鬲山)[6]에서 죽고
주는 깃대 끝에 목매달렸으나[7] 자신은 이를 미리 알지 못하고 남들도
또한 간하지 못하였다. 이것이 가리어 막혀버리는 화라는 것이다. 탕왕[8]
은 하의 걸을 거울삼아 경계하였으므로 그 마음을 지키고 신중히 다스
렸던 것이다. 이런 까닭으로 이윤(伊尹)을 오랫동안 등용하여 그 정도
를 잃지 않을 수 있었다. 이것이 그 하왕조를 바꾸어 천하[9]를 물려받게
된 원인이다. 문왕은 은의 주를 거울삼아 경계하였으므로 그 마음을 지
키고 신중히 다스렸던 것이다. 이런 까닭으로 여망(呂望)[10]을 오랫동안
등용하여 그 정도를 잃지 않을 수 있었다. 이것이 그 은왕조를 바꾸어
천하를 물려받게 된 원인이다. 멀리 그 진귀한 것을 올리지 않는 나라
가 없으므로 눈은 온전한 색을 보고 귀는 온전한 소리를 들으며 입은
온전한 맛을 먹고 몸은 온전한 집에 살며 명성은 온전한 칭호를 받아
살아서는 천하가 그 덕을 노래하고 죽어서는 사해 사람들이 슬프게 울
었던 것이다. 대저 이를 가리켜 지성(至誠)이라 말하는 것이다. 『시』[11]에
이르기를 '봉황이 춤을 추네.[12] 그 날개가 방패처럼 넓고 그 소리가 피
리소리 같네. 황이여 봉이여 제왕의 마음을 즐겁게 하네'라고 하였으니
이것이 가려지지 않는 복이라는 것이다.

昔人君之蔽者, 夏桀殷紂是也. 桀蔽於末喜斯觀, 而不知關龍逢, 以惑其
心而亂其行. 紂蔽於妲己飛廉, 而不知微子啓, 以惑其心而亂其行. 故羣
臣去忠而事私, 百姓怨非而不用, 賢良退處而隱逃. 此其所以喪九牧之地
而虛宗廟之國也. 桀死於鬲山, 紂縣於赤斾, 身不先知, 人又莫之諫. 此蔽
塞之禍也. 成湯鑒於夏桀, 故主其心而愼治之. 是以能長用伊尹, 而身不

失道, 此其所以代夏王而受九有也. 文王鑒於殷紂, 故主其心而愼治之.
是以能長用呂望而身不失道. 此其所以代殷王而受九牧也. 遠方莫不致其
珍, 故目視備色, 耳聽備聲, 口食備味, 形居備宮, 名受備號, 生則天下歌,
死則四海哭. 夫是之謂至盛. 詩曰, 鳳凰秋秋, 其翼若干, 其聲若簫, 有鳳
有凰, 樂帝之心, 此不蔽之福也.

1 末喜斯觀—말희(末喜)는 걸(桀)이 그 미모에 현혹된 비(妃). 사관(斯觀)은
　미상. 그때의 간신.
2 關龍逢—관용봉(關龍逢)은 걸의 충신. 간하다가 붙들려 참혹한 죽음을 당함.
3 妲己飛廉—달기(妲己)는 주(紂)가 유소씨(有蘇氏)를 토벌할 때 얻은 비. 미
　모에 홀려 난행을 저지름. 비렴(飛廉)은 이름난 주의 간신.
4 微子啓—주의 배다른 형. 주를 간하였으나 듣지 않아서 물러나 숨어 살았다
　고 전해짐.
5 九牧之地—구목(九牧)은 구주(九州)와 같은 뜻. 우(禹)가 천하를 아홉 개 주
　로 나누었다고 함. 중국의 전국토를 가리킴.
6 鬲山—력(鬲)은 력(歷)자로 통함. 원판본은 정(亭)자로 되어 있음. 걸이 쫓겨
　난 곳.
7 縣於赤斾—현(縣)은 현(懸)자와 같음. 패(斾)는 장수의 기. 머리를 베어 깃대
　끝에 매닮.
8 成湯—탕(湯)은 본래 지명. 성탕(成湯)은 탕왕의 호. 성주(成周)나 마찬가지
　용법으로 쓰임.
9 九有—구유(九有)는 구목(九牧)과 같음. 그 땅을 무유(撫有)한다 하여 구유
　라 일컬음.
10 呂望—여망(呂望)은 태공망(太公望) 여상(呂尙)을 가리킴. 문왕을 도와서
　은을 멸망시킴.
11 詩—이 시는 지금의 『시경』에 전하지 않는 일시(逸詩).
12 秋秋—추추(秋秋)란 창창(蹌蹌)과 같음. 너울거리며 춤추는 모양을 가리키
　는 말.

[3]

옛 신하들 가운데 마음이 가려진 자는 당앙(唐鞅)과 해제(奚齊)[1]가
바로 그런 사람이다. 당앙은 권세를 잡으려는 욕심에 가려서 재자(載

子)²⁾를 내쫓고 해제는 나라를 차지하려는 욕심에 가려서 신생(申生)³⁾을 죄주었다. 당앙은 송(宋)에서 죽음을 당하고 해제는 진(晉)에서 죽음을 당하였다. 어진 재상을 내쫓고 효성스런 형을 죄주며 자신도 처형당하면서 알지 못하였다. 이것이 가리어 막혀버리는 화라는 것이다. 그러므로 탐내어 야비하고 배반하며 권세를 다툼으로써 위태하고 욕보며 멸망하지 않은 자가 예부터 지금까지 일찍이 없었다. 포숙(鮑叔)과 영척(甯戚)·습붕(隰朋)⁴⁾은 어질고 슬기로우며 또한 가려지지 않아 능히 관중(管仲)을 도울 수⁵⁾ 있어 명성과 이득과 복록이 관중과 같았던 것이다. 소공(召公)⁶⁾과 여망은 어질고 슬기로우며 또한 가려지지 않아 능히 주공(周公)을 도울 수 있어 명성과 이득과 복록이 주공과 같았던 것이다. 전해오는 말에 이르기를 '어진 이 아는 것을 가리켜 명(明)이라 하고 어진 이 돕는 것을 가리켜 능(能)이라 하니 이를 힘써 노력하면 그 복이 오래갈 것이다'라고 하니 이것을 일컬은 말이다. 이것이 가려지지 않는 복이라는 것이다.

昔人臣之蔽者, 唐鞅奚齊是也. 唐鞅蔽於欲權, 而逐載子, 奚齊蔽於欲國, 而罪申生. 唐鞅戮於宋, 奚齊戮於晉. 逐賢相, 而罪孝兄, 身爲刑戮, 然而不知. 此蔽塞之禍也. 故以貪鄙背叛爭權而不危辱滅亡者, 自古及今, 未嘗有之也. 鮑叔甯戚隰朋, 仁知且不蔽, 故能持管仲, 而名利福祿與管仲齊. 召公呂望, 仁知且不蔽, 故能持周公而名利福祿與周公齊. 傳曰, 知賢之謂明, 輔賢之謂能. 勉之彊之, 其福必長, 此之謂也. 此不蔽之福也.

1 唐鞅奚齊 ― 당앙(唐鞅)은 전국시대 송(宋) 강왕(康王)의 신하. 군주의 위엄을 보이기 위하여 사람을 수없이 죽였다고 전함. 해제(奚齊)는 춘추시대 진(晉) 헌공(獻公)의 비 여희(麗姬)의 아들.
2 載子 ― 재(載)를 대(戴)자로 읽음. 송왕의 충신 대환(戴驩)을 말함. 『맹자』 「등문공」편에 대불승(戴不勝)이란 이름이 보임.
3 申生 ― 신생(申生)은 진헌공의 태자. 해제의 배다른 형. 어질고 효심이 깊었다고 전해짐.

4 鮑叔甯戚隰朋—포숙(鮑叔)은 제환공에게 관중을 추천한 포숙아(鮑叔牙)를 말함. 영척(甯戚)·습붕(隰朋) 둘 다 관중을 도와 환공의 패업을 이루게 한 공신.

5 持管仲—여기서 지(持)란 부지(扶持)의 뜻. 돌보아줌.

6 召公—소공(召公)의 이름은 석(奭). 주공을 도와서 주왕조 건국의 공을 세움. 연(燕)의 시조.

[4]

옛날 유세하던 인사들[1] 가운데 마음이 가려진 자는 세상을 어지럽히던 사상가들[2]이다. 묵자(墨子)는 실용주의에 가려서 (예절) 꾸미는 것을 알지 못하고 송자(宋子)는 과욕주의에 가려서 소득의 가치를 알지 못하고[3] 신자(愼子)는 법률주의에 가려서 현자 높이는 것을 알지 못하고 신자(申子)는 권세주의에 가려서 재지(材智)를 알지 못하고 혜자(惠子)는 명사주의에 가려서 실질을 알지 못하고 장자(莊子)는 천(天)에 가려서 인(人)을 알지 못하였다. 그러므로 실용성에 따라 이를 일러 도라 한다면 이득만 다하게 되는 것이고 욕심 줄이는 일에 따라 이를 일러 도라 한다면 만족만 다하게[4] 되는 것이며 법에 따라 이를 일러 도라 한다면 술수만 다하게 되는 것이고 권세에 따라 이를 일러 도라 한다면 편의만 다하게 되는 것이며 명사(名辭)에 따라 이를 일러 도라 한다면 논변만 다하게 되는 것이고 천에 따라 이를 일러 도라 한다면 순응만 다하게[5] 되는 것이다. 이 몇 가지 기량이라 하는 것은 모두 도의 한 모서리에 지나지 않는다. 대저 도라 하는 것은 일정한 법칙을 주축으로 모든 변화를 두루 포섭하는 것이다.[6] 한 모서리를 들어 그것을 내보이기는 부족하다. 일부밖에 알지 못하는 사람[7]은 도의 한 모서리를 보고는 전체를 인식할 수 없다. 그러므로 충분하다 생각하여 겉만 꾸며 안으로 자신을 어지럽히고 밖으로 남을 혼란스럽게 하며 위에서 아래를 가리고 아래에서 위를 가린다. 이것이 가리어 막혀버린 화라는 것이다. 공자는 인(仁)과 지(知)를 갖추고 또한 가려지지도 않았다. 그러므로 여러 가지 많은 도술[8]을 배우고 그것으로 족히 선왕의 도를 이을 수 있었던 것이다. 이 학파만이 주도(周道)를 깨달아[9] 실제로 모두 활용하고 낡은 적습(積習)[10]에 가려지지 않았다. 그러므로 덕은 주공과 같았고 명성은 삼왕(三王)[11]과 나란했던 것이다. 이것이 가려지지 않는 복이라 하는 것이다.

昔賓孟之蔽者, 亂家是也. 墨子蔽於用而不知文, 宋子蔽於欲而不知得, 愼子蔽於法而不知賢, 申子蔽於埶而不知知, 惠子蔽於辭而不知實, 莊子蔽於天而不知人. 故由用謂之道, 盡利矣, 由俗謂之道, 盡嗛矣, 由法謂之道, 盡數矣, 由埶謂之道, 盡便矣, 由辭謂之, 盡論矣, 由天謂之道, 盡因矣. 此數具者, 皆道之一隅也. 夫道者體常而盡變, 一隅不足以擧之. 曲知之人, 觀於道之一隅, 而未之能識也. 故以爲足而飾之, 內以自亂, 外以惑人, 上以蔽下, 下以蔽上, 此蔽塞之禍也. 孔子仁知且不蔽, 故學亂術, 足以爲先王者也. 一家得周道, 擧而用之不蔽於成積也. 故德與周公齊, 名與三王竝, 此不蔽之福也.

1 賓孟―맹(孟)은 옛 음이 맹(萌)자와 같음. 객민(客民)의 뜻. 전국시대 제후국 을 왕래하던 유사(遊士)들의 칭호.

2 亂家―여기서 난가(亂家)라 함은 무책임한 언동을 하는 사람 또는 여러 학파 를 가리킴.

3 蔽於欲而不知得―욕(欲)은 욕심을 줄임. 과욕(寡慾)의 뜻. 득(得)은 삶을 윤 택하게 할 재화 획득. 부지(不知)란 생산 측면의 몰지각을 말함.

4 盡嗛―협(嗛)은 족(足)자와 마찬가지 의미. 넉넉함. 또는 상쾌함.

5 盡因―인(因)은 인순(因循)·고식(姑息)의 뜻. 자연이 되어가는 대로 맡겨버림.

6 體常而盡變―상(常)은 변하지 않는 법칙성. 체(體)란 본질로 삼음. 변(變)은 모든 사물의 변화. 진(盡)은 극진히 함.

7 曲知之人―곡(曲)은 우(隅)자와 같음. 편향된 상태. 한쪽만 천착하는 지식인.

8 亂術―란(亂)은 뒤섞일 혼(渾)자로 통함. 잡속(雜俗)의 뜻. 다양한 관습과 사 상을 말함.

9 一家得周道―일가(一家)란 난가(亂家)에 대한 대칭으로 공자학파를 가리킴. 주(周)는 두루 변(徧)자로 통함. 치우치지 않는 보편적인 뜻.

10 成積―적(積)은 습(習)자와 같은 뜻으로 쓰임. 진부한 습관. 당대 유행되는 일반 성향.

11 三王—삼왕(三王)은 하(夏) · 은(殷) · 주(周) 삼대(三代)의 성왕을 가리킴.

[5]

성인은 마음 쓰는 데 있어[1] 걱정거리를 알아차리고 가리어 막혀버리는 화를 꿰뚫어본다. 그러므로 욕망에 사로잡히지 않고 미움에 사로잡히지 않으며 처음에 사로잡히지 않고 끝에 사로잡히지 않으며 친근함에 사로잡히지 않고 소원함에 사로잡히지 않으며 넓고 깊은 데 사로잡히지 않고 좁고 얕은 데 사로잡히지 않으며 옛날에 사로잡히지 않고 오늘에 사로잡히지 않으며 모든 사물을 아울러 다 벌여놓고 그 한가운데에 일정한 표준을 설정한다.[2] 이런 까닭으로 차이가 나는 다른 많은 사물[3]이 서로를 가려 그 질서를 어지럽히는 일은 할 수 없다. 무엇을 일러 일정한 표준이라 하는가. 말하기를 도(道)라 한다. 그러므로 사람은 그 마음에 도를 이해하지 않을 수 없다. 마음에 도를 이해하지 않는다면 도를 옳다 하지 않고 도가 아닌 것을 옳다 하게 될 것이다. 사람이 누가 제멋대로 하기 바라서 그 옳지 않은 바를 지키느라고 그 잃은 바를 금하겠는가. 그 도를 옳다 하지 않는 마음을 가지고 사람을 취한다면 반드시 도를 이해 못한 사람과 하나가 되어서 도를 이해한 사람과는 하나되지 못할 것이다. 그 도를 옳다 하지 않는 마음을 가지고 도를 이해 못한 사람과 함께 도를 이해한 사람을 논하는 것은 어지러워지는 근본이 된다. 도대체 이를 어떻게 아는가. 마음에 도를 이해한 연후라야 도를 옳다 하고 도를 옳다고 본 연후라야 능히 도를 지키고 그것으로 도가 아닌 것을 금할 수 있기 때문이다. 그 도를 옳다 하는 마음을 가지고 사람을 취한다면 도를 이해한 사람과 하나가 되어서 도를 이해 못한 사람과는 하나되지 못할 것이다. 그 도를 옳다 하는 마음을 가지고 도를 이해한 사람과 함께 도가 아닌 사람을 논하는 것은 다스려지는 요건이 된다. 어찌 이해 못함을 걱정하겠는가. 그러므로 다스리는 요건은 도를 이해하는 데 있다.

聖人知心術之患, 見蔽塞之禍. 故無欲無惡, 無始無終, 無近無遠, 無博無淺, 無古無今, 兼陳萬物, 而中縣衡焉. 是故衆異不得相蔽以亂其倫也. 何爲衡. 曰, 道. 故心不可以不知道. 心不知道, 則不可道而可非道. 人孰欲得恣, 而守其所不可, 以禁其所可. 以其不可道之心取人, 則必合於不道人, 而不合於道人. 以其不可道之心, 與不道之人論道人, 亂之本也. 夫何以知. 心知道, 然後可道. 可道, 然後能守道, 以禁非道. 以其可道之心取人, 則合於道人, 而不合於不道之人矣. 以其可道之心與道人論非道, 治之要也. 何患不知. 故治之要在於知道.

1 心術—심(心)은 사물에 대한 인식 기능. 술(術)은 심리적 동향. 의식작용을 말함.
2 中縣衡—중(中)은 중간적 위치. 타당한 지점. 현(縣)은 현(懸)자와 같음. 형(衡)은 저울. 일정한 판단 기준.
3 衆異—이(異)는 모든 사물의 서로 다른 점. 상위(相違)의 뜻. 처지를 달리하는 대상 모두.

[6]

사람은 무엇을 가지고 도를 이해하는가. 말하기를 마음으로 한다고 한다. 마음은 어떻게 이해하는가. 말하기를 '허'(虛)하고 '일'(壹)하며 '정'(靜)하기 때문이라 한다. 마음은 일찍이 안에 품지 않을[1] 때가 없으나 그러면서도 이른바 '허'한 상태가 된다. 마음은 일찍이 번다하지 않을[2] 때가 없으나 그러면서도 이른바 '일'한 상태가 된다. 마음은 일찍이 움직이지 않을 때가 없으나 그러면서도 이른바 '정'한 상태가 된다. 사람은 나면서 지각이 있고 지각되어 기억이 생긴다. 기억이라 하는 것은 안에 품는 것이다. 그러면서도 이른바 '허'의 상태가 있다 함은 이미 안에 품고 있는 것 때문에 앞으로 받아들여질 것을 방해하지 않는다는 것이다. 이를 일러 '허'라고 하는 것이다. 마음이 생기면 지각이 있고 지각되면 달리 보는 분별력을 갖는다. 분별이라 하는 것은 많은 것을 동시에 아울러 다 안다는 것이다. 동시에 아울러 다 안다는 것은 여러 갈래로 나누어 본다는[3] 것이다. 그러면서도 이른바 '일'의 상태가 있다 함은 그쪽 하나를 가지고 다른 이쪽 하나를 방해하지 않는다는 것이다. 이를 일러 '일'이라고 하는 것이다. 마음은 잠잘 때 꿈을 보고 우두커니 있을 때 멋대로 굴며[4] 이를 부리면 계략을 꾸민다. 그러므로 마음은 일찍이 움직이지 않을 때가 없다. 그러면서도 이른바 '정'의 상태가 있다 함은 꿈을 꾸거나 깊은 생각[5] 때문에 지각을 어지럽히지 않는다는 것이다. 이를 일러 '정'이라고 하는 것이다. 아직 도를 체득하지 못해서 도를 구하는 자에게는 '허'하고 '일'하며 '정'할 것을 일러[6] 이를 법칙으로 삼도록 하여야 한다. 앞으로 도를 따르려 하는 자가 '허'하면 들어갈 수 있고 앞으로 도를 힘쓰려 하는 자가 '일'하면 극진할 수 있으며 앞으로 도를 생각하려는 자가 '정'하면 환히 알 수 있다. 도를 이해하여 환히 알고 도를 이해하여 행한다 함은 도를 체득한 자다. '허'하고 '일'하며 '정'한 것을 일러 크게 청명하다 말하는 것이다.

크게 청명한 사람은 만물에 대하여 형체가 있으면 보지 못함이 없고 보이면 논하지 않음이 없으며 논하면 질서를 잃게 하는 일이 없다. 방 안에 앉아 있으면서 온 세계를 내다보고 오늘에 처해 있으면서 오랜 일을 논하며 만물을 통관(通觀)하여[7] 그 진상을 알고 치란의 자취를 헤아려[8] 그 법칙에 통하며 천지를 가지런히 하여 만물을 기능하게[9] 하고 큰 도리를 닦아 우주를 감싼다는 것이다. 크고 넓도다[10] 누가 그 끝을 알겠는가. 높고 밝도다[11] 누가 그 덕을 알겠는가. 넘치고 성하도다[12] 누가 그 법칙을 알겠는가. 밝기는 일월과 나란히 하고 크기는 팔방에 가득하다. 바로 이를 가리켜 대인(大人)이라고 말하는 것이다. 그 어찌 가려짐이 있겠는가.

人何以知道. 曰, 心. 心何以知. 曰, 虛壹而靜. 心未嘗不臧也, 然而有所謂虛, 心未嘗不滿也, 然而有所謂一. 心未嘗不動也, 然而有所謂靜. 人生而有知, 知而有志. 志也者臧也. 然而有所謂虛, 不以所已臧害所將受, 謂之

虛. 心生而有知, 知而有異. 異也者同時兼知之. 同時兼知之兩也. 然而有所謂一, 不以夫一害此一, 謂之壹. 心臥則夢, 偸則自行, 使之則謀. 故心未嘗不動也. 然而有所謂靜, 不以夢劇亂知, 謂之靜. 未得道而求道者, 謂之虛壹而靜, 作之則. 將順道者之虛則入, 將事道者之壹則盡, 盡將思道者靜則察. 知道察, 知道行, 體道者也. 虛壹而靜, 謂之大淸明.

萬物莫形而不見, 莫見而不論, 莫論而失位. 坐於室而見四海. 處於今而論久遠, 疏觀萬物而知其情, 參稽治亂而通其度, 經緯天地而官萬物, 制割大理而宇宙理矣. 恢恢廣廣, 孰知其極. 睾睾廣廣, 孰知其德. 涫涫紛紛, 孰知其則. 明參日月, 大滿八極. 是之謂大人, 夫惡有蔽矣哉.

1 不臧—장(臧)은 감출 장(藏)자로도 통용됨. 포장(包藏)의 뜻. 마음속에 싸서 간직함.

2 滿—만(滿)은 문(懣)자와 같음. 번(煩)자의 뜻. 모두 양(兩)자의 뜻으로도 쓰임. 어수선함.

3 兩—여기서 양(兩)이란 비병(比並)의 뜻. 대립되는 개념을 하나의 인식으로 동시에 병존시킴.

4 偸則自行—투(偸)는 태(怠)자와 같음. 얼빠진 듯 멍청한 상태. 자행(自行)은 방종(放縱)을 말함.

5 夢劇—몽(夢)은 꿈의 상태. 현실과 달리하는 상념. 극(劇)은 번극(繁劇)의 뜻. 활발한 사고활동을 가리킴.

6 謂之—여기서 위(謂)란 고(告)자와 마찬가지 의미. 설득의 뜻으로 쓰임.

7 疏觀—소(疏)는 통(通)자와 같음. 전체를 꿰뚫어봄.

8 參稽—참(參)은 험(驗)자로 통함. 조사함. 계(稽)는 고(考)자와 같음. 헤아릴 계(計)자와 마찬가지 의미.

9 官萬物—관(官)은 재관(材官)의 뜻. 재(裁)자로 통함. 일을 맡아서 손질함.

10 恢恢—회(恢)는 광대(廣大)의 뜻. 크게 포용하는 모양.

11 睾睾—고(睾)는 고(高) 또는 호(皡)자와 같음. 높고 아득히 먼 모양.

12 涫涫紛紛—관(涫)은 비(沸)자와 통용됨. 펄펄 끓어오르는 모양. 분(紛)은 성(盛)자와 같은 뜻.

[7]

마음이라 하는 것은 육체의 군주다. 그리고 신명(神明)[1]의 주체다. 명령을 내리지만 명령을 받는 일은 없다. 스스로 금하고[2] 스스로 시키며 스스로 빼앗고 스스로 취하며 스스로 행하고 스스로 그친다. 그러므로 입을 억지로 다물거나 말하게[3] 할 수 있고 육체를 억지로 굽히거나 펴게 할 수도 있지만 마음은 억지로 뜻을 바꾸게 할 수는 없다. 옳으면 받아들이고 그르면 물리친다. 그러므로 말하기를 '마음의 용태(容態)[4]는 그 사물의 선택에 있어 남이 금하는 일 없이 반드시 스스로 확인하고[5] 그 사물의 접촉에 있어 뒤섞여 많더라도 그 정수는 통일되어[6] 갈리지 않는다'고 한다. 『시』[7]에 이르기를 '도꼬마리 나물 캐고 캐더라도 작은 광주리 가득 차지 않네. 아아, 나는 사람이 그립네. 그를 조정에 앉히고 싶네'[8]라고 하였다. 작은 광주리는 채우기 쉽고 도꼬마리 나물은 캐기 쉽지만 그것을 채울 수 없는 것은 조정에 마음이 갈리기 때문이다. 그러므로 말하기를 '마음이 갈리면 바로 알지 못하고 기울면 정통하지 못하며 둘이면 의혹이 인다'고 하는 것이다.

한결같이 도(道)에만 집중하여 생각한다면[9] 만물을 아울러서 다 알수 있다. 자신이 그 일을 극진히 해낸다면 훌륭하다. 모든 사물은 둘일수 없다. 그러므로 지자는 하나를 택하여 전적으로 해나가는 것이다. 농사꾼은 밭갈이에 정통하더라도 전사(田師)[10]가 될 수 없고 장사꾼은 시장 일에 정통하더라도 시사(市師)가 될 수 없으며 공장(工匠)은 기물 제작에 정통하더라도 공사(工師)가 될 수 없다. 사물에만 정통하는 자이기 때문이다. 어떤 사람이 있어 이 세 가지 재주는 능하지 못하더라도 세 가지 관서를 다스리게 할 수 있다면 일컬어 도에 정통한 자라고 할[11] 것이다. 사물에만 정통한 자는 사물을 사물로써 다룰 뿐이다.[12] 도에 정통한 자는 사물을 아울러서 다루는 지혜를 가진다. 그러므로 군자는 한결같이 도에만 집중하여 사물을 생각한다. 도에 한결같다면 바르고 사물을 집중하여 생각한다면 밝을 것이다. 바른 의지를 가지고 밝은 주장을 논의해 나간다면 모든 사물이 각기 제자리를 얻을 것이다.[13]

옛날 순이 천하를 다스릴 적에 일을 하나하나 다 이르지 않아도[14] 모든 일이 잘 이루어졌다고 한다. 한결같이 대처하여 이를 경계한다면[15] 그 성함이 충만하고 한결같이 길러서 이를 정미하게 한다면 성하더라도 알지 못한다. 그러므로 『도경』(道經)[16]에 말하기를 '인심은 위태하고 도심은 정미하다'고 하였다. 위태하고 정미한 징조는 오직 총명한 군자라야만 능히 알 수 있다는 것이다. 그러므로 사람의 마음은 비유하건대 마치 쟁반의 물과 같은 것이다. 바르게 놓아두어 움직이지 않게 한다면 탁한 물[17]이 아래에 있고 맑은 물이 위에 있어서 족히 그것으로 수염이나 눈썹을 보고 살필 수 있으나 미풍이라도 지나간다면 탁한 물이 아래를 움직이고 맑은 물이 위를 흔들어 큰 형체일지라도 바르게 볼 수가 없다. 마음도 역시 이와 같은 것이다. 그러므로 도리를 가지고 이를 이끌고 청명한 상태로 이를 길러 외부의 사물에 기울어지지 않으면 족히 그것으로 시비를 가리고 의혹을 풀 수 있으나 사소한 사물에 이끌려 그 바른 상태가 바깥으로 바뀌고 그 마음이 안으로 기운다면 대강의 도리도 충분히 가리지 못할 것이다.

그러므로 문자를 좋아하는 자가 많으나 창힐(倉頡)[18]만 홀로 전해지는 것은 그가 오로지 한결같이 하였기 때문이다. 농사짓기를 좋아하는 자가 많으나 후직(后稷)만 홀로 전해지는 것은 그가 오로지 한결같이 하였기 때문이다. 음악을 좋아하는 자가 많으나 기(夔)[19]만 홀로 전해지는 것은 그가 오로지 한결같이 하였기 때문이다. 예의를 좋아하는 자가 많으나 순(舜)만 홀로 전해지는 것은 그가 오로지 한결같이 하였기 때문이다. 수(倕)[20]는 활을 만들고 부유(浮游)[21]는 화살을 만들었으며 예(羿)는 활 쏘는 궁술에 정통하였다. 해중(奚仲)[22]은 수레를 만들고 승두(乘杜)는 말로 수레를 끌기 시작하였으며 조보(造父)는 말부리는 법에 정통하였다. 예부터 지금까지 마음을 두 갈래로 하여 능히 정통할 수 있었던 자는 일찍이 없었다. 증자(曾子)가 말하기를 '그 박자 맞추는 막대로 쥐를 잡을 수도 있다면[23] 어찌 나와 함께 노래 부를 수 있겠는가'라고 하였던 것이다.

心者形之君也. 而神明之主也, 出令而無所受令. 自禁也自使也, 自奪也自取也, 自行也自止也. 故口可劫而使墨云, 形可劫而使詘申, 心不可劫而使易意, 是之則受, 非之則辭. 故曰, 心容其擇也無禁必自見, 其物也雜博, 其情之至也不貳. 詩云, 采采卷耳, 不盈頃筐, 嗟我懷人, 寘彼周行. 頃筐易滿也, 卷耳易得也, 然而不可以貳周行. 故曰, 心枝則無知, 傾則不精, 貳則疑惑.

壹於道以參稽之, 萬物可兼知也. 身盡其故則美, 類不可兩也, 故知者擇一而壹焉. 農精於田, 而不可以爲田師, 賈精於市, 而不可以爲賈師, 工精於器, 而不可以爲器師, 精於物者也. 有人也, 不能此三技, 而可使治三官, 曰精於道者也. 精於物者以物物, 精於道者兼物物. 故君子壹於道, 而以參稽物. 壹於道則正, 以參稽物則察, 以正志行察論, 則萬物官矣. 昔者舜之治天下也, 不以事詔, 而萬物成. 處一之危, 其榮滿側, 養一之微, 榮矣而未知. 故道經曰, 人心之危, 道心之微, 危微之幾, 唯明君子, 而後能知之. 故人心譬如槃水, 正錯而勿動, 則湛濁在下, 而淸明在上, 則足以見鬚眉而察理矣. 微風過之, 湛濁動乎下, 淸明亂於上, 則不可以得大形之正也. 心亦如是矣. 故導之以理, 養之以淸, 物莫之傾, 則足以定是非決嫌疑矣. 小物引之, 則其正外易, 其心內傾, 則不足以決庶理矣.

故好書者衆矣, 而倉頡獨傳者, 壹也. 好稼者衆矣, 而后稷獨傳者, 壹也. 好樂者衆矣, 而夔獨傳者, 壹也. 好義者衆矣, 而舜獨傳者, 壹也. 倕作弓, 浮游作矢, 而羿精於射. 奚仲作車, 乘杜作乘馬, 而造父精於御. 自古及今, 未嘗有兩而能精者也. 曾子曰, 是其庭可以搏鼠, 惡能與我歌矣.

---

1 神明―신(神)은 의식 기능이 정묘함을 나타내고. 명(明)은 지적인 총명을 나타냄.
2 自禁―여기서 자(自)라 함은 밖에서 강제로 명령되지 않은 주체적 존재임을 나타냄.
3 墨云―묵(墨)은 묵(默)자로 통함. 운(云)은 언(言)자와 같음. 말하지 않는 상태.
4 心容―용(容)이란 모양 또는 태도. 마음의 움직임. 심리적 상태를 말함.
5 必自見―견(見)은 사물에 대한 인식. 규제받지 않는 자유로운 판단의 뜻.

6 情之至―정(情)은 정(精)자로 통용됨. 정수(精髓)의 뜻. 지(至)는 지극히 다함.

7 詩―『시경』「국풍」(國風) 주남(周南)·권이(卷耳)편의 인용 시구.

8 寘彼周行―치(寘)는 치(置)자와 같음. 행(行)은 조정의 관직 자리. 주(周)는
주왕조를 가리킴.

9 參稽―참(參)·계(稽) 모두 합(合)자와 마찬가지 의미. 살펴서 깊이 생각함.

10 田師―여기서 사(師)라 함은 관서의 우두머리를 말함. 농사짓는 일을 맡아
다스리는 벼슬.

11 曰精於道―왈(曰)은 발어사. 혹은 위(爲)자로 풀이할 수도 있음.

12 以物物―이(以)는 이(已)자로 통함. 지(止)자의 뜻. 그것만으로 끝냄.

13 萬物官―관(官)은 임(任)자와 같은 뜻. 그 능력에 따라 각각 자리를 따로 맡김.

14 不以事詔―조(詔)는 고(告)자로 통함. 지시하지 않고 일을 위임받은 자가
전담토록 함.

15 處一之危―일(一)이란 도에 집중하는 마음. 위(危)는 계신(戒愼)의 뜻. 욕
심 때문에 마음이 흔들려 불안해지는 모양.

16 道經―도(道)는 인도(人道)를 가리킴. 사람이 반드시 밟아야 할 도에 대하
여 기술한 글.

17 湛濁―침(湛)은 침(沈)자와 음이 통함. 니재(泥滓)의 뜻. 밑바닥에 가라앉
은 앙금.

18 倉頡―창힐(倉頡)은 황제(黃帝)의 사관(史官). 문자를 처음 발명한 사람의
이름.

19 夔―기(夔)는 순(舜)의 악관(樂官). 음악을 크게 개혁한 사람으로 알려져 있음.

20 倕―수(倕)는 수(垂)자로 쓰기도 함. 순임금 때의 공공(共工). 궁시(弓矢)
를 관장했던 사람.

21 浮游―부유(浮游)는 화살촉을 잘 만드는 이모(夷牟)의 별명으로 알려짐.

22 奚仲―해중(奚仲)은 임중(任仲)이라 불리기도 함. 우(禹) 때의 수레 만들던
거관(車官).

23 是其庭―시(是)는 제(題)를 빌려 쓴 글자. 시(視)자와 같음. 정(庭)은 정
(筳)자로 통용됨. 연주의 박자 맞추는 막대.

[8]

바위굴 속에 사는[1] 사람이 있어 그 이름을 급(觙)이라 한다. 그 사람
됨됨이가 알아맞히기[2]를 잘하고 깊은 생각을 좋아하였으나 귀와 눈의
감각적 욕구가 얽히면 그 생각이 깨지고 모기나 등에 소리를 들으면 그

정묘함이 부서져버리고 만다는 것이다. 이런 까닭으로 귀와 눈의 욕구를 물리치고 모기나 등에 소리를 멀리하여 한가한 데서 조용히 생각한다면 정통할 수 있었다 한다. 인(仁)을 생각함이 이와 같다면 가히 정미하다 말할 수 있겠는가. 맹자는 도를 어긴 것을 미워하여 아내를 내쫓았다.[3] 능히 스스로 힘쓴다고 말할 수는 있더라도 아직 깊이 생각하는 데까지 미치지 못하였다. 유자(有子)는 졸음 오는 것이 싫어서 불로 손바닥을 지졌다.[4] 능히 스스로 참는다고 말할 수는 있더라도 아직 좋아하는 데까지 미치지 못하였다. 귀와 눈의 욕구를 물리치고 모기나 등에 소리를 멀리한다면 가히 경계하고 조심한다고 말할 수는 있지만 아직 정미하다 말할 수 없다. 무릇 정미한 자란 지인(至人)이다. 지인이라면 무엇을 힘쓰고 무엇을 참으며 무엇을 조심하겠는가. 그러므로 흐린 빛은 겉으로만 발산하지만[5] 청명한 빛은 안에 가득 차 빛난다. 성인은 그 하고 싶은 대로 행하고 그 감정에 유쾌한 대로 하되[6] 도리에 맞게 통제되는 것이다. 도대체 무엇을 힘쓰고 무엇을 참으며 무엇을 조심하겠는가. 그러므로 인자는 도를 행함에 있어 짐짓 하려 하지 않는다. 성인은 도를 행함에 있어 힘써 하려 하지 않는다. 인자의 생각은 저절로 경건하고 성인의 생각은 저절로 즐겁다. 이것이 마음을 다스리는 방법이다.

空石之中有人焉, 其名曰觙. 其爲人也, 善射以好思. 耳目之欲接, 則敗其思, 蚊虻之聲聞. 則挫其精. 是以閉耳目之欲, 而遠蚊虻之聲, 閑居靜思則通. 思仁若是, 可謂微乎. 孟子惡敗而出妻, 可謂能自彊矣, 未及思也. 有子惡臥而焠掌. 可謂能自忍矣, 未及好也. 閉耳目之欲, 遠蚊虻之聲, 則可謂危矣, 未可謂微也. 夫微者至人也. 至人也何彊, 何忍, 何危. 故濁明外景, 淸明內景. 聖人縱其欲, 兼其情, 而制焉者理矣. 夫何彊, 何忍, 何危. 故仁者之行道也, 無爲也, 聖人之行道也無彊也. 仁者之思也恭, 聖人之思也樂. 此治心之道也.

1 空石之中 — 공석(空石)은 석굴(石窟)을 가리킴. 혹은 지명을 가리키기도 함.

2 善射 — 석(射)은 쏠 사(射)자가 아닌 석복(射覆)의 뜻. 숨긴 것을 잘 찾아냄. 수수께끼.

3 惡敗而出妻 — 패(敗)는 패덕(敗德)의 뜻. 예의를 소홀히 함. 출(出)은 일방적인 이혼을 가리킴.

4 臥而焠掌 — 와(臥)는 눕고 싶은 충동. 쉬(焠)는 지질 작(灼)자와 같음. 각고(刻苦)의 뜻.

5 濁明外景 — 탁명(濁明)이란 밝기가 투철하지 못한 혼탁의 상태. 경(景)은 빛. 광휘(光輝)와 같은 뜻.

6 兼其情 — 여기서 겸(兼)은 겸(傔)자로 통함. 쾌(快)자와 마찬가지 의미.

[9]

무릇 사물을 관찰함에 있어 의혹이 일어 마음속이 안정되지 못하면 바깥 사물도 명확하지 않다. 자신의 생각이 명확하지 않다면 가부를 결정할 수 없다. 어두운 밤에 길가는 자가 가로놓인 돌을 보고 엎드린 호랑이라 여기고 곧은 나무[1]를 보고 사람이 서 있다 여김은 어둠이 그 시력을 가리기 때문이다. 술에 취한 자가 백 발짝 넓이의 개천을 건너면서 반걸음 도랑[2]이라 여기고 허리 구부리고 성문을 나오면서 작은 문[3]이라 여김은 술이 그 정신을 어지럽히기 때문이다. 눈을 누르고[4] 보는 자가 하나를 보고 둘이라 여기고 귀를 막고 듣는 자가 죽은 듯이 조용한데[5]도 시끄럽게 여김은 누르거나 막은 힘이 그 감각을 어지럽히기[6] 때문이다. 그러므로 산 위에서 소를 내려다보면[7] 양과 같이 보이지만 양을 찾는 자가 내려와 끌어가지 않는다. 먼 거리가 그 크기를 가리기 때문이다. 산 아래에서 정상의 나무를 바라보면 열 길 키의 나무가 젓가락같이 보이지만 젓가락을 구하는 자가 올라가 꺾지 않는다. 높이가 그 길이를 가리기 때문이다. 물이 움직여서 그림자가 흔들릴 때 남들이 그것으로 미추를 판정하지 못함은 물의 형세가 어지럽기 때문이다.[8] 눈먼 자가 하늘을 쳐다보고 별을 보지 못할 때 남들이 그것으로 별의 유무를 판정하지 못함은 눈동자가 흐려져 있기 때문이다.[9] 혹 어떤 사람이 있어 이런 경우를 가지고 판정한다면 세상의 어리석은 자일 것이다.

저 어리석은 자의 사물 판정은 의혹을 가지고 의문을 해결하는 것이므로 해결이 반드시 정당하지 못하다. 정말 정당하지 못하다면 어찌 능히 잘못이 없다고 할 수 있겠는가.

하수(夏首) 어귀[10] 남쪽에 연촉량(涓蜀梁)이라는 사람이 있었다. 그 사람 됨됨이가 어리석고 겁이 많았다. 달이 밝아 밤중에 길을 가다가 그 그림자를 내려다보고 웅크려 앉은 귀신[11]이라 여기고 그 머리털을 올려다보고 서 있는 요괴[12]라 여겨 그만 등을 돌려 달아나 그 집에 이를 무렵[13] 기절하여 죽었다. 어찌 가엾지 않겠는가. 무릇 사람들이 귀신이 있다 함은 반드시 그 환각이나 착각[14]으로 어지러울 때에 그렇게 판정한 것이다. 이는 사람이 있는 것을 없다 하고 없는 것을 있다 하는 원인이 되는 때다. 그런데도 이미 일은 판정되고 만 것이다. 그러므로 습기에 상하면 몸이 저리고[15] 저린 병을 고친다 하여 북치고 돼지 삶는다면 반드시 북은 찢어지고 돼지를 잃는 낭비만 있을 것이다. 그런데도 병이 낫는[16] 복이 있을 리 없다. 그러므로 비록 하수 남쪽에 있지 않다 하더라도 연촉량과 다를 것이 없다.

凡觀物有疑, 中心不定, 則外物不淸. 吾慮不淸, 則未可定然否也. 冥冥而行者, 見寢石以爲伏虎也, 見植林以爲後人也, 冥冥蔽其明也. 醉者越百步之溝, 以爲蹞步之澮也, 俯而出城門, 以爲七尺之閨也, 酒亂其神也. 厭目而視者, 視一以爲兩, 掩耳而聽者, 聽漠漠, 而以爲哅哅, 埶亂其官也. 故從山上望牛者若羊, 而求羊者不下牽也, 遠蔽其大也. 從山下望木者, 十仞之木若箸, 而求箸者不上折也, 高蔽其長也. 水動而景搖, 人不以定美惡, 水埶玄也. 瞽者仰視, 而不見星, 人不以定有無, 用精惑也. 有人焉, 以此時定物, 則世之愚者也. 彼愚者之定物, 以疑決疑, 決必不當. 夫苟不當, 安能無過乎.

夏首之南有人焉, 曰涓蜀梁. 其爲人也, 愚而善畏. 明月而宵行, 俯見其影, 以爲伏鬼也, 仰視其髮, 以爲立魅也, 背而走, 比至其家者, 失氣而死. 豈不哀哉. 凡人之有鬼也, 必以其感忽之間疑玄之時定之. 此人之所

以無有而有無之時也, 而己以正事. 故傷於濕, 而痺, 痺而擊鼓烹豚, 則
必有蔽鼓喪豚之費矣, 而未有愈疾之福也. 故雖不在夏首之南, 則無以
異矣.

1 植林—식(植)은 립(立)자와 같은 뜻. 림(林)은 목(木)자로 통용됨. 산 나무를
　가리킴.

2 蹞步之澮—규(蹞)는 반보(半步)의 뜻. 발 한쪽을 내디딤. 회(澮)는 작은 도랑.

3 七尺之閨—칠척(七尺)은 일반 어른들의 키를 말함. 규(閨)는 문턱 낮은 안방 문.

4 厭目—염(厭)은 압(押)자로 통함. 손가락으로 눈을 누름.

5 聽漠漠—여기서 막막(漠漠)이란 죽은 듯이 조용한 상태를 형용한 말. 아무것
　도 들리지 않음.

6 埶亂其官—세(埶)는 눈과 귀를 가린 상황. 관(官)은 감각기관 또는 그 기능
　을 말함.

7 望牛者—이런 경우 자(者)는 가정조사 즉(則)자로 통용됨.

8 水埶玄—현(玄)은 어지러울 현(眩)자로 읽힘. 수면이 현혹(眩惑)의 상태로
　놓임.

9 用精惑—용(用)을 목(目)자가 잘못 쓰인 것으로 보기도 함. 정(精)은 눈동자
　정(睛)자와 같음. 혹(惑)은 란(亂)자로 통함.

10 夏首—하수(夏首)라 함은 강물이 바다와 닿는 지점. 하구(河口)와 마찬가지
　　의미.

11 伏鬼—여기서 귀(鬼)는 특히 인귀(人鬼)를 말함. 사람의 죽은 영혼. 유령의 뜻.

12 立魅—미(魅)는 사람을 홀리는 요괴(妖怪)를 가리킴.

13 比至其家者—비(比)는 경각(頃刻)과 뜻이 같음. 자(者) 역시 시제를 말함.

14 感忽—감홀(感忽)이란 황홀(慌惚)의 뜻. 흐리멍덩한 혼(昏)자와 같은 상태.
　　착각되는 현상.

15 痺—비(痺)는 일종의 마비 증세. 관절염의 한 가지. 냉증(冷症)으로 통하기도 함.

16 愈疾—유(愈)는 병나을 유(癒)자로 통함. 주술(呪術)을 가지고 병을 고침.

[10]

　무릇 인성을 알면 이로 미루어[1] 사물의 이치를 알 수 있다. 인성을
알고 그것으로써 사물의 이치를 알았다 해도 일정한 기준이 없다면[2]
평생 늙어 죽도록 두루 다 알 수 없다. 그 사물의 이치를 익히는[3] 방법

이 비록 억만 가지일지라도 끝내 그것을 가지고 만물의 변화를 모두 다 파악하기[4] 부족하다면 어리석은 자와 마찬가지다. 배우기를 몸이 늙고 자식이 장성하도록 힘쓰더라도 어리석은 자와 마찬가지면서 오히려 그 만둘 줄을 모른다.[5] 대저 이를 가리켜 망령된 사람이라 말하는 것이다. 그러므로 배움이라 하는 것은 본래 멈추는 것을 배워야 한다. 어디에서 멈추는가. 말하기를 지극히 족한 데서 멈춘다고[6] 한다. 무엇을 일러 지극히 족하다고 말하는가. 말하기를 성왕의 (도)라고 한다. 성(聖)이라 하는 것은 도리를 끝까지 다한[7] 자다. 왕(王)이라 하는 것은 법제를 다한 자다. 두 가지를 다한 자를 천하의 극치로 삼기에 충분하다. 그러므로 배우는 자는 성왕을 스승으로 삼는다. 다시 말해서 성왕의 법제를 가지고 법칙을 삼고 그 법칙을 따라 그 대강[8] 을 구하며 그 사람 본받기를 힘쓴다는 것이다. 이 성왕의 도를 향하여 힘쓰는 이가 사(士)다. 이와 유사하여 가까운 이가 군자다. 가려서 몸소 그 도를 아는 이가 성인이다.

그러므로 지혜는 있더라도 이를 고려하는 것이 아니라면 확(攫)[9]이라 이르고 용기는 있더라도 이를 지탱하는 것이 아니라면 적(賊)이라 이르며 깊이 살피더라도 이를 분간하는 것이 아니라면 찬탈이라 이르고 재능은 많더라도 이를 닦는[10] 것이 아니라면 교지(巧智)[11]라 이르며 언변은 좋더라도 이를 말하지 않는 것이라면 수다스럽다[12] 이른다. 전하는 말에 이르기를 '천하에 두 가지가 있다. 그른 데서 옳은 것을 살피고 옳은 데서 그른 것을 살피라'고 한다. 왕의 법제에 맞는 일과 왕의 법제에 맞지 않는 일을 가리킨 것이다. 천하에 이를 가지고 바른 표준[13]을 삼지 않는 경우가 있다. 그런데도 오히려 능히 시비를 가리고 곡직(曲直)을 바로잡는 자가 있겠는가. 만약 그 시비를 가리지 못하고 곡직을 바로잡지 못하고 치란을 분간하지 못하고 인도를 다스리지 못한다면 비록 그것이 능할지라도 사람들에게 이익이 없고 능하지 못할지라도 사람들에게 손해가 없을 것이다. 즉, 다만 장차 괴기한 설을 지껄이고 기이한 말만 즐겨 서로 어지럽히려고[14] 할 뿐이다. 다시 말해서 억지로 욕설하고 말재주를 부려[15] 뻔뻔스럽게 염치를 모르며[16] 정의감 없이 멋대로 굴고 함부로 입을 놀려 이득을 노리며 사양을 모르고 예절을 삼가지 않으며 서로 함정에 몰아넣기[17]를 좋아한다. 이것은 난세에 간악한 사람들이 내세우는 언설이다. 그러나[18] 천하의 언설 내세우는 자가 또한 그럴싸하게 많은 것이다. 전해오는 말에 이르기를 '언사를 분석하여 그것을 명찰이라 하고 사물을 말하여 그것을 능변이라 함은 군자가 이를 천하게 여긴다. 널리 알고 많이 기억하더라도 왕의 법제에 맞지 않는 것은 군자가 이를 천하게 여긴다'라고 한다. 이것을 가리켜 한 말이다.

그것을 행하더라도 성왕의 도를 이루는 데 도움이 안 되며 근심 걱정을 하더라도 가까이하는 데 도움이 안 된다. 멀리하여 물리쳐 버리고[19] 자신을 방해하지 않으며 잠시라도 흉중을 침범하지 않게 한다. 지난 일을 생각하지 않고 다가올 일을 두려워하지 않으며 답답해하는 마음 없이[20] 때를 당하여 움직이고 사물이 이르면 응하며 일이 생기면 처리한다. 치란과 가부 구별이 환하게 밝혀질 것이다.

凡以知人之性也, 可以知物之理也. 以可以知人之性, 求可以知物之理, 而無所疑止之, 則沒世窮年, 不能徧也. 其所以貫理焉, 雖億萬, 已不足以浹萬物之變, 與愚者若一. 學老身長子, 而與愚者若一, 猶不知錯, 夫是之謂妄人. 故學也者, 固學止之也. 惡乎止之. 曰, 止諸至足. 曷謂至足. 曰, 聖王也. 聖也者, 盡倫者也, 王也者, 盡制者也. 兩盡者, 足以爲天下極矣. 故學者以聖王爲師. 案以聖王之制爲法, 法其法以求其統類, 以務象效其人. 嚮是而務, 士也, 類是而幾, 君子也, 知之, 聖人也.
故有知非以慮是, 則謂之攫. 有勇非以持是, 則謂之賊, 察孰非以分是, 則謂之篡, 多能非以修蕩是, 則謂之知, 辯利非以言是, 則謂之詍. 傳曰, 天下有二, 非察是, 是察非. 謂合王制與不合王制也. 天下有不以是爲隆正也. 然而猶有能分是非, 治曲直者邪. 若夫非分是非, 非治曲直, 非辨治亂, 非治人道, 雖能之, 無益於人, 不能, 無損於人. 案直將治怪說, 玩奇

辭, 以相撓滑也. 案彊鉗而利口厚顏而忍詬, 無正而恣睢, 妄辨而幾利, 不好辭讓, 不敬禮節, 而好相推擠, 此亂世姦人之說也. 則天下治說者, 方多然矣. 傳曰. 析辭而爲察, 言物而爲辨, 君子賤之, 博聞彊志, 不合王制, 君子賤之. 此之謂也.

爲之無益於成也, 求之無益於得也, 憂戚之無益於幾也, 則廣焉能棄之矣. 不以自妨也, 不少頃干之胸中. 不慕往, 不閔來. 無邑憐之心, 當時則動, 物至而應, 事起而辨. 治亂可否, 昭然明矣.

1 以知人之性 ─ 성(性)은 인간의 본래 성품. 이지(以知)란 그 이해를 기초로 하여 유추해 나감.

2 無所疑止 ─ 의(疑)는 정(定)자와 같음. 멈추어야 할 정해진 곳. 일정한 표준을 가리킴.

3 貫理 ─ 관(貫)은 습(習) 또는 숙(孰)자의 뜻으로 쓰임. 사리에 익숙함.

4 已不足以浹 ─ 이(已)를 유월(兪樾)은 종(終)자로 풀이함. 협(浹)은 주잡(周匝)의 뜻. 모두 다 싸잡음.

5 不知錯 ─ 조(錯)는 둘 치(置)자와 같음. 폐사(廢捨)와 마찬가지 의미.

6 止諸至足 ─ 저(諸)는 지(之)자와 통함. 지족(至足)이란 지극히 원만한 상태. 완전무결함.

7 盡倫 ─ 진(盡)은 궁구(窮究)의 태도. 륜(倫)은 일반 물리(物理)를 포함한 사람의 도리.

8 統類 ─ 통(統)은 강기(綱紀)의 뜻. 류(類)는 같은 유례(類例)를 가리킴.

9 攫 ─ 확(攫)은 란(亂)자와 통용됨. 확탈(攫奪)의 뜻. 갈겨서 빼앗음.

10 修蕩 ─ 수(修)는 척(滌)자와 같음. 깨끗이 씻어냄. 청결(淸潔)과 마찬가지 의미.

11 謂之知 ─ 여기서 지(知)는 간지(奸智)를 말함. 간교한 사위(詐僞)란 뜻.

12 詍 ─ 설(詍)은 설(泄)자와 같은 글자. 다언(多言)이란 뜻.

13 隆正 ─ 융정(隆正)은 중정(中正)과 같음. 올바른 표준을 가리킴.

14 撓滑 ─ 요(撓)는 요(擾)자로 통용됨. 활(滑)은 란(亂)자와 같음. 흔들어 어지럽게 함.

15 彊鉗而利口 ─ 겸(鉗)은 악매(惡罵)의 뜻. 욕지거리함. 이구(利口)는 교묘하게 말을 잘함.

16 忍詬 ─ 구(詬)는 구욕(詬辱)의 뜻. 인(忍)이란 무치(無恥)와 마찬가지 의미.

17 推擠 ─ 추(推)와 제(擠) 둘 다 배척(排斥) 또는 제거(除去)의 뜻.

18 則 —여기서 즉(則)은 이(而)자와 마찬가지 조사로 쓰임.

19 廣焉能棄之 —광(廣)은 광(曠)자로 읽힘. 원(遠)자와 같음. 능(能)은 이(而)자와 통용되는 옛 글자 뜻.

20 邑憐之心 —읍(邑)은 앙(怏)자와 같음. 읍린(悒吝)의 뜻. 린(憐) 역시 린(吝)자로 통함. 마음이 편하지 않음.

[11]

비밀을 지키면 성공하고[1] 누설하면 실패한다는 것이 현명한 군주에게는 있지 않다. 밝게 드러내면 성공하고[2] 숨기면 실패한다는 것이 암우한 군주에게는 있지 않다. 그러므로 남의 군주 된 자가 은밀하다면 참소하는 말이 들어오고 바른 말은 돌아가며 소인은 가까이하고 군자는 멀리한다. 『시』[3]에 이르기를 '어두움[4]을 밝다고 여기니 여우와 살쾡이가 날뛰는구나[5]' 라고 한다. 이것은 위가 암우하면 아래가 음험해짐을 말한 것이다. 남의 군주 된 자가 밝게 드러낸다면 바른 말이 들어오고 참소하는 말은 돌아가며 군자는 가까이하고 소인은 멀리한다. 『시』[6]에 말하기를 '밝고 밝게 아래에 있으며 빛나고 빛나게 위에 있네' 라고 한다. 이것은 위가 밝으면 아래가 감화됨을 말한 것이다.

周而成, 泄而敗, 明君無之有也. 宣而成, 隱而敗, 闇君無之有也. 故君人者, 周則讒言至矣, 直言反矣, 小人邇, 而君子遠矣. 詩云, 墨以爲明, 狐狸其蒼, 此言上幽而下險也. 君人者, 宣則直言至矣, 而讒言反矣, 君子邇, 而小人遠矣. 詩曰, 明明在下, 赫赫在上, 此言上明而下化也.

1 周而成 —주(周)는 주밀(周密), 즉 빈틈없이 은폐시킴.

2 宣而成 —선(宣)은 선명(宣明)·명시(明示) 또는 발로(發露)의 뜻으로 쓰임.

3 詩 —여기서 시(詩)란 현존하는 『시경』에 없는 일시(逸詩).

4 墨 —묵(墨)이란 유암(幽暗)과 마찬가지 의미.

5 其蒼 —창(蒼)은 푸른 색깔. 여우 털이 황색인데도 이를 달리 말하는 소인배를 두고 말함. 준동(蠢動)·발호(跋扈)의 상징.

6 詩 —『시경』「대아(大雅)·대명(大明)」편의 인용 시구.

22 정명正名

정명이란 명칭을 바르게 정한다는 의미다. 사물 인식에 있어 그 개념에 정확성을 기하자는 말이다. 순황은 사회 혼란의 요인을 명분과 실질의 괴리로 보고 여러 측면의 궤변들을 분쇄하는 논리를 전개하였다. 이는 공자가 앞서 제창한 정치적 중요 과제의 계승이며, 특히 묵자의 『경』(經)이나 『경설』(經說)과 함께 중국 논리학의 대표적 저술이라 할 것이다.

[1]

이상 군주 후왕이 정한 명칭에 대하여.[1] 형벌에 관한 명칭은 은왕조의 것을 따르고[2] 관작에 관한 명칭[3]은 주왕조의 것을 따르며 예절에 관한 명칭은 의례를 따르고[4] 만물에 붙여지는 일반 명칭[5]은 중원에 이미 이룬 습속을 따르며[6] 먼 지역 습속을 달리하는 고장의 것도 충분히 참작하여[7] 이를 근거로 통용하도록[8] 한다. 일반 명칭이 사람에게 붙여져 있는 것에 대해서는 나면서 그렇게 된 것을 일러 성(性)이라 하고 나면서 살아가는 생태 조화가 정합(精合)·감응(感應)[9]하여 일삼지 않아도 저절로 그렇게 되는 것을 일러 성이라 한다. 성이 좋아하고 싫어하며 기뻐하고 노여워하며 슬퍼하고 즐거워하는 것을 일러 정(情)이라 한다. 정이 그렇게 드러나더라도 마음이 이를 가려서 하는 것을 일러 여(慮)라 말한다. 마음이 사려하여 관능이 의지에 따라 움직이는 것[10]을 일러 위(僞)[11]라 하고 사려가 쌓여 관능이 습관화된 뒤에 이루어진 것도 일러 위라 한다. 이들을 목표[12]로 하는 것을 사(事)라 하고 정의를 위하여 하는 것을 일러 행(行)이라 한다. 아는 능력이 사람에게 있는 것을 일러 지(知)라 하고 그 아는 것이 객관적 사물과 일치되는 바를 일러 지라 한다. 실천 능력이 사람에게 있는 것을 일러 능(能)이라 하고 그 능력이 일치되는 바를 일러 능이라 한다. 생의 상태를 손상하는 것을 일러 병(病)이라 하고 우연히 마주치는 것을 일러 명(命)[13]이라 한다. 이것이 일반 명칭이 사람에게 있는 것들이다. 바로 후왕이 정한 명칭이다.

後王之成名, 刑名從商, 爵名從周, 文名從禮. 散名之加於萬物者, 則從諸夏之成俗, 曲期遠方異俗之鄉, 則因之而爲通. 散名之在人者, 生之所以

然者, 謂之性. 性之和所生, 精合感應, 不事而自然, 謂之性. 性之好惡喜怒哀樂, 謂之情. 情然而心爲之擇, 謂之慮. 心慮而能爲之動, 謂之僞. 慮積焉能習焉而後成, 謂之僞. 正利而爲, 謂之事. 正義而爲, 謂之行. 所以知之在人者, 謂之知. 知有所合, 謂之知. 所以能之在人者, 謂之能. 能有所合, 謂之能. 生傷謂之病. 節遇謂之命. 是散名之在人者也, 是後王之成名也.

1 後王之成名―후왕(後王)은 전설적인 성인 요·순 등 선왕(先王)의 대칭으로 현재, 즉 주왕조의 문·무왕을 가리킴. 성(成)이란 정(定)자와 같은 뜻.

2 刑名從商―은(殷)왕조 때 이미 탕형(湯刑)이라 불리는 형벌이 정해져 있었음. 상(商)은 은왕조의 칭호로 통용됨.

3 爵名―작(爵)은 공(公)·후(侯)·백(伯)·자(子)·남(男) 등 다섯 가지. 주대의 작위 명칭.

4 文名從禮―문(文)이란 절문(節文)·위의(威儀)를 말함. 예(禮)는 주대의 의례.

5 散名―산(散)은 잡(雜)자와 마찬가지 의미. 사물에 대한 여러 가지 잡다한 보통 명칭.

6 諸夏之成俗―저하(諸夏)는 문화의 중심지 중국(中國)을 일컫는 칭호. 성속(成俗)은 기존 풍속.

7 曲期―곡(曲)은 위곡(委曲)의 뜻. 자상하게 함. 기(期)는 합(合)자와 같음. 세밀한 대조.

8 因之而爲通―인(因)은 기인(基因)·의거(依據)의 뜻. 이(而)는 이(以)자와 같음. 위(爲)는 사(使)자로 통함.

9 精合感應―정(精)은 느낌이 정묘한 상태. 감응(感應)이란 사물과 접촉되어 나타나는 움직임.

10 能爲之動―능(能)은 생리적 기능. 혹은 태(態)자의 뜻으로 보기도 함. 마음속에 생각한 것이 외부 형태로 드러남.

11 僞―여기서 위(僞)란 인위적인 노력. 그 행위나 동작을 가리킴.

12 正利―정(正)은 당(當)자와 마찬가지 의미. 기대치에 알맞음. 일정한 표적을 삼음.

13 節遇謂之命―절(節)은 적(適)자로 통함. 때마침 간간이 마주침. 명(命)은 여러 가지 다양한 요소들이 맞부닥쳐서 저절로 돌아오는 그 결과.

[2]

그러므로 왕자가 명칭을 지음에 있어 명칭이 정해져 실질이 명확하고[1] 도가 행해져 뜻이 통하면 신중히 민을 이끌어 이와 일치되게 하는 것이다. 그러므로 언사를 갈라서 멋대로 지어[2] 바른 명칭을 어지럽히며 민으로 하여금 의혹을 갖게 하고 사람들 사이에 많은 논쟁을 일으키게 한다면 이를 일러 큰 간악이라 하니 그 죄가 오히려 부절이나 도량(度量)을 위조하는[3] 죄와 같은 것이다. 그러므로 그 민은 감히 기이한 언사를 빙자하여[4] 바른 명칭을 어지럽히지 않는다. 그러므로 그 민은 성실하다. 성실하면 부리기 쉽고 부리기 쉬우면 공적도 오른다. 그 민은 감히 기이한 언사를 빙자하여 바른 명칭을 어지럽히지 않는다. 그러므로 오직 법을 지키고[5] 영에 따르기를 소홀히 하지 않는다. 이와 같다면 그 치적이 오래갈[6] 것이다. 치적이 오래가고 공적을 이룬다 하는 것이 다스림의 극치다. 바로 이것이 명칭의 약속을 지킴에 있어 소홀하지 않은 성과다. 지금은 성왕이 없고 명칭 지키는 일에 게으르며 기이한 언사가 일어 명과 실이 어지러워 일치되지 않고 시비 선악의 형태도 분명치 않아 비록 법을 지키는 관리나 글 읽는 학자[7]라도 모두 어지럽다. 여기서 만일 왕자의 출현이 있다면 반드시 장차 옛 명칭을 따를 일이 있고 새 명칭을 제정할 경우가 있을 것이다. 그렇다면 명칭을 가져야 할 바[8]와 이를 근거로 동이(同異)를 가려야 할 바[9]와 명칭을 제정하는 기본 원칙을 살피지 아니할 수 없는 것이다.

명칭이 일정치 않으면 각종 형태를 보는 사람마다 멋대로 이해하고[10] 각 사물의 명실이 서로 얽히며[11] 귀함과 천함이 분명치 않고 동이가 구별되지 않는다. 이와 같다면 정신이 반드시 깨우치지 못할 근심이 있고 일에 있어 반드시 곤궁해질 화가 있을 것이다. 그러므로 지자는 이를 위하여 분별을 짓고 명칭을 제정하여 실물을 가리키며 위로는 귀천을 분명히 하고 아래로는 동이를 갈라 구별한다. 귀천이 분명해지고 동이가 구별된다. 이와 같다면 정신이 깨우치지 못할 근심은 없고 일에도 곤궁해질 화가 없다. 이것이 명칭을 갖는 이유다. 그렇다면 무엇에 의해 동이의 구별을 짓는가. 말하기를 '천관(天官)에 의한다'[12)]고 한다. 무릇 유가 같고 정이 같은 것에 대해서는 그 천관의 느낌[13)]도 같으므로 유사한 것과 대조하여[14)] 통하게 한다. 바로 이것이 그 약속한 명칭을 함께 하여 서로 지키는 까닭인 것이다. 형체와 색깔과 무늬는 눈으로 구별하고 음성의 청탁, 가늘거나 큰 소리,[15)] 기성은 귀로 구별하며 달고 쓰고 짜고 싱겁고 맵고 시고 기이한 맛은 입으로 구별하고 향내와 악취, 성한 꽃향기,[16)] 비리고 누린 냄새, 땅강아지나 썩은 나무 냄새,[17)] 기이한 냄새는 코로 구별하며 아픔과 가려움, 냉기와 열기, 매끄러움과 깔깔함,[18)] 가벼움과 무거움은 몸으로 구별하고 기쁨과 괴로움,[19)] 희·로·애·락, 좋아함과 미워함, 하고자 하는 욕망은 마음으로 구분한다. 마음은 증지(徵知)[20)]를 갖는다. 증지는 귀를 거쳐서 소리가 감지되어야 가능하고 눈을 거쳐서 형체가 감지되어야 가능하다. 그렇더라도 증지는 반드시 천관이 그 이전의 분류 기억과 들어맞은[21)] 연후라야 가능한 것이다. 오관은 이를 기억에 담더라도 알지 못하고 마음은 이를 인식하더라도 언어로 가리키는 말이 없다면 사람들은 이를 지식이 있다고 하지 않을 것이다. 이것이 그 동이를 구별하는 까닭이다.

동이를 앞서 구별한 연후에 이를 따라 명명하게 된다. 같으면 같게 하고 다르면 달리한다. 단명(單名)으로 충분히 이해되면 단명으로 하고 단명으로 충분히 이해되지 않으면 겸명(兼名)으로 하며[22)] 단명과 겸명이 서로 어긋나지 않으면 공명(共名)[23)]으로 한다. 비록 공명으로 할지라도 분간되지 않는 것은 실질이 다를 경우 명칭도 달라야 함을 알기 때문이다. 그러므로 실질을 달리하는 것으로 하여금 명칭을 달리하지 않을 수 없게 한다. 이를 어지럽게 할 수 없는 것은 마치 실질을 같이하는 것으로 하여금 명칭을 같게 하지 않을 수 없는 경우와 같다. 그러므로 만물이 비록 많더라도 때에 따라 이를 두루 다 들고 싶을[24)] 경우가 있다. 그러므로 일컬어 물(物)이라 한다. 물이라 하는 것은 큰 공명, 즉 공통 명칭이다. 미루어 더 포괄하여 공명으로 하고 공명은 또 공명이 있어[25)] 그 위에 공명으로 할 수 없는 데까지 이른 연후에 그친다. 그러나 때에 따라 이를 낱개로 들고 싶을[26] 경우도 있다. 그러므로 일컬어 조수(鳥獸)라 한다. 조수라 하는 것은 큰 별명(別名), 즉 개별 명칭이다. 미루어 더 나누어 개별화하고 개별 명칭은 또 구별되어 보다 작게 구별할 수 없는 데까지 이른 연후에 그친다. 명칭은 정해진 의미[27]가 없고 약속함으로써 이름붙여지며 약속이 정착하여 풍속화되면[28] 이를 일컬어 마땅하다 하고 약속과 다르면 이를 일컬어 마땅치 않다 한다. 명칭은 정해진 실질이 없고 약속함으로써 이름붙여지며 약속이 정착하여 풍속화되면 이를 일컬어 실명(實名)이라 한다. 명칭은 본래부터 좋은 점을 갖는다. 곧장 알기 쉽고 헷갈리지 않으면[29] 이를 일컬어 좋은 명칭이라 한다. 사물은 형상이 같으나 있는 장소가 다른 것이 있고 형상이 다르나 있는 장소가 같은 것이 있어서 구별해야 한다. 형상은 같더라도 있는 장소를 달리하는 경우 비록 명칭을 하나로 합칠 수 있더라도 이를 일컬어 실물은 둘이라 한다. 형상은 변하더라도 실질은 구별이 없고 명칭을 달리하는 경우 이를 일컬어 화(化)라 한다. 변화는 있어도 구별이 없으면 이를 일컬어 한 가지 실물이라 한다. 이것이 사물에 있어 실질을 고찰하여 수를 정하는 근거다. 바로 명칭을 제정하는 중요한 기준인 것이다. 후왕이 명칭을 정함에 있어서 살피지 않을 수 없는 것이다.

故王者之制名, 名定而實辨, 道行而志通, 則愼率民而一焉. 故析辭擅作, 名以亂正名, 使民疑惑, 人多辨訟, 則謂之大姦, 其罪猶爲符節度量之罪也. 故其民莫敢託爲奇辭 以亂正名, 故其民慤, 慤則易使, 易使則功. 其民莫敢託爲奇辭以亂正名, 故壹於道法, 而謹於循令矣. 如是則其迹長矣. 迹長功成, 治之極也, 是謹於守名約之功也. 今聖王沒, 名守慢, 奇辭起, 名實亂, 是非之形不明, 則雖守法之吏誦數之儒, 亦皆亂. 若有王者起, 必將有循於舊名, 有作於新名. 然則所爲有名, 與所緣以同異, 與制名之樞要, 不可不察也.
異形離心交喩, 異物名實玄紐, 貴賤不明, 同異不別. 如是則志必有不喩

之患, 而事必有困廢之禍. 故知者爲之分別, 制名以指實, 上以明貴賤, 下以辨同異. 貴賤明, 同異別. 如是則志無不喩之患, 事無困廢之禍, 此所爲有名也. 然則何緣而以同異. 曰, 緣天官. 凡同類同情者, 其天官之意物也同, 故比方之疑似而通, 是所以共其約名以相期也. 形體色理以目異, 聲音淸濁調節奇聲以耳異, 甘苦鹹淡辛酸奇味以口異, 香臭芬鬱腥臊漏庮奇臭以鼻異, 疾養滄熱滑鈹輕重以形體異, 說故喜怒哀樂愛惡欲以心異. 心有徵知. 徵知則緣耳而知聲可也, 緣目而知形可也, 然而徵知, 必將待天官之當簿其類, 然後可也. 五官簿之而不知, 心徵之而無說, 則人莫不然謂之不知. 此所緣而以同異也.

然後隨而命之. 同則同之, 異則異之, 單足以喩則單, 單不足以喩則兼, 單與兼無所相避則共. 雖共不爲害矣, 知異實者之異名也. 故使異實者莫不異名也, 不可亂也. 猶使同實者莫不同名也. 故萬物雖衆, 有時而欲徧擧之, 故謂之物. 物也者大共名也. 推而共之, 共則有共, 至於無共, 然後止. 有時而欲徧擧之, 故謂之鳥獸. 鳥獸也者大別名也. 推而別之, 別則有別, 至於無別, 然後止. 名無固宜, 約之以命, 約定俗成, 謂之宜, 異於約則謂之不宜. 名無固實, 約之以命, 約定俗成, 謂之實名. 名有固善, 徑易而不拂, 謂之善名. 物有同狀而異所者, 有異狀而同所者, 可別也. 狀同而爲異所者, 雖可合, 謂之二實. 狀變而實無別而爲異者, 謂之化. 有化而無別, 謂之一實. 此事之所以稽實定數也. 此制名之樞要也. 後王之成名, 不可不察也.

1 實辨 ― 실(實)은 명칭이 지시하는 그 대상. 실제 사물. 변(辨)은 명(明)자와
 통용됨.
2 析辭擅作 ― 석(析)은 분석(分析)의 뜻. 말장난. 천작(擅作)은 멋대로 말을
 꾸밈.
3 爲符節度量 ― 위(爲)는 거짓 위(僞) 또는 속일 기(欺)자와 같음. 부절(符節)
 은 약속의 표시. 도량(度量)은 일정한 기준을 말함.
4 託爲奇辭 ― 탁(託)이란 가탁(假託)의 뜻. 핑계대어 농간부림. 기사(奇辭)는
 기이한 말재주.
5 壹於道法 ― 일(壹)은 전일(專一)과 같음. 도(道)는 유(由)자로 통함. 오로지

196

법을 준수함.

6 迹長─적(迹)은 적(蹟)자와 함께 쓰임. 장(長)은 오래 구(久)자와 마찬가지 의미.

7 誦數之儒─수(數)는 교설(敎說)이나 경전(經典)을 가리킴. 유(儒)란 글 읽는 학자.

8 所爲有名─소위(所爲)는 그 필요한 근거. 명칭을 갖는 이유를 가리킴.

9 所緣以同異─연(緣)은 인(因)자와 같음. 동이(同異)란 사물에 따라 명칭의 구별을 분명히 함.

10 離心交喩─이(離)는 별(別)자로 통함. 교(交)는 갈마듦. 인식을 서로 달리함.

11 名實玄紐─현(玄)은 현(眩)자와 같음. 뉴(紐)는 결(結)자로 통함. 명칭과 사물이 복잡하게 뒤얽힘.

12 緣天官─여기서 천관(天官)이란 날 때부터 갖추어진 감각기관. 사물의 동이 구별을 감각에 의존함.

13 意物─의(意)는 억념(憶念)의 뜻. 의상(意想)과 같음. 사물을 짐작하는 기능.

14 比方之疑似─비방(比方)이란 서로 닮은 것끼리 맞추어 비교해보는 일.

15 調節─조(調)는 요(窕)자와 같은 뜻. 가는 목소리. 절(節)은 우(竽)자로 표기된 판본도 있음. 큰 소리를 가리킴.

16 芬鬱─분(芬)은 꽃냄새. 울(鬱)은 썩은 냄새, 즉 부취(腐臭)지만, 역으로 아주 성한 냄새를 나타내기도 함.

17 漏庮─루(漏)는 누고(螻蛄), 즉 땅강아지를 말함. 유(庮)는 썩은 나무 냄새.

18 疾養滄熱滑鈹─양(養)은 양(癢)자로 통함. 가려움. 창(滄)은 싸늘함. 냉(冷)자와 같음. 비(鈹)는 삽(鍤)자와 마찬가지로 피부에 닿는 감촉이 거친 것.

19 說故─열(說)은 열(悅)자로 통함. 고(故)는 사건에 연루되어 격한 감정을 일으킴. 몹시 괴로워하는 심정을 말함.

20 徵知─증(徵)은 응(應)자와 같음. 증지(徵知)란 감각기능이 촉발되어 사물을 아는 인식 능력.

21 當簿其類─부(簿)는 기록 장부. 당부(當簿)란 새 감각 표상이 기존의 사물 분류, 즉 기억과 일치되게 함.

22 單·兼─단(單)은 단순개념. 겸(兼)은 복합개념. 마(馬)와 백마(白馬)의 관계. 내포(內包)의 대소를 말함.

23 無所相避則共─피(避)는 어길 위(違)자와 같음. 공(共)이란 유(類)개념. 외연(外延)의 확대를 가리킴.

24 欲徧擧之─여기서 변거(徧擧)란 개괄(槪括)의 뜻. 하나로 묶는 일괄(一括)

을 가리킴.

25 共則有共―유(有)는 또 우(又)자로 통함. 한번 묶은 것을 다시 크게 묶는다
는 뜻으로 쓰임.

26 徧舉―변(徧)은 편(偏)자가 잘못된 것이라고 풀이됨. 하나하나·낱개, 즉
일부를 가리킴.

27 無固宜―고(固)는 정(定)자와 같음. 의(宜)는 타당(妥當)의 뜻. 의(義)자로
도 통함. 고정개념.

28 俗成―여기서 속성(俗成)이라 함은 그 명칭의 쓰임이 일반적으로 통용되는
상태를 가리킴.

29 徑易而不拂―경(徑)은 지름길. 곧을 직(直)자로 통함. 불(拂)은 거스를 역
(逆)자와 마찬가지 의미. 종잡을 수 없는 분의(紛議)를 말함.

[3]

'무시를 당하더라도 치욕이라 여기지 않는다1)' '성인은 자신을 사랑
하지 않는다2)' '도둑을 죽이는 것은 사람을 죽이는 일이 아니다' 라고
하는 따위의 말들은 명칭 쓰는 데만 현혹되어 바른 명칭을 어지럽힌 것
이다. 그 필요로 하는 이유에 비추어서 어느 것을 쓸까 생각해본다면3)
이를 능히 막을 수 있다. '산과 깊은 못은 평면이다' '인정은 본래 욕심
이 적다' '소·양·돼지의 고기가 더 맛있지 않고 큰 쇠북소리가 더 즐
겁지 않다' 라고 하는 따위의 말들은 실물 적용하는 데만 현혹되어 바른
명칭을 어지럽힌 것이다. 동이를 가릴 그 근거에 비추어서 어느 것이
맞는가 생각해본다면 이를 능히 막을 수 있다. '기둥에 비끄러맨 소는
소가 아니다4)' '흰말은 말이 아니다' 라고 하는 따위의 말들은 명칭 쓰
는 데만 현혹되어 실제 사물을 어지럽힌 것이다. 앞서 명칭 약정의 기
준에 비추어서 그 수용할 바를 가지고 그 수용 못할 바를 배제한다면5)
이를 능히 막을 수 있다. 무릇 사악한 설과 편벽된 말들은 정도를 떠나
제멋대로 조작한 것으로 세 가지 현혹과 닮지 않은 것이 없다. 그러므
로 현명한 군주는 그 명칭을 분별할 줄 알고 함께 변론을 벌이지 않는
다는 것이다.

대저 민이란 도를 가지고 하나로 하기 쉽더라도 더불어 일을 같이할

수6)는 없다. 그러므로 현명한 군주는 권세로 임하고 도로 이끌며 명령으로 펼쳐나가게 하고 인륜으로 밝히며7) 형벌로 금하게 한다. 그러므로 그 민이 도에 감화됨은 마치 신들린 것과 같아서 변설(辨說)8)이 쓰일 필요가 있겠는가. 이제는 성왕이 없어 천하가 어지럽고 간사스런 언론이 일어 군자는 이를 대처할 권세가 없고 이를 막아낼 형벌도 없다. 그러므로 변설을 하게 되는 것이다. 실물이 이해되지 않으니 명명(命名)하게 되고 명명이 이해되지 않으니 유사 명칭을 모으게9) 되며 모으더라도 이해되지 않으니 설명하게 되고 설명하더라도 이해되지 않으니 변론하게 되는 것이다. 그러므로 기(期)·명(命)·변(辨)·설(說)이라 하는 것은 실제로 쓰이는 데 있어 최대의 문식(文飾)이고 왕업의 시작이기도 하다. 명칭이 귀에 들려서 실물이 이해된다 함은 명칭의 실제 쓰임이다. 이를 모아서 문식을 꾸미는 것이 명칭의 화려함이다. 실제 쓰임과 화려한 꾸밈을 함께 납득한다면10) 이를 일러 명칭을 이해할 줄 안다 하는 것이다.

見侮不辱, 聖人不愛己, 殺盜非殺人也, 此惑於用名, 以亂名者也. 驗之所爲有名, 而觀其孰行, 則能禁之矣. 山淵平, 情欲寡, 芻豢不加甘, 大鍾不加樂, 此惑於用實, 以亂名者也. 驗之所緣而以同異, 而觀其孰調, 則能禁之矣. 非而謁楹有牛, 白馬非馬也, 此惑於用名, 以亂實者也. 驗之名約, 以其所受悖其所辭, 則能禁之矣. 凡邪說辟言之離正道而擅作者, 無不類於三惑者矣. 故明君知其分而不與辨也.

夫民易一以道, 而不可與共故. 故明君臨之以勢, 道之以道, 申之以命, 章之以論, 禁之以刑. 故其民之化道也如神, 辨說惡用矣哉. 今聖王沒, 天下亂, 姦言起, 君子無埶以臨之, 無刑以禁之, 故辨說也. 實不喻然後命, 命不喻然後期, 期不喻然後說, 說不喻然後辨. 故期命辨說也者, 用之大文也, 而王業之始也. 名聞而實喻, 名之用也. 累而成文, 名之麗也. 用麗俱得, 謂之知名.

1 見侮不辱―견(見)은 수동조사. 모(侮)는 업신여길 멸(蔑)자와 같음. 송견(宋鈃)의 궤변.

2 不愛己―여기서 불애기(不愛己)란 남을 위해서 자신을 혹사시킴. 묵자의 겸애설을 두고 한 말.

3 觀其孰行―관(觀)은 판단과 마찬가지 의미. 가려서 취함. 숙행(孰行)이란 명칭 사용에 있어 어느 쪽을 택할 것인가 하는 결정 사항.

4 非而謁楹有牛―이 부분은 여러 설이 있어 분명치 않음. 우마(牛馬) 개념은 소도 말도 아니라는 설.

5 悖其所辭―패(悖)는 거역 또는 반박의 뜻. 소사(所辭)란 받아들이지 못할 언사.

6 不可與共故―고(故)는 일 사(事)자의 뜻을 지님. 『논어』 「태백」(泰伯)편의 민(民)은 불가사지지(不加使知之)와 마찬가지 의미.

7 章之以論―장(章)은 명백히 함. 논(論)은 륜(倫)자로 통함. 혹은 성현의 말씀.

8 辨說―변(辨)은 변론(辯論)의 뜻으로 쓰임. 설(說)은 달랠 세(說)자와 함께 설득의 뜻.

9 期―기(期)는 모을 회(會)자와 같음. 조회(照會) 또는 이해시킴.

10 用麗俱得―용(用)은 실제 효용성. 려(麗)는 고운 장식을 말함. 명칭의 두 측면이 다 이해됨.

[4]

명칭이라 하는 것은 대상인 사물을 명확하게 모으기 위한[1] 수단이다. 언사라 하는 것은 명칭을 아울러서 하나의 뜻을 알리기 위한[2] 것이다. 변설이라 하는 것은 실물의 명칭을 달리하지 않는 그대로 시비를 알리기 위한[3] 방법이다. 기(期)·명(命)이라 하는 것은 변설을 위한 작용 요소다. 변설이라 하는 것은 마음의 도를 전하기 위한 형용[4]이다. 마음이라 하는 것은 도의 주재(主宰)다.[5] 도라 하는 것은 나라 다스리는 기본 원리다.[6] 마음은 도와 일치되게 하고 설명은 마음과 일치되게 하며 언사는 설명과 일치되게 하고 명칭은 바르게 하여 같은 유끼리 모으며 실정을 근거로 하여[7] 알리고 차이를 변별하여 잘못되지 않게 하며 같은 유를 미루어서 어긋나지 않게 한다. 다른 설을 들으면 조리에 맞추어보고[8] 자신의 설은 사리를 다한다. 정도를 가지고 간악을 가린다 함은 마치 먹줄을 끌어당겨 굽거나 곧음을 고르는[9] 것과 같다. 이런 까닭으로 사설이 능히 정론을 어지럽힐 수 없고 백가(百家)[10]가 숨을 데가 없게 되는 것이다. 아울러 많은 말을 가려 들을 총명은 있더라도 교만하게 뽐내는 모습이 없고 아울러 모두 감쌀 후덕함은 있더라도 덕을 자랑할 안색이 없으며 그 설이 행해지면 천하가 바로잡히고 설이 행해지지 못하면 도만 밝히고 몸은 숨긴다.[11] 바로 이것이 성인의 변설이다. 『시』[12]에 이르기를 '온화하고 성대하도다.[13] 규옥과 같고 장옥과 같네.[14] 좋은 평판이며 좋은 덕망이여, 포근하게 화락한[15] 군자는 사방의 모범이 되네' 라고 하였다. 이것을 가리켜 하는 말이다. 사양하는 절도를 지키고 장유의 도리도 순순히 따르며 꺼리는 말은 일컫지 않고 요망스런 언사도 입 밖으로 내지 않으며 어진 마음으로 설하고 배우는 마음가짐으로 들으며 공정한 마음으로 판단하고 일반 대중의 비난이나 칭찬에 흔들리지 않으며 보는 자의 이목에 현혹되지[16] 않고 귀한 자의 권세에도 눈길을 주지 않으며[17] 비위 잘 맞추는 자의 언사를 이롭게 여기지 않는다. 그러므로 능히 도에 대처하여 어긋나지 않고 곤궁에 빠져도[18] 의지를 빼앗기지 않으며 유리하더라도 방종에 흐르지 않고 공정성을 높여 야비한 다툼을 천시한다. 바로 이것이 사군자의 변설이다. 『시』[19]에 이르기를 '기나긴 밤 느긋하구나. 오래도록 허물[20]을 생각하네. 태곳적 말이라 하여 업신여기지 않음이여, 예의가 잘못되지 않도다. 어찌 남의 말이 두려울까 보냐' 라고 하였다. 이것을 가리켜 하는 말이다.

名也者, 所以期異實也. 辭也者, 兼異實之名, 以喩一意也. 辨說也者, 不異實名, 以喩動靜之道也. 期命也者, 辨說之用也. 辨說也者, 心之象道也. 心也者, 道之工宰也. 道也者, 治之經理也. 心合於道, 說合於心, 辭合於說, 正名而期, 質請而喩, 辨異而不過, 推類而不悖. 聽則合文, 辨則盡故. 以正道而辨姦, 猶引繩以持曲直. 是故邪說不能亂, 百家無所竄. 有兼聽之明, 而無奮矜之容, 有兼覆之厚, 而無伐德之色, 說行則天下正, 說不行則白道而冥窮, 是聖人之辨說也. 詩曰, 顒顒卬卬, 如珪如璋, 令聞令望,

愷悌君子, 四方爲綱. 此之謂也. 辭讓之節得矣, 長少之理順矣, 忌諱不稱, 祆辭不出, 以仁心說, 以學心聽, 以公心辨, 不動乎衆人之非譽, 不治觀者之耳目, 不賂貴者之權埶, 不利傳辟者之辭. 故能處道而不貳, 咄而不奪, 利而不流, 貴公正而賤鄙爭. 是士君子之辨說也. 詩曰, 長夜漫兮, 永思騫兮. 大古之不慢兮, 禮義之不愆兮, 何恤人之言兮, 此之謂也.

1 期異實—기(期)는 기회(期會)의 뜻. 약속하여 모임. 이실(異實)이란 그 대상이 서로 다른 각종의 실제 사물.

2 喩一意—유(喩)는 여러 판본에 론(論)자로 되어 있으나 유(諭)자로 풀이됨. 명(明)자로도 통용됨.

3 動靜—여기서 동정(動靜)이란 시(是)와 비(非)의 분별을 말함.

4 象道—상(象)은 상(像)자로도 통함. 표상(表象)과 같음. 수(隨)자의 뜻으로도 쓰임.

5 工宰—공(工)은 관(官)의 명칭. 주(主)자의 잘못된 표기로 풀이하기도 함.

6 經理—경(經)은 상경(常經). 리(理)는 조리(條理). 일반 원칙을 가리킴.

7 質請—질(質)은 근본이 되는 본바탕. 청(請)은 정(情)의 옛 글자. 실상(實狀)과 같음.

8 聽則合文—청(聽)은 다른 사람의 설을 들음. 합문(合文)이란 자신의 설과 비교 고찰함.

9 持曲直—지(持)는 제(制)자로 통함. 잣대를 가지고 곡(曲)·직(直)을 가늠함.

10 百家—백가(百家)는 기사(奇辭)·괴설(怪說)을 주장하는 사상가 집단. 제자(諸子)학파를 말함.

11 冥窮—명(冥)은 암(暗)자와 같음. 궁(窮)은 몸 궁(躬)자로 통함. 은신(隱身)함.

12 詩—『시경』「대아(大雅)·권아(卷阿)」편의 인용 시구.

13 顒顒卬卬—옹옹(顒顒)은 온건함. 앙앙(卬卬)은 성대한 모양.

14 如珪如璋—규(珪)·장(璋) 둘 다 의식 때 장식으로 쓰이는 옥. 높은 인품을 가리키는 말.

15 愷悌—개(愷)는 기상이 부드럽고 즐거워 보임. 제(悌)는 이(易)자로 통함. 차분한 용모.

16 冶—야(冶)는 고(蠱)의 옛 글자. 고혹(蠱惑)과 마찬가지 의미.

17 不賂—뢰(賂)는 락(眳)자의 잘못된 표기. 곁눈질할 면(眄)자로 통함. 불락(不眳)이란 불고(不顧)와 같은 뜻.

18 咄—돌(咄)은 굴(詘)자의 잘못된 표기. 곤굴(困詘), 즉 궁지로 빠져드는 상태.

20 騫 —건(騫)은 허물 구(씀)자와 같음. 혹은 구(懼), 즉 두려운 심정을 나타냄.

[5]

군자가 하는 말은 넓더라도[1] 정밀하고 남의 말에 머리를 숙이더라도 법칙이 있으며[2] 엇갈리더라도[3] 가지런하다. 그는 그 명칭을 바르게 하고 그 언사를 알맞게 구사함으로써 그 의의를 명백히 하고자 힘쓰는 자다. 그의 명칭과 언사라 하는 것은 의의를 전하기 위한 수단[4]이므로 충분히 서로 통한다면 그것으로 끝나는 것이다. 구차히 더함은 잘못이다.[5] 그러므로 명칭이 충분히 실물을 가리킬 수 있고 언사가 충분히 바른 뜻을 표명할[6] 수 있다면 그만인 것이다. 여기서 벗어나는 것을 가리켜 인(訒)[7]이라 말하니 이는 군자가 버리는 바이나 어리석은 자는 주워서 자신의 보물로 삼는 것이다. 그러므로 어리석은 자가 하는 말은 들뜨면서도[8] 보잘것없고 시끄럽게 굴면서도[9] 조리가 없으며 와글와글 들끓기만[10] 한다. 그는 그 명칭에 끌리고 그 언사에 홀리더라도 그 의의에 대해서는 깊은 이해가 없는 자다. 그러므로 힘들여 말하더라도[11] 끝이 없고 크게 애쓰더라도 공이 없으며 탐내더라도 명성이 없다. 그러므로 지자가 하는 말은 이를 생각하면 알기 쉽고 이를 행하면 안정되기 쉬우며 이를 가지면 서기 쉽다. 끝내[12]는 반드시 그 좋아하는 바를 얻고 그 싫어하는 바를 피할 수 있다. 그러나 어리석은 자가 하는 말은 이와 반대다.『시』[13]에 이르기를 '귀신이 되고 요괴가 된다면[14] 어찌할 수 없지만 무안해하는 얼굴[15]을 갖는다면 사람 보기가 망극하리니 이 좋은 노래 지어 네 비뚤어진 마음 올바로 다스리자꾸나[16]' 라고 하였다. 이것을 가리켜 하는 말이다.

君子之言涉然而精, 俛然而類, 差差然而齊. 彼正其名, 當其辭, 以務白其志義者也. 彼名辭也者, 志義之使也, 足以相通, 則舍之矣, 苟之姦也. 故名足以指實, 辭足以見極, 則舍之矣. 外是者謂之訒, 是君子之所棄, 而愚

者拾以爲己寶. 故愚者之言, 芴然而粗, 嘖然而不類, 誻誻然而沸. 彼誘其名, 眩其辭, 而無深於其志義者也. 故窮藉而無極, 甚勞而無功, 貪而無名. 故知者之言也, 慮之易知也, 行之易安也, 持之易立也, 成則必得其所好, 而不遇其所惡焉, 而愚者反是. 詩曰, 爲鬼爲蜮, 則不可得, 有靦面目, 視人罔極. 作此好歌, 以極反側, 此之謂也.

1 涉然 ─ 섭(涉)이란 박섭(博涉) 또는 섭렵(涉獵)과 마찬가지 의미. 미치는 범위가 넓고 깊음.

2 俛然而類 ─ 면(俛)은 부(俯)자로 통함. 부연(俛然)이란 자신을 굽히고 남을 따르는 모양. 류(類)는 통류(通流). 허탄(虛誕)하지 않음.

3 差差然 ─ 차차(差差)는 부제(不齊)의 모습. 시비(是非)를 가리는 논거가 뿔뿔이 다른 상태.

4 志義之使 ─ 사(使)는 사자(使者). 즉 그 의의를 남에게 소통시키기 위한 전달자 혹은 그 기능.

5 苟之姦 ─ 구(苟)는 심(審)자로 통함. 위곡(委曲)의 뜻. 장황하고 지리함. 간(姦)은 악(惡)자와 함께 쓰임.

6 見極 ─ 극(極)은 중(中)자와 같음. 중정(中正) 또는 표준(標準). 현(見)은 드러내 보임.

7 訒 ─ 인(訒)은 곤란(困難)의 뜻. 고의로 어렵게 만들어 하는 말. 입 밖에 내기가 어려운 말.

8 芴然 ─ 홀(芴)은 홀(忽)자와 같음. 근거 없이 날뜀. 어리석은 모양을 가리킴.

9 嘖然 ─ 책(嘖)은 언쟁(言爭)의 뜻. 큰 소리로 소란을 피움.

10 誻誻然 ─ 답(誻)은 다언(多言), 즉 수다스러움. 잔말이 많음.

11 窮藉 ─ 궁(窮)은 다할 극(極)자와 같음. 자(藉)는 천리(踐履) 혹은 포진(布陣)의 뜻. 말을 늘어놓음.

12 成則 ─ 여기서 성(成)은 마칠 종(終)자와 마찬가지 의미. 다할 필(畢)자로 풀이되기도 함.

13 詩 ─ 『시경』「소아(小雅)·하인사(何人斯)」편의 인용 시구.

14 蜮 ─ 역(蜮)은 여우의 일종. 혹은 사람을 해친다는 세 발 달린 자라 모양의 전설적 짐승.

15 靦面目 ─ 전(靦)은 부끄러워하는 모양. 낯뜨거운 얼굴.

16 極反側 ─ 여기서 반측(反側)이란 부정(不正)한 마음씨. 극(極)은 공(攻)자와 같음. 올바르게 다스림.

[6]

　무릇 정치를 논의함에 있어 사람이 욕심 버리기를 기대하는[1] 자는 욕심을 바르게 이끌 줄 모르면서 욕심 갖는 것만 곤혹스러워하는 자다. 무릇 정치를 논의함에 있어 욕심 적게 갖기를 기대하는 자는 욕심을 절제시킬 줄 모르면서 욕심 많은 것만 곤혹스러워하는 자다. 욕심이 있다 없다 함은 그 유가 다른 것이다. 나면서 갖춘 성품[2]이므로 치(治)와 난(亂)의 문제가 아니다. 욕심이 많으냐 적으냐 함도 그 유가 다른 것이다. 인정이 결정한[3] 것이므로 치나 난의 문제가 아니다. 욕망이란 얻을 수 있다고 기대하는 것이 아니라 추구하는 자가 가능한 방법에 따르는 것이다. 그 욕망을 얻을 수 있다고 기대하는 것이 아니라 함은 하늘로부터 받은 것이기 때문이다. 그 추구하는 자가 가능한 방법에 따른다 함은 마음으로부터 조정받는 것이기 때문이다. 하늘로부터 받은 하나의 욕망이란 마음으로부터 받는 많은 사려 판단[4]에 제약되므로 굳이 하늘로부터 받은 것과 같은 유라고 말하기 어려운 것이다. 사람이 바라는 가장 큰 욕망은 생(生)이고 가장 싫어하는 바는 사(死)다. 그렇더라도 사람 중에 생을 버리고 사를 취하는[5] 자가 있다 함은 생을 바라지 않고 사를 바라서가 아니라 살 수 없고 죽어야 옳기 때문이다. 그러므로 욕망이 지나치더라도 행동이 미치지 못함[6]은 마음이 이를 제약하기 때문이다. 마음이 옳다 하는 바가 도리에 맞는다면 비록 욕심이 많더라도 어찌 다스림이 손상되겠는가. 욕심이 미치지 못하더라도 행동이 지나침은 마음이 그렇게 시키기 때문이다.[7] 마음이 옳다 하는 바가 도리를 잃는다면 욕심이 비록 적더라도 어찌 어지러움을 제지하겠는가. 그러므로 치와 난은 마음이 옳다 하는 데 있고 감정이 바라는 데 있지 않다. 그 있는 데를 추구하지 않고 그 없는 데를 추구한다면 비록 '나는 진상을 파악하였다'고 말하더라도 이를 잃은 것이다.

　성(性)이라 하는 것은 하늘이 이룬 것이다. 정(情)이라 하는 것은 성의 본질이다. 욕이라 하는 것은 정의 반응이다. 바라는 바를 가지고 얻을 수 있다고 생각하여 이를 추구함은 인정으로 반드시 면할 수 없는 것이다. 그러나 얻을 수 있다고 생각하여 이를 이끈다 함은 지려가 반드시 작용하는 것이다. 그러므로 비록 미천한 문지기라 할지라도 욕망을 버리게 할 수는 없다. 비록 천자라 할지라도 욕망을 다할 수는 없다. 비록 욕망을 다할 수는 없어도 다하는 데까지 근접할 수는 있다. 비록 욕망을 버릴 수는 없어도 그 추구를 절제할 수는 있다. 비록 욕망을 다할 수는 없더라도 그 추구하는 자가 오히려 다하는 데까지 근접하고 비록 욕망을 버릴 수는 없더라도 그 추구하는 바는 다 얻어지지 못한다. 사려라 하는 것은 그 추구를 절제하는 것이다. 도라 하는 것8)은 나아가 다하는 데까지 근접하고 못할 경우 물러서서 그 추구를 절제한다. 천하에 이보다 더한 도리는 없다.

凡語治而待去欲者, 無以道欲, 而困於有欲者也. 凡語治而待寡欲者, 無以節欲, 而困於多欲者也. 有欲無欲, 異類也, 性之具也, 非治亂也. 欲之多寡, 異類也, 情之數也, 非治亂也. 欲不待可得, 而求者從所可. 欲不待可得, 所受乎天也. 求者從所可, 所受乎心也. 所受乎天之一欲, 制於所受乎心之多計, 固難類所受乎天也. 人之所欲, 生甚矣, 人之所惡, 死甚矣, 然而人有從生成死者, 非不欲生而欲死也, 不可以生而可以死也. 故欲過之而動不及, 心止之也. 心之所可中理, 則欲雖多奚傷於治. 欲不及而動過之, 心使之也. 心之所可失理, 則欲雖寡奚止於亂. 故治亂在於心之所可, 亡於情之所欲. 不求之其所在, 而求之其所亡, 雖曰我得之, 失之矣.
性者天之就也, 情者性之質也, 欲者情之應也. 以所欲以爲可得而求之, 情之所必不免也, 以爲可而道之, 知之所必出也. 故雖爲守門, 欲不可去, 雖爲天子, 欲不可盡. 欲雖不可盡, 可以近盡也. 欲雖不可去, 求可節也. 所欲雖不可盡, 求者猶近盡, 欲雖不可去, 所求不得. 慮者欲節求也. 道者進則近盡, 退則節求. 天下莫之若也.

1 待去欲─대(待)는 시(恃)자로 통함. 거욕(去欲)이란 민을 무욕(無欲)의 상태로 이끄는 것.

2 性之具 —성(性)은 생(生)자와 같음. 구(具)는 사람이 태어나면서 갖춘 본질을 가리킴.

3 情之數 —여기서 수(數)란 그 되어가는 단계(段階)를 말함. 정이 드러나는 정도(程度).

4 多計 —계(計)는 헤아림. 다계(多計)란 충분한 사려분별. 이성적 판단이란 뜻.

5 從生成死 —종(從)은 종(縱)자로 통함. 방기(放棄)와 같음. 성(成)은 나아갈 취(就)자와 마찬가지 의미. 사생취의(舍生取義)를 가리킴.

6 動不及 —동(動)은 작위(作爲)의 뜻. 욕심의 발동이 과다하지만 행동이 따르지 않음.

7 心使之 —여기서 사지(使之)란 마음의 판단에 맡김. 욕망의 양상이 어떠하든 관여하지 않는 뜻.

8 道者 —도(道)는 리(理)자와 같음. 욕망을 바르게 이끌고 절제함에 있어 그 표준이 되는 중정(中正)의 뜻.

[7]

무릇 사람이란 그 옳은 바를 따르고 옳지 않은 바를 버리는 것이다. 도보다 나은 것은 없는 줄 알면서 그것을 따르지 않을 사람은 없다. 가령 어떤 사람이 있어 만약 남쪽으로 가기 바란다면 어려움이 많다 하더라도,[1] 그리고 북쪽으로 가기 싫다면, 어려움이 적다 하더라도 어찌 그 남쪽 가는 것을 피할 수 없다고 하여 그 때문에 남쪽 가기를 그만두고 북쪽으로 달리겠는가. 지금 사람이 하고 싶은 바는 많다 하더라도, 그리고 싫어하는 바는 적다 하더라도 어찌 그 하고 싶은 바를 다할 수 없다고 하여 그 때문에 하고 싶은 것 얻는 길을 버리고 싫어하는 것을 취하겠는가. 그러므로 도가 옳다고 하여 이를 따른다면 어찌 손상시켜 어지럽히겠는가. 도가 옳지 않다고 하여 이를 떠난다면 어찌 그것을 다스리겠는가. 그러므로 지자는 도만 논할 따름인 것이다. 하찮은 주장이나 진기한 설들[2]이 바라던 바는 모두 쇠하고 말 것이다.

무릇 사람이 사물을 취함에 있어 바라는 것이 모두 다 들어오는[3] 경우는 일찍이 없었다. 그 버림에 있어서도 싫어하는 것이 모두 다 가버리는 경우는 일찍이 없었다. 그러므로 사람은 그 어떤 행동에 있어서도 반드시 기준이 되는 권(權)을 함께 하지 않을 수 없다.[4] 저울이 바르지 못하면 무거운 것이 눈금 위쪽으로 매달려 사람이 가볍다 여기고 가벼운 것이 눈금 아래쪽으로 매달려 사람이 무겁다 여기게 된다. 이는 사람이 경중에 대하여 헷갈리는 원인이다. 기준이 바르지 못하면 화가 욕심 쪽에 깃들더라도[5] 사람들은 이를 복이라 여기고 복이 싫어하는 쪽에 깃들더라도 이를 사람들은 화라 여긴다. 이는 또한 화복에 대하여 헷갈리는 원인이다. 도라 하는 것은 고금을 통하여 가장 정확한 기준이다. 도를 떠나서 안으로 자기가 마음대로 선택한다면[6] 화복이 뒤섞여 있는 데를 알지 못한다. 물건을 바꾸는 경우 하나로 하나를 바꾼다면 '득도 없지만 손도 없다' 말하고 하나로 둘을 바꾼다면 '손은 없으나 득은 있다' 말하며 둘로 하나를 바꾼다면 '득은 없으나 손이 있다' 말한다. 계산하는 자는 많은 편을 취하고 일을 꾀하는 자는 좋은 편을 따른다. 사람들이 둘로 하나를 바꾸는 따위를 하지 않는 것은 그 계수에 밝기 때문이다. 도를 따라서 나간다[7] 함은 마치 하나로 둘을 바꾸는 것과 같다. 어떻게 손이 되겠는가. 도를 떠나서 안으로 자기가 마음대로 선택한다면 이것은 마치 둘로 하나를 바꾸는 것과 같다. 어떻게 득이 되겠는가. 그 백년의 욕망을 포개어 한때의 만족[8]과 바꾸더라도 굳이 이를 하려는 것은 그 손익 계산에 밝지 못하기 때문이다.

또 시험삼아[9] 그 은미해서 살피기 어려운 경우를 깊이 헤아려보자. 속마음은 도리를 경시하면서 밖으로 사물을 중시하지 않는[10] 자가 없고 밖으로 사물을 중시하면서 안으로 근심하지 않는 자가 없다. 행동은 도리를 벗어나면서 밖으로 위태하지 않는 자가 없고 밖으로 위태하면서 안으로 두려워하지 않는 자가 없다. 마음이 근심스럽고 두려워한다면 입에 소나 양과 돼지의 고기를 물더라도 그 맛을 알지 못하고 귀로 종과 북소리를 듣더라도 그 음악소리를 알지 못하며 눈으로 보불(黼黻)[11]을 보더라도 그 아름다운 형상을 알지 못하고 가볍고 따뜻한 의복과 평평한 자리라[12] 할지라도 몸이 그 안락함을 알지 못한다. 그러므로 만물의 아름다움을 모두 누리더라도[13] 만족해할 수[14] 없다. 비록 잠깐

동안[15]은 만족하더라도 근심과 두려움을 떼어버릴 수 없다. 그러므로 만물의 아름다움을 모두 누리더라도 크게 근심되고 만물의 이로움을 다 겸하더라도 크게 해가 되는 것이다. 이와 같은 자가 어찌 사물을 제대로 추구하겠는가.[16] 생을 기르겠는가. 수명을 온전히 다하겠는가.[17] 그러므로 그 욕망을 바르게 기르려 하면서 그 정욕을 멋대로 부리고, 그 생을 기르려 하면서 그 형체를 위태롭게 하며, 그 쾌락을 기르려 하면서 그 마음을 쳐서 덧내고, 그 명성을 돋우려 하면서 그 행동을 어지럽힌다. 이와 같은 자는 비록 제후로 봉해지고 군주로 호칭되더라도 그 일반 도둑과 다를 까닭이 없고 비록 수레를 타고 관을 쓰더라도[18] 그 족함이 없는 곤궁한 자와 다를 이유가 없다. 대저 이를 가리켜 자신을 사물의 종으로 만든다고 말하는 것이다. 마음이 평온하고 즐거우면 색채가 완벽한 데 이르지 못할지라도[19] 충분히 눈을 기를 수 있고 음악소리가 완벽한 데 이르지 못할지라도 충분히 귀를 기를 수 있으며 거친 밥[20]과 채소 국물로도 충분히 입을 기를 수 있고 발이 굵은 베옷과 미투리[21]로도 충분히 몸을 기를 수 있으며 옹색한 방에 갈대발·짚멍석[22]·궤연(机筵)을 더하더라도[23] 충분히 일신을 기를 수 있다. 그러므로 만물의 아름다움이 없더라도 충분히 즐거움을 돋울 수 있고 권세있는 자리에 없더라도 충분히 명성을 돋울 수 있다. 이와 같이하여 천하를 더한다면 그 천하를 위함이 많고 그 사사로운 즐김[24]은 적을 것이다. 대저 이를 가리켜 자신을 소중히 하고 사물을 부린다고 말하는 것이다. 근거 없는 말, 보지 못한 행동, 듣지 못한 계략을 군자는 신중하게 대하는 것이다.

凡人莫不從其所可, 而去其所不可. 知道之莫之若也, 而不從道者, 無之有也. 假之有人, 而欲南無多, 而惡北無寡. 豈爲夫南者之不可盡也, 離南行, 而北走也哉. 今人所欲無多, 所惡無寡. 豈爲夫所欲之不可盡也, 離得欲之道, 而取所惡也哉. 故可道而從之, 奚以損之而亂. 不可道而離之, 奚以益之而治. 故知者論道而已矣, 小家珍說之所願皆衰矣.

凡人之取也, 所欲未嘗粹而來也, 其去也, 所惡未嘗粹而往也. 故人無動而不與權俱. 衡不正則重縣於仰, 而人以爲輕, 輕縣於俛, 而人以爲重, 此人所以惑於輕重也. 權不正則禍託於欲, 而人以爲福, 福託於惡, 而人以爲禍, 此亦人所以惑於禍福也. 道者古今之正權也, 離道而內自擇, 則不知禍福之所託. 易者以一易一, 人曰無得亦無喪也. 以一易兩, 人曰無喪而有得也. 以兩易一, 人曰無得而有喪也. 計者取所多, 謀者從所可. 以兩易一, 人莫之爲, 明其數也. 從道而出, 猶以一易兩也, 奚喪. 離道而內自擇, 是猶以兩易一也, 奚得. 其累百年之欲, 易一時之嫌, 然且爲之, 不明其數也.

有嘗試深觀其隱而難其察者. 志輕理而不外重物者, 無之有也, 外重物而不內憂者無之有也. 行離理而不外危者, 無之有也, 外危而不內恐者, 無之有也. 心憂恐則口銜芻豢, 而不知其味, 耳聽鐘鼓, 而不知其聲, 目視黼黻, 而不知其狀, 輕煖平簟, 而體不知其安. 故嚮萬物之美, 而不能嗛也. 假而得閒而嗛之, 則不能離也. 故嚮萬物之美, 而盛憂, 兼萬物之利, 而盛害. 如此者其求物也, 養生也. 嚮壽也. 故欲養其欲, 而縱其情, 欲養其性, 而危其形, 欲養其樂, 而攻其心, 欲養其名, 而亂其行. 如此者雖封侯稱君, 其與夫盜無以異, 雖乘軒戴絻, 其與無足無以異, 夫是之謂以已爲物役矣. 心平愉, 則色不及備, 而可以養目, 聲不及備, 而可以養耳, 蔬食菜羹, 而可以養口, 麤布之衣麤紃之履, 而可以養體, 局室廬庾稿蓐, 尙机筵, 而可以養形. 故無萬物之美, 而可以養樂, 無埶列之位, 而可以養名. 如是而加天下焉, 其爲天下多, 其私樂少矣. 夫是之謂重己役物. 無稽之言, 不見之行, 不聞之謀, 君子愼之.

1 而欲南無多 ─ 이(而)는 가정조사. 무(無)는 고서(古書)에 수왈(雖曰)로 통용됨. 다(多)란 가는 길이 멀어 어려움이 많은 형편.

2 小家珍說 ─ 소가(小家)란 보잘것없는 사상가들. 백가(百家). 진설(珍說)은 기사(奇辭)·괴설(怪說)을 휘둘러댐.

3 粹而來 ─ 수(粹)는 정(精) 또는 전(全)자로 통함. 빠짐없이 온전한 상태.

4 無動而不與權俱 ─ 여기서 무(無)는 불론(不論)과 같은 뜻. 권(權)은 저울추.

일정한 준칙. 도(道)를 말함.

5 託於欲 —탁(託)은 빙의(憑依)의 뜻. 남에게 기대어 의존함.

6 內自擇 —자택(自擇)이란 제멋대로 기준 없이 생각하고 어떤 판단을 내림.

7 從道而出 —여기서 출(出)은 모출(謀出)·발려(發慮)의 뜻. 판단해냄. 혹은
행동을 취함.

8 一時之嫌 —혐(嫌)은 혐(慊)자로 통함. 흡족해함. 쾌(快)자와 마찬가지 의미.

9 有嘗試 —유(有)는 우(又)자와 같음. 상(嘗)·시(試) 두 글자 모두 시도(試
圖)의 뜻. 사례를 들어서 설명함.

10 不外重物 —외(外)는 판본에 없는 글자. 중물(重物)이란 사물을 보다 소중히
한다는 부정적 의미.

11 黼黻 —보(黼)는 흑·백의 수를 놓은 도끼 모양 무늬. 불(黻)은 흑·청의 수
를 놓은 아(亞)자 모양 무늬. 아름다운 옷감을 대표함.

12 輕煖平簟 —난(煖)은 난(暖)자와 같이 쓰임. 평(平)은 평상(平牀). 나무 침
대. 전(簟)은 죽석(竹席). 대자리.

13 䭣 —향(䭣)은 향(饗)자로 통함. 향수(享受)와 마찬가지 의미.

14 不能嗛 —겸(嗛)은 입에 밥을 물고 있는 모양. 넉넉함. 쾌(快)자의 뜻도 있음.

15 假而得間 —가이(假而)란 가여(假如)와 같음. 수(雖)자로 쓰이기도 함. 득한
(得間)이란 한동안의 틈을 냄. 여유를 가짐.

16 其求物也 —기(其)는 기(豈)자로 통함. 반어(反語) 형식.

17 鬻壽 —육(鬻)은 육(育)자와 음이 같음. 기를 양(養)자와 마찬가지 의미.

18 乘軒戴絻 —헌(軒)은 초헌, 즉 귀인이 타는 수레. 문(絻)은 면(冕)자와 같음.
대부(大夫) 이상의 벼슬아치가 쓰는 관.

19 色不及備 —비(備)는 온전한 상태를 말함. 다른 판본은 용(備)자로 되어 있
어 용(庸)자의 뜻을 가짐. 평범한 보통 상황.

20 蔬食 —소(蔬)는 소(疏) 혹은 조(粗)자와 함께 쓰임. 소사(蔬食)란 거친 밥.
변변치 못한 음식을 말함.

21 麤布·麤紃 —추포(麤布)는 발이 굵고 거친 바탕의 베. 추순(麤紃)은 삼베
실로 선을 두른 신.

22 局室廬廉稿蓐 —국(局)은 다가설 촉(促)자로 통함. 좁은 공간의 뜻. 여염(廬
廉)은 갈대로 만든 발. 고욕(稿蓐)은 짚으로 짠 자리.

23 尙机筵 —상(尙)은 가(加)자와 같은 뜻. 설치해둠. 연(筵)은 대나 등으로 짠
자리. 앉는 자리를 가리킴. 궤연(机筵)이란 죽은 이의 신주를 모시는 곳.

24 其私樂 —사(私)는 다른 판본에 화(和)자로 되어 있으나 잘못되었다고 보아
이를 바로잡음. 사락(私樂)이란 사적인 향락에 빠짐을 말함.

23 성악性惡

이 편에서는 맥락은 사람의 성품은 본래 악하므로 후
천적 노력으로 이를 교정해야만 선해질 수 있다고 주장
한다. 순황이 이른바 맹자의 '성선설'을 정면으로 반박
하고 나선 '성악설'로 유명한 대목이다. 사람의 본성이
악하기 때문에 학문·수양이나 집단생활을 영위하기
위한 예절의 실천 등이 필수라는 점을 반복하여 역설하
고 있다.

[1]

　사람의 본성은 악하니 그 선한 것은 '위'(僞)다.[1] 이제 사람의 본성은 나면서 이득을 좋아하게 되어 있다. 이를 따르기 때문에 쟁탈이 생기고 사양하는 마음이 없어진다. 나면서부터 시새우고 미워하게 되어 있다.[2] 이를 따르기 때문에 잔악이 생기고 충직·성실한 마음이 없어진다. 나면서부터 귀나 눈이 아름다운 소리나 색깔 보기를 좋아하게 되어 있다. 이를 따르기 때문에 음란이 생기고 예의 문리[3]는 없어진다. 그래서 사람의 본성대로 따르고[4] 사람의 감정대로 따른다면 반드시 쟁탈하는 데 나아가 범절을 어기고 도리를 어지럽히는 데 알맞아 포악한 상태로 돌아갈 것이다. 그러므로 반드시 '사법'(師法)의 교화[5]와 예의의 지도가 있은 연후라야 사양하는 데로 나아가 도리에 알맞고 다스려지는 데로 돌아갈 것이다. 이렇게[6] 본다면 바로 사람의 본성이 악함은 분명하다. 그 선한 것은 '위'다.

　그러므로 굽은 나무는 반드시 도지개를 대고 불에 쬔[7] 연후라야 곧게 되고 무딘 쇠붙이는 반드시 숫돌에 갈고 닦은[8] 연후라야 날카로워진다. 지금 사람의 본성도 악하니 반드시 '사법'이 있은 연후라야 바르게 되고 예의의 지도를 받은 연후라야 다스려지는 것이다. 지금 만약 사람에게 '사법'이 없다면 치우치고 음험해져서 바르지 못하고 예의가 없다면 도리에 어긋나고 혼란스러워져서 다스리지 못할 것이다. 옛날에 성왕은 사람의 본성이 악하기 때문에 치우치고 음험해져서 바르지 못하고 도리에 어긋나고 혼란스러워져서 다스리지 못할 것이라 생각하여 이를 위해 예의를 일으키고 법도를 제정함으로써 사람의 성정을 고쳐 꾸며서 바르게 하고 또 사람의 성정을 길들여서[9] 이를 잘 이끌었다. 모두가 다스려지는 데 나아가 도리에 일치되도록 하기 위한 것이었다.

오늘날의 사람 가운데 '사법'에 교화되고 학문을 익혀 쌓으며[10] 예의에 따르는[11] 자를 군자라 하고 성정을 멋대로 부려 거리낌없이 방자하며 예의를 어기는 자를 소인이라 한다. 이렇게 본다면 바로 사람의 본성이 악함은 분명하다. 그 선한 것은 '위'다.

맹자가 말하기를 '사람이 배운다는 것은 그 본성이 선하기 때문이다'라고 하지만 나는 '그렇지 않다. 사람의 성을 바로 아는 데 미치지 못하고 사람의 성과 위의 구분을 살피지 못하는 자다'라고 할 것이다. 무릇 '성'이라 하는 것은 타고나는 것이요 배울 수 없고 일삼을 수도 없는 것이다. 예의라 하는 것은 성인이 만들어낸 바요 그것은 사람이 배워서 능히 할 수 있는 바이며 일삼아서 이룰 수 있는 바이다. 배울 수 없고 일삼을 수 없어도 사람에게 본래 있는 것을 가리켜 '성'이라 한다. 배울 수 있어서 능히 할 수 있고 일삼을 수 있어서 이루게 되는 기능이 사람에게 있는 것을 가리켜 '위'라 한다. 이것이 바로 '성'과 '위'의 구분이다. 이제 사람의 본성은 눈이 가히 그것으로 볼 수 있고 귀가 가히 그것으로 들을 수 있다. 대저 가히 볼 수 있는 밝기는 눈을 떠나지 못하고 가히 들을 수 있는 밝기는 귀를 떠나지 못한다. 눈이 밝고 귀가 밝다 함[12]은 배워서 될 수 없다는 사실이 분명하다. 맹자가 말하기를 '이제 사람의 본성은 선하나 그 악은 모두 그 본성을 상실하기 때문이다'라고 하지만 나는 말하기를 '이와 같은 주장은 잘못이다'라고 할 것이다. 이제 사람의 본성은 나면서 그 질박한 상태를 떠나 그 자질을 벗어나서[13] 반드시 이를 상실하게 되어 있다. 이렇게 본다면 바로 사람의 본성이 악함은 분명하다.

이른바 본성이 선하다고 하는 주장은 그 질박한 상태를 떠나지 않을 때 아름답고 그 자질을 벗어나지 않을 때 선하다 하는 것이다. 이는 그 자질과 선의 관계, 그 질박한 상태와 아름다움의 관계를 마치 그 가히 볼 수 있는 것의 밝기가 눈을 떠나지 않고 그 가히 들을 수 있는 것의 밝기가 귀를 떠나지 않기 때문에 눈밝고 귀밝다 하는 것과 같은 말이다. 그런데 사람의 본성은 굶주리면 배불리 먹으려 하고 추우면 따뜻하게 입으려 하며 피로하면 쉬려 한다. 이것이 사람의 성정이다. 그런데 사람이 굶주린 판에 먹거리를 보고도[14] 감히 먼저 먹으려 하지 않는 것은 장차 사양할 데가 있기 때문이다. 괴롭더라도 감히 휴식을 찾으려 하지 않는 것은 장차 대신해야 할 데가 있기 때문이다. 대저 자식이 아버지에게 사양하고 아우가 형에게 사양하며 자식이 아버지를 대신하고 아우가 형을 대신하는 이 두 가지가 모두 본성에 반하고 감정에 어긋난다. 그럼에도 효자의 길이고 예의의 조리인 것이다. 그래서 성정을 따르면 사양하지 않을 것이고 사양한다면 성정에 어긋날 것이다. 이렇게 본다면 바로 사람의 본성이 악함은 분명하다. 그 선한 것은 '위'(僞)다.

人之性惡, 其善者僞也. 今人之性, 生而有好利焉, 順是, 故爭奪生, 而辭讓亡焉, 生而有疾惡焉, 順是, 故殘賊生, 而忠信亡焉. 生而有耳目之好聲色焉, 順是, 故淫亂生, 而禮義文理亡焉. 然則從人之性, 順人之情, 必出於爭奪, 合於犯分亂理, 而歸於暴. 故必將有師法之化禮義之道, 然後出於辭讓, 合於文理, 而歸於治. 用此觀之, 然則人之性惡明矣, 其善者僞也.

故枸木必將待檃括烝矯, 然後直, 鈍金必將待礱厲, 然後利. 今人之性惡, 必將待師法, 然後正, 得禮義, 然後治. 今人無師法, 則偏險而不正, 無禮義, 則悖亂而不治. 古者聖王以人之性惡, 以爲偏險而不正, 悖亂而不治, 是以爲之起禮義制法度, 以矯飾人之情性而正之, 以擾化人之情性而導之也. 使皆出於治, 合於道者也. 今之人, 化師法, 積文學, 道禮義者, 爲君子, 縱性情, 安恣睢, 而違禮義者, 爲小人. 用此觀之, 然則人之性惡明矣, 其善者僞也.

孟子曰, 人之學者其性善, 曰, 是不然, 是不及知人之性, 而不察乎人之性僞之分者也. 凡性者天之就也, 不可學, 不可事者也. 禮義者, 聖人之所生也, 人之所學而能, 所事而成者也. 不可學, 不可事, 而在人者, 謂之性. 可學而能, 可事而成之在人者, 謂之僞, 是性僞之分也. 今人之性, 目可以見, 耳可以聽. 夫可以見之明, 不離目, 可以聽之聰, 不離耳. 目明而

耳聰, 不可學明矣. 孟子曰, 今人之性善, 將皆失喪其性故也, 曰, 若是則過矣. 今人之性, 生而離其朴, 離其資, 必失而喪之. 用此觀之, 然則人之性惡明矣.

所謂性善者, 不離其朴而美之, 不離其資而利之也. 使夫資朴之於美, 心意之於善, 若夫可以見之明不離目, 可以聽之聰不離耳, 故目明而耳聰也. 今人之性, 飢而欲飽, 寒而欲煖, 勞而欲休, 此人之情性也. 今人飢見長, 而不敢先食者, 將有所讓也, 勞而不敢求息者, 將有所代也. 夫子之讓乎父, 弟之讓乎兄, 子之代乎父, 弟之代乎兄, 此二行者, 皆反於性而悖於情也. 然而孝子之道, 禮義之文理也. 故順情性, 則不辭讓矣, 辭讓則悖於情性矣. 用此觀之, 然則人之性惡明矣, 其善者僞也.

1 僞─위(僞)는 위(爲)자로 통함. 작위(作爲)의 뜻. 인위적인 교식(矯飾) 행위를 말함.

2 疾惡─질(疾)은 시새울 질(嫉)자와 같음. 오(惡)는 증오(憎惡)의 뜻.

3 禮義文理─예의(禮義)란 규범성, 즉 질서의식. 문(文)은 그 형식 절문(節文). 리(理)는 그 법칙성 조리(條理).

4 從人之性─여기서 종(從)은 종(縱)자로 통함. 방자(放恣)와 마찬가지 의미.

5 師法之化─사법(師法)이란 스승이 전수해준 법도. 화(化)는 그 교화를 일컬음.

6 用此─용(用)은 이(以)자와 같은 뜻으로 쓰임.

7 檃括烝矯─은(檃)은 나무 굽은 데를 바로잡음. 괄(括)은 모난 형체를 바르게 고침. 증(烝)은 증(蒸)자로 통함. 증교(烝矯)란 나무를 불로 쬐어 반듯하게 함.

8 礱厲─용(礱)·려(厲) 두 글자 모두 갈 마(磨)자와 같은 뜻. 려(礪)자로 통용됨.

9 擾化─요(擾)는 길들일 순(馴)자와 같음. 순양(馴養)·교화(敎化)의 뜻.

10 積文學─적(積)은 적습(積習)과 마찬가지 의미. 문학(文學)이란 학문을 가리킴.

11 道禮義─도(道)는 유(由)자로 통함. 솔유(率由)의 뜻. 혹은 도(蹈)자와 마찬가지로 실천을 가리키기도 함.

12 目明而耳聰─명(明)은 시력, 총(聰)은 청력을 말함.

13 離其朴離其資─박(朴)은 박(樸)자로 통함. 본바탕·소질(素質)의 뜻. 자(資) 또한 재질(材質)과 마찬가지 의미.

14 見長─장(長)은 존장(尊長)을 가리키지만 여기서는 장(粻)자로 읽을 수도 있음. 식량이란 뜻.

[2]

묻는 자가 말하기를 '사람의 본성이 악하다면 예의가 어떻게 생기는 가[1]라고 한다. 이에 응답하여 말하기를 '무릇 예의라는 것은 바로 성인의 위(僞)에서 생기는 것으로 처음부터 사람의 본성에서 생기는 것이 아니다. 저 도공은 흙을 반죽하여[2] 기와를 만든다. 그렇다면 기와는 도공의 '위'에서 생긴 것으로 처음부터 도공의 본성에서 생긴 것이 아니다. 저 목수가 나무를 깎아서 목기를 만든다. 그렇다면 목기는 목수의 '위'에서 생긴 것으로 처음부터 목수의 본성에서 생긴 것이 아니다. 성인이 사려를 쌓아 인위작업을 거듭하여[3] 예의를 만들고 법도를 일으킨다. 그렇다면 예의와 법도란 것은 바로 성인의 '위'에서 생긴 것으로 처음부터 사람의 본성에서 생긴 것이 아니다'라고 할 것이다. 대저 눈이 색을 좋아하고 귀가 소리를 좋아하며 입이 맛을 좋아하고 마음이 이득을 좋아하며 온몸[4]이 안락을 좋아하는 따위는 이 모두가 사람의 성정에서 나는 것이다. 느껴서 저절로 그러하고 일부러 하는 일을 기다리지 않아도 뒤에 생기는 것이다. 대저 느끼더라도 능히 그럴 수가 없고 반드시[5] 하는 일을 기다린 뒤라야 그러한 것을 일러 '위'라 말한다. 이것이 '성'과 '위'가 생기는 바이고 그것이 똑같지 않은 증거다. 그래서 성인이 '성'을 변화시켜 '위'를 일으키고 '위'를 일으켜서 예의가 생기고 예의가 생겨서 법도를 마련하였다. 그렇다면 예의와 법도란 것은 바로 성인이 만든 것이다. 그러므로 성인이 일반 대중과 같으면서 보다 더 지나치지 않는 까닭은 '성'이다. 일반 대중과 다르면서 보다 더 지나치게 우수한 까닭은 '위'다. 대저 이득을 좋아하여 더 얻기를 바라는 것이 바로 사람의 성정이다. 가령 어떤 사람이 재산을 모아서 나누어 가지려는 자가 있다고 할 때 장차 성정이 이득을 좋아하여 더 얻기를 바라는 대로 따른다면 형제가 서로 다투고 빼앗을[6] 것이다. 장차 예의의 조리대로 교화되어 이와 같이 한다면 나라 안 누구에게나[7] 사양할 것이다. 그러므로 성정에 따른다면 형제가 싸울 것이고 예의에 교화된다면 나라 안 누구에게나 사양할 것이다.

問者曰, 人之性惡則禮義惡生. 應之曰, 凡禮義者, 是生於聖人之僞, 非故生於人之性也. 故陶人埏埴而爲瓦, 然則瓦生於陶人之僞, 非故生於陶人之性也. 故工人斲木而成器, 然則器生於工人之僞, 非故生於工人之性也. 聖人積思慮, 習僞故, 以生禮義, 而起法度. 然則禮義法度者, 是生於聖人之僞, 非故生於人之性也. 若夫目好色, 耳好聲, 口好味, 心好利, 骨體膚理好愉佚, 是皆生於人之情性者也, 感而自然, 不待事而後生之者也. 夫感而不能然, 必且待事而後然者, 謂之生於僞. 是性僞之所生, 其不同之徵也. 故聖人化性而起僞, 僞起而生禮義. 禮義生而制法度. 然則禮義法度者, 是聖人之所生也. 故聖人之所以同而不過於衆者性也, 所以異而過於衆者僞也. 夫好利而欲得者, 此人之情性也. 假之, 人有資財而分者, 且順情性好利而欲得, 若是則兄弟相拂奪矣. 且化禮義之文理. 若是則讓乎國人矣. 故順情性, 則弟兄爭矣, 化禮義, 則讓乎國人矣.

1 惡生―오(惡)는 의문사. 어찌 갈(曷)자와 통용됨.
2 故陶人埏埴―고(故)는 부(夫)자와 같음. 강조하기 위한 발어사. 선(埏)은 흙
　이김. 식(埴)은 찰흙·점토(粘土)를 말함.
3 習僞故―습(習)은 습숙(習熟)의 뜻. 배워서 반복하여 익힘. 고(故)는 고의(故
　意)를 말함. 마음먹고 일부러 하는 일. 혹은 과거에 쌓아올린 업적으로 풀이함.
4 骨體膚理―골체(骨體)는 뼈대. 부리(膚理)는 살결. 육신 전체를 가리킨 말.
5 必且―차(且)는 어조사. 필차(必且)란 필장(必將)과 마찬가지 의미.
6 相拂奪―불(拂)은 불(怫) 또는 분(忿)자와 같음. 발끈 성내는 모양. 서로 반
　목하는 상태.
7 國人―국(國)이란 도성(都城) 안을 가리킴. 여기서 국인(國人)이란 자신과
　소원한 사이를 말함.

[3]
　무릇 사람이 선하기를 바라는 것은 본성이 악하기 때문이다. 대저 천박하면 중후하기를 원하고 미우면 아름답기를 원하며 협소하면 광대하기를 원하고 가난하면 부하기를 원하며 미천하면 고귀해지기를 원하여 정말 그 안에 없는 것[1]은 반드시 밖으로 이를 구한다. 그래서 부하면

재물을 원하지 않고 고귀해지면 권세를 원하지도 않아 정말 그 안에 있는 것은 반드시 밖으로 이를 구하지 않는다. 이렇게 본다면 사람이 선하기를 바라는 것은 본성이 악하기 때문이다. 이제 사람의 본성은 처음부터 예의가 없다. 그러므로 힘써 배워서 이를 갖기를 바란다. 본성이 예의를 알지 못하기 때문에 사려를 거듭하여 이를 알기를 바란다. 그렇다면 태어난 그대로²〉는 사람이 예의가 없고 예의를 알지도 못하는 것이다. 사람이 예의가 없으면 어지러워지고 예의를 알지 못하면 도리에 어긋난다. 그렇다면 태어난 그대로는 도리에 어긋나고 난폭한 사람이 될 것이다. 이렇게 본다면 바로 사람의 본성이 악함은 분명하다. 그 선한 것은 '위'(僞)다.

凡人之欲爲善者, 爲性惡也. 夫薄願厚, 惡願美, 狹願廣, 貧願富, 賤願貴, 苟無之中者, 必求於外. 故富而不願財, 貴而不願執, 苟有之中者, 必不及於外. 用此觀之, 人之欲爲善者, 爲性惡也. 今人之性, 固無禮義, 故彊學而求有之也. 性不知禮義, 故思慮而求知之也. 然則生而已, 則人無禮義, 不知禮義. 人無禮義則亂, 不知禮義則悖. 然則生而已, 則悖亂在己. 用此觀之, 人之性惡明矣. 其善者僞也.

1 苟無之中者 — 구(苟)는 가정조사. 지(之)는 어(於)자와 마찬가지 의미. 뒷글의 유지중(有之中) 역시 같은 용법으로 쓰임.
2 生而已 — 생이이(生而已)란 타고난 성품 그대로 두어 인위적 개조를 전혀 하지 않은 자연스런 상태를 말함.

[4]

맹자가 말하기를 '사람의 본성이 착하다'고 한다. 그러나 나는 말하기를 '이는 그렇지 않다'고 할 것이다. 무릇 예나 지금이나 천하가 이른바 선이라 하는 것은 정리(正理)와 평치(平治)¹〉를 말한다. 이른바 악이라 하는 것은 빗나가서 난폭한 것을 말한다. 바로 이것이 선과 악의 구분인 것이다. 이제 정말로 사람의 본성이 원래 정리·평치의 상태라고 생각되는가.[2] 그렇다면 또 어찌 성왕이 필요하고[3] 어찌 예의가 필요하겠는가. 비록 성왕이나 예의가 있더라도 장차 어떻게 정리·평치가 더하겠는가. 이제 그렇지가 않다. 사람의 본성은 악한 것이다. 그러므로 옛날에 성인은 사람의 본성이 악하기 때문에 빗나가 음험해져서 바르지 못하고 도리를 어기고 어지럽혀서 다스려지지 못한다 생각하였다. 그래서 이를 위하여 군주의 권위를 세워[4] 임하게 하고 예의를 밝혀 교화시키게 하며 법정(法正)을 일으켜[5] 다스리게 하고 형벌을 엄중히 하여 금하게 함으로써 천하로 하여금 모두가 다스려지는 데 나아가 선에 합하도록 했던 것이다. 바로 이것이 성왕의 다스림이고 예의의 감화인 것이다. 이제 시험삼아[6] 군주의 권위를 물리치고 예의의 교화를 없애며 법정의 다스림을 버리고 형벌의 금함을 무시하며 천하 사람들끼리 서로 어울리는 정황을 서서 보기만 하기로[7] 하자. 만약 이와 같다면 그 강한 자가 약한 자를 해쳐 빼앗고 많은 쪽이 적은 쪽에 사납게 굴며 갈라놓아[8] 천하가 도리에 어긋나고 어지러워 서로 망할 것을 잠시도 기다리지 않게 될 것이다. 이렇게 본다면 바로 사람의 본성이 악함은 분명하다. 그 선한 것은 '위' 다.

대저 옛 일을 잘 말하는[9] 자는 반드시 오늘에 맞는 근거가 있고[10] 하늘을 잘 말하는 자는 반드시 사람의 일에 대한 증거가 있는 법이다. 무릇 논의라 하는 것은 그 사실과 일치함이 있고 부험(符驗)이 있는[11] 것이 소중하다. 그러므로 앉아서 말한 것을 일어서서 마련할 수 있고 펼쳐서 시행할 수 있어야 한다. 이제 맹자가 말하기를 '사람의 본성이 선하다' 라고 하지만 사실과 일치하거나 부험이 없어 앉아서 말한 것을 일어서서 마련할 수 없고 펼쳐서 시행할 수도 없는 것이다. 어찌 잘못이 심하지 않겠는가. 그러므로 본성이 선하다면 성왕을 버리고 예의가 그칠 것이며 본성이 악하다면 성왕을 따르고[12] 예의를 귀하게 여길 것이다. 그러므로 도지개가 생긴 것은 굽은 나무 때문이다. 먹줄이 생긴 것은 곧지 않기 때문이다. 군주를 세우고 예의를 밝힘은 본성이 악하기 때문이다. 이렇게 본다면 바로 사람의 본성이 악함은 분명하다. 그 선한 것은 '위'다. 곧은 나무가 도지개를 기다리지 않아도 곧은 것은 그 성질이 곧기 때문이다. 굽은 나무가 반드시 도지개나 불을 쬐는 교정을 기다린 연후라야 곧게 되는 것은 그 성질이 곧지 않기 때문이다. 이제 사람의 본성은 악하니 반드시 성왕의 다스림과 예의의 교화를 기다린 연후에 모두 다스려지는 데 나아가 선에 합하는 것이다. 이렇게 본다면 바로 사람의 본성이 악함은 분명하다. 그 선한 것은 '위'다.

孟子曰, 人之性善. 曰, 是不然. 凡古今天下之所謂善者, 正理平治也. 所謂惡者, 偏險悖亂也. 是善惡之分也已. 今誠以人之性, 固正理平治邪. 則有惡用聖王, 惡用禮義矣哉. 雖有聖王禮義, 將曷加於正理平治也哉. 今不然. 人之性惡. 故古者, 聖人以人之性惡, 以爲偏險而不正, 悖亂而不治. 故爲之立君上之埶以臨之, 明禮義以化之, 起法正以治之, 重刑罰以禁之, 使天下皆出於治, 合於善也. 是聖王之治, 而禮義之化也. 今當試去君上之埶, 無禮義之化, 去法正之治, 無刑罰之禁, 倚而觀天下民人之相與也, 若是則夫彊者害弱而奪之, 衆者暴寡而譁之, 天下之悖亂而相亡, 不待頃矣. 用此觀之, 然則人之性惡明矣, 其善者僞也.

故善言古者, 必有節於今, 善言天者, 必有徵於人. 凡論者貴其有辨合有符驗. 故坐而言之, 起而可設, 張而可施行. 今孟子曰人之性善, 無辨合符驗, 坐而言之, 起而不可設, 張而不可施行, 豈不過甚矣哉. 故性善則去聖王息禮義矣, 性惡則與聖王貴禮義矣. 故檃栝之生, 爲枸木也, 繩墨之起, 爲不直也. 立君上, 明禮義, 爲性惡也. 用此觀之, 然則人之性惡明矣, 其善者僞也. 直木不待檃栝而直者, 其性直也. 枸木必將待檃栝烝矯然後直者, 以其性不直也. 今人之性惡, 必將待聖王之治, 禮義之化, 然後皆出於治合於善也. 用此觀之, 然則人之性惡明矣. 其善者僞也.

1 正理平治―정리(正理)란 중정(中正)과 같은 뜻. 도리에 알맞음. 평치(平治)는 질서가 정연한 평정(平靜)의 상태.

2 今誠以 ―금(今)은 가정조사. 이(以)는 위(爲)자와 마찬가지 의미. 위(謂)자
로 읽기도 함.

3 有惡用聖王 ―유(有)는 우(又)자로 통함. 오(惡)는 의문조사. 용(用)은 그 필
요성을 말함.

4 立君上之執 ―세(執)는 세(勢)의 옛 글자. 위세(威勢), 즉 군왕의 존엄성을 확
립함.

5 起法正 ―법정(法正)이란 법도(法度)의 뜻. 법규(法規) 제정을 가리킴.

6 當試 ―당(當)은 상(嘗)자와 통용됨. 상시(嘗試)와 마찬가지. 가정(假定)의
복합어.

7 倚而觀 ―의(倚)는 입(立)자와 같음. 임(任)자의 뜻으로 보기도 함. 방관(傍
觀)하는 자세.

8 譁 ―화(譁)란 훤조(喧噪), 즉 시끄럽게 떠드는 것이나, 여기서는 갈기갈기
찢는 파열(破裂)을 말함.

9 故善言 ―고(故)는 발어사 부(夫)자와 같음. 선언(善言)이란 합리적으로 타당
한 이론을 펼침.

10 有節 ―절(節)은 부절(符節)의 뜻. 징(徵) 또는 험(驗)자와 통용됨. 내용의
부합을 가리킴.

11 辨合ㆍ符驗 ―변(辨)은 변별(辨別)과 같음. 가려서 하나로 합침. 부험(符驗)
이란 확실한 증거. 부절(符節), 즉 신표에 알맞음.

12 與聖王 ―여(與)는 종(從)자와 마찬가지 의미. 함께 참여하고 추종함.

[5]

문는 자가 말하기를 '예의나 적위(積僞)[1]라 하는 것은 바로 사람의
본성인 까닭에 성인이 능히 만들어낼 수 있다'라고 한다. 그러나 나는
대응하여 말하기를 '그렇지 않다'라고 할 것이다. 대저 도공은 찰흙을
이겨서 기와를 만들어낸다. 그렇다면 기와나 찰흙이 어찌 도공의 본성
이겠는가. 목수는 나무를 깎아서 그릇을 만들어낸다. 그렇다면 그릇이
나 나무가 어찌 목수의 본성이겠는가. 대저 성인이 예의를 지은 것도
비유하자면 역시[2] 질그릇을 굽고 찰흙을 이겨서 만들어내는 것과 같
다. 그렇다면 예의 적위라 하는 것이 어찌 사람의 본성이겠는가. 무릇
사람의 본성이라 하는 것은 요나 순이 걸이나 도척과 같고 군자가 소인

224

과 같은 것이다. 만약 혹시라도[3] 예의 적위를 가지고 사람의 본성이라 생각한다면 또[4] 어떻게 요나 우를 귀히 여기고 어떻게 군자를 귀히 여기겠는가. 무릇 요나 우나 군자를 귀히 여기는 바는 능히 본성을 변화시킬 수 있고 능히 '위'를 일으킬 수 있으며 '위'를 일으켜서 예의를 만들어내기 때문이다. 그렇다면 성인의 예의나 적위에 있어서도 역시 굽고 이겨서 질그릇을 만들어내는 것과 같은 것이다. 이렇게 본다면 바로 예의나 적위라 하는 것이 어찌 사람의 본성이겠는가. 걸이나 도척이나 소인을 얕보는 바는 그 본성을 따르고 그 감정에 맡기며 제멋대로 굴어서[5] 이득을 탐내고 다투어 빼앗는 데 나아가기 때문이다. 그러므로 사람의 본성이 악함은 분명하다. 그 선한 것은 '위'다. 하늘은 증삼(曾參)·민자건(閔子騫)·효기(孝己)만 편애하고[6] 일반 사람을 외면하지는 않는다. 그런데도 증삼·민자건·효기만 유독 효의 실천에 있어 두텁고 효의 명성에 있어 온전한 것은 무엇인가. 예의를 극진히 다한[7] 까닭이다. 하늘은 제(齊)나라·노(魯)나라 백성만 편애하고 진(秦)나라 사람을 외면하지는 않는다. 그런데도 진나라 사람이 부자간의 의와 부부간의 구별에 있어 제나라·노나라의 효행이나 음전함과 경애하는 태도[8]만 같지 못한 것은 무엇인가. 진나라 사람이 그 성정에 맡겨 제멋대로 굴고 예의에 있어 게으른 까닭이다. 어찌 그 본성이 다르겠는가.

問者曰, 禮義積僞者, 是人之性, 故聖人能生之也. 應之曰, 是不然. 夫陶人埏埴而生瓦. 然則瓦埴豈陶人之性也哉. 工人斲木而生器. 然則器木豈工人之性也哉. 夫聖人之於禮義也, 辟亦陶埏而生之也. 然則禮義積僞者, 豈人之本性也哉. 凡人之性者, 堯舜之與桀跖, 其性一也, 君子之與小人, 其性一也. 今將以禮義積僞爲人之性邪. 然則有曷貴堯禹, 曷貴君子矣哉. 凡所貴堯禹君子者, 能化性, 能起僞, 僞起而生禮義. 然則聖人之於禮義積僞也, 亦猶陶埏而生之也. 用此觀之, 然則禮義積僞者, 豈人之性也哉. 所賤於桀跖小人者, 從其性, 順其情, 安恣睢, 以出乎貪利爭奪. 故人之性

惡明矣, 其善者僞也. 天非私曾騫孝己, 而外衆人也, 然而曾騫孝己, 獨厚
於孝之實, 而全於孝之名者何也. 以慕禮義故也. 天非私齊魯之民而外秦
人也, 然而秦人於父子之義, 夫婦之別, 不如齊魯之孝共敬文者何也. 以
秦人之從情性安恣睢慢於禮義故也. 豈其性異矣哉.

1 積僞—여기서 특히 적위(積僞)라 함은 인위적 노력이 쌓여 모인 집적(集積)
 의 상태로 예의(禮義)와 마찬가지 의미.
2 辟亦—비(辟)는 비유해 말할 비(譬)자로 통함. 예를 들어 보임. 역(亦)은 강
 조하는 어조사.
3 今將—금(今)은 가정조사. 장(將)은 혹(或)자의 뜻으로 쓰임.
4 則有—유(有)는 또 우(又)자와 같은 음으로 읽음.
5 安恣睢—안(安)이란 만족스러워하는 모양. 자휴(恣睢)는 방자스럽게 날뛰는
 방종(放縱)의 뜻.
6 私曾騫孝己—사(私)란 개인적으로 감싸고 두둔함. 증(曾)은 공자의 제자 중
 에 효자로 이름난 증자(曾子). 건(騫) 역시 공자의 제자 민손(閔損). 효기(孝
 己)는 은(殷) 고종의 태자.
7 慕—기(慕)는 극(極)자로 통함. 다할 진(盡)자와 마찬가지 의미.
8 孝共—공(共)은 공(恭)자와 마찬가지 뜻으로 쓰임.

[6]

'길가는 사람[1]도 가히 우(禹)가 될 수 있다 함은 무엇을 이름인가.'
말하기를 '무릇 우가 우 되는 까닭은 그가 인의(仁義)와 법도를 익혔기
때문이다. 그렇다면 인의와 법도는 누구나 알 수 있고 할 수 있는 도리
인 것이다. 그래서 길가는 사람이 모두 가히 인의와 법도를 알 수 있는
바탕[2]을 가지고 모두 가히 인의와 법도를 실천할 수 있는 요건을 갖추
었다.[3] 그렇다면 그 가히 우가 될 수 있다 함은 분명하다' 라고 할 것이
다. 만약 인의와 법도를 가지고 처음부터 알 수 있고 할 수 있는 도리가
없다 하면 비록 우라 할지라도[4] 인의와 법도를 알 수 없고 할 수 없었
을 것이다. 또 길가는 사람으로 하여금 처음부터 인의와 법도를 알 수
있는 바탕을 없애고 처음부터 인의와 법도를 할 수 있는 요건도 갖추지

못하게 한다면 장차 안으로 부자간의 의를 가히 알 수 없고 밖으로 군신간의 바른 길을 가히 알 수도 없을 것이다. 그러나 지금 그렇지 않다. 길가는 사람도 모두 안으로 부자간의 의를 가히 알 수 있고 밖으로 군신간의 바른 길을 가히 알 수 있다. 그렇다면 그 가히 알 수 있는 바탕과 할 수 있는 요건은 그 길가는 사람 속에 내재한다는 것이 분명하다. 만약 예를 들어 길가는 사람으로 하여금 그 가히 알 수 있는 바탕과 가히 할 수 있는 요건을 가지고 저 인의를 알 수 있고 할 수 있는 도리가 바탕이 되도록 시킨다면 누구나 우처럼 될 수 있는 것은 분명하다. 지금 길가는 사람으로 하여금 도의에 힘써 학문을 닦고[5] 전심으로 뜻을 하나로 세우며 사색하고 숙고하여 긴 세월에 걸쳐[6] 선을 쌓아 그치지 않는다면 신명(神明)에 통하고 천자와 나란히 하게 될 것이다. 그러므로 성인이란 자는 사람이 쌓아올려 도달하는[7] 상태인 것이다.

어떤 이가 말하기를 '성(聖)이란 가히 쌓아올려서 도달될 수 있는 상태인데도 모두가 쌓아올릴 수 없는 것은 무슨 까닭인가'라고 한다. 대답하여 말하기를 '가히 될 수는 있어도 시킬 수 없기 때문이다'라고 할 것이다. 그러므로 소인은 가히 군자가 될 수 있어도 군자 되기를 즐겨하지 않고 군자는 가히 소인이 될 수 있어도 소인 되기를 즐겨하지 않는다. 소인이나 군자라 하는 것은 일찍이 서로 바꾸어 될 수 없는 것은 아니지만 그렇더라도 서로 되지 않는 것은 가히 될 수는 있어도 시킬 수 없기 때문이다. 그러므로 길가는 사람도 가히 우가 될 수는 있지만 능히 우가 된다고는 단언할 수 없다. 비록 능히 우가 될 수는 없더라도 가히 우가 될 수 있다고 하는 것이 잘못된 말은 아니다. 발은 가히 천하를 두루 다닐 수 있지만 실제로 천하를 능히 두루 다닌 자는 일찍이 없다. 대저 공장(工匠)[8]이나 농사꾼이나 장사꾼은 일찍이 일을 서로 바꾸어 하지 못하는 것은 아니지만 능히 서로 바꾸어 일한 적은 일찍이 없다. 이렇게 본다면 바로 할 수 있다고 해서 반드시 되는 것은 아니다. 비록 되지 않는다고 해서 될 수 없는 것이라고 말할 수는 없다. 그렇다면 능·불능과 가·불가[9]는 거리가 멀다. 그래서 일찍이 서로 바꾸어

할 수 없는 것은 분명하다.

塗之人可以爲禹, 曷謂也. 曰, 凡禹之所以爲禹者, 以其爲仁義法正也. 然
則仁義法正, 有可知可能之理. 然而塗之人也, 皆有可以知仁義法正之質,
皆有可以能仁義法正之具. 然則其可以爲禹明矣. 今以仁義法正, 爲固無
可知可能之理邪. 然則唯禹不知仁義法正, 不能仁義法正也. 將使塗之人,
固無可以知仁義法正之質, 而固無可以能仁義法正之具邪. 然則塗之人
也, 且內不可以知父子之義, 外不可以知君臣之正. 今不然, 塗之人者, 皆
內可以知父子之義, 外可以知君臣之正. 然則其可以知之質, 可以能之具,
其在塗之人明矣. 今使塗之人者, 以其可以知之質, 可以能之具, 本夫仁
義之可知之理可能之具. 然則其可以爲禹明矣. 今使塗之人, 伏術爲學專
心一志, 思索孰察, 加日縣久, 積善而不息, 則通於神明, 參於天地矣. 故
聖人者, 人之所積而致也.

曰, 聖可積而致, 然而皆不可積, 何也. 曰, 可以而不可使也. 故小人可以
爲君子, 而不肯爲君子, 君子可以爲小人, 而不肯爲小人. 小人君子者, 未
嘗不可以相爲也, 然而不相爲者, 可以而不可使也. 故塗之人可以爲禹則
然, 塗之人能爲禹, 未必然也. 雖不能爲禹, 無害可以爲禹. 足可以徧行天
下, 然而未嘗有能徧行天下者也. 夫工匠農賈, 未嘗不可以相爲事也, 然
而未嘗能相爲事也. 用此觀之, 然則可以爲未必能也, 雖不能, 無害可以
爲. 然則能不能之與可不可, 其不同遠矣. 其未嘗不可以相爲明矣.

---

1 塗之人 — 도(塗)는 길 도(途)자로 통함. 길을 왕래하는 일반 사람. 중인(衆人).

2 質 — 질(質)이란 본디부터 타고난 천성. 소질(素質)·소성(素性)을 가리킴.

3 具 — 구(具)는 구비(具備) 또는 재용(財用)의 뜻. 일하는 재목감. 재(材)는 능
(能)자로 통용되기도 함.

4 唯 — 유(唯)는 그 옛 글자가 수(雖)자와 같은 뜻으로 읽힘.

5 伏術爲學 — 복(伏)은 복(服) 혹은 일 사(事)자와 같음. 술(術)은 몸을 닦는 방
법. 위(爲)는 수위(修爲)의 뜻.

6 加日縣久 — 가(加)는 누적(累積)을 말함. 현(縣)은 매달 현(懸)자로 통함. 오

랜 세월이 걸림.

7 所積而致―적(積)은 적위(積爲)를 가리킴. 치(致)는 온전히 다할 전진(全盡)
의 뜻.

8 工匠―여기서 공장(工匠)이란 공인(工人) 계층의 총칭으로 쓰임.

9 之與―『고서허자집석』(古書虛字集釋)에 여(與)는 어(於)자와 같다고 풀이됨.

[7]

요(堯)가 순(舜)에게 물어 말하기를 '사람의 성정이란 어떤 것인가¹⁾'
라고 하였다. 순이 대답하여 말하기를 '사람의 성정이란 대단히 좋지
않은²⁾ 것입니다. 또 왜 이를 묻는 것입니까. 처자를 다 갖추면 부모에
대한 효심은 감쇠하고 즐겨하는 것들을 얻으면 친구에 대한 신의는 감
쇠하며 작위와 봉록이 가득 차면 군주에 대한 충성은 감쇠하는 것입니
다. 사람의 성정, 사람의 성정이란 대단히 좋지 않은 것입니다. 더 물으
실 것도 없습니다. 다만 현자는 그렇지 않습니다' 라고 하였다.

堯問於舜, 曰, 人情何如. 舜對曰, 人情甚不美, 又何問焉. 妻子具而孝衰
於親, 嗜欲得而信衰於友, 爵祿盈而忠衰於君. 人之情乎, 人之情乎, 甚不
美. 又何問焉. 唯賢者爲不然.

1 何如―여기서 하여(何如)란 방법을 묻는 여하(如何)와 구별하여 사물의 성
질을 묻는 경우에 쓰임.

2 不美―미(美)는 선(善)과 마찬가지 의미. 사람의 본성이 악한 것이라는 표현임.

[8]

성인의 지혜란 것이 있다. 사군자의 지혜란 것이 있다. 소인의 지혜
란 것이 있다. 역부(役夫)¹⁾의 지혜란 것이 있다. 말수가 많더라도 우아
하고 조리가 서며²⁾ 하루 종일 논의를 펴서 그 말하는 투가 여러 가닥일
지라도³⁾ 그 조리가 일관되어 있다. 이것이 바로 성인의 지혜다. 말수가
적더라도 간결하고 헛말이 없으며⁴⁾ 질서 있고 법에 맞는 품수⁵⁾가 마치

자로 줄을 긋는[6] 것과 같다. 이것이 바로 사군자의 지혜다. 그 하는 말은 알랑거리고 그 행동은 어그러지며 그 거사는 후회가 많다. 이것이 바로 소인의 지혜다. 거침없이 날래게 말하더라도[7] 조리가 없고 많이 배워 널리 알더라도[8] 쓸모가 없고 말장난이 익숙하더라도[9] 급하지가 않으며 시비를 돌아다보지[10] 않고 곡직을 논하지 않으며 다만 상대되는 사람을 기어코 이기겠다고 의중에 생각하고 있다. 이것이 바로 역부의 지혜다.

有聖人之知者, 有士君子之知者, 有小人之知者, 有役夫之知者. 多言則文而類, 終日議, 其所以言之, 千擧萬變, 其統類一也, 是聖人之知也. 少言則徑而省, 論而法, 若佚之以繩, 是士君子之知也. 其言也詔, 其行也悖, 其擧事多悔, 是小人之知也. 齊給便敏而無類, 雜能旁魄而無用, 析速粹孰而不急, 不恤是非, 不論曲直, 以期勝人爲意. 是役夫之知也.

1 役夫 ― 역(役)은 사역(使役)의 뜻. 남에게 부림당하는 일종의 노비. 여기서는 혜시나 등석을 비하시킨 칭호.
2 文而類 ― 문(文)은 아(雅)자와 마찬가지 의미. 류(類)는 법칙(法則) 또는 규범(規範).
3 千擧萬變 ― 천 가지를 들고 만 번을 고침. 수없이 복잡한 양상을 드러냄.
4 徑而省 ― 경(徑)은 직절(直截)을 말함. 이해가 분명해짐. 생(省)은 언어의 낭비를 줄여 없앰.
5 論而法 ― 논(論)은 윤(倫)자로 통함. 도리나 질서를 가리킴. 법(法)이란 일정 기준을 지킴.
6 佚之以繩 ― 일(佚)은 일(佾)자와 같음. 행렬(行列)의 뜻. 승(繩)은 직선 긋는 자. 먹줄.
7 齊給便敏 ― 제(齊)는 빠를 질(疾)자로 통함. 급(給)은 응(應)자와 같음. 재지(才智)가 빨리 움직임. 편민(便敏)은 민첩의 뜻.
8 雜能旁魄 ― 잡능(雜能)이란 잡학(雜學)을 말함. 방백(旁魄)은 방박(旁薄)·광박(廣薄)과 같음.
9 析速粹孰 ― 석(析)은 언어를 분석한다는 석사(析辭)의 뜻. 견백론(堅白論)과 같은 궤변. 수숙(粹孰)은 집중 숙련을 말함.

10 恤—여기서 휼(恤)은 걱정할 술(卹)자로 통함. 고(顧)자와 마찬가지 의미.

[9]

상질의 용기란 것이 있다. 중질의 용기란 것이 있다. 하질의 용기란 것이 있다. 천하의 표준¹⁾이 있으면 감히 나아가 그 몸을 바르게 하고 선왕이 끼친 도가 있으면 감히 나아가 그 의지를 행하며 위로는 난세의 군주에 따르지 않고 아래로는 난세의 백성에게 영향을 받지 않으며²⁾ 인(仁)이 있는 곳이면 빈궁도 마다 않고 인이 없는 곳이면 부귀도 무시하며 천하가 그를 알아주면³⁾ 천하와 함께 고락을 같이하기를 바라고 천하가 알아주지 않으면 가만히⁴⁾ 천지 사이에 홀로 서서 두려워하지 않는다. 바로 이것이 상질의 용기다. 태도는 공순하고 마음은 숙부드러우며⁵⁾ 충신(忠信)을 소중히 하고⁶⁾ 재화를 가볍게 여기며 현자는 굳이 밀어서 윗자리에 오르게 하고⁷⁾ 불초자는 굳이 끌어내려서 그만두게 한다. 바로 이것이 중질의 용기다. 제 몸을 소홀히 하고 재화를 중하게 여기며 화난에 태연한 척하되 구차스럽게 면하려고 변명하며⁸⁾ 시와 비, 가와 부의 실정을 돌아보지 않고 다만 상대가 되는 사람은 기어코 이기겠다고 의중에 생각하고 있다. 바로 이것이 하질의 용기다.

有上勇者. 有中勇者. 有下勇者. 天下有中, 敢直其身, 先王有道, 敢行其意, 上不循於亂世之君, 下不俗於亂世之民, 仁之所在無貧窮, 仁之所亡無富貴, 天下知之, 則欲與天下共樂之, 天下不知之, 則傀然獨立天地之間而不畏. 是上勇也. 體恭而意儉, 大齊信焉, 而輕貨財, 賢者敢推而尙之, 不肖者敢援而廢之. 是中勇也. 輕身而重貨, 恬禍而廣解苟免, 不恤是非然不然之情, 以期勝人爲意. 是下勇也.

1 有中—중(中)이란 온 천하가 공인하는 객관적 표준. 중정(中正)의 뜻. 혹은 예의를 가리킴.
2 不俗—속(俗)은 습염(習染)의 뜻. 세속에 감염되거나 영향받지 않음.

3 知之―여기서 지(之)는 기(己)자와 같음. 자기를 가리킴. 자신의 존재를 인 정해줌.

4 傀然―괴(傀)는 흙덩어리 괴(塊)자로 통함. 꼼짝 않고 독거(獨居)하는 모양.

5 體恭而意儉―체(體)는 예(禮)자의 뜻으로 쓰임. 몸가짐 또는 풍채. 의(意)는 심의(心意). 마음가짐.

6 大齊信―대(大)는 중(重)자와 같은 뜻. 제(齊)는 중(中), 즉 충(忠)자와 마찬 가지 의미.

7 尚之―상(尚)은 상(上)자와 음이 같음. 상위(上位) 자리에 천거함.

8 廣解―광(廣)은 빌 광(曠)자로 통함. 해(解)는 변해(辨解)의 뜻. 거짓말로 변 명함.

[10]

번약(繁弱)과 거서(鉅黍)[1]는 옛날의 좋은 활이다. 그렇더라도 배경(排櫱)[2]을 얻지 못한다면 저절로 바로잡힐 수 없다. 환공(桓公)의 총(蔥), 태공(大公)[3]의 궐(闕), 문왕(文王)의 녹(錄), 장군(莊君)[4]의 홀(曶), 합려(闔閭)의 간장(干將)·막야(莫邪)·거궐(鉅闕)·벽려(辟閭)는 모두 옛날의 좋은 칼이다. 그렇더라도 숫돌에 갈지 않는다면 날카로워질 수 없고 사람의 힘을 얻지 못한다면 자를 수 없다. 화류(驊騮)·기기(騹驥)·섬리(纖離)·녹이(綠耳)[5]는 모두 옛날의 좋은 말이다. 그렇더라도 반드시 앞에는 재갈과 고삐의 견제가 있고 뒤에는 채찍질의 위협이 있으며 그 위에 조보(造父)의 말부림이 더해진 연후라야 하루에 천리를 치달을 수 있는 것이다. 대저 사람은 비록 성의 바탕이 아름답고 분별력 있는 심지를 가졌더라도 반드시 어진 스승을 구하여 섬기고 좋은 친구를 가려서 벗삼아야 할 것이다. 어진 스승을 얻어서 섬긴다면 바로 들리는 것 모두가 요·순·우·탕의 도다. 좋은 친구를 얻어서 벗삼는다면 바로 보이는 것 모두가 성실하고 삼가 사양하는 행실이다. 자신이 하루하루 인의로 나아가더라도 스스로 알지 못하는 것은 주변 환경[6]이 그렇게 만든 것이다. 만일 선하지 못한 사람과 함께 거처한다면 바로 들리는 것 모두가 속임수와 거짓말이며 보이는 것 모두가 더럽고[7] 바르지 못하며 탐욕스런 행실일 것이다. 자신에게 장차 형벌이 가해질

지라도 스스로 알지 못하는 것은 주변 환경이 그렇게 시킨 것이다. 전해오는 말에 이르기를 '그 인품[8]을 알지 못하거든 그 친구를 보라. 그 군주를 알지 못하거든 그 좌우 측근을 보라' 라고 한다. (모든 것이) 주변 환경 때문이다. 주변 환경 때문이다.

繁弱鉅黍, 古之良弓也. 然而不得排檠, 則不能自正. 桓公之葱, 大公之闕, 文王之錄, 莊君之曶, 闔閭之干將莫邪鉅闕辟閭, 此皆古之良劍也. 然而不可砥厲則不能利, 不得人力則不能斷. 驊騮騹驥纖離綠耳, 此皆古之良馬也. 然而必前有銜轡之制, 後有鞭策之威, 加之以造父之馭, 然後一日而致千里也. 夫人雖有性質美而心辯知. 必將求賢師而事之, 擇良友而友之. 得賢師而事之, 則所聞者堯舜禹湯之道也, 得良友而友之, 則所見者忠信敬讓之行也. 身日進於仁義而不自知也者, 靡使然也. 今與不善人處, 則所聞者欺誣詐僞也, 所見者汙漫淫邪貪利之行也. 身且加於刑戮, 而不自知者, 靡使然也. 傳曰, 不知其子視其友, 不知其君視其左右, 靡而已矣. 靡而已矣.

1 繁弱鉅黍―번약(繁弱)은 길이가 여섯 자나 되는 큰 활. 거서(鉅黍)도 역시 강한 활을 일컬음.
2 排檠―경(檠)은 도지개 경(檠)자와 같음. 활 굽은 데를 바로잡는 기구. 보정(補正)의 뜻.
3 大公―태공(大公)이란 주(周)왕조 창건의 공신 여상(呂尙) 강태공(姜太公)을 말함.
4 莊君―장군(莊君)은 초(楚)나라 장왕(莊王)을 가리킴.
5 驊騮騹驥纖離綠耳―화류(驊騮)는 대추빛이 나는 준마의 이름. 기(騹)는 기(騏)자로 통함. 기(驥)는 천리를 달리는 말. 리(離)는 검은 말 리(驪)자와 같음. 록(綠)은 록(騄)자로, 모두 말의 명칭.
6 靡使然―여기서 미(靡)란 바람에 휩쓸리듯이 따르는 모양. 주변 환경에 영향 받는 상태를 가리킴.
7 汙漫―우(汙)는 오(汚)자와 같음. 오만(汚漫)이란 아무렇게나 동닿지 않는 언동을 말함.
8 其子―기자(其子)란 사람의 됨됨이를 가리키는 말.

24 군자君子

이 편은 군자에 대한 서술이라기보다는 천자(天子)의 절대적 지위와 그 존엄성의 강조가 주를 이룬다. 일체의 논의는 모두 선왕의 도를 본받아야 한다는 것으로 끝맺고 있다. 그 첫머리 글자를 따서 편명을 붙인 관례에 비추어 이 편은 「군자」편이 아닌 「천자」편이 적합하다는 견해가 설득력이 있다.

[1]

천자에게 처가 없다¹⁾ 함은 사람 가운데 필적할 자가 없음을 보이는 것이다. 사해 안에 천자를 빈객으로 맞아들일 예법²⁾이 없다 함은 갈 곳이 없음을 보이는 것이다. 발은 능히 걸어갈 수 있으나 시중드는 자³⁾를 기다린 연후에 나아가고 입은 능히 말할 수 있으나 관인을 기다린 연후에 명령하며 보지 않아도 눈 밝고 듣지 않아도 귀 밝으며 말하지 않아도 믿음이 가고 생각지 않아도 알며 활동하지 않아도 성과를 거둠은 대비가 완벽함⁴⁾을 보이는 것이다. 천자라 하는 것은 권세가 지극히 중하고 몸은 지극히 편안하고 마음은 지극히 즐겁고⁵⁾ 의지는 굽힐 데가 없고 몸은 괴롭힐 데가 없으며 존귀함이 그 이상 없는 자리다. 『시』⁶⁾에 이르기를 '널리 하늘 아래 왕의 영토 아닌 것이 없고 땅의 끝간 데까지⁷⁾ 왕의 신하 아닌 자가 없다' 라고 하니 이를 가리켜서 하는 말이다.

天子無妻告人無匹也. 四海之內無客禮, 告無適也. 足能行, 待相者然後進, 口能言, 待官人然後詔. 不視而見, 不聽而聰, 不言而信, 不慮而知, 不動而功, 告至備也. 天子也者, 埶至重, 形至佚, 心至愈, 志無所詘, 形無所勞, 尊無上矣. 詩曰, 普天之下, 莫非王土, 率土之濱, 莫非王臣, 此之謂也.

1 無妻―처(妻)는 가지런할 제(齊)자로 통용됨. 어깨를 겨룸. 대등한 배필(配匹)을 말함.
2 客禮―객(客)은 주(主)의 대칭으로 천자와 제후 사이의 관계. 예(禮)는 빈객(賓客)을 맞이하는 의례 절차.
3 相者―상(相)이란 왕명을 받들고 예를 돕는 이. 또는 앞에 서서 길을 인도하는 사람.

4 至備—여기서 지비(至備)란 모든 사물에 대처하여 빠짐없이 다 갖춘 상태를 말함.

5 至愈—유(愈)는 기쁠 유(愉)자로 통함. 대단히 화락(和樂)한 모양.

6 詩—『시경』「소아(小雅)·북산(北山)」편의 인용 시구.

7 率土之濱—솔(率)은 순(循)자와 같은 뜻. 빈(濱)은 끝 애(涯)자로 통함. 경계를 말함.

[2]

성왕이 위에 있고 도의¹⁾가 아래로 행해진다면 사대부에게 문란한²⁾ 행위가 없고 여러 관리들에게 태만한 일이 없으며 모든 백성들에게 간괴한 습속이 없고 도둑질이나 상해하는 범죄도 없으며 감히 위가 정한 금제를 범하지 않게 될 것이다. 천하가 밝아서 모두 도둑질로는 가히 부를 이룰 수 없다는 것을 알고 모두 상해를 입혀서는 가히 수를 다할 수 없다는 것을 알고 모두 위가 정한 금제를 범해서는 가히 편안할 수 없다는 것을 안다. 그 도에 따르면 사람이 그 좋아하는 바를 얻고 그 도에 따르지 않으면 반드시 그 싫어하는 바와 마주친다. 이런 까닭으로 형벌을 극도로 줄이더라도 위령(威令)은 물 흐르듯이 행해지고 세상은 밝아서 모두 그 간악을 저지르면 비록 숨거나 도망치더라도 오히려³⁾ 모면하기가 부족하다는 것을 알며 죄를 받아들여 성실하지⁴⁾ 않을 수 없다. 『서』⁵⁾에 이르기를 '무릇 사람은 스스로 죄를 승복한다' 라고 하였다. 바로 이를 가리켜서 하는 말이다.

聖王在上, 分義行乎下, 則士大夫無流淫之行, 百吏官人無怠慢之事. 衆庶百姓無姦怪之俗, 無盜賊之罪, 莫敢犯上之禁. 天下曉然, 皆知夫竊盜之不可以爲富也, 皆知夫賊害之不可以爲壽也, 皆知夫犯上之禁不可以爲安也. 由其道則人得其所好焉, 不由其道則必遇其所惡焉. 是故刑罰 省, 而威行如流, 世曉然, 皆知夫爲姦則雖隱竄逃亡, 之由不足以免也, 莫不服罪而請. 書曰, 凡人自得罪, 此之謂也.

1 分義―분(分)은 분별, 즉 신분적 상하 등급. 의(義)는 법, 즉 사회규범을 말함.

2 流淫―유음(流淫)이란 방탕(放蕩)과 같음. 분수에 넘치는 지나친 행실.

3 之由不足―지(之)는 이(而)자와 마찬가지 구실을 함. 유(由)는 유(猶)자로 통용됨.

4 請―청(請)은 정(情)자로 쓰임. 실정(實情)을 가리킴. 사실 그대로 인정함.

5 書―『서경』「주서(周書)·강고(康誥)」편의 인용 글귀.

[3]

본래 형(刑)이 죄에 합당하면 권위가 서고 죄에 합당치 못하면 얕보이게 되며 작(爵)이 현자에게 합당하면 존귀하고 현자에게 합당치 못하면 천시받게 된다. 옛날에는 형이 죄보다 지나친 적이 없고 작이 덕보다 넘친 적이 없었다. 그러므로 그 아버지를 죽이더라도 그 자식을 신하 삼고 그 형을 죽이더라도 그 아우를 신하 삼은 것이다. 형과 벌이 그 지은 죄보다 더하지 않고[1] 작과 상이 그가 지닌 재덕을 넘지 않았으며 확연히[2] 그 진실을 가지고 행하였다. 이런 까닭으로 선을 하는 자는 장려되고 불선을 하는 자는 저지되며 형과 벌을 극도로 줄이더라도 위령이 물 흐르듯이 행해지고 시정 명령은 명료하여 교화[3]가 마치 정묘한 신과 같이 베풀어진 것이다. 전해오는 말에 이르기를 '한 사람에게 선행이 있으면[4] 억조 백성이 모두 그를 의지한다'라고 하였다. 바로 이를 가리켜서 하는 말이다. 난세에는 그렇지 않다. 형과 벌은 지은 죄보다 더 중하고 작과 상은 재덕을 넘어서며 일족 단위로 죄를 논하고 세습으로 현자를 들어 쓴다. 그러므로 한 사람이 죄가 있으면 삼족이 모두 죽고[5] 덕망이 비록 순과 같더라도 함께 받는 형[6]을 면치 못한다. 이것이 바로 일족 단위로 죄를 논하는 것이다. 조상 가운데 일찍이 현자[7]가 있다면 훗날 자손이 반드시 크게 드러날[8] 것이고 행동이 비록 걸·주와 같더라도 자리[9]가 반드시 존귀해질 것이다. 이것이 바로 세습으로 현자를 들어 쓰는 것이다. 일족 단위로 죄를 논하고 세습으로 현자를 들어 쓴다면 비록 어지럽기를 바라지 않더라도 할 수 있겠는가. 『시』[10]에 이르기를 '많은 내가 들끓고 산꼭대기가 무너져 내림이여[11] 높은 언덕은 골짜기가 되고 깊은 골짜기는 구릉이 되는도다. 슬프구나 오늘의 사람이여, 어찌하여 일찍 막지 못하는가'¹²⁾라고 하였다. 바로 이것을 가리켜서 하는 말이다.

故刑當罪則威, 不當罪則侮, 爵當賢則貴, 不當賢則賤. 古者, 刑不過罪, 爵不踰德. 故殺其父而臣其子, 殺其兄而臣其弟. 刑罰不怒罪, 爵賞不踰德, 介然各以其誠通. 是以爲善者勸, 爲不善者沮, 刑罰綦省, 而威行如流, 政令致明, 而化易如神. 傳曰, 一人有慶, 兆民賴之. 此之謂也. 亂世則不然, 刑罰怒罪, 爵賞踰德, 以族論罪, 以世擧賢. 故一人有罪, 而三族皆夷, 德雖如舜, 不免刑均, 是以族論罪也. 先祖當賢, 後子孫必顯, 行雖如桀紂, 列從必尊, 此以世擧賢也. 以族論罪, 以世擧賢, 雖欲無亂得乎哉. 詩曰, 百川沸騰, 山冢崒崩, 高岸爲谷, 深谷爲陵, 哀今之人, 胡憯莫懲. 此之謂也.

1 不怒罪―노(怒)는 노(弩)자로 통함. 과(過)·유(踰)자와 같은 뜻. 지나친 상태.

2 介然―개연(介然)이란 절연(截然)과 마찬가지 의미. 명석·판명한 형태를 말함.

3 化易―화이(化易)는 화이(化移)의 뜻. 바꿀 역(易)과 옮길 이(移)자가 통용됨. 순화됨을 말함.

4 一人有慶―여기서 일인(一人)은 천자를 가리킴. 경(慶)은 선(善)의 뜻으로 복(福)을 말함.『서경』「여형」(呂刑)편의 인용 구절.

5 三族皆夷―삼족(三族)이란 그 부모와 자신, 그 자식의 삼대를 말함. 이(夷)는 평(平)자로 통함. 멸(滅)자와 같은 뜻.

6 刑均―균(均)은 한가지 동(同)자의 뜻. 형벌을 한 가족 모두가 똑같이 받음. 연좌(連坐)시킴.

7 當賢―여기서 당(當)은 일찍 상(嘗)자를 빌려 쓴 글자.

8 必顯―현(顯)은 밝게 드러낼 현창(顯彰)의 뜻. 벼슬자리가 높아짐.

9 列從―열종(列從)은 서열(序列)을 가리킴. 혹은 따르는 자, 시종이 많은 자리를 말함.

10 詩―『시경』「소아(小雅)·시월지교(十月之交)」편의 인용 시구.

11 山冢崒崩―총(冢)은 산 정상(頂上). 줄(崒)은 우뚝 솟은 돌산. 최외(崔嵬)와 같은 뜻.

12 胡憯莫懲─참(憯)은 일찍 증(曾)자와 같음. 징(懲)은 지(止)자로 통용됨.

[4]

논의[1]에 성왕을 본받는다면 귀중히 할 바를 알게 되고 도의를 가지고 정사를 처리한다면 유리한 바를 알게 될 것이다. 논의에 귀중히 할 바를 안다면 취할 바[2]를 알게 되고 정사에 유리한 바를 안다면 나아갈 바를 알게 될 것이다. 이 두 가지는 시비를 가리는 근본이고 득실을 정하는 근원이다. 그러므로 성왕(成王)이 주공(周公)의 공론을 어디 가나 모두 듣지 않은 바가 없었던 것은 그 귀중히 할 바를 알았기 때문이다. 환공(桓公)이 관중(管仲)의 국사를 어디 가나 모두 쓰지 않은 바가 없었던 것은 그 유리한 바를 알았기 때문이다. 오(吳)나라에 오자서(伍子胥)가 있었으나 쓰지 않아 나라가 망하는 데 이르렀던 것은 도를 버리고[3] 현자를 잃었기 때문이다. 그래서 성인을 존중하는 이는 왕자가 되고 현자를 귀중히 여기는 이는 패자가 되며 현자를 공경하는 이는 나라를 존속시키고 현자를 업신여기는 이는 멸망한다 하는 것이 고금에 걸쳐서 같다. 그러므로 현자를 높이고 유능한 이를 들어 쓰며 귀천의 등급을 매기고[4] 친소(親疏)를 가려 나누며 어른과 아이의 서열을 정하는 바로 이것이 선왕의 도다. 그러므로 현자를 높이고 유능한 이를 들어 쓴다면 군주가 존중받고 아래 백성이 안정되며 귀천의 등급이 매겨진 다면 명령이 행해져 정체되지 않고[5] 친소를 가려 나눈다면 은혜가 두루 다 미쳐[6] 어긋나지 않으며 어른과 아이의 서열이 정해진다면 하는 일이 빨리 이루어져 쉴 여유가 있게 되는 것이다. 그러므로 인(仁)이란 이를 좋아하는[7] 것이다. 의(義)란 이를 분별하는 것이다. 절(節)이란 이를 사생결단하는 것이다. 충(忠)이란 이를 정성껏 따르는[8] 것이다. 이를 아울러서 능히 할 수 있다면 덕을 모두 갖춘 것이다. 모두 갖추더라도 자랑하지 않고 한결같이 스스로 최선을 다하는 이것을 가리켜 성(聖)이라 말한다. 자랑하지 않기 때문에 천하가 재능을 함께 다투지 않고 그 공력 활용하기를 다한다. 지덕을 갖고도 갖지 않은 척하기 때문에 천하의 귀한 자가 되는 것이다. 『시』[9]에 이르기를 '착한 숙인 군자여 그 법도를 어기지 않음이여, 그 법도를 어기지 않아 이 사방 나라들을 바로잡도다'라고 하니 이것을 가리켜서 하는 말이다.

論法聖王, 則知所貴矣, 以義制事, 則知所利矣. 論知所貴, 則知所養矣, 事知所利, 則知所出矣. 二者是非之本, 而得失之原也. 故成王之於周公也, 公論無所往而不聽, 知所貴也. 桓公之於管仲也, 國事無所往而不用, 知所利也. 吳有伍子胥而不能用, 國至於亡, 倍道失賢也. 故尊聖者王, 貴賢者覇, 敬賢者存, 慢賢者亡, 古今一也. 故尙賢使能, 等貴賤, 分親疏, 序長幼, 此先王之道也. 故尙賢使能, 則主尊下安, 貴賤有等, 則令行而不流, 親疏有分, 則施行而不悖, 長幼有序, 則事業捷成, 而有所休. 故仁者仁此者也, 義者分此者也, 節者死生此者也, 忠者惇愼此者也. 兼此而能之, 備矣. 備而不矜, 一自善也, 謂之聖. 不矜矣, 夫故天下不與爭能, 而致善用其功. 有而不有也, 夫故爲天下貴矣. 詩曰, 淑人君子, 其儀不忒, 其儀不忒, 正是四國, 此之謂也.

1 論 ─ 논(論)이란 정치적 의견 제시나 그 판단 결정을 말함.
2 知所養 ─ 여기서 양(養)은 양육(養育)의 뜻이나 취(取) 또는 봉(奉)자의 구실을 함. 받듦.
3 倍道 ─ 배(倍)는 배(背)자로 통함. 존중하지 않음.
4 等貴賤 ─ 등(等)은 차등(差等)의 뜻. 귀한 자와 천한 자 사이에 차를 두어 구별지음.
5 不流 ─ 류(流)는 류(留)자와 음이 통함. 머무를 체(滯)자와 마찬가지 의미.
6 施行 ─ 시행(施行)이란 시혜(施惠)와 같은 말. 은혜가 두루 다 미침.
7 仁此 ─ 인(仁)은 애열(愛悅)의 뜻. 차(此)는 상현(尙賢) · 사능(使能) · 등귀천(等貴賤) · 분친소(分親疏) · 서장유(序長幼)를 말함.
8 惇愼 ─ 돈(惇)은 순(順) 또는 종(從)자와 통용됨.
9 詩 ─ 『시경』「조풍」(曹風) 시구(鳲鳩)편의 인용 시구.

25 성상成相

이 편은 순황이 방아 찧는 절굿공이 노래 형식을 빌려 자신의 정치적 의견을 피력한 대목이다. 다섯 개 장으로 구성된 전편이 군주에 대하여 반드시 밟아야 될 도와 고대 성왕이 끼친 유덕을 밝힘으로써 깊은 성찰과 분발을 촉구하고 있다. 장마다 그 끝 소절에 운(韻)을 달아 흥을 돋우려고 한 점이 특색이라 할 것이다.

[1]

　상(相)의 노래를 부르려 한다.[1] 세상의 재앙이란 어리석고 어리석은 이가 어질고 착한 자를 낮추어 보기 때문이다. 군주에게 현자가 없다면 눈먼 장님에게 돕는 이가 없는[2] 것과 같아서 어찌 헤매지 않겠는가.[3]

　정치의 기본을 말하려 한다.[4] 삼가 잘 들어주소. 어리석으면서 스스로 전횡한다면 일은 잘 안되고 군주가 시새워 이기려 한다면[5] 여러 신하들이 간하지 않아 반드시 재난을 당하게 될 것이다. 신하의 허물을 논할 때는 그 한 일을 돌이켜보라. 군주를 우러르고 나라를 편안케 하며 현자[6]를 높여야 한다. 간하는 말을 물리치고 비행을 둘러대며 어리석으면서 시키는 대로 하는 자를 중히 여긴다면[7] 나라는 반드시 화를 입을 것이다. 무엇을 가리켜 쓸모없는 자라 일컫는가.[8] 나라 일에 사사로움이 많고 에워싸서 군주를 헷갈리게 하며[9] 패거리를 짓는다. 현자를 멀리하고 참(讒)하는 자[10]를 가까이한다면 충신은 가리어 막혀버리고 군주의 권세는 다른 데로 옮겨갈 것이다. 무엇을 가리켜 현자라 일컫는가. 군주와 신하를 명확히 구분하고 위로 능히 군주를 잘 우러르며 아래로 백성을 사랑해야 한다. 군주가 지성으로 이를 듣는다면 천하가 하나되고 나라 안이 복종할 것이다.

　군주의 얼(孼)[11]이란 참하는 소인이 영달하고 현자와 유능한 이가 도망쳐 달아나 국세는 이내 기울며[12] 어리석은 데다가 어리석음이 더하고 어두운 데다가 어두움이 더하여 끝내 걸(桀)처럼 되는[13] 것이다. 세상의 재앙이란 현자와 유능한 이를 시새워 내쫓고 비렴(飛廉)이 정사를 도맡아[14] 악래(惡來)를 임용하며 그 의지를 낮추어 그 원유(園囿)를 크게 넓히고 그 누각[15]을 높이는 것이다. 무왕이 분노하여 목야(牧野)에 군사를 일으키자[16] 주(紂)의 병졸들은 향배를 바꾸고[17] 계(啓)도 바로

항복하였다.[18] 무왕이 그를 선처하여 맞아들여 송(宋)땅에 봉하고 그
종묘를 세우게 하였다.[19] 세상이 쇠퇴함이란 참하는 소인들이 모여드
는 것이다. 비간(比干)의 가슴이 쪼개지고 기자(箕子)가 죄에 연루되었
다. 무왕이 그 폭군을 주살하고 여상(呂尙)이 지휘하여[20] 은의 백성들
을 따르게 하였다. 세상의 파멸[21]이란 어진 선비들을 미워하는 것이다.
오자서(伍子胥)가 피살되고 백리해(百里奚)는 쫓겨났다. 목공(穆公)이
그를 임용하여 강대하기가 오백(五伯)과 짝하고 육경(六卿)까지 두었
다.[22] 세상의 어리석음이란 큰 학자를 싫어하는 것이다. 배척을 당하고
통하지 않아 공자도 붙들려 곤욕을 치른 때가 있었다 한다. 전금(展禽)
은 세 번이나 내쫓기고[23] 춘신군(春申君)은 도가 끊겨[24] 나라의 기틀
이 모두 무너졌다.[25]

기틀을 바로잡아 보라. 현자를 높여야 한다. 요임금이 만세에 걸쳐
있어 만나뵙는 것과 같으나 참하는 소인은 기댈 근거가 없고[26] 심사가
비뚤어지게 기울어[27] 이를 의심한다. 기틀을 반드시 세우려고 한다면
현자와 쓸모없는 이를 가려야 한다. 문왕·무왕의 도는 복희씨(伏羲氏)
의 그것과 똑같다. 이를 따르는 자는 다스려지고 따르지 않는 자는 문
란해진다. 어찌 의심이 되겠는가.

請成相. 世之殃, 愚闇愚闇墮賢良. 人主無賢, 如瞽無相, 何悵悵.
請布基. 愼聽之, 愚而自專事不治. 主忌苟勝, 羣臣莫諫, 必逢災. 論臣過,
反其施. 尊主安國尙賢義. 拒諫飾非, 愚而上同, 國必禍. 曷謂罷. 國多私,
比周還主黨與施. 遠賢近讒, 忠臣蔽塞, 主勢移. 曷謂賢. 明君臣, 上能尊
主. 下愛民. 主誠聽之, 天下爲一海內賓.
主之孼, 讒人達, 賢能遁逃, 國乃蹶. 愚以重愚, 闇以重闇, 成爲桀. 世之
災. 妬賢能, 飛廉知政任惡來. 卑其志意, 大其園囿, 高其臺. 武王怒, 師牧
野, 紂卒易鄕啓乃下. 武王善之, 封之於宋, 立其祖. 世之衰, 讒人歸. 比干
見剖箕子累. 武王誅之, 呂尙招麾, 殷民懷. 世之禍, 惡賢士. 子胥見殺百
里徙. 穆公任之, 强配五伯, 六卿施. 世之愚, 惡大儒. 逆斥不通孔子拘. 展

禽三紲, 春申道綴, 基畢輸.

請牧基. 賢者思. 堯在萬世如見之. 讒人罔極, 險陂傾側, 此之疑. 基必施,
辨賢罷. 文武之道同伏戱. 由之者治, 不由者亂, 何疑爲.

1 成相—상(相)이란 방아 찧는 저구가(杵臼歌). 박자에 맞추어 흥을 돋우는 일
  종의 노동가요.
2 無相—여기서 상(相)은 도울 조(助)자와 마찬가지 의미. 길잡이를 가리킴.
3 何倀倀—하(何)는 하불(何不)이란 강조사. 창창(倀倀)은 어찌할 바를 몰라
  당황하는 모양.
4 布基—포(布)는 진술(陳述)의 뜻. 기(基)는 근본이 되는 기틀. 정치 기조를
  말함.
5 忌苟勝—기(忌)는 시기(猜忌)함. 구승(苟勝)이란 기어코 이기려 하는 의지.
6 賢義—의(義)는 의(儀)자로 통함. 역시 현인을 가리킴.
7 上同—상(上)은 상(尙)자와 마찬가지로 존중한다는 뜻. 동(同)이란 부화뇌동
  (附和雷同)하는 상태.
8 罷—파(罷)란 불현자(不賢者)를 말함. 재능 없는 변변치 못한 사람.
9 比周還—비(比)·주(周) 두 글자 모두 친근하게 군다는 뜻. 환(還)은 영혹(營
  惑)의 뜻. 미혹시킴.
10 近讒—참(讒)이란 참소하는 사람. 모략과 중상을 일삼는 자.
11 主之孼—얼(孼)은 얼(孽)자와 같음. 요괴(妖怪)의 뜻. 재해(災害)를 가리킴.
12 國乃蹶—궐(蹶)은 좌절(挫折)의 뜻. 위축되어 비틀거림.
13 成爲桀—성(成)은 수(遂) 혹은 종(終)자와 같음. 걸(桀)은 하(夏)왕조 마지
  막 왕.
14 飛廉知政—비렴(飛廉)은 주(紂)의 나쁜 신하. 악래(惡來)와 부자간. 지(知)
  는 일을 주관함.
15 高其臺—여기서 대(臺)란 정자. 사(榭)자를 운에 맞추느라고 빌려 쓴 글자.
16 師牧野—사(師)는 군의 출동을 말함. 목야(牧野)는 은(殷)의 남부 지명.
17 易鄕—역(易)은 변역(變易)의 뜻. 향(鄕)은 향(嚮), 즉 향(向)자와 같음.
18 啓乃下—여기서 계(啓)란 주(紂)의 이복형 미자개(微子開)를 말함. 하(下)
  는 항복의 뜻.
19 立其祖—『설문』(說文)에 조(祖)를 시묘(始廟)로 풀이하고 있음. 종묘(宗廟)
  를 가리킴.
20 招麾—휘(麾) 역시 초(招)자와 마찬가지로 손짓하여 부름.
21 世之禍—화(禍)는 훼(毀)자로 옛 음이 통함. 운을 맞춤.

22 六卿施 ─ 육경(六卿)은 봉건 관제를 말함. 천자인 경우 여섯 대신을 두었음. 시(施)는 설치함.

23 展禽三絀 ─ 전(展)은 성. 금(禽)은 자. 노(魯)의 현대부 유하혜(柳下惠)를 가리킴. 출(絀)은 척(斥)자와 같음.

24 春申道綴 ─ 춘신(春申)은 순황이 몸을 의탁한 초나라 실력자. 철(綴)은 그칠 철(輟)자로 통함.

25 畢輸 ─ 필(畢)은 다할 진(盡)자의 뜻. 수(輸)는 타(墮)자로 통함. 붕괴(崩壞) 를 말함.

26 罔極 ─ 극(極)은 법칙과 마찬가지 의미. 지켜야 할 근거.

27 險陂傾側 ─ 피(陂)는 피(詖)자와 같음. 음험하고 사악함. 경측(傾側) 또한 한쪽으로 기울어짐.

[2]

방아 찧는 노래 불러 다스리는 방도를 말해보련다.[1] 다스리는 극치는 후왕(後王)[2]에게 돌아오는 것이다. 신도(愼到)·묵적(墨翟)·계자(季子)·혜시(惠施) 백가의 설은 정말 좋지 않다.[3] 다스림이란 하나로 되돌아오는 일이다. 이를 닦으면 길하다. 군자는 이를 붙잡아 마음 단단히 하고 일반 대중은 헤매며 성정 비뚤어진 사람은 이를 버리고 외형만 단속한다.[4] 물이 지극히 평평하면 바르고 흔들리지 않는다.[5] 심술(心術)도 이와 같다면 성인을 닮는다. 한결같이 하고 게다가 세를 가지며 곧게 하고 게다가 배 젓는 상앗대를 쓴다면[6] 반드시 하늘과 함께 할 수 있다. 세상에 왕자가 없다면 현자나 착한 이는 곤궁해질 것이다. 포악한 사람은 쇠고기·돼지고기를 먹고 어진 이는 겨나 술지게미를 먹으며 예악은 멸하여 그치고 성인은 숨어서 엎드리며 묵자 (일파의) 학술만 성행할 것이다.

다스리는 방도[7]는 예(禮)와 형(刑)이다. 군자는 몸을 닦고 백성도 편안해진다. 덕을 밝히고 벌을 삼가면 국가가 다스려지고 세계는 태평해질 것이다. 다스리는 의지는 세(勢)와 부(富)를 뒤로한다. 군자는 정성을 다하여 사물을 대한다.[8] 처리를 정중히 틀림없게 하며[9] 또 속깊이 이를 간직하여 능히 멀리 생각할 수 있다. 생각이 정밀하면 의지도 충일하고[10] 나아가 한결같이 한다면 신묘하게 이룰 것이다. 정밀하고 신묘함이 서로 이어 한결같이 어긋나지 않는다면 성인이 될 것이다. 다스리는 도(道)는 아름답고 늙지도 않는다.[11] 군자가 이를 따른다면 예쁘고 좋으며 아래로 자제를 가르치고 위로 조상을 섬긴다. 방아 찧는 노래는 다하더라도 말만은 그치지 않는다. 군자가 이를 따른다면 순순히 펴나갈 수 있고 현자와 착한 이를 높인다면[12] 그 재앙을 가려내 막을 수 있을 것이다.[13]

凡成相, 辨法方. 至治之極復後王. 愼墨季惠, 百家之說, 誠不詳. 治復一, 脩之吉, 君子執之心如結. 衆人貳之, 讒夫棄之, 形是詰. 水至平, 端不傾, 心術如此象聖人. 一而有埶, 直而用抴, 必參天. 世無王, 窮賢良, 暴人芻豢仁糟糠. 禮樂滅息, 聖人隱伏, 墨術行.

治之經, 禮與刑. 君子以脩百姓寧. 明德愼罰, 國家旣治, 四海平. 治之志, 後埶富, 君子誠之好以待. 處之敦固, 有深藏之, 能遠思. 思乃精, 志之榮, 好而壹之神以成. 精神相反, 一而不貳, 爲聖人. 治之道, 美不老. 君子由之佼以好. 下以敎誨子弟, 上以事祖考. 成相竭, 辭不蹶, 君子道之順以達. 宗其賢良, 辨其□□□殃孽.

---

1 辨法方―변(辨)은 가려서 설명함. 법(法)은 정치 방법. 방(方)은 술(術)을 가리킴.

2 後王―후왕(後王)이란 전설적인 성왕 요·순의 대칭으로 실재했던 주(周)왕조의 문왕·무왕을 말함.

3 不詳―상(詳)은 상(祥)의 옛 글자로 통함. 선(善)자와 마찬가지 의미.

4 形是詰―형(形)은 형(刑)자로 통하나 여기서는 형체를 가리킴. 힐(詰)은 치(治)자와 같음.

5 端不傾―단(端)은 단정(端正)의 뜻. 평정(平定)한 상태. 경(傾)은 기울어짐.

6 用抴―예(抴)는 예(枻)자의 착오로 볼 수 있음. 끌어당길 예(曳)자로 통함.

7 治之經―경(經)은 지름길 경(徑)자와 같은 뜻. 일관된 법칙을 가리킴.

8 好以待―호(好)는 진취적 기상. 대(待)는 사물을 대하는 적극적 성의 표시.

9 敦固―돈(敦)은 후(厚)자와 같음. 고(固)란 빈틈없이 확고한 자세를 말함.

10 榮—여기서 영(榮)이란 안정된 상태. 쇠퇴하는 일이 없는 경우.

11 不老—노(老)는 노쇠(老衰)함. 왕자(王者)의 도와 대칭으로 묵적의 도를 가리킴.

12 宗其賢良—종(宗)은 존숭(尊崇)의 뜻. 중심이 될 기둥감을 삼음.

13 辨其□□□殃孽—중간에 세 글자가 빠져 있음. 원전에 탈루된 궐자(闕字)로 간주됨.

[3]

방아 찧는 노래 불러 성왕의 자취를 말해보련다. 요·순은 현자를 숭상하고 자신을 낮추어 사양하였으며 허유(許由)·선권(善卷)[1]은 의(義)를 소중히 하고 이(利)를 가볍게 여겨 그 행위가 밝게 드러났었다. 요가 현자에게 자리를 물려줌은 백성을 위하기 때문이고 널리 이득과 사람을 아울러 덕을 고루 베풀며 아래위를 가리고 귀천의 등급을 두어 군신관계를 명확히 하였다. 요는 유능한 이에게 자리를 내주고 순은 그때를 만났던 것이다. 현자를 숭상하고 덕 있는 이를 추대하여 천하가 다스려졌다. 비록 현자와 성인이 있어도 마침 세상을 만나지 않았다면 누가 그를 알았겠는가. 요는 선양을 은덕이라 생각하지 않고 순도 이를 사양하지 않았다. 두 딸을 시집보내[2] 큰일을 맡겼던 것이다. 대인이로다 순이여, 남면(南面)하여 나아가 서니[3] 모든 것이 다 갖추어졌도다. 순도 우(禹)에게 천하를 내주니 덕 있는 이를 숭상하고[4] 현자를 추대하여 그 서열을 어지럽히지 않고[5] 밖으로는 원수를 피하지 않고[6] 안으로도 그 육친에게 의지하지 않았으며[6] 오직 현자라서 내주었던 것이다. 요는 덕이 있어 심신을 괴롭혀도 창과 방패를 쓰지 않고 삼묘(三苗)를 복종시켰으며 순을 밭두렁[7]에서 들어올려 천하를 맡기고 자신은 휴식을 취하였던 것이다. 후직(后稷)[8]을 얻어 오곡을 불리고 기(夔)가 악정이 되어[9] 조수가 따르며 설(契)이 사도가 되어[10] 백성들이 효도와 우애를 알고 덕 있는 이를 존숭하게 되었다. 우는 공이 있어 홍수를 막아냈도다.[11] 백성들의 해를 물리치고 공공(共工)을 내쫓으며[12] 북쪽으로 아홉 강 물을 트고 열두 섬 바다를 쳐내어[13] 세 강으로 흘려보냈던 것이다. 우는 온 땅을 나누어 펴서[14] 천하를 평정하고 백성을 위해 노고를 다하며 익(益)과 고요(皐陶) · 횡혁(橫革) · 직성(直成)을 얻어 보좌를 삼았던 것이다. 설(契)의 현왕(玄王)이 소명(昭明)을 낳고 지석(砥石)에 살다가 상(商) 땅으로 옮겨[15] 십사 대에 이르러 이에 천을(天乙)이 있게 되니 이가 바로 성탕(成湯)이다. 천을 탕은 인재의 등용을 거론함에 적절하였고[16] 자신은 변수(卞隨)와 무광(務光)[17]에게 자리를 물려주려 하였다. □□□□[18] 현자 성인의 발자취를 말한다면 나라의 기틀이 반드시 펴질 것이다.

請成相, 道聖王. 堯舜尙賢身辭讓, 許由善卷, 重義輕利, 行顯明. 堯讓賢, 以爲民, 氾利兼愛德施均. 辨治上下, 貴賤有等, 明君臣. 堯授能, 舜遇時. 尙賢推德天下治. 雖有賢聖適不遇世, 孰知之. 堯不德, 舜不辭, 妻以二女任以事. 大人哉舜, 南面而立, 萬物備. 舜授禹, 以天下, 尙得推賢不失序. 外不避仇, 內不阿親, 賢者予. 堯有德, 勞心力, 干戈不用三苗服. 舉舜畎畝, 任之天下, 身休息. 得后稷, 五穀殖, 夔爲樂正鳥獸服. 契爲司徒, 民知孝弟, 尊有德. 禹有功, 抑下鴻, 辟除民害, 逐共工. 北決九河, 通十二渚, 疏三江. 禹傅土, 平天下, 躬親爲民行勞苦. 得益皐陶橫革直成爲輔. 契玄王, 生昭明, 居於砥石遷于商. 十有四世, 乃有天乙, 是成湯. 天乙湯, 論舉當, 身讓卞隨舉牟光. □□□□, 道古賢聖, 基必張.

1 許由善卷─허유(許由)는 요가 천하를 물려주려 하였으나 받지 않았고 선권(善卷)도 순이 물려주려 하였으나 받지 않은 은자.

2 妻以二女─처(妻)란 장가들 취(娶)자와 같음. 이녀(二女)는 순의 두 딸 아황(娥皇)과 여영(女英)을 가리킴.

3 南面而立─남면(南面)은 조정에서 천자가 앉는 자리의 방향. 립(立)은 즉위(卽位)의 뜻.

4 尙得─득(得)은 덕(德)자와 같은 뜻으로 쓰임. 덕망 있는 이를 높여 존경함.

5 不避仇─구(仇)란 증오의 대상. 순이 처벌했던 곤(鯀)의 아들 우(禹)를 마다 않고 등용했음.

6 阿親─아(阿)는 의(倚)자와 같음. 순은 그 아들 상균(商均)이 못났다 하여 의

지하지 않았음.

7 甽畝 —여기서 견(甽)은 견(畎)의 옛 글자. 밭 가운데 수로(水路). 묘(畝)는
밭이랑.

8 后稷 —후직(后稷)은 이름이 기(棄). 요·순을 섬겨 농사일을 관장하였기 때
문에 관명으로도 통함.

9 夔爲樂正 —기(夔)는 순의 신하. 악정(樂正)은 음악을 관장하는 악관의 장.

10 契爲司徒 —설(契)은 순이 상(商)에 봉후한 신하 현왕(玄王)을 말함. 탕왕
(湯王)의 조상. 사도(司徒)는 교화를 맡은 관직.

11 抑下鴻 —억(抑)은 막을 알(遏)자로 통함. 홍(鴻)은 홍(洚)·홍(洪)자와 같
음. 하(下)는 물을 낮은 데로 흘려보냄.

12 逐共工 —공공(共工)은 홍수를 관장하는 관명. 우의 악신(惡臣)으로 불리기
도 함.

13 通十二渚 —저(渚)는 물가의 작은 섬 소주(小洲). 혹은 차(遮)자로 통함. 통
(通)은 준설(浚渫)의 뜻. 바닥을 긁어냄.

14 溥土 —부(溥)는 펄 부(敷)자와 같음. 땅을 고름. 나눌 분(分)자로 쓰이기도 함.

15 遷于商 —상(商)은 지금의 중국 하남성 상구현(商丘縣) 지역. 은(殷)왕조의
기초를 다진 고장.

16 論擧當 —논거(論擧)란 인재를 발굴, 등용하기 위한 의논 평가. 당(當)은 알
맞음.

17 卞隨擧牟光 —거(擧)는 여(與)자와 같음. 모(牟)는 무(務)자와 옛 음이 통
함. 변수(卞隨)·무광(務光) 모두 탕(湯)이 자리를 물려주려 하였으나 받지
않았다 함.

18 □□□□道古賢聖 —도(道)는 말함, 언급(言及)의 뜻. 그 앞부분 네 글자는
탈루된 궐자(闕字).

[4]

바라건대 노래 가사를 늘어놓으련다. 세상이 어지러워 선한 사람을
미워하더라도 이를 다스리지 않고 허물을 숨겨 현자를 시새우며 오랫
동안 간사한 자를 등용하니[1] 재앙 없애기가 쉽지 않을 것이다. 근심스
럽고 걱정되도다. 부정한 일을 앞서 함이여.[2] 성인과 지혜로운 이가 쓰
이지 않고 어리석은 자가 일을 꾀하는도다. 앞수레가 이미 뒤집혔는데
도 뒷수레는 고칠 줄을 모르니 어느 때라야 깨달을 것인가. 깨닫지도

못하고 고통을 모르며 헷갈려서 중심을 잃어3) 아래위가 바뀌고 충언은 위로 닿지 않으며 이목을 가리고4) 드나드는 문은 막힐 것이다. 문이 막히면 크게 더 헷갈려서 패란과 암흑5)은 끝이 없다. 시와 비가 뒤바뀌고 패거리를 지어 위를 속이며 정직한 사람을 미워하게 될 것이다. 정직한 사람을 미워하고 마음에는 규제할 잣대가 없으며6) 사악하게 비뚤어져서7) 바른 길을 잃어도 나무랄 사람이 이미 없고8) 홀로 저만 좋아라 하니 어찌 탈이 없겠는가. 경계할 줄 모른다면 뒤에 반드시 또 일을 저지를 것이다. 고집스럽게9) 잘못하고도 굳이 뉘우치려고 하지 않는다면 참부(讒夫)10)가 떼지어 나아가 말만 되풀이하며 거짓과 간특한 생각11)이 일 것이다. 사람의 간특함이 족할 줄12) 몰라 총애를 다투어 현자를 시새우고 더더욱 싫어하며 꺼리는도다. 공신을 질투하고 현자를 헐뜯으며 아래로 패거리를 모아 위로 눈을 가려 숨기고 말 것이다. 위의 총명이 막혀 가려지면 보필하는 신하와 권세를 잃고 참부를 임용하더라도 능히 규제할 수 없게 될 것이다. 곽공(郭公) · 장부(長父)13)의 난에 여왕(厲王)이 체(彘)땅으로 도망간 꼴이다. 주(周)의 유왕(幽王)과 여왕이 실패한 까닭은 바로잡는 간언을 듣지 않고 충신을 바로 해쳤기 때문이다. 아아, 나는 무엇하는 사람이기에 홀로 때를 못 만나 난세와 마주쳤는가. 진심을 다하려 하더라도14) 말이 따르지 않고 아마도 자서(子胥)와 같이 되어 몸은 흉한 변을 당하며15) 간하는 말을 올려도 듣지 않고 독록(獨鹿) 칼에 목이 떨어져16) 장강 물에 버려질 것이다. 지나간 일을 비추어보고 스스로 경계한다면 치란과 시비 또한 알만할 것이다. 방아 찧는 노래 가사를 빌려서17) 내 생각을 말해보련다.

願陳辭. 世亂惡善不此治. 隱惡疾賢, 長由姦詐, 鮮無災. 患難哉, 阪爲之, 聖知不用愚者謀, 前車已覆, 後未知更, 何覺時. 不覺悟, 不知苦, 迷惑失指易上下. 忠不上達, 蒙弇耳目, 塞門戶. 門戶塞, 大迷惑, 悖亂昏莫不終極. 是非反易, 比周欺上, 惡正直. 正直惡, 心無度, 邪枉辟回失道途, 已無郵人, 我獨自美, 豈無故. 不知戒, 後必有. 恨復遂過不肯悔, 讒夫多進, 反

覆言語, 生詐態. 人之態, 不知備, 爭寵嫉賢相惡忌. 妬功毁賢, 下斂黨與,
上蔽匿. 上壅蔽, 失輔勢, 任用讒夫不能制. 郭公長父之難, 厲王流于彘.
周幽厲, 所以敗, 不聽規諫忠是害. 嗟我何人, 獨不遇時, 當亂世. 欲對衷,
言不從, 恐爲子胥身離凶. 進諫不聽, 剄而獨鹿, 棄之江. 觀往事, 以自戒,
治亂是非亦可識. □□□□託於成相以喩意.

1 長由姦詐—여기서 유(由)는 이(以) 혹은 용(用)자로 통함. 장(長)은 오랜 기
간이 걸림.

2 阪爲之—판(阪)은 비뚤어질 사(衺)자로 통함. 경사(傾斜)가 짐. 지(之)는 선
(先)자와 같음.

3 失指—여기서 지(指)란 지(旨)자와 마찬가지 의미. 실지는 지향하는 방향을
가리킴.

4 蒙弇—몽(蒙)·엄(弇) 두 글자 모두 피복(被覆)의 뜻. 감싸서 가로막음.

5 昏莫—모(莫)는 저물 모(暮)자와 음이 통함. 어두울 암(暗)자의 뜻으로 쓰임.

6 心無度—도(度)는 척도(尺度) 또는 규정의 뜻. 제한할 법도를 말함.

7 邪枉辟回—사(邪)는 악함. 왕(枉)은 곡(曲)자와 같음. 정직의 대칭. 벽(辟)은
편벽(偏僻)의 뜻. 회(回) 역시 간사함.

8 無郵人—우(郵)는 우(訧)·구(咎)자로 통함. 책(責)자의 뜻.

9 恨復—한(恨)은 흔(很)자와 같음. 고집이 셈. 복(復)은 벽(愎)자로 통함. 말
을 듣지 않음.

10 讒夫—참(讒)은 근거없는 말로 남을 중상함. 참소(讒訴)를 일삼아 하는 사람.

11 詐態—사(詐)는 위(僞)자와 같음. 태(態)는 특(慝)·유(諛)자로 쓰임. 알랑거림.

12 不知備—비(備)는 다할 실(悉)자와 마찬가지 의미. 혹은 풍족(豊足)의 뜻으
로도 쓰임.

13 郭公長父—곽(郭)은 괵(虢)자로 통함. 주대(周代)의 봉후국. 장부(長父)는
그 봉군의 이름. 여왕(厲王)의 영신(佞臣).

14 欲對衷—대(對)는 수(遂)자와 같은 뜻으로 운자에 맞추어 쓰임. 충(衷)은
진심·충정.

15 身離凶—리(離)는 리(罹)자로 통함. 조우(遭遇)의 뜻. 흉(凶)은 불길(不吉)
한 일.

16 剄而獨鹿—이(而)는 이(以)자로 쓰임. 독록(獨鹿)이란 오왕 부차가 오자서
에게 내려준 칼 이름. 촉루(屬鏤)를 가리킴.

17 □□□□託—탁(託) 앞부분 네 글자 모두 원전에는 빠져 있는 궐자(闕字)임.

[5]

　방아 찧는 노래 불러 다스리는 방도를 말해보련다. 군주가 되는 길[1]은 다섯 가지 있어 간략하면서 명백하다. 군주가 삼가 이를 지킨다면 아래 모두가 편안하고 바르게 되어 나라는 이내 번창할 것이다. 신하의 직분은 놀고 먹지 않고[2] 근본을 힘쓰게 하여 쓰임이를 절약한다면 재물이 다할 일이 없을 것이며 사업은 위에 들어서 하고[3] 서로가 제멋대로 부릴 수 없게 한다면[4] 민의 역량을 하나로 모으게 될 것이다. 직분을 잘 지킨다면 의식이 족할 것이고 그 후박(厚薄)에 차등이 있어 작위와 복장을 분명히 한다면[5] 이득을 오로지 위에게 바랄 것[6]이며 제멋대로 주는 일이 없게 한다면 누가 사적으로 은덕을 베풀 것인가. 군주의 법이 분명하다면 논의가 떳떳할 것이고 규범이 서 있다면 민이 나아갈 방향을 알 것이며 진퇴에 일정한 기준이 있다면 임의로 신분의 귀천을 정할 수 없을 것이니 누가 군왕에게 사적으로 의지하겠는가. 군주의 법을 지켜서[7] 금하는 일은 하지 않으며 가르침을 기뻐하지 않을 수 없게 한다면 명성이 흔들리지 않을 것이다. 이를 따르는 자는 번영하고 버리는 자는 욕이 될 것이니 누가 다른 이를 스승으로 우러르겠는가. 형벌이 도에 걸맞고[8] 그 한계를 지킨다면[9] 아래가 남용할 수 없어 사가(私家)의 세가 줄어들 것이며 죄를 내림에 기준이 있어 줄이거나 더할 수 없게 한다면 그 권위가 나뉘지 않을 것이다.

　다스리는 기본 틀을 말하련다. 이를 힘써 한다면 길할 것이다.[10] 군주가 논의를 좋아한다면 신하는 반드시 훌륭한 지모를 짜낼 것이고 다섯 가지 다스리는 방도를 닦아 행한다면[11] 일을 힘써 처리하지[12] 않을 수 없으며 군주는 스스로 권세를 장악할 것이다. 정사를 듣는 요긴한 길은 실정을 밝히는[13] 일이다. 여러 가지를 분명하게 조사하여[14] 신중히 상벌을 시행한다면 드러난 자는 반드시 제 몫을 얻고 숨겨진 자도 다시 드러나 민이 성실한 쪽으로 돌아올 것이다. 하는 말에 절도를 가지려면 그 내실을 살펴 생각할 일이다. 진실과 거짓을 구분하여 상벌을 틀림없이 한다면 아래가 위를 속이지 않아 모두가 진정으로 말을 하기 때문에 밝기가 해와 같을 것이다. 위의 통찰력이 날카로우면[15] 숨겨진 먼 데까지 이르러[16] 법이 미치지 못하는 법을 보고 눈으로 보이지 않는 사물을 보며 귀와 눈은 이미 밝게 드러나 있어서 관리들이 삼가 법령을 받들고 감히 방자스럽게 굴지 못할 것이다. 군주의 교시가 나오면 그 행동에도 일정한 규율이 있어서 관리들은 부지런히 이를 행하고 껄끄럽거나 매끄럽게 하지 않으며[17] 아래가 사적으로 청탁하지 않고 각자 그 마땅한 바를 따라 일하며 교졸(巧拙)에는 마음 두지 않을[18] 것이다. 신하는 오로지 교시를 따르고 군주는 변화를 알맞게 조정하며[19] 공정하게 살피고 생각을 두루 잘한다면 도가 어지러워지지 않아 이로써 천하가 다스려진다면 후세까지도 본보기가 되어 전통을 이룰[20] 것이다.

請成相. 言治方. 君論有五約以明. 君謹守之, 下皆平正, 國乃昌. 臣下職, 莫游食, 務本節用財無極. 事業聽上, 莫得相使, 一民力. 守其職, 足衣食, 厚薄有等明爵服. 利往卬上, 莫得擅與, 孰私得. 君法明, 論有常, 表儀旣設民知方. 進退有律, 莫得貴賤, 孰私王. 君法儀, 禁不爲, 莫不說教名不移. 修之者榮, 離之者辱, 孰師它. 刑稱陳, 守其銀, 下不得用輕私門. 罪禍有律, 莫得輕重, 威不分.

請牧基. 明有祺. 主好論議必善謀. 五聽修領, 莫不理續, 主勢持. 聽之經, 明其請. 參伍明謹施賞刑, 顯者必得, 隱者復顯, 民反誠. 言有節, 稽其實, 信誕以分賞罰必. 下不欺上, 皆以情言, 明若日. 上通利, 隱遠至, 觀法不法見不視. 耳目旣顯, 吏敬法令, 莫敢恣. 君教出, 行有律, 吏謹將之無鈹滑, 下不私請, 各以所宜, 舍巧拙. 臣謹修, 君制變, 公察善思論不亂. 以治天下, 後世法之, 成律貫.

1 君論 ―론(論)은 륜(倫)자와 같은 뜻으로 쓰임. 도(道)자로도 통용됨.
2 莫游食 ―유식(游食)이란 하는 일 없이 후한 봉록만 탐내는 도식(徒食)의 상태. 맹자의 이른바 소찬(素餐).

3 聽上 ─ 청(聽)은 종(從)자로 통함. 윗사람에게 여쭈어 결재를 받는 일 처리 방식.

4 莫得相使 ─ 상(相)은 신하들 상호간의 자의적인 처사. 사(使)는 수시로 민을 징발하여 사역을 시킴.

5 爵服 ─ 여기서 작(爵)은 벼슬의 높고 낮음을 말함. 복(服)은 그 자리에 따라 달리 입는 복장.

6 利隹卬上 ─ 초(隹)는 유(唯)의 옛 글자. 앙(卬)은 쳐다볼 앙(仰)자와 같음. 앙망(仰望).

7 表儀旣設 ─ 표의(表儀)란 규범(規範) 또는 준칙(準則)을 가리킴. 설(設)은 설정해둠.

8 稱陳 ─ 진(陳)은 도(道)자와 같은 뜻으로 읽힘. 잘 들어맞는가 도리에 비추어 헤아림.

9 守其銀 ─ 은(銀)은 지경 은(垠)자로 통용됨. 계(界)·한(限)자와 마찬가지 의미.

10 明有祺 ─ 명(明)은 힘써서 일할 면(勉)자의 뜻으로 풀이됨. 기(祺)는 길상(吉祥)의 뜻.

11 五聽脩領 ─ 오청(五聽)이란 앞서 든 다섯 가지 청정(聽政) 방법. 수(脩)·령(領)은 치(治)·리(理)자로 통함.

12 理績 ─ 적(績)은 일 사(事)자와 같음. 리(理)는 합리적인 일 처리를 가리킴.

13 明其請 ─ 여기서 청(請)은 정(情)자와 음이 서로 통함. 명(明)은 사실을 명확히 파악함.

14 參伍 ─ 참오(參伍)는 착종(錯綜)의 뜻. 많은 재료를 모아서 비교하고 분석해봄.

15 通利 ─ 통(通)은 통(洞)자와 같음. 리(利)는 예리(銳利)의 뜻. 감식 능력이 뛰어남.

16 隱遠至 ─ 은원(隱遠)이란 이목(耳目)이 닿지 않는 먼 거리를 가리킴. 지(至)는 바로 눈앞에 다가와 환히 꿰뚫어봄.

17 將之無鈹滑 ─ 장(將)은 행(行)자와 같은 뜻으로 풀이됨. 피(鈹)는 삽(鈒)의 오자. 삽(澁)자로 통함. 삽활(鈒滑)은 표리(表裏)관계를 일컬음.

18 舍巧拙 ─ 교졸(巧拙)은 수완이 능하거나 무능한 상태. 사(舍)는 사(捨)자로 통용됨. 논평을 일단 중지함.

19 君制變 ─ 제(制)는 헤아릴 재(裁)자와 같음. 시대의 변천, 그 추이에 따라 걸맞는 조처를 취함.

20 律貫 ─ 관(貫)은 법의 조리(條理)를 가리킴. 율관(律貫)이란 규범(規範)의 근간(根幹)을 말함.

26 부賦

부라 함은 순황이 한때 가서 머물던 초(楚)지방의 가사로부터 발달하여 한대(漢代)에 이르러 성행하던 문체의 하나로, 이 편이 바로 그 고전이다. 『한서』(漢書) 「예문지」(藝文志)에는 '손경부(孫卿賦) 십편(十篇)'이라고 되어 있다. 그러나 여기에 실린 다섯 부 예(禮)·지(知)·운(雲)·잠(蠶)·잠(箴), 그 밖의 것은 산일(散佚)하여 전해지지 않는다. 이것은 모두 수수께끼를 풀어나가는 형식을 취하고 있다. 말미에 따로 붙인 궤시(佹詩)도 본말이 전도되는 세태를 개탄하는 울분의 가사로서, 역시 부의 일종으로 보아야 할 것이다.

[1]

'여기에 큰 물건¹⁾이 있습니다. 실도 아니고 비단도 아닌 것이 무늬가 선명합니다. 해도 아니고 달도 아닌 것이 천하에 밝게 빛납니다. 산 사람은 그것으로 수하고 죽은 이는 그것으로 장례지내며 성곽은 그것으로 안전하고 군대²⁾는 그것으로 강해집니다. 순수하면 왕자가 되고 잡박하면 패자³⁾가 되며 하나도 없으면 망하게 될 것입니다. 신⁴⁾은 어리석어 알지 못하여 감히 왕에게 가르침을 청합니다.'

왕이 말하기를 '이는 그 무늬와 모양은 있어도 색채가 없는 것이 아니겠는가. 간략하여 알기 쉽지만 지극히 촘촘한 결을 지닌⁵⁾ 것이 아니겠는가. 군자는 공경하는 바이나 소인은 그렇지 못한 것⁶⁾이 아니겠는가. 사람의 성품에 이를 얻지 못하면 금수와 마찬가지가 되고 사람의 성품에 이를 얻으면 대단히 바르게 되는⁷⁾ 것이 아니겠는가. 필부가 그것을 높이면 성인이 되고 제후가 그것을 높이면 천하가 통일될 것이 아니겠는가. 지극히 명료하고 간략하며 대단히 순조롭고 행하기 쉬운 것이리라.⁸⁾ 청하건대 나는 이를 예(禮)라고 귀결짓겠다'라고 하였다. 〔예(禮)〕⁹⁾

爰有大物. 非絲非帛, 文理成章. 非日非月, 爲天下明. 生者以壽, 死者以葬, 城郭以固, 三軍以强. 粹而王, 駁而伯, 無一焉而亡. 臣愚不識, 敢請之王.

王曰, 此夫文而不采者與. 簡然易知, 而致有理者與. 君子所敬, 而小人所不者與. 性不得則若禽獸, 性得之則甚雅似者與. 匹夫隆之, 則爲聖人, 諸侯隆之, 則一四海者與. 致明而約, 甚順而體, 請, 歸之禮. 禮.

1 爰有大物─원(爰)은 어차(於此)와 같은 발어사. 대물(大物)이란 예(禮)를 상

징하여 가리킴.

2 三軍—삼군(三軍)은 대군(大軍)의 뜻. 주왕조 때 천자는 육군(六軍)을, 제후
국은 삼군(三軍)을 두던 군 편제.

3 駁而伯—박(駁)은 여러 가지가 뒤섞인 상태. 순수성의 대칭. 백(伯)은 패(覇)자와
같음.

4 臣—여기서 신(臣)이란 순황이 군주 앞에서 자기 자신을 가리키는 겸손의
표현.

5 致有理—치(致)는 극(極)자로 통함. 리(理)는 결이 촘촘한 모양.

6 所不—불(不)은 부(否)자로 통함. 앞서 제시된 사항과 대칭으로 쓰임.

7 雅似—아(雅)는 정(正)자와 마찬가지 의미. 사(似)는 약(若)·여(如)자와 같
은 접미사.

8 順而體—순(順)은 자연스런 상태를 말함. 체(體)는 행(行)자로 통함. 몸에
익힘.

9 禮—예(禮)는 제목 표시. 고문에는 그 제목을 말미에 다는 경우가 일반적임.

[2]

'저 하늘[1]이 어떤 물건을 내려서 아래 백성에게 주셨습니다.[2] 때로
는 후하게 때로는 박하게 하여 늘 한결같이 고르지는 않았습니다. 걸
(桀)과 주(紂)는 그것으로 난폭하였고 탕왕(湯王)과 무왕(武王)은 그
것으로 현자가 되었습니다. 한쪽은 혼란스럽고 다급했으며[3] 또 한쪽은
휘황찬란하고 장엄하였습니다.[4] 온 세계에 두루 퍼져나가도 하루종일
이 걸리진 않았습니다.[5] 군자는 그것으로 몸을 닦고 도척은 그것으로
남의 집 벽을 뚫었습니다. 크기가 하늘과 나란히 닿아도 정밀하고 미세
하여 일정한 형태는 없습니다. 행동은 그것으로 바로잡히고 사업도 그
것으로 성취됩니다. 가히 그것으로 난폭을 금하고 궁핍을 구하며[6] 백
성들도 이를 기다린 연후라야 편안해질 수 있습니다. 신은 어리석어 알
지 못하여 그 이름을 묻고자 합니다.'

왕이 말하기를 '이는 저 넓고 평탄한 데를 즐기고 험하고 비좁은 데를
피하는 것이 아니겠는가. 바르고 깨끗한 데를 가까이하고 난잡하고 더
러운 데를 멀리하는[7] 것이 아니겠는가. 대단히 깊숙하게 잠겨 있더라도

밖으로 적을 이기는 것이 아니겠는가. 우(禹)와 순(舜)을 본받고 능히 그 자취를 똑같이 밟는[8] 것이 아니겠는가. 행위나 동작은 이를 기다린 연후라야 알맞은 것이 아니겠는가. 혈기가 왕성하고 의지도 활발하며[9] 백성들은 이를 기다린 연후라야 편안하고 천하도 이를 기다린 연후라야 태평해진다. 밝게 빛나고 통달하며 순수하여 흠이 전혀 없다. 대저 이를 가리켜 군자의 지혜[10]라고 하는 것이다'라고 하였다. 〔지(知)〕

皇天, 隆物以示下民. 或厚或薄, 常不齊均. 桀紂以亂, 湯武以賢. 惽惽淑淑, 皇皇穆穆, 周流四海, 曾不崇日. 君子以脩, 跖以穿室. 大參于天, 精微而無形. 行義以正, 事業以成. 可以禁暴足窮, 百姓待之而後泰寧. 臣愚不識, 願問其名.

曰, 此夫安寬平而危險隘者邪. 脩潔之爲親, 而雜汙之爲狄者邪. 甚深藏而外勝敵者邪. 法禹舜而能弇迹者邪. 行爲動靜, 待之而後適者邪. 血氣之精也, 志意之榮也. 百姓待之而後寧也, 天下待之而後平也. 明達純粹而無疵, 夫是之謂君子之知. 知.

1 皇天―황(皇)은 대(大)·광(廣)자와 마찬가지로 쓰임. 하늘을 우러르는 존칭.
2 隆物以示―륭(隆)은 강(降)자와 옛 음이 통함. 왕염손(王念孫)은 시(示)를 시(施) 또는 여(與)자와 같다고 봄.
3 惽惽淑淑―혼혼(惽惽)은 정신이 흐리멍덩한 상태. 유월(兪樾)은 숙(淑)을 축(踧)자와 같다고 봄. 절박함.
4 皇皇穆穆―황황(皇皇)은 빛나는 모양. 목목(穆穆)은 위엄이 있어 묵직해보이는 상태.
5 不崇日―숭(崇)은 종(終)자와 마찬가지 의미. 하루종일이 걸리지 않음.
6 足窮―족(足)은 충족(充足)의 뜻. 궁(窮)은 빈곤(貧困)을 가리킴. 가난을 구제함.
7 爲狄―적(狄)은 멀리할 적(逖)자와 음이 같음. 원(遠)자로 쓰일 경우도 있음.
8 弇迹―엄(弇)은 엄습(掩襲)의 뜻. 동(同)자로도 통용됨. 적(迹)은 행적(行迹)을 말함.
9 志意之榮―영(榮)은 성(盛)자와 같음. 헌앙(軒昻)의 뜻. 기상이 당당해보임.
10 知―여기서 지(知)는 지(智)자로 통함. 슬기 또는 지성(知性)이란 의미로 쓰임.

[3]

'여기에 어떤 물건이 있습니다. 가만히 있을 때는 조용히 아주 낮게 드리우고[1] 움직일 때는 더욱 높게 날아 거대해집니다.[2] 둥근 상태는 규구에 맞고 모난 것은 자로 잰 듯합니다. 크기는 하늘 땅과 견줄 만하고 덕은 요(堯)나 우(禹)보다 후하며 가는 털보다 미세하면서 우주 안[3]에 가득 차 있습니다. 그것이 금세 끝까지 멀리 갔다가 이내 갈리어[4] 서로 잇달아 되돌아오는 형상입니다. 번쩍 들어올려[5] 천하를 다 거두어들입니다.[6] 덕은 후하여 그 어느 것도 버려지지 않고 다섯 가지 색깔이 갖추어져서 무늬가 이루어집니다. 왕래는 혼몽하여[7] 대신(大神)으로[8] 통하며 드나듦이 대단히 빨라[9] 그 문을 알지 못합니다. 천하가 이를 잃는다면 멸망하고 이를 얻는다면 생존할 것입니다. 제자는 총명하지 못하니[10] 여기에 이를 진술해주시기 바랍니다. 군자께서 말씀을 베풀어주신다면 청컨대 그 가르침을 헤아려 살피고자 합니다.[11]'

대답하여 말하기를 '이것은 그 거대하더라도 막히지 않는 것이 아니겠는가. 큰 우주 안에 가득 차 있어 공간이 남지 않고[12] 빈틈이나 구멍 속에 들어가더라도 비좁다 하지 않는[13] 것이 아니겠는가. 먼 곳을 빨리 가더라도 안부 묻는 편지를 부칠 수도 없고 왕래가 혼몽하더라도 언제나 막히게 할 수 없는[14] 것이 아니겠는가. 별안간 살상이 일어나도[15] 놀라 피하지[16] 않는 것이 아니겠는가. 공이 천하에 미치더라도 자기 개인의 덕[17]이라 하지 않는 것이 아니겠는가. 대지에 몸을 붙이고 우주로 노닐며 바람을 벗 삼고 비를 자식 삼으며 겨울에는 한기를 일으키고 여름에는 더위를 일으킨다. 이 광대하고 지극히 정묘한 것을 청하건대 나는 구름이라 귀결짓겠다'라고 하였다. 〔운(雲)〕

有物於此, 居則周靜致下, 動則蔂高以鉅. 圓者中規, 方者中矩. 大參天地, 德厚堯禹, 精微乎毫毛, 而充盈乎大寓. 忽兮其極之遠也, 攭兮其相逐而反也. 卬卬兮天下之咸蹇也. 德厚而不捐, 五采備而成文. 往來惽憊, 通于大神, 出入甚極, 莫知其門. 天下失之則滅, 得之則存. 弟子不敏, 此之

願陳, 君子設辭, 請測意之.

曰, 此夫大而不塞者與. 充盈大宇而不窕, 入郤穴而不偪者與. 行遠疾速,
而不可託訊, 往來惽憊, 而不可爲固塞者與. 暴至殺傷, 而不億忌者與. 功
被天下, 而不私置者與. 託地而游宇, 友風而子雨. 冬日作寒, 夏日作暑.
廣大精神, 請歸之雲. 雲.

1 居則周靜―거(居)는 지(止)·처(處)자와 같음. 주(周)는 주밀(周密)의 뜻.
  정(靜)은 적(寂)자로 통함. 구름이 낮게 낌.
2 鉅―거(鉅)는 거(巨) 또는 대(大)자와 같음. 광대(廣大)함. 구름이 넓게 퍼지
  는 모양.
3 大寓―우(寓)는 우(宇)자로 통함. 대우(大寓)란 우주의 큰 공간을 가리킴.
4 攋兮―라(攋)는 쪼갤 리(劙)자로 통함. 직파(直破)의 뜻. 구름이 나뉘어 갈라
  지는 상태.
5 印印兮―앙(印)은 앙(仰)자와 같음.
6 咸塞―건(塞)은 거둘 건(攓)자로 통함. 발취(拔取)의 뜻. 모두 다 빼어 가짐.
7 惽憊―혼(惽)은 정신이 나가 흐리멍덩한 상태. 비(憊)는 곤(困)·피(疲)자와
  같음.
8 通于大神―여기서 대신(大神)이란 그 움직임이 신묘해서 헤아릴 수 없는 경
  지를 일컬음.
9 甚極―극(極)은 급할 극(亟)자로 통함. 신속(迅速)의 뜻.
10 弟子不敏―제자(弟子)란 순황 자신을 가리킴. 민(敏)은 생각이 민첩하게 움
   직임.
11 測意―의(意)는 억(憶)자와 옛 음이 같음. 측(測)은 추측하여 헤아려봄.
12 不窕―조(窕)는 너그러울 관(寬)자로 통함. 불조(不窕)란 빈자리가 남지 않
   음. 여유가 전혀 없는 상태를 말함.
13 不偪―핍(偪)은 다가설 박(迫)자로 통함. 한쪽으로 치우쳐서 거북해하는 모
   습. 답답함.
14 固塞―고(固) 역시 색(塞)자와 마찬가지 의미. 정체가 고착된 상태를 가리킴.
15 暴至―폭(暴)은 아(俄)자와 같음. 갑작스러운 모양. 여기서는 낙뢰(落雷)를
   가리킴.
16 不億忌―억(億)은 의(意)자로 풀이됨. 의(疑)자와 같음. 기(忌)는 기피(忌避)함.
17 私置―치(置)는 덕(德)자와 같은 음으로 읽혀짐. 사적인 업적으로 돌려서
   자랑함.

'여기에 이상한 물건이 있습니다. 그 형상은 털 없는 벌거숭이[1]로 도깨비처럼 자주 변신합니다.[2] 공적은 천하에 미치고 만세에 걸친 무늬를 만들며[3] 예악은 이로써 이루어지고[4] 귀천은 이로써 구별되며 노인을 부양하고 어린아이 기르는 일도 이를 기다린 연후라야 가능합니다. 부르는 이름은 아름답지 않아 사나울 폭(暴)자[5]와 이웃합니다. 일단 공적을 세우면 몸은 쓸모가 없이 되고[6] 일을 완성하면 집은 부서지며[7] 그 다 늙은 자는 버려지고 그 뒤를 이을 자만 거두어집니다.[8] 인간 족속들에게는 이롭더라도 날아다니는 새가 잡아먹어 해치는 바입니다. 신은 어리석어 알지 못하여 청컨대 오제(五帝)께 이를 물어보고자 합니다.[9]'

오제가 이를 생각하여 말하기를 '이는 그 몸이 여자 살결처럼 부드럽고[10] 머리 모양은 말의 목을 닮은 것이 자주 변신하여도 수하지 못하는 것이 아니겠는가. 한창 기운이 날 때는 장대해지다가 늘그막에는 변변치 못한 것[11]이 아니겠는가. 그 부모는 있어도 암수 구분이 없는 것이 아니겠는가. 겨울 동안 엎드려 있다가 여름에 자라 뽕잎을 먹고 실을 토해내며 앞서 처음에는 요란하다가 뒤에는 조용히 가라앉는다.[12] 여름철에 낳되 더위를 싫어하고 습기를 좋아하되 비를 싫어한다. 번데기를 어머니로 삼고 나방을 아버지로 삼으며 세 번 엎드렸다가 세 번 몸을 일으켜[13] 일은 이내 모두 끝난다. 대저 이를 가리켜 누에의 도리라 말하는 것이다' 라고 하였다. 〔잠(蠶)〕

有物於此, 蠢蠢兮其狀, 屢化如神. 功被天下, 爲萬世文. 禮樂以成, 貴賤以分, 養老長幼, 待之而後存. 名號不美, 與暴爲隣. 功立而身廢, 事成而家敗. 棄其耆老, 收其後世. 人屬所利, 飛鳥所害. 臣愚而不識, 請占之五泰.

五泰占之曰, 此夫身女好而頭馬首者與. 屢化而不壽者與. 善壯而拙老者與. 有父母而無牝牡者與. 冬伏而夏滋, 食桑而吐絲, 前亂而後治, 夏生而

惡暑, 喜濕而惡雨. 蛹以爲母, 蛾以爲父, 三俯三起, 事乃大已. 夫是之謂
蠶理. 蠶.

1 蠢蠢兮 —라(蠢)는 알몸뚱이 라(倮) 또는 옷 벗을 라(裸)자로 통함. 우모(羽毛)가 없는 모습.

2 屢化 —루(屢)는 빈번(頻繁)의 뜻. 여러 번 바뀜. 애벌레가 자라서 누에고치를 만들고 번데기가 나방으로 변하는 과정.

3 萬世文 —문(文)은 우리가 입는 의복의 무늬를 말함. 누에고치에서 뽑은 실로 비단을 짬.

4 禮樂以成 —예와 악은 의관(衣冠)과 함께 일종의 귀족문화를 일컬음. 비단옷을 입음으로써 그 성립이 가능하다고 함.

5 與暴 —폭(暴)은 혹독할 참(慘)자로 풀이될 수도 있음. 여기서 참(慘)은 잠(蠶)자와 음이 서로 통함.

6 功立而身廢 —공립(功立)이란 누에가 집을 다 짓는 그 공을 말함. 신폐(身廢)란 번데기로 변하는 과정을 죽은 상태로 파악한 것임.

7 家敗 —가(家)란 누에고치를 가리킴. 패(敗)는 고치의 실을 다 뽑아낸 뒤 그 주거 형태가 없어진 것을 말함.

8 收其後世 —후세(後世)는 자손을 가리킴. 바로 나방의 알을 일컬음. 수(收)는 수습함.

9 占之五泰 —점(占)은 문(問)자와 같음. 또는 고(考)자와 마찬가지 의미. 오태(五泰)란 요·순을 포함한 전설적인 제왕을 말함.

10 女好 —여호(女好)란 유완(柔婉)의 뜻. 숙부드럽고 유연한 모양을 가리킴.

11 拙老 —졸(拙)은 굴(屈)자로 통함. 굴로(屈老)란 노경에 이르러 학대받음을 일컬음.

12 亂·治 —여기서 란(亂)과 치(治)는 누에가 고치를 만들 때 실을 토해내는 요란함과 그 끝난 다음의 조용한 상태를 말함.

13 三俯三起 —삼(三)은 빈번함을 가리킴. 부(俯)는 부복(俯伏)의 뜻. 누에가 잠자는 모습.

[5]

'여기에 어떤 물건이 있습니다. 산 속에서 나서[1] 지금은 집 안에 들어앉아 있습니다. 지혜는 없고 솜씨가 없어도 의복을 잘 깁고 도둑질을 하거나 훔치지 않아도 구멍에 파고 들어가[2] 밤낮으로 헝겊조각들을 모

아 장식 무늬를 만들어냅니다. 이미 능하게 세로를 합치고³⁾ 또 가로로
도 잘 잇습니다. 아래로는 백성들을 덮어 입히고 위로는 제왕의 복장을
꾸미며 공들인 업적은 대단히 클지라도 현량(賢良)으로 드러내지 않고⁴⁾
때때로 쓰이면 있고 쓰이지 않으면 몸을 숨겨 없어집니다. 신은 어리석
어 알지 못하여 감히 이를 왕께 묻고자 합니다.'

　왕이 말하기를 '이는 그 처음 생겨날 때는 거대했지만 그 일해 나갈
때는 작게 되는 것이 아니겠는가. 그 꼬리는 길고 그 끝은 뾰족한⁵⁾ 것
이 아니겠는가. 머리는 날카롭게 꿰뚫고⁶⁾ 꼬리를 길게 걸치는⁷⁾ 것이
아니겠는가. 한번 갔다 한번 왔다 꼬리에 실을 매어 일하고 깃 없고 날
개가 없으면서 되풀이하는 손놀림은 대단히 빠르다. 꼬리가 생겨나 일
이 시작되고 꼬리가 옮겨가서⁸⁾ 일을 그친다. 비녀를 아버지로 삼고⁹⁾
상자를 어머니로 삼는다.¹⁰⁾ 이미 겉바느질을 끝내면 또 속마무리를 하
는 것이리라. 이를 가리켜 바늘의 도리라 하는 것이다' 라고 하였다. 〔바
늘 잠(箴)〕

有物於此. 生於山皐, 處於室堂. 無知無巧, 善治衣裳. 不盜不竊, 穿窬而
行. 日夜合離, 以成文章. 以能合從, 又善連衡. 下覆百姓, 上飾帝王. 功業
甚博, 不見賢良. 時用則存, 不用則亡. 臣愚不識, 敢請之王.
王曰, 此夫始生鉅. 其成功小者邪. 長其尾而銳其剽者邪. 頭銛達而尾趙
繚者邪. 一往一來, 結尾以爲事. 無羽無翼, 反覆甚極. 尾生而事起, 尾遭
而事已. 簪以爲父, 管以爲母. 旣以縫表, 又以連裏. 夫是之謂箴理. 箴.

　1 生於山皐 ― 부(皐)는 흙산 또는 산등성이 강(岡)자로 통함. 바늘 만드는 쇠가
　　철광에서 산출됨을 말함.
　2 穿窬而行 ― 천(穿)은 벽을 뚫음. 관통(貫通)의 뜻. 유(窬)는 넘을 유(踰)자로
　　통함. 담장을 뚫고 안에 들어감.
　3 以能合從 ― 이(以)는 이미 이(已)자와 같음. 종(從)은 합종(合縱)의 종(縱)자
　　로 쓰임. 연횡(連衡)의 횡(衡)자와 대칭이 됨.
　4 不見賢良 ― 현(見)은 현(顯)자로 통함. 수동의 형태. 현량(賢良)은 어질고 착

하다고 자랑함.

5 銳其剽—표(剽)는 첨단(尖端)의 뜻. 바늘의 맨 앞부분을 가리킴.

6 銛達—섬(銛)은 날카로우리 리(利)자와 같음. 달(達)은 통달(通達)의 뜻.

7 趙繚—조(趙)는 얽을 도(綢)자와 옛 음이 통함. 꼬리가 긴 모양. 료(繚)는 얽
   을 전(纏)자와 뜻이 같음.

8 尾邅—전(邅)은 돌 전(轉)자와 마찬가지 의미. 이행(移行)되어 가는 상태.

9 簪以爲父—유월(兪樾)은 잠(簪)을 송곳 찬(鑽)자와 같다고 봄. 비녀 모양이
   바늘처럼 되어 있어 그 원형을 삼음.

10 筓以爲母—여기서 관(筓)은 바늘상자의 뜻으로 쓰임.

[6]

'천하가 다스려지지 못하여 색다른 격한 시를 말하고자¹⁾ 합니다. 하
늘과 땅이 위치를 바꾸고 사시가 순환하는 방향을 바꾸며 많은 별들이
떨어지고 아침과 저녁도 캄캄합니다. 암우한 자가 높은 자리에 오르고²⁾
해와 달처럼 밝은 이가 아래로 묻혀버립니다. 공정하여 사심이 없더라
도 도리어 제멋대로 하는 자라 일컬어지고³⁾ 속마음이 공공의 이익을
생각하더라도 거대한 저택을 꾸미는 자라 여겨집니다.⁴⁾ 사사로이 남을
벌주는 일이 없더라도 무장하여 경계해야 하고⁵⁾ 도덕이 순전히 한결같
더라도 헐뜯는 말이 빗발칩니다.⁶⁾ 어진 이는 짓눌려 곤궁하고⁷⁾ 오만하
고 난폭한 자들은 내키는 대로 설칩니다. 천하가 어둡고 험난하여 세상
이 영걸을 잃을까 걱정입니다. 뿔 없는 용은 도마뱀이 되고 사나운 올
빼미가 봉황새가 되며 비간(比干)은 가슴이 쪼개지고 공자는 광(匡)땅
에 갇혔습니다. 보다 밝게 그 지혜가 빛나기 바랐지만 역⁸⁾으로 좋지 못
한 시절을 만나게 되었고 구김 없이 예의가 크게 행해지기 바랐지만 더
욱 어둡게 천하가 캄캄해졌습니다. 밝게 빛나는 하늘은 다시 돌아오지
않아⁹⁾ 내 시름은 한도 없습니다. 천년이면 반드시 반전한다는 사실이
예부터의 법칙입니다. 제자들이 배움을 힘쓴다면 하늘은 잊지 않을 것
이고 성인이 팔짱끼고 가만히 있더라도¹⁰⁾ 좋은 시기가 거의 기대될 것
입니다. 어리석다고 이를 의심하기보다 간략하게 줄인 말씀¹¹⁾을 듣고

자 합니다.'

　그 간략하게 줄인 노래.[12] '생각해보니 저 먼 나라가 어찌 그런 곤경에 이르렀는가.[13] 어진 이는 짓눌려 곤궁하고 난폭한 자가 횡행하며[14] 충신은 위태롭고 헐뜯는 자만 편안한 날을 보내는구나.[15] 선(琁)·옥(玉)·요(瑤)·주(珠)[16]를 찰 줄 모르고 삼베와 비단을 뒤섞어 달리 가릴 줄 모르네. 여취(閭娵)·자사(子奢)[17]를 중매 설 줄 모르고 모모(謨母)·조보(刁父)[18]를 여기에 입모아 칭찬하네. 장님을 눈 밝다 하고 귀머거리를 총기 있다 하며 위험을 안전하다 하고 길사를 흉사라 하네. 아아, 상천이여, 어떻게 이를 함께 찬동할 수 있겠는가.'

天下不治, 請陳佹詩. 天地易位, 四時易鄕. 列星殞墜, 旦暮晦盲. 幽晦登昭, 日月下藏. 公正無私, 見謂從橫, 志愛公利, 重樓疏堂, 無私罪人, 憼革戒兵. 道德純備, 讒口將將. 仁人紲約, 敖暴擅彊, 天下幽險, 恐失世英. 螭龍爲蝘蜓, 鴟梟爲鳳皇, 比干見刳, 孔子拘匡. 昭昭乎其欲知之明也, 拂乎其遇時之不祥也, 郁郁乎其欲禮義之大行也, 闇乎天下之晦盲也. 皓天不復, 憂無疆也. 千歲必反, 古之常也. 弟子勉學, 天不忘也. 聖人共手, 時幾將矣. 與愚以疑, 願聞反辭.

其小歌也. 念彼遠方, 何其塞矣. 仁人詘約, 暴人衍矣. 忠臣危殆, 讒人般矣. 琁玉瑤珠, 不知佩也, 雜布與錦, 不知異也. 閭娵子奢, 莫之媒也. 謨母刁父, 是之喜也. 以盲爲明, 以聾爲聰, 以危爲安, 以吉爲凶. 嗚呼上天, 曷維其同.

　1 陳佹詩—진(陳)은 구두 진술을 말함. 궤(佹)는 궤(恑)자로 통함. 기괴하고 격분한 어조. 『시경』의 변풍(變風)과 같은 형식.
　2 幽晦登昭—유(幽)·회(晦) 두 글자 모두 암(暗)자로 통함. 해와 달(군자)의 대칭으로 소인배를 가리킴. 등소(登昭)는 영달의 뜻.
　3 見謂從橫—견위(見謂)는 수동형으로 평가를 받음. 종횡(從橫)은 합종(合縱) 연횡(連衡)의 뜻. 권모와 술수를 말함.
　4 重樓疏堂—중루(重樓)는 고층의 누각. 소당(疏堂)은 바람이 잘 통하는 큰

집. 호화 저택.

5 憗革戒兵―경(憗)은 비(備)자로 통함. 혁(革)은 갑옷. 계병(戒兵)이란 무력 도발을 경계함.

6 將將―장(將)은 근(謹)자와 마찬가지로 시끄럽게 지껄임. 모을 집(集)자로도 풀이됨.

7 紺約―굴(紺)은 굽힐 굴(屈)자와 같음. 약(約)은 곤궁(困窮)의 뜻. 구속함.

8 拂乎―불(拂)은 어길 위(違)자로 통함. 일을 거슬리게 하여 역현상을 드러냄.

9 皓天不復―호(皓)는 백(白) 또는 명(明)자와 같음. 호천(昊天)을 가리킴. 복(復)은 다시 돌아옴.

10 共手―공(共)은 공(拱)자와 똑같이 쓰임. 손을 마주잡고 아무 일도 하지 않는 방관 상태.

11 反辭―반사(反辭)란 앞의 시를 요약하여 되풀이하는 말. 「초사」(楚辭)의 난(亂)과 같은 형식.

12 小歌―소가(小歌)란 앞에 든 글의 뜻을 총괄하여 극히 간략하게 줄인 가사.

13 其蹇―건(蹇)은 험난한 사태를 가리킴. 원전에는 막힐 색(塞)자로 되어 있음.

14 暴人衍―연(衍)은 만연(蔓衍)의 뜻. 서두르지 않고 널리 돌아다니는 모양.

15 般矣―반(般)은 반락(般樂)의 뜻. 반유(般遊)와 마찬가지로 쓰임. 즐겨 놂.

16 琁玉瑤珠―선(琁)·옥(玉)·요(瑤)·주(珠) 모두 허리에 차는 아름다운 패옥(佩玉)을 말함.

17 閭娵子奢―여취(閭娵)는 고대의 대표적 미녀. 자사(子奢)는 정(鄭) 땅의 미남자 자도(子都).

18 謨母刁父―모모(謨母)는 황제(黃帝)의 네 번째 비(妃)라고 전해지는 대표적 추녀의 이름. 조보(刁父)는 역보(力父)라 부르기도 하는 전설적 추남.

27 대략大略

이 편은 순황이 남긴 말을 그 제자들이 모아서 적어둔 일종의 어록이다. 비교적 짤막한 단문 형식을 취하고 있어 전집류와 다르게 편명을 대략이라 붙였다. 내용은 예의·도덕·제도·정치·교육 등 여러 분야에 걸쳐서 잡박하지만 모두 우리가 거울삼아 경계할 잠언(箴言) 성격의 글들이다. 원전 전체를 편의상 80절로 나누었다. 다른 편과 중복되는 부분이 많다. 특히 「예기」(禮記)·「대대례」(大戴禮)와 겹치는 말들이 적지 않다.

[1]

대체로[1] 사람 위에 서는 군주 된 이가 예를 높여[2] 현자를 존경한다면 왕자(王者)가 되고 법을 소중히 하여 민을 사랑한다면 패자(覇者)가 되며 이득을 좋아하여 속이는 일이 많다면 그 나라가 위태롭다.

大略. 君人者, 隆禮尊賢而王, 重法愛民而覇, 好利多詐而危.

1 大略―대략(大略)은 개략(槪略). 대강의 뜻. 한 편의 표제로 제시된 말.
2 隆禮―륭(隆)은 높을 존(尊)자와 마찬가지 의미. 이 편에 그 쓰인 예가 많음.

[2]

사방의 모두를 가까이하고자 한다면 중앙[1]만 같지 못하다. 그러므로 왕자는 반드시 천하의 한가운데에 거처를 두어야 된다는 것이 예다. 천자는 가리개를 밖으로 세우고[2] 제후는 가리개를 안으로 세우는 것이 예다. 바깥 가리개는 밖을 내다보지 않는다는 표시다. 안쪽 가리개는 안을 들여다보지 않는다는 표시다.

제후가 그 신하를 부르면 신하는 말을 탈 사이를 기다리지 않고 옷을 엇바꾸어 입을 만큼[3] 급하게 달려가는 것이 예다. 『시』[4]에 이르기를 '자빠지고 넘어지며 임금으로부터 부르심이 있어'라고 하였다. 천자가 제후를 부르면 제후는 당장 스스로 수레를 끌어 마구간까지 나아가는 것[5]이 예다. 『시』[6]에 이르기를 '나는 내 수레를 내어 저 목장으로 나서련다. 천자가 계신 데서 나를 오라 이르셨으니'라고 하였다.

천자는 산 무늬 수놓은 의복과 면류관[7]을, 제후는 검붉은 옷과 관을, 대부는 여벌옷과 면관[8]을, 사 계층은 다른 가죽 관[9]을 쓰는 것이 예다.

천자는 정(珽)[10]을, 제후는 서(荼)[11]를, 대부는 홀(笏)을 차는 것이 예다. 천자는 조각한 활을, 제후는 주홍색 칠한 활을, 대부는 검정색 칠한 활을 지니는 것이 예다.

欲近四旁, 莫如中央. 故王者必居天下之中, 禮也. 天子外屛, 諸侯內屛, 禮也. 外屛, 不欲見外也, 內屛不欲見內也.

諸侯召其臣, 臣不俟駕, 顚倒衣裳而走, 禮也. 詩曰, 顚之倒之, 自公召之. 天子召諸侯, 諸侯輦輿就馬, 禮也. 詩曰, 我出我輿于彼牧矣. 自天子所謂我來矣.

天子山冕, 諸侯玄冠, 大夫裨冕, 士韋弁, 禮也. 天子御珽, 諸侯御荼, 大夫服笏, 禮也. 天子雕弓, 諸侯彤弓, 大夫黑弓, 禮也.

1 中央―여기서 중앙(中央)이란 변경 사방에서 한가운데가 되는 곳. 수도(首都)를 일컬음.

2 外屛―병(屛)은 병풍(屛風) 또는 가리개. 외병(外屛)은 밖에 대한 침략 의사가 없음을 말함.

3 顚倒衣裳―전(顚)은 뒤집힘. 도(倒)는 거꾸로 됨. 의(衣)는 상반신에 입는 옷. 상(裳)은 아래쪽에 입는 옷. 황급히 서두르느라고 옷을 엇바꾸어 입음.

4 詩―『시경』「제풍(齊風)·동방미명(東方未明)」편의 인용 시구.

5 輦輿就馬―련(輦)은 당길 만(輓)자와 같음. 여(輿)는 사람 타는 수레. 마(馬)는 말을 두는 마구간을 말함. 시간 여유가 없어 손수 수레를 끌어다가 말과 연결시킴.

6 詩―『시경』「소아(小雅)·출거(出車)」편의 인용 시구.

7 山冕―산면(山冕)이란 산 모양의 무늬가 그려진 옷과 술이 달린 관. 천자가 의식 때 입는 정장을 말함.

8 裨冕―비(裨)는 곁들여 입는 비의(裨衣). 면(冕)은 관(冠)과 마찬가지 의미로 쓰임.

9 韋弁―위변(韋弁)은 무두질한 가죽으로 만든 관. 피변(皮弁)이라 부르기도 함. 변(弁)은 고깔. 옛날 관(冠)과 통용됨.

10 御珽―정(珽)은 옥홀(玉笏)을 말함. 대규(大圭)라고도 일컬음. 어(御)는 용(用)자와 같음.

11 荼―서(荼)는 서(舒)의 옛 글자. 상원하방의 옥으로 만든 홀.

[3]

제후가 나라 밖에서 서로 회견할 경우는 경(卿)을 보좌로 삼고[1] 교양을 쌓은 선비들을 모두 데려가[2] 어진 이로 하여금 빈 거처를 지키도록[3] 시킨다.

諸侯相見, 卿爲介, 以其敎士畢行, 使仁居守.

1 卿爲介 — 경(卿)은 대신(大臣)들을 말함. 개(介)는 곁에 있어 위의(威儀)를 돕는 역할.
2 以其敎士畢行 — 이(以)는 거느릴 솔(率)자로 쓰임. 교사(敎士)란 예법에 정통한 사람. 필행(畢行)은 모두 수행(隨行)시킴.
3 居守 — 거(居)는 집 떠난 자리. 뒷일을 맡김.

[4]

사람을 신하로 초빙할 때는 규(珪)를 사용하고[1] 국사를 물을 때는 벽(璧)을 사용하며[2] 사람을 불러들일 때는 원(瑗)을 사용하고 사람을 끊을 때는 결(玦)을 사용하며[3] 끊은 자를 다시 되돌릴 때는 환(環)을 사용한다.

聘人以珪, 問士以璧, 召人以瑗, 絶人以玦, 反絶以環.

1 聘人以珪 — 빙(聘)은 신하로 남을 초빙함. 규(珪)는 서옥(瑞玉)의 하나로, 가늘고 길며 위쪽이 둥글고 아래가 모남.
2 問士以璧 — 사(士)는 일 사(事)자와 같음. 벽(璧)은 편평한 원형의 옥. 한가운데 둥근 구멍이 뚫려 있음.
3 絶人以玦 — 절(絶)은 인연을 끊음. 결(玦)은 환(環)의 반쪽이 되는 패옥(佩玉). 결별(訣別) 또는 결단(決斷)의 뜻과 통함.

[5]

남의 군주 된 이는 어진 마음을 지녀야 할 것이다. 지혜는 그 수족[1]이고 예는 그 다 드러낸 모습이다. 그러므로 왕자는 인을 먼저 하고 예를 뒤로 한다. 이는 하늘이 베푼[2] 그대로이다.

人主仁心設焉. 知其役也, 禮其盡也. 故王者先仁而後禮. 天施然也.

1 知其役─지(知)는 지(智)자와 같음. 기(其)는 앞에 든 인심(人心)을 가리킴. 역(役)은 사역당하는 노복의 뜻.
2 天施─천시(天施)란 자연의 움직임 그대로를 말함. 천 자체는 의지가 없는 자연상태라 함.

[6]

「빙례」(聘禮) 기록[1]에 말하기를 '폐백이 후하면 덕이 상하고 재화가 넘치면 예의 본뜻이 없어진다.[2] 예라, 예라고 말하지만 옥이나 비단을 말하는 것이겠는가'라고 하였다. 또 『시』[3]에 이르기를 '음식이 맛있다.[4] 대우도 좋았다'라고 하였다. 때에 알맞지 않고 공경과 문식을 다하지 않으며 즐겁지 않다면 비록 화려하더라도 예가 아니라는 것이다.

聘禮志曰, 幣厚則傷德, 財侈則殄禮, 禮云禮云, 玉帛云乎哉. 詩曰, 物其指矣, 唯其偕矣. 不時宜, 不敬文, 不驩欣, 雖指非禮也.

1 聘禮志─빙례(聘禮)는 『의례』(儀禮)의 한편 끝 부분. 지(志)는 기(記)와 마찬가지 의미.
2 殄禮─진(殄)은 몰(歿)의 옛 글자. 진멸(殄滅)·사몰(死沒)과 같은 뜻.
3 詩─『시경』「소아(小雅)·어리(魚麗)」편의 인용 시구.
4 物其指─지(指)는 지(旨)자로 통함. 맛좋은 음식. 미미(美味)의 뜻.

[7]

물을 건너가는 자가 깊은 데를 표해두는 것[1]은 사람들이 빠지지 않게 하기 위함이다. 백성을 다스리는 자가 혼란을 표시하는 것은 사람들이 실수하지 않게 하기 위함이다. 예라 하는 것은 그 표시다. 선왕은 예를 가지고 천하의 혼란을 표시하였다. 지금 예를 폐기하자는 것은 바로 그 표시를 제거하자는 것이다. 그러므로 백성들은 헷갈려서 재앙 속에 빠져들게 된다. 이것이 형벌이 번다해지는 까닭이다.

水行者表深, 使人無陷, 治民者表亂, 使人無失. 禮者其表也. 先王以禮表天下之亂. 今廢禮者, 是去表也. 故民迷惑而陷禍患. 此刑罰之所以繁也.

1 表深—표(表)는 표지(標志) 또는 표지(標識)의 뜻. 깊은 곳에 푯말을 박음.

[8]

순(舜)이 말하기를 '나는 내가 하고 싶은 대로 했지만 천하가 잘 다스려졌다'고 하였다. 그러므로 예의 발생은 현인 이하 서민을 위한 것이고 성인을 위한 것은 아니다. 그러나 또한 성(聖)을 이루는 데 필요한 것이다. 배움에 힘쓰지 않는다면 이루지 못한다. 요(堯)는 군주(君疇)[1]에게 배웠고 순(舜)은 무성소(務成昭)[2]에게 배웠으며 우(禹)도 서왕국(西王國)에게 배웠다.

舜曰, 維予從欲而治, 故禮之生, 爲賢人以下至庶民也, 非爲聖人也. 然而亦所以成聖也. 不學不成. 堯學於君疇, 舜學於務成昭, 禹學於西王國.

1 君疇—『한서』(漢書)「고금인표」(古今人表)에 군주(君疇)가 윤주(尹疇)로 되어 있음.
2 務成昭—『시자』(尸子)에 무성소(務成昭)가 순을 가르쳤다고 되어 있음. 소(昭)는 그 이름자.

[9]

나이 오십이 되면 상례(喪禮)를 다 치르지 않고[1] 칠십이 되면 상복만 입는다.[2]

五十不成喪, 七十唯衰存.

1 不成喪—성(成)은 완성의 뜻. 불성상(不成喪)이란 상례 절차를 갖추지 않음. 소리내어 울거나 가슴 치며 뛰는 곡용(哭踊)을 하지 않음.
2 唯衰存—최(衰)는 상옷 최(縗)자로 통함. 삼베로 만든 상복만 몸에 걸침.

[10]

혼인에 있어 그 의례 절차.¹⁾ 아버지는 남쪽을 향하여 서고 자식은 북쪽을 보고 무릎을 꿇는다. 술을 따라주고 잔을 비우면²⁾ 명하기를 '가서 너의 처를 맞아³⁾ 내 집 종사(宗事)⁴⁾를 이루고 정답게 이끌어⁵⁾ 공경하며 네 어머니의 뒤를 잇게 하라.⁶⁾ 너는 언제나 떳떳거라' 라고 한다. 자식이 말하기를 '네, 알았습니다. 오직 감당해낼지⁷⁾ 두려우나 감히 명한 말씀을 잊겠습니까' 라고 대답한다.

親迎之禮. 父南鄕而立, 子北面而跪. 醮而命之, 往迎爾相, 成我宗事, 隆率以敬, 先妣之嗣. 若則有常. 子曰, 諾, 唯恐不能, 敢忘命矣.

1 親迎之禮—친영(親迎)이란 혼인할 때 신랑이 신부의 집까지 마중 나가는 절차를 말함.
2 醮—여기서 초(醮)는 잔에 술을 따라주는 증(贈)자의 뜻을 가짐. 반배(返盃)하지 않는 의식의 한 가지.
3 迎爾相—이(爾)는 너 여(汝)자로 통함. 상(相)은 조(助)자의 뜻. 배우자인 신부를 가리킴.
4 宗事—종사(宗事)란 한 집안의 큰 행사. 조상의 제사를 끊기지 않게 하고 자손을 잇게 함.
5 隆率—륭(隆)은 후독(厚篤)의 뜻. 정을 두텁게 함. 솔(率)은 따를 준(遵) 또는 거느릴 수(帥)자와 같음.
6 先妣之嗣—선비(先妣)는 돌아가신 어머니. 선고(先考)의 대칭. 사(嗣)는 대를 이음.
7 不能—여기서 능(能)은 내(耐)자로 통함. 감내(堪耐)의 뜻. 일을 잘해나감.

[11]

대저 행한다 하는 것$^{1)}$은 예의 실천을 가리킨다. 신분 높은 이는 이를 존경하고 노인은 이를 효양하며 연장자는 이를 종순하고 어린이는 이를 자애하며 미천한 자는 이를 베푸는 것이다.

夫行也者, 行禮之謂也. 禮也者, 貴者敬焉, 老者孝焉, 長者弟焉, 幼者慈焉, 賤者惠焉.

1 行也者―행(行)은 인간의 행위 전체를 포괄함. 예를 구체적으로 일컬음.

[12]

그 집안 사람$^{1)}$에게 칭찬하는 물건을 내릴 때는 마치 국가에서 경상 (慶賞)을 베풀 듯이 하여야 한다. 그 부리는 사람$^{2)}$에게 성내어 꾸짖을 때도 마치 만민에 형벌을 가하듯이 예법에 맞추어야 한다.

賜予其宮室, 猶用慶賞於國家也, 忿怒其臣妾, 猶用刑罰於萬民也.

1 宮室―여기서 궁실(宮室)이란 한 집안의 구성원 모두를 가리킴.
2 臣妾―신첩(臣妾)은 비복(婢僕)의 뜻. 손아래 두고 부리는 남녀 사용인.

[13]

군자는 자기 자식에 대해 사랑하더라도 안색을 드러내지 말고$^{1)}$ 일을 시키더라도 위로하는 모습을 보이지 말며 올바른 도로써 이끌더라도 억지로 하지는 말아야 한다.

君子之於子, 愛之而勿面, 使之而勿貌, 導之以道而勿彊.

1 勿面―면(面)은 모(貌)와 마찬가지 의미로 자기 심정을 얼굴에 나타냄. 물 (勿)은 금하는 부정사. 근엄한 면모를 요구함.

[14]

예(禮)는 사람의 자연스런 심정에 따르는 것으로 근본을 삼는다. 그러므로 예의 규정[1]에는 없다 하더라도 사람의 심정에 맞추어 따르는 것이라면 모두 예라고 하는 것이다.

禮以順人心爲本. 故亡於禮經, 而順人心者, 皆禮也.

1 禮經―경(經)은 길 경(徑)자로 통용됨. 사람의 도(道)에 관한 말을 뜻함. 경전(經典)이라는 의미와는 다름.

[15]

예의 대강. 산 자를 섬길 경우는 그 사는 기쁨[1]을 수식하고 죽은 자를 장송할 경우는 그 슬픈 심정을 수식하며 군사에 대해서는 그 위의를 수식하는 것이다.

禮之大凡. 事生飾驩也, 送死飾哀也, 軍旅飾威也.

1 飾驩―환(驩)은 환(歡)자와 통용됨. 환흔(歡欣)의 뜻. 기뻐하는 심정을 말함.

[16]

친척을 친척으로, 친구를 친구[1]로 응대하고 공 있는 이를 공 있는 자로,[2] 수고한 이를 수고한 자로 응대하는 것이 인(仁)이 미치는 차이다.[3] 신분이 높은 이는 높은 자로, 존경받는 이는 존경받는 자로 공경하고 현자는 현자로, 노인은 노인으로, 연장자는 연장자로 공경하는 것이 의(義)가 나아가는 도리다. 이를 행하여 그 절도를 얻는 것이 예(禮)가 취하는 차례다. 인이란 사랑이므로 친숙한 것이다. 의란 도리이므로 실행하는 것이다. 예란 절도이므로 사물을 이루는 것이다. 인은 그 마을이 있고[4] 의는 그 문이 있다. 인이 그 마을이 아닌데도 편하게 산다

면 그것은 인이 아니고 의가 그 문이 아닌데도 드나든다면 그것은 의가
아니다. 은애하는 정을 미루어 나가더라도 도리에 벗어난다면 인을 완
성하지 못할 것이다. 도리를 갖추더라도 절도에 맞지 않는다면 의를 완
성하지 못할 것이다. 절도를 살피더라도 조화할 줄 모른다면 예를 완성
하지 못할 것이다. 조화가 되더라도 음성을 낼 줄 모른다면 악(樂)을 완
성하지 못할 것이다. 그러므로 말하기를 '인·의·예·악은 그 극치가
하나다'라고 한다. 군자는 인에 처하기를 의로 하므로 그런 연후에 인
이 완벽하다. 의를 행함에 있어 예로 하므로 그런 연후에 의가 완벽하
다. 예를 제정함에 있어서도 근본으로 돌아가 그 끝을 이룬[5] 연후에 예
가 완벽하다. 이 세 가지에 모두 통달한 연후에 도(道)가 완벽해지는 것
이다.

親親故故, 庸庸勞勞, 仁之殺也. 貴貴尊尊, 賢賢老老長長, 義之倫也. 行
之得其節, 禮之序也. 仁愛也, 故親. 義理也, 故行. 禮節也, 故成. 仁有里,
義有門. 仁非其里而虛之, 非仁也. 義, 非其門而由之, 非義也. 推恩而不
理, 不成仁. 遂理而不節, 不成義. 審節而不和, 不成禮. 和而不發, 不成
樂. 故曰, 仁義禮樂, 其致一也. 君子處仁以義, 然後仁也, 行義以禮, 然後
義也, 制禮反本成末, 然後禮也. 三者皆通, 然後道也.

1 故故 ―고(故)는 고구(故舊)의 뜻. 옛날에 친근하게 지낸 사람을 일컫는 말.
2 庸庸 ―용(庸)은 공(功)자로 통함. 객관적으로 공적을 쌓아올린 자를 일컬음.
3 仁之殺 ―쇄(殺)는 덜 감(減)자와 같음. 신분·등급에 있어 차별을 둠.
4 仁有里 ―리(里)는 향리(鄕里)의 뜻. 안거(安居)할 수 있는 향촌(鄕村)을 말함.
5 反本成末 ―반(反)은 복(復)자로 통함. 본(本)은 인의(仁義)를 가리킴. 말
   (末)은 악(樂)을 포함한 예절(禮節)의 뜻.

[17]

상을 당한 집에 조문 갈 경우 보내는 금품 재화를 일러 부(賻)[1]라 하
고 수레나 말을 일러 봉(賵)[2]이라 하며 의복을 일러 수(襚)라 하고 애

완용품을 일러 증(贈)이라 하며 옥이나 조가비류를 일러 함(唅)[3]이라 한다. 부와 봉은 살아 있는 자를 도와주기 위한[4] 것이다. 증과 수는 죽은 자를 보내기 위한[5] 것이다. 죽은 자를 보냄에 있어 그 염을 다 마치기 전까지 이르지 못하거나[6] 살아 있는 자를 조문함에 있어 그 졸곡 때[7]까지 이르지 못하는 것은 예가 아니다. 그러므로 길사(吉事)일 경우는 하루 오십 리를 걸어가더라도 상사(喪事)에는 하루 백 리를 달려가야만[8] 한다. 부조는 장례행사에 맞추어야 된다는 것이 예의 가장 중대한 요점이기 때문이다.

貨財曰賻, 輿馬曰賵, 衣服曰襚, 玩好曰贈, 玉貝曰唅. 賻賵所以佐生也. 贈襚所以送死也. 送死不及柩尸, 弔生不及悲哀, 非禮也. 故吉行五十, 犇喪百里, 賵贈及事, 禮之大也.

1 賻—부(賻)는 복(覆)자와 같음. 덮어 감쌈. 장례 비용에 보태는 부의금.
2 賵—봉(賵)은 조(助)자로 통함. 장례식 행차에 쓰이는 수레와 말을 가리킴.
3 唅—함(唅)은 구슬이나 조가비를 죽은 이의 입에 물리는 염(殮)의 한 가지 풍습.
4 佐生—좌생(佐生)이란 생존한 유족들이 장례를 잘 마칠 수 있도록 물질적 도움을 줌.
5 送死—송사(送死)는 장송(葬送)과 같음. 장의 절차상 필요한 물품을 보냄.
6 不及柩尸—불급(不及)이란 시간을 맞추지 못함. 구(柩)는 널 관(棺). 시(尸)는 유해(遺骸)를 입관하기 전 침상에 놓인 상태.
7 悲哀—비애(悲哀)는 장례를 치른 뒤 슬퍼서 소리내어 울기를 마지막으로 하는 졸곡(卒哭) 의식.
8 犇喪百里—분(犇)은 분(奔)의 옛 글자. 짧은 상기(喪期) 안에 도착하려고 먼 길을 서둘러 달림.

[18]

예라 하는 것은 정사를 이끌어 가는 밧줄이다.[1] 정치를 함에 있어 예로써 하지 않으면 그 정치가 잘 행해지지 못한다.

禮者政之輓也. 爲政不以禮, 政不行矣.

1 輓也 ― 만(輓)은 만(絻)자로 통함. 배를 끌어당기는 삼노 율(綌)자와 같음.

[19]

천자가 새로 즉위하는 자리. 상경(上卿)[1]이 앞으로 나아가 아뢰기를 '어찌하겠습니까 근심 걱정을 오래 하셔야 합니다. 환난을 능히 물리칠 수 있다면 복이 될 것이고 환난을 물리칠 수 없다면 해가 될 것입니다' 라고 한다. 그리고 나서 일책(一策)을 천자께 드린다.[2] 이어서 중경(中卿)이 앞으로 나아가 아뢰기를 '하늘과 짝하여 아래 땅을 차지하는 자는 일이 생기기 전에 먼저 그 일을 생각하고 환난이 있기 전에 먼저 그 환난을 생각하셔야 합니다. 일이 생기기 전에 먼저 그 일을 생각하는 것을 일러 민첩하다[3] 하니 민첩하면 일이 넉넉히 이루어질 것입니다. 환난이 있기 전에 먼저 그 환난을 생각하는 것을 일러 예방이라 하니 예방하면 환난이 생기지 않을 것입니다. 일이 닥친 뒤에 생각하는 것을 일러 후수라 하니 후수를 쓴다면 일이 거들어지지 않을 것입니다. 환난이 닥친 뒤에 생각하는 것을 일러 곤혹스럽다 하니 곤혹스러우면 화를 막을 수 없을 것입니다' 라고 한다. 그리고 나서 이책(二策)을 천자께 드린다. 마지막으로 하경(下卿)이 앞으로 나아가 아뢰기를 '언제나 공경하고 경계하시기를 게을리 마십시오.[4] 경하드리는 자가 조정 당상에 있더라도 동구 밖에는 슬퍼 우는 자가 있습니다.[5] 화와 복은 이웃하여 그 드나드는 문을 알 수 없습니다. 힘써주십시오. 힘써주십시오. 만민 모두가 바라보고 있습니다' 라고 한다. 그리고 나서 삼책(三策)을 천자께 드린다.

天子卽位. 上卿進日, 如之何, 憂之長也. 能除患則爲福, 不能除患則爲賊. 授天子一策. 中卿進日, 配天而有下土者, 先事慮事, 先患慮患. 先事慮事, 謂之接, 接則事優成. 先患慮患, 謂之豫, 豫則禍不生. 事至而後慮

者, 謂之後, 後則事不擧. 患至而後慮者, 謂之困, 困則禍不可禦. 授天子二策. 下卿進曰, 敬戒無忌. 慶者在堂, 弔者在閭. 禍與福隣莫知其門. 務哉務哉. 萬民望之, 授天子三策.

1 上卿─경(卿)에는 상·중·하가 있는데, 상경(上卿)은 재상의 직위로 주대(周代)의 총재(冢宰)에 해당됨.
2 授天子一策─수(授)는 드릴 봉(奉)과 통용됨. 책(策)은 간책(簡策)을 말함. 대쪽에 적은 감계(鑑戒)하는 글을 소리내어 읽은 다음 그것을 천자께 올림.
3 接─여기서 접(接)은 첩(捷)자와 마찬가지 의미. 민첩하고 신속함.
4 敬戒無忌─경(敬)은 경(警)자로 통함. 조심하는 마음가짐. 무(無)는 금지사 물(勿)자와 같음.
5 弔者在閭─조(弔)는 문상하는 조객(弔客). 려(閭)는 시골 마을의 문.

[20]

우(禹)는 농부가 나란히 서서 밭갈이하는 것을 만나면 수레에서 경의를 표하고[1] 열 집 남짓한 마을을 지날 때도 반드시 수레에서 내렸다.[2]

禹見耕者耦立而式, 過十室之邑必下.

1 耦立而式─우립(耦立)은 두 사람이 나란히 서서 밭갈이하는 경작 방법. 식(式)은 식(軾)자로 통함. 수레 앞 가로대를 잡고 한 손으로 경의를 표하는 모습.
2 必下─여기서 하(下)란 경의를 표하느라고 수레에서 내림.

[21]

사냥에 있어 그 시기보다 지나치게 빠르고[1] 조정에 나갈 시각이 크게 늦는 것은 예가 아니다. 백성을 다스리는 데 있어 예로써 하지 않는다면 움직일 때마다 반드시 실패할[2] 것이다.

殺大蚤, 朝大晩, 非禮也. 治民不以禮, 動斯陷矣.

286

1 殺大蚤 ― 살(殺)은 짐승을 사냥하는 출렵(出獵)의 뜻. 조(蚤)는 조(早)자로
  통함. 해금 전에 앞서서 사냥을 나감.
2 斯陷 ― 사(斯)는 즉(卽)자와 같이 쓰이는 조사. 필(必)자의 뜻을 가짐. 반드시
  함정에 빠짐.

[22]

예를 행할 때 머리와 허리가 수평이 되도록 하는 것[1]을 일러 배(拜)
라 하고 머리를 더 아래로 낮게 숙이는 것을 일러 계수(稽首)[2]라 하며
머리를 땅바닥에 이르도록 하는 것을 일러 계상(稽顙)[3]이라 한다.

대부의 신하가 배는 하더라도 계수는 하지 않는다고 하는 것은 가신
을 존중해서가 아니라 그 군주를 꺼리기 때문인[4] 것이다.

첫 번째 임명을 받더라도 향리에서는 앉은 자리를 나이순으로 하고[5]
두 번째 임명을 받더라도 한 집안 사이에서는 나이순으로 하며 세 번째
임명을 받는다면 집안 사람이 비록 칠십이 넘더라도 굳이 그 앞에 서지
않는다. 상대부·중대부·하대부의 구별이다.

제사지낼 경우는 신분이 높은 이를 윗자리로 하고[6] 상사일 경우는
혈연이 가까운 이를 윗자리로 한다.

군신 사이에도 예의가 없으면[7] 존엄해지지 않고 부자 사이에도 예의
가 없으면 친숙해지지 않으며 형제 사이에도 예의가 없으면 공순해지
지 않고 부부 사이에도 예의가 없으면 기뻐지지 않는다. 어린이는 이것
으로 성장하고 노인은 이것으로 봉양받는다. 그러므로 옛 말에 이르기
를 '천지가 이를 낳고 성인이 이를 완성한다' 라고 하는 것이다.

빙(聘)이란 방문하는 일이다.[8] 향(享)이란 예물을 드리는 일이다. 사
적(私覿)[9]이란 사사로이 만나뵙는 일이다.

응대할 때 그 언어의 아름다움이 공경스럽고 바르다.[10] 조정의 아름
다움이 위용 있고 정연하다.[11]

남의 신하 된 자는 간은 하더라도 나무라지는 말아야 하고 떠나기는
하더라도 미워하지는 말아야 하며 원망하더라도 노하지는 말아야 한다.

제후인 군주는 대부에 대하여 세 번 그 병을 문안하고 세 번 그 상에 임하며 사 계층에 대하여는 한 번 문안하고 한 번 임한다. 제후는 문병하고 조상하는 일이 아니면 신하의 집에 가지 않는 것이다.

장례가 끝나서[12] 군주나 또는 아버지의 친구가 식사를 권하면 먹는다. 맛있는 양육(粱肉)은 물리치지 않더라도 술 종류는 사양하는 것이다.

잠자는 거실은 사당보다 더 지나치게 꾸미지 않고 평상 입는 옷[13]은 제복보다 더하지 않는 것이 예다.

平衡曰拜, 下衡曰稽首, 至地曰稽顙.

大夫之臣, 拜不稽首, 非尊家臣也, 所以辟君也.

一命齒於鄕, 再命齒於族, 三命族人雖七十不敢先. 上大夫, 中大夫, 下大夫.

吉事尙尊, 喪事尙親.

君臣不得不尊, 父子不得不親, 兄弟不得不順, 夫婦不得不歡. 少者以長, 老者以養. 故曰, 天地生之, 聖人成之.

聘問也. 享獻也. 私覿私見也.

言語之美, 穆穆皇皇. 朝廷之美, 濟濟鎗鎗.

爲人臣下者, 有諫而無訕, 有亡而無疾, 有怨而無怒.

君, 於大夫三問其疾, 三臨其喪, 於士一問一臨. 諸侯非問疾弔喪, 不之臣之家.

旣葬, 君若父之友, 食之則食矣, 不辟粱肉, 有酒醴則辭.

寢不踰廟, 設衣不踰祭服, 禮也.

1 平衡 ―평형(平衡)이란 무릎 꿇고 두 손을 모아 앞으로 굽힌 허리와 숙인 머리 높이가 평균, 즉 수평을 이루는 상태.

2 稽首 ―계(稽)는 머무를 류(留)자와 같음. 머리를 손끝 닿는 데까지 숙여 그 상태로 멈추는 절의 한 가지.

3 稽顙 ―상(顙)은 액(額)자로 통함. 이마를 땅바닥에 댐. 계수보다 더 정중히 절하는 모습.

4 所以辟君 —벽(辟)은 피(避)자와 같음. 계수가 제후 신분의 군주에 대한 예이 므로 대부는 이를 꺼려 그 가신에게 삼가도록 함.

5 一命齒於鄉 —명(命)은 임명(任命)의 뜻. 명이 거듭될수록 신분이 상승함. 치 (齒)는 나이를 말함. 고향 사람과 자리를 함께할 때는 나이순으로 앉음.

6 吉事尙尊 —길사(吉事)란 제례(祭禮)를 가리킴. 상(尙)은 상(上)자로 통함. 상석에 앉힘.

7 不得 —여기서 득(得)이란 성인이 마련한 예법을 지켜서 몸에 익힌 상태를 가 리킴.

8 聘問 —빙(聘)은 예물을 들고 안부를 물으러 가는 방문의 뜻. 제후가 대부를 시켜 예방하는 절차.

9 私覿 —적(覿)은 면회(面會)의 뜻. 사자로 간 이가 공무를 마치고 개인적으로 만나뵘.

10 穆穆皇皇 —목목(穆穆)은 언어나 용의가 우아함. 황황(皇皇)은 단정한 모습.

11 濟濟鎗鎗 —제제(濟濟)는 훌륭한 인재들이 안에 가득 모인 형상. 창(鎗)은 창(蹌)자로 통함. 위엄 있어 보이는 행렬을 말함.

12 旣葬 —장(葬)은 관을 땅 속에 파묻는 의식. 여기서는 이를 다 마치고 상을 벗어난 상태.

13 設衣 —원전에는 설의(設衣)가 연의(讌衣)로 되어 있음. 평상시에 입는 옷.

[23]

역(易)의 함괘(咸卦)[1]는 부부 형상을 나타내고 있다. 부부의 도는 바르지 않을 수가 없다. 군신·부자의 근본이기 때문이다. 함(咸)이란 서로 감응한다는 것이다. 높은 데를 낮은 데의 아래로 하고 남자를 여 자 밑으로 하며 부드러운 것(陰)을 위로 하고 단단한 것(陽)을 아래로 한다.

易之咸見夫婦. 夫婦之道, 不可不正也. 君臣父子之本也. 咸感也. 以高下 下, 以男下女, 柔上而剛下.

1 易之咸 —이는 『역경』(易經) 함괘(咸卦)를 두고 말함. 소녀(少女)를 나타내는 태(兌)와 소남(少男)을 나타내는 간(艮)을 조합하여 부부를 상징함.

[24]

빙사(聘士)하는[1] 의의와 친영(親迎)하는 도는 그 처음 시작을 소중히 하기 위한 것이다.

예라 하는 것은 사람이 밟아 나가는 것이다. 밟아 나가는 데 실수하면 반드시 자빠지고 물에 빠질 것이다. 실수를 저지른 것이 극히 미소할 지라도 그 결과 큰 혼란을 일으키게 되는 것이 예다.

예는 국가를 바로잡아 가는 데 있어 마치 저울대가 경중에 대한 것과 같고 승묵이 곡직에 대한 것과 같다. 그러므로 사람에게 예가 없다면 살 수 없고[2] 사업에 예가 없다면 이루어질 수 없으며 국가에 예가 없다면 편안해질 수 없는 것이다.

聘士之義, 親迎之道, 重始也.
禮者人之所履也. 失所履, 必顚蹶陷溺. 所失微, 而其爲亂大者, 禮也.
禮之於正國家也, 如權衡之於輕重也, 如繩墨之於曲直也. 故人無禮不生,
事無禮不成, 國家無禮不寧.

1 聘士 — 빙사(聘士)란 군주가 겸양(謙讓)의 예를 다하여 뛰어난 인사를 초치(招致)하는 절차.
2 不生 — 생(生)이란 생존(生存) 혹은 성장(成長)의 뜻으로 쓰여짐.

[25]

수레 위에 매단 화란(和鸞)소리[1]가 천천히 갈 때는 무(武)와 상(象)[2] 곡조에 알맞고 빨리 달릴 때는 소(韶)와 호(護)[3] 곡조에 알맞다. 이는 군자가 음률을 들어 배우고 용의(容儀)를 익힌 후 밖으로 나가기 때문이다.

和鸞之聲, 步中武象, 趨中韶護. 君子聽律習容而后出.

1 和鸞之聲—난(鸞)은 수레 위에 장치한 방울. 화란(和鸞)은 특히 임금의 마차
　에 다는 황금 방울을 말함.
2 武象—무(武)는 주(周)의 무왕이 제작한 음악. 상(象)도 역시 문무(文舞)에
　대해 무무(武舞)에 맞추어 연주하는 음악.
3 韶護—소(韶)는 은(殷)의 탕(湯)이 제작한 음악. 호(護) 또한 무·상과 함께
　옛 전통음악.

[26]

　서리 내릴 때부터 아내를 맞아들이고[1] 얼음이 풀리면 혼례를 치르지
않는다.[2] 안의 일은 열흘에 한 번으로 한다.[3]

霜降逆女, 冰泮殺止. 內十日一御.

1 霜降逆女—역(逆)은 영(迎)자로 통함. 상강(霜降)이란 가을 구월부터 시작되
　는 혼인 기간을 말함.
2 冰泮殺止—반(泮)은 해빙(解氷)의 뜻. 쇄(殺)는 감할 감(減)자와 같음. 일을
　중지함.
3 內十日一御—내(內)란 규방(閨房)의 일을 가리킴. 어(御)는 시(侍)자와 마찬
　가지 의미.

[27]

　자식이 아버지와 마주 대하여 앉을 때는 그 무릎을 보고, 서 있을 때
는 그 발을 보며, 말을 나눌 때는 그 얼굴을 본다.
　신하가 군주와 가깝게 설 경우 그 시선을 여섯 자 앞에 두고 이를 멀리
할 경우[1]라도 여섯 자의 여섯 배 36척 삼 장 여섯 자를 넘지 않는다.

坐視膝, 立視足, 應對言語視面.
立視前六尺, 而大之六六三十六, 三丈六尺.

1 大之—여기서 대(大)는 광(廣) 또는 원(遠)자와 같음. 신하가 군주를 바라볼

수 있는 거리.

[28]

꾸민 겉모양과 마음속의 성실한 쓰임[1]은 서로 안팎이 되고 표리 관계를 이룬다. 예에 맞고 능히 사색할 수 있는 것을 가리켜 깊이 생각한다고 말한다. 예라 하는 것은 그 본과 말이 서로 어긋나지 않고 그 처음과 끝이 서로 조응하는 것이다. 또 예라 하는 것은 재물[2]로써 그 실용 수단을 삼고 귀천으로 그 꾸밈을 삼으며 재화가 많고 적음으로 달리 그 구별을 짓는다.

文貌情用, 相爲內外表裏. 禮之中焉能思索, 謂之能慮. 禮者本末相順, 終始相應. 禮者以財物爲用, 以貴賤爲文, 以多少爲異.

1 文貌情用 — 문모(文貌)는 문리(文理)와 마찬가지로 외적인 형식. 위의(威儀)를 말함. 정용(情用)이란 심성의 내적인 작용 표현.
2 財物 — 여기서 재물(財物)은 공물(貢物) 혹은 선물로 바치는 헌상품(獻上品).

[29]

하질의 신하는 재화를 써서[1] 그 군주를 섬기고 중질의 신하는 자기한 몸을 다하여 그 군주를 섬기며 상질의 신하는 사람을 가려[2] 그 군주를 섬긴다.

下臣事君以貨, 中臣事君以身, 上臣事君以人.

1 以貨 — 화(貨)는 가혹한 세. 수탈 또는 진귀한 물건. 군주의 환심을 사려고 모아 바치는 금품.
2 以人 — 여기서 인(人)이란 현인을 가리킴. 유능한 인재를 발굴 추천하여 등용케 함.

[30]

『역』(易)[1]에 이르기를 '돌아가 도에 따른다면[2] 그 무슨 허물이 있겠는가' 라고 하였다. 『춘추』(春秋)[3]에도 진(秦) 목공(穆公)을 현인이라고 평한 것은 그가 능히 변신할 수 있었기 때문이다.

易曰, 復自道何其咎. 春秋賢穆公, 以爲能變也.

1 易—이는 『역경』 소축(小畜)괘 초구(初九)의 효사(爻辭) 기록임.
2 復自道—복(復)은 반(返)자로 통함. 잘못을 뉘우치고 근본으로 돌아옴. 자(自)는 유(由)자와 같음. 종(從)자의 뜻.
3 春秋—이는 『춘추』(春秋) 「공양전」(公羊傳) 문공(文公) 12년조의 기록임.

[31]

선비에게 투기하는 친구[1]가 있다면 현자가 교제를 친근히 하지 않고 군주에게 투기하는 신하가 있다면 현인이 곁에 이르지 않는다. 공명(公明)을 가리는 것을 일러 우매하다 하고 현량(賢良)을 숨기는 것을 일러 질투라 한다. 질투하고 우매한 이를 받드는 것을 일러 교활한 속임수[2]라 한다. 교활하게 속이는 사람과 질투하고 우매한 신하는 나라를 해치는 요물들이다.[3]

士有妒友, 則賢交不親, 君有妒臣, 則賢人不至. 蔽公者謂之昧, 隱良者謂之妒. 奉妒昧者謂之交譖. 交譖之人, 妒昧之臣, 國之葳孼也.

1 妒友—투(妒)는 강새암할 투(妬)자와 같음. 남을 시새워 해치려 하는 친구.
2 交譖—교(交)는 교(狡)자로 음과 뜻이 통용됨. 흄(譖)은 간사함 또는 속임.
3 葳孼—예(葳)는 더러울 예(穢)자와 같음. 얼(孼)은 재앙을 불러들이는 요물의 뜻.

[32]

입은 능히 말을 잘하고 몸도 능히 잘 행한다면 나라의 보물이다. 입은 능히 말을 잘하지 못하여도 몸이 능히 잘 행한다면 나라의 큰 그릇[1]이다. 입은 능히 말을 잘하되 몸이 능히 잘 행하지 못하더라도 나라가 필요로 하는 인물이다. 입으로는 선을 말하지만 몸으로 악을 행한다면 나라의 요물이다. 나라를 다스리는 자는 그 보물이 되는 이를 존경하고 그 그릇이 되는 이를 아끼며 그 쓰이는 이에게 맡기고 그 요물이 되는 이를 물리친다.

口能言之, 身能行之, 國寶也. 口不能言, 身能行之, 國器也. 口能言之, 身不能行, 國用也. 口言善, 身行惡, 國妖也. 治國者敬其寶, 愛其器, 任其用, 除其妖.

1 國器 ─기(器)는 기물(器物) 또는 용기(用器)를 가리킴. 말은 하지 않아도 그 쓰이는 역할이 인정됨.

[33]

부하지 않으면 민의 정서를 풍성하게 기를 수 없고 가르치지 않으면 민의 성정을 다스릴 수 없다. 그러므로 가구마다 오묘(五畝)의 택지[1]와 백묘(百畝)의 농지를 주어 그 농사일에 힘쓰게 하고 그 시기를 빼앗지 말아야 하는 것이 부하게 하는 방법이다. 대학을 세우고 학교를 개설하여[2] 육례(六禮)[3]를 닦게 하고 칠교(七敎)[4]를 밝히는 것이 선한 데로 이끄는 방법이다. 『시』[5]에 이르기를 '마시게 하고 먹게 하며 가르치고 또 깨우쳐서 가르치네'라고 하였다. 이에 왕자의 사업이 다 갖추어진다.

不富無以養民情, 不敎無以理民性. 故家五畝宅百畝田務其業, 而勿奪其時, 所以富之也. 立大學, 設庠序, 脩六禮, 明七敎, 所以道之也. 詩曰, 飮之

食之, 敎之誨之, 王事具矣.

1 五畝宅 ─ 묘(畝)는 땅 넓이의 단위. 택(宅)은 택지, 즉 사는 집터를 말함.
2 設庠序 ─ 상(庠)은 향당(鄕黨)의 학교. 서(序) 역시 지방에 세운 옛날 학교.
3 六禮 ─ 육례(六禮)란 관(冠) · 혼(昏) · 상(喪) · 제(祭) · 향음주(鄕飮酒) · 사상견(士相見) 여섯 가지를 말함.
4 七敎 ─ 칠교(七敎)는 부자(父子) · 형제(兄弟) · 부부(夫婦) · 군신(君臣) · 장유(長幼) · 붕우(朋友) · 빈객(賓客)을 가리킴.
5 詩 ─ 『시경』 「소아(小雅) · 면만(綿蠻)」편의 인용 시구.

[34]

무왕이 처음 은(殷) 땅에 쳐들어갔을 때 상용(商容)의 마을 앞[1]에 기를 세워 표창하고 기자(箕子)가 갇힌 것을 풀어주며 비간(比干)의 묘를 참배하여 곡하자 천하가 모두 선 쪽으로 향하였다고 한다.

武王始入殷, 表商容之閭, 釋箕子之囚, 哭比干之墓, 天下鄕善矣.

1 商容之閭 ─ 상용(商容)은 덕망 높은 현인으로 주(紂)에게 배척당했다고 전함. 여(閭)는 그가 살던 동네를 가리킴.

[35]

천하에는 나라마다 뛰어난 사람이 있고 세대마다 현인이 있게 마련이다. 길을 헤맨다는 것은 갈 길을 묻지 않았기 때문이다. 물에 빠진다는 것은 건널 물길을 묻지 않았기[1] 때문이다. 몸 망친 사람은 독선을 좋아하였기 때문이다. 『시』[2]에 이르기를 '내 말을 따르라, 웃음거리로 넘기지 말아라. 옛사람도 하는 말이 있다. 꼴 베는 아이, 나무꾼에게 물으라[3]' 고 하였다. 이는 널리 물으라는 말이다.

天下國有俊士, 世有賢人. 迷者不問路, 溺者不問遂, 亡人好獨. 詩曰, 我言維服, 勿用爲笑. 先民有言, 詢于芻蕘. 言博問也.

[36]

법규가 있을 경우는 법규에 따라 시행하고 법규가 없을 경우는 관례
에 따라 처리한다.[1] 그 근본으로 그 끝을 알고 그 왼쪽으로 그 오른쪽
을 안다. 무릇 모든 일이란 도리를 달리하더라도 서로 지켜야 할 것은
같다. 포상이나 형벌도 종전의 관례를 통한 뒤라야 알맞고 정교나 습속
도 서로 순응한 뒤라야 시행되는 것이다.

有法者以法行, 無法者以類擧. 以其本知其末, 以其左知其右. 凡百事異
理而相守也. 慶賞刑罰, 通類而後應. 政敎習俗, 相順而後行.

1 以類擧—류(類)는 넓은 의미의 법으로 일반 규범을 말함. 성문법에 대한 관
습법의 관계. 거(擧)는 거행(擧行)의 뜻.

[37]

팔십 된 자는 한 아들의 노역(勞役)을 면제받는다.[1] 구십 된 자는 집
안 모두가 이를 면제받는다. 고칠 수 없는 병자가 그 사람 아니면 양호
못할 경우는 한 사람이 이를 면제받는다. 부모의 상도 삼 년 이를 면제받
는다. 재최(齋衰)나 대공(大功)[2]은 삼 개월 이를 면제받는다. 제후국으
로부터 새로 이사해 온 자와 신혼인 자는 일 년 이를 면제받는다.

八十者一子不事. 九十者擧家不事. 廢疾非人不養者, 一人不事. 父母之
喪, 三年不事. 齊衰大功, 三月不事. 從諸侯來, 與新有昏, 朞不事.

1 不事—불사(不事)란 거주자에게 일정기간 의무적으로 부과되는 노역(勞役)

봉사를 면제해줌.

2 齋衰大功―재최(齋衰)는 처나 조부모가 작고할 때 입는 굵은 생베로 지은 상복. 대공(大功)은 형제의 상을 당할 때 입는 상복 또는 그 기간을 말함.

[38]

공자가 사람 평하기를 '자가구(子家駒)는 꼬장꼬장한[1] 대부지만 안자(晏子) 같지는 않다. 안자는 공을 쌓은 신하지만 자산(子産) 같지는 않다. 자산은 베푼 사람이지만 관중(管仲) 같지는 않다. 관중의 사람됨은 공에만 힘쓰고 의에는 힘내지 않았으며 지모에만 힘쓰고 인정에는 힘내지 않았던 야인이다. 천자를 보필하는 대부는 될 수 없다'라고 하였다.

子謂, 子家駒續然大夫, 不如晏子. 晏子功用之臣也, 不如子産. 子産惠人也, 不如管仲. 管仲之爲人, 力功不力義, 力知不力仁, 野人也. 不可以爲天子大夫.

1 子家駒續然―자가구(子家駒)는 노(魯)의 대부. 이름을 기(羈)라 함. 속연(續然)은 권력에 굽히지 않는 강강(剛强)한 모양.

[39]

맹자가 선왕(宣王)을 세 번이나 뵈었지만 정사에 대하여 말을 하지 않았다.[1] 문인이 말하기를 '어찌하여 제왕(齊王)을 세 번이나 만나면서 정사에 대해서 말을 하지 않았습니까'라고 하였다. 맹자가 대답하기를 '나는 먼저 그 바르지 못한 사심(邪心)을 바로잡으려 한다'라고 말하였다.

孟子三見宣王不言事. 門人曰, 曷爲三遇齊王而不言事. 孟子曰, 我先攻其邪心.

[40]

공행자지(公行子之)[1]가 연(燕)나라로 갈 때 길에서 증원(曾元)[2]을 만나 물어 말하기를 '연의 군주가 어떠한가'라고 하였다. 증원이 대답하기를 '마음가짐이 낮습니다. 마음가짐이 낮은 자는 사물을 가볍게 봅니다. 사물을 가볍게 보는 자는 남의 조력을 구하지 않습니다. 정말 남의 조력을 구하지 않는다면 어떻게 현인을 능히 등용할 수 있겠습니까'라고 말하였다.

公行子之之燕, 遇曾元於塗曰, 燕君何如. 曾元曰, 志卑. 志卑者輕物. 輕物者不求助. 苟不求助, 何能擧.

[41]

저(氐)나 강(羌)의 포로들은 그 묶여 있는 현실을[1] 걱정하지 않고 그 죽은 후 불태워지지 않을까봐[2] 걱정한다고 한다. 그 털끝만한 이득을 취하느라고 국가가 멸망할 큰 해가 되더라도 오히려[3] 이를 계속 한다면 어찌[4] 헤아려 볼 줄 안다고 하겠는가. 이제 저 바늘을 잃어버린 자가 하루종일 찾아도 얻지 못하다가 그것을 얻는 경우 눈이 더 밝아져서가 아니라 눈동자를 세심하게 굴려서 발견한 것이다. 마음을 사려 깊게 하는 것도 역시 그렇다.

氐羌之虜也, 不憂其係累也, 而憂其不焚也. 利夫秋豪, 害靡國家, 然且爲之, 幾爲知計哉. 今夫亡箴者, 終日求之而不得, 其得之非目益明也, 眸而

298

見之也. 心之於慮亦然.

1 係纍―계루(係纍)는 계류(繫留)와 같음. 포로가 되어 묶여서 갇힌 상태를 말함.
2 憂其不焚―서쪽 이민족의 풍속은 화장을 하기 때문에 중원(中原)에서의 매장을 꺼림.
3 然且―여기서 차(且)라 함은 오히려 유(猶)와 마찬가지 의미로 쓰임.
4 幾爲知―기(幾)는 의문을 나타내는 조사 기(豈)자로 통함.

[42]

의(義)와 이(利)는 사람이 둘 다 가지고 있는 것이다. 비록 요나 순일지라도 민이 이득을 바라는 것을 능히 없앨 수 없다. 그러나 능히 그 이득 바라는 것으로 그 의리 좋아하는 것을 이기게 할 수도 없다. 또 비록 걸이나 주일지라도 역시 민이 의리 좋아하는 것을 능히 없앨 수는 없다. 그러나 능히 그 의리 좋아하는 것으로 그 이득 바라는 것을 이기게 할 수도 없다. 그러므로 의리가 이득을 이길 경우는 치세(治世)가 되고 이득이 의리를 이길 경우는 난세(亂世)가 된다. 위가 의리를 중히 여긴다면 의리가 이득을 이기고 위가 이득을 중히 여긴다면 이득이 의리를 이긴다. 그러므로 천자는 많거나 적음을 말하지 않고 제후는 이와 해를 말하지 않으며 대부는 얻거나 잃음을 말하지 않고 사는 재화를 유통하지 않는다. 나라를 가진 군주는 소나 양을 기르지 않고[1] 정식으로 폐백 드린 신하[2]는 닭이나 돼지를 기르지 않으며 상경은 망가진 울을 고치지 않고[3] 대부는 논밭을 가꾸지 않으며[4] 사 이상 되는 신분인 자는 모두 이(利)를 추구함을 수치로 여겨 민과 사업을 겨루지 않고 나누어 베풀기를 즐겨 쌓아두는 것을 부끄럽게 생각한다. 그런 까닭으로 민이 재화에 곤궁하지 않고 가난한 자도 손을 거둘 데[5]가 있다.

義與利者, 人之所兩有也. 雖堯舜, 不能去民之欲利, 然而能使其欲利不克其好義也. 雖桀紂, 亦不能去民之好義, 然而能使其好義不勝其欲利也. 故義勝利者爲治世, 利克義者爲亂世. 上重義則義克利, 上重利則利克義.

故天子不言多少, 諸侯不言利害, 大夫不言得喪, 士不言通貨財. 有國之君, 不息牛羊, 錯質之臣, 不息鷄豚, 冢卿不修敝施, 大夫不爲場圃, 從士以上, 皆羞利而不與民爭業, 樂分施而恥積藏. 然故民不困財, 貧窶者有所竄其手.

1 不息牛羊―식(息)은 재물을 불리는 이식(利殖)을 말함. 변리, 즉 이자로도 통함. 소나 양을 사육하여 번식시킴.
2 錯質之臣―조(錯)는 둘 치(置)자와 같음. 지(質)는 지(贄)자로 음이 통함. 폐백(幣帛)을 말함. 절차를 제대로 밟은 신하.
3 冢卿不修敝施―총경(冢卿)은 상경(上卿)을 일컬음. 시(施)는 예(杝)자와 같음. 울타리 리(籬)자의 뜻. 망가진 울타리 수리를 손수 하지 않음.
4 不爲場圃―장(場)은 가색(稼穡) 장소. 농장 경영. 포(圃)는 소채(蔬菜) 심는 곳.
5 所竄其手―찬수(竄手)란 아무 일도 하지 않는 공수(拱手)와 마찬가지 태도. 일자리가 없어도 되는 넉넉한 형편을 말함.

[43]

문왕은 넷을 토벌하였고 무왕은 둘을 주살하였으며 주공은 왕업을 다 마쳤고 성왕·강왕에 이르러 이제는 주벌할 일이 없어졌다.[1] 재물을 많이 쌓고도 갖지 않은 것을 부끄러워하고 민의 짐을 무겁게 하고도 견디지 못하는 자를 처벌하니[2] 이것이 바로 못된 행동이 일어나는 원인이고 형벌이 많아지는 원인이다.

文王誅四, 武王誅二, 周公卒業, 至成康則案無誅已. 多積財而羞無有, 重民任而誅不能, 此邪行之所以起, 刑罰之所以多也.

1 案無誅已―안(案)은 조사. 무주(無誅)란 처벌할 일이 전혀 없는 태평한 상태를 말함.
2 重民任而誅不能―임(任)은 등에 짊어지는 짐. 조세나 부역의 부담이 과중함. 능(能)은 견딜 내(耐)자로 통함.

[44]

위가 의를 좋아하면 민이 보이지 않는 곳에서도 몸을 꾸미지만[1] 위가 부를 좋아하면 죽더라도 이를 취한다. 두 가지가 치와 난의 갈림길이다. 민간에서 전하는 말에 이르기를 '부자가 되려는가. 부끄러움을 참아라. 목숨을 걸어라.[2] 옛 친구를 끊어라. 의와는 등지라'고 한다. 위가 부를 좋아한다면 민중의 행위도 이와 같을 것이다. 어찌 어지러워지지 않겠는가.

上好義則民闇飾矣, 上好富則民死利矣. 二者治亂之衢也. 民語曰, 欲富乎. 忍恥矣, 傾絶矣, 絶故舊矣, 與義分背矣. 上好富則人民之行如此, 安得不亂.

1 闇飾―암(闇)은 독거(獨居) 상태. 혼자 있을 때. 식(飾)은 수식(修飾)의 뜻. 남이 보지 않는 데서도 단정히 몸을 가꿈.
2 傾絶―여기서 경절(傾絶)이란 경신(傾身). 절명(絶命)을 말함. 억척스럽게 필사적인 모양.

[45]

탕(湯)이 큰 가뭄이 들어 기우제를 지내며 빌어 말하기를 '정사가 마땅치 않았는가,[1] 백성을 괴롭게 시켰는가, 무엇 때문에 비 오지 않는 화가 이런 지경까지 이르렀는가. 궁실이 화려했는가, 부인네의 청[2]이 심했는가, 무엇 때문에 비 오지 않는 화가 이런 지경에 이르렀는가. 돈꾸러미[3]가 횡행하였는가, 남을 헐뜯는 자가 생겼는가, 무엇 때문에 비 오지 않는 화가 이런 지경까지 이르렀는가'라고 하였다.

湯旱而禱曰, 政不節與, 使民疾與, 何以不雨至斯極也. 宮室榮與, 婦謁盛與, 何以不雨至斯極也. 苞苴行與, 讒夫興與, 何以不雨至斯極也.

1 不節―절(節)은 적(適)자와 같음. 조적(調適)의 뜻. 알맞게 고루 되지 못한

상태.

2 婦謁 — 알(謁)은 청(請)자로 통함. 청알(請謁)함. 청탁을 잘 들어줌.

3 苞苴 — 포(苞)는 짚으로 물건을 쌈. 저(苴)는 물건 밑에 까는 받침. 뇌물의 성질을 띤 보자기로 싼 물건을 말함.

[46]

하늘이 백성을 낳은 것은 군주를 위해서가 아니다. 하늘이 군주를 세운 것은 백성을 위해서다. 그러므로 옛날에 땅을 나누어 나라를 세운 것은 제후를 귀하게 여겨서가 아니다. 관직을 나누고 작록에 차등을 둔[1] 것은 대부를 높이기 위한 것이 아니었다.

天之生民, 非爲君也. 天之立君, 以爲民也. 故古者列地建國, 非以貴諸侯而已. 列官職, 差祿爵, 非以尊大夫而已.

1 差祿爵 — 여기서 차(差)란 등급 설정. 신하의 봉록(俸祿)과 작위(爵位)의 등차를 말함.

[47]

군주의 도는 사람 가릴 줄 아는 것이고 신하의 도는 일을 분간할 줄 아는 것이다. 그러므로 순(舜)이 천하를 다스릴 적에 일을 가르치려 하지 않아서[1] 만사가 잘 이루어졌던 것이다.

主道知人, 臣道知事. 故舜之治天下, 不以事詔, 而萬物成.

1 不以事詔 — 여기서 사(事)란 순이 우에게 치수를 전적으로 맡기고 그 방법에 대해서는 지시하지 않았던 전설적 이야기를 가리킴.

[48]

농부가 논밭 일에는 익숙하더라도 전사(田師)[1]가 될 수 없다. 공장이나 장사꾼도 역시 그렇다.

農精於田, 而不可以爲田師, 工賈亦然.

1 田師—전사(田師)란 농지 경작을 지도하고 감독하는 관의 부서장을 가리킴.

[49]
현인을 불초자와 바꾼다면 점치기를 기다리지 않아도 그런 뒤[1]에는
반드시 길할 것을 안다. 다스려진 나라로 어지러운 나라를 친다면 싸우
기를 기다리지 않아도 그런 뒤에는 반드시 이길 것을 안다.

以賢易不肖, 不待卜而後知吉. 以治伐亂, 不待戰而後知克.

1 而後—여기서 이후(而後)란 그렇게 하고 난 다음에 반드시 되어갈 것이라는
의미를 가짐.

[50]
제(齊)나라 사람이 노(魯)를 치고자 할 때 변장자(卞莊子)[1]를 꺼려
감히 변읍은 지나가지 않았다. 진(晉)나라 사람이 위(衛)를 치고자 할
때 자로(子路)를 두려워하여 감히 포(蒲)읍[2]을 지나가지 않았다.

齊人欲伐魯, 忌卞莊子, 不敢過卞. 晉人欲伐衛, 畏子路, 不敢過蒲.

1 卞莊子—변(卞)은 읍 이름. 장자(莊子)는 노(魯)의 대부로 용감한 자였다고 함.
2 過蒲—포(蒲)는 위(衛)의 읍 이름. 자로가 그 지방의 재(宰)였다고 전해짐.

[51]
알지 못하면[1] 요·순에게 묻고 가진 것이 없으면[2] 천부(天府)[3]에서
찾는다. 말하기를 '선왕의 도는 요·순일 뿐이다. 육예(六藝)[4]의 넓은

내용은 곧 천부일 따름이다' 라고 한다.

不知而問堯舜, 無有而求天府. 曰, 先王之道, 則堯舜已, 六藝之博, 則天府已.

1 不知而—지(知)는 정치에 있어 충분한 사전 지식. 이(而)는 즉(則)자와 같은 조사.
2 無有—여기서 유(有)란 보유의 뜻. 교양을 가지지 못함.
3 天府—부(府)는 창고를 가리킴. 대자연이라는 보고(寶庫)를 말함.
4 六藝—육예(六藝)는 역·서·시·예·악·춘추의 육경(六經)임.

[52]

군자의 배움은 매미가 허물을 벗듯이 점점 변해가는[1] 것이다. 그러므로 그 길을 갈 때도 배우고 서 있을 때도 배우며 앉았을 때도 배우고 그 안색에 표정을 짓거나 말소리를 낼 때도 배운다. 좋은 일은 머무르는 적이 없고 의문은 묵혀두는 적이 없다.[2]

학문을 잘하는 사람은 그 사리를 다 구명하고 행동을 잘하는 사람은 그 어려움을 극복한다.

군자가 뜻을 세움에 있어서는 곤궁했을 경우[3]처럼 한다. 비록 천자나 삼공(三公)[4]이 물었을 때도 바르게 시비를 가려 대답한다.

군자는 궁색하더라도 바른 길을 떠나 실수하지 않고 피곤하더라도 구차스럽지 않다. 환난을 당하더라도 평소의 말[5]을 잊지 않는다. 세월이 추워지지 않으면 소나무나 잣나무를 알아볼 방법이 없고 일이 어렵지 않으면 군자의 참모습을 알아볼 방법이 없다. 군자는 하루도 배움에 있지 않은 날이 없다는 것이다.

君子之學如蛻, 幡然遷之. 故其行效, 其立效, 其坐效, 其置顔色出辭氣效. 無留善無宿問.

善學者盡其理, 善行者究其難.

君子立志如窮. 雖天子三公問, 正以是非對.

君子隘窮而不失, 勞倦而不苟, 臨患難而不忘綑席之言. 歲不寒, 無以知松柏, 事不難, 無以知君子. 無日不在是.

1 幡然遷之—번(幡)은 번득일 번(翻)자와 같음. 마음이 변해가는 모양. 천(遷)은 계속 성장함.
2 無宿問—숙(宿)은 숙박(宿泊)의 뜻. 하룻밤을 새움. 무(無)란 그 부정. 지체 없이 물음.
3 如窮—여궁(如窮)은 융통성이 없는 상태. 곤궁했을 때 견디듯이 하는 마음가짐.
4 三公—삼공(三公)이란 주대(周代)의 천자를 보필하던 태사(大師)·태부(大傅)·태보(大保)를 말함.
5 綑席之言—인(綑)은 인(茵)자로 통함. 자리에 까는 방석. 일상적인 자리에서 하는 말.

[53]

빗방울은 작지만 한수(漢水)가 그 때문에 깊다.[1] 대저 작은 것을 다하는 자는 커지고 미세한 것을 쌓아올리는 자는 밝게 드러나며 덕이 지극한 자는 안색에 윤기가 흐르고[2] 행실이 극진한 자는 명성이 멀리 떨친다.[3] 소인은 안으로 성실하지 못하고 밖으로만 명성을 구한다.

雨小, 漢故潛. 夫盡小者大, 積微者箸, 德至者色澤洽, 行盡而聲問遠. 小人不誠於內, 而求之於外.

1 漢故潛—한(漢)은 한수(漢水)를 말함. 잠(潛)은 깊을 심(深)자로 풀이됨. 물이 불어남.
2 色澤洽—색(色)은 얼굴 표정. 택(澤)은 광윤(光潤)의 뜻. 흡(洽)은 넉넉히 젖어듦.
3 聲問遠—문(問)은 문(聞)자와 통용됨. 성문(聲聞)은 평판(評判)의 뜻. 멀리 소문이 자자함.

의견을 말하면서 그 스승을 일컫지 않는 것¹⁾을 가리켜 반(畔)이라 말한다. 제자를 가르치면서 그 스승을 일컫지 않는 것을 가리켜 배(倍)라 말한다.²⁾ 배반하는 사람을 총명한 군주는 조정 안에 들이지 않고 사대부는 길에서 그를 만나더라도 더불어 말하지 않는다.

言而不稱師, 謂之畔, 教而不稱師, 謂之倍. 倍畔之人, 明君不內朝, 士大夫遇諸塗, 不與言.

1 不稱師—칭(稱)은 양(揚)자와 같음. 드러내어 칭찬함. 그 부정은 제 스스로 아는 척함.
2 謂之畔·倍—반(畔)은 반(叛)자로 통하고 배(倍)는 배(背)자로 통함. 두 글자 모두 배반(背叛)의 뜻.

[55]

실제 행동에 있어 부족한 것은 말이 지나치기 때문이고¹⁾ 신실함에 있어 부족한 것은 말만 성실해보이도록 지껄이기 때문이다. 『춘추』에 서명(胥命)²⁾을 좋다고 한 것과 『시』에 누맹(屢盟)³⁾을 그르다고 한 것은 그 취지가 일치한다. 또 시를 잘 배운 자는 말을 하지 않고 역을 잘 배운 자는 점을 치지 않으며 예를 잘 배운 자는 상(相)을 서지 않는다⁴⁾ 하는 것은 그 취지가 똑같다.

不足於行者說過, 不足於信者誠言. 故春秋善胥命, 而詩非屢盟, 其心一也. 善爲詩者不說, 善爲易者不占, 善爲禮者不相, 其心同也.

1 說過—설(說)은 언어의 수사법. 말이 지나쳐서 그 행동이 따르지 못함.
2 胥命—서(胥)는 상(相)자와 같음. 호상간의 서명(誓命). 혈맹(血盟) 의식이 생략된 상태. 『춘추』 공양전(公羊傳) 환공(桓公) 3년조 참고.
3 屢盟—누(屢)는 빈삭(頻數)의 뜻. 여러 차례 맹세를 함. 성실성이 없는 모양.

『시경』「소아(小雅)·교언(巧言)」편 참조.

4 不相—상(相)은 예 의식을 도와주는 구실 또는 그 사람을 말함. 중대한 일이기 때문에 경솔하게 맡을 수 없다는 뜻.

[56]

증자(曾子)가 말하기를 '효자가 하는 말은 들을 만하고 행동은 볼 만하다. 말이 들을 만하다 함은 먼 데 사람을 기쁘게 하기 때문이다. 행동이 볼 만하다 함은 가까운 데 사람을 기쁘게 하기 때문이다. 가까운 데 사람이 기뻐하면 친숙해지고 먼 데 사람이 기뻐하면 따르게 된다. 가까운 데를 친숙히 하고 먼 데를 다르게 하는 것이 효자의 도다'라고 하였다.

증자가 제나라를 떠날 때 재상 안자(晏子)가 교외까지 따라가 말하기를 '영(嬰) 제가 듣기로는¹⁾ 군자가 남에게 선사하기를 말로 하고 서인은 남에게 선사하기를 재물로 한다 합니다. 저는 가난하여 재물이 없어서 군자를 핑계대고 선생께 말로 선사하겠습니다. 타는 수레의 바퀴는 본래 태산의 곧은 나무지만 그것을 도지개 틀에 두어 석 달 또는 다섯 달 지나면 바퀴통이나 살이 부서지게 되더라도²⁾ 그 정상으로 돌아가지 않습니다. 군자를 위한 도지개는 삼가지 않을 수 없습니다. 신중히 하십시오. 난이나 향초·고본³⁾도 단술에 담그면 이를 한 개 패옥과 바꿀 만합니다. 바른 군주가 좋은 술에 담가진다면 남을 헐뜯게 될 수 있겠습니까. 군자는 몸담그는 데를 신중히 하지 않을 수 없습니다'라고 하였다.

曾子曰, 孝子言爲可聞, 行爲可見. 言爲可聞, 所以說遠也, 行爲可見, 所以說近也. 近者說則親, 遠者說則附. 親近而附遠, 孝子之道也.

曾子行, 晏子從於郊曰, 嬰聞之, 君子贈人以言, 庶人贈人以財. 嬰貧無財, 請, 假於君子, 贈吾子以言, 乘輿之輪, 太山之木也, 示諸檃栝, 三月五月, 爲幬菜敝, 而不反其常. 君子之檃栝, 不可不謹也, 愼之. 蘭茝稿本漸於密醴, 一佩易之. 正君漸於香酒, 可讒而得也. 君子之所漸, 不可不愼也.

1 嬰聞之—영(嬰)은 안자(晏子)의 이름. 남에 대해서 자신을 낮추는 겸사의 표시. 실제로 그 생존 시기가 증자와 맞지 않음.
2 幬茶轍—도(幬)는 수레 속바퀴 곡(轂)자와 같다고 봄. 채(茶)는 치(菑)자로 음이 통함. 바퀴살 복(輻)자와 마찬가지 의미.
3 蘭茝稿本—지(茝)는 지(芷)자로 통함. 난(蘭)이나 백지(白芷)·고본(稿本) 모두 향풀을 가리킴.

[57]

사람과 학문의 관계는 마치 옥돌이 연마되는 관계와 같다. 『시』[1]에 이르기를 '깎는 듯 쪼는 듯하며 문지르는 듯 가는 듯하네'라고 하였다. 학문을 가리킨 말이다. 화씨의 벽[2]은 한 마을에서 캐낸 돌이었으나[3] 옥공이 이를 다듬어 천하의 보물이 된 것이다. 자공(子貢)과 자로(子路)[4]도 원래는 시골 사람이었으나 학문을 닦고 예의를 몸에 익혀서 천하의 명사가 된 것이다. 학문을 싫어하지 않고 선비 좋아하기를 게을리하지 않는 것이 바로 천부(天府)다.

人之於文學也, 猶玉之於琢磨也. 詩曰, 如切如磋, 如琢如磨, 謂學問也. 和之璧, 井里之厥也, 玉人琢之, 爲天下寶. 子贛季路, 故鄙人也, 被文學服禮義, 爲天下列士. 學問不厭, 好士不倦, 是天府也.

1 詩—『시경』「위풍(衛風)·기오(淇奧)」편의 인용 시구.
2 和之璧—이는 초나라 사람 변화(卞和)가 여왕(厲王)에게 바친 둥근 옥으로 알려짐. 『한비자』「화씨」(和氏)편 참조.
3 井里之厥—정리(井里)는 마을 이름. 『설문』에 궐(厥)을 발석(發石)이라 함.
4 子贛季路—자공(子贛)은 공자의 제자 자공(子貢)을 말함. 계로(季路) 역시 자로(子路)와 같음.

[58]

군자는 의심스러운 것을 말하지 않고 아직 남에게 물어보지 않은 것도 말하지 않는다. 길은 멀어도 하루하루 더 나아간다.

많이 알더라도 새로움이 없고 널리 배우더라도 방향이 없으며 많은 것을 좋아하더라도 일정한 견해가 없는 자와 군자는 함께하지 않는다.

어려서 글 읽지 않고[1] 장성해서 논의할 줄 모른다면 비록 가하다 할지라도 완성하지 못한다. 군자는 오로지 가르치고 제자는 오로지 배워야 빨리 이루어지는 것이다.

군자가 나아간다면 능히 위의 영예를 더하고 아래의 근심거리를 덜 수 있을 것이다. 능하지 못하면서 자리 차지하는 것[2]을 속인다 하고 더함이 없으면서 후히 받는 것을 훔친다 한다. 배움은 반드시 벼슬하기 위한 것은 아니지만 벼슬할 경우는 반드시 배운 대로 해야 할 것이다.

君子疑則不言, 未問則不言, 道遠日益矣.

多知而無親, 博學而無方, 好多而無定者, 君子不與.

少不諷誦, 壯不論議, 雖可未成也. 君子壹敎, 弟子壹學, 亟成.

君子進則能益上之譽, 而損下之憂. 不能而居之誣也, 無益而厚受之竊也.

學者非必爲仕, 而仕者必如學.

1 不諷誦―풍(諷)·송(誦) 두 글자 모두 소리내어 글을 읽음. 여기서는 외우는 글공부를 말함.
2 不能而居之―불능(不能)이란 능력이 없어 견디지 못함. 거지(居之)는 떠나지 않고 자리에 있음.

[59]

자공이 공자에게 물어 말하기를 '저는 학문을 하기에 지쳤습니다. 군주를 섬기며 쉬고 싶습니다' 라고 하였다. 공자가 말하기를 『시』[1]에 이르기를 "아침저녁으로 온화하고 공손하며 일 처리 신중하네[2]" 라고 하였다. 군주를 섬기기가 어려운데 어찌 군주를 섬겨가며 쉴 수 있겠는가 라고 하였다. '그렇다면 저는 부모나 섬기며 쉬고 싶습니다' 라고 하였다. 공자가 말하기를 『시』[3]에 이르기를 "효자는 다함이 없네. 오래 오래 복을 베푸네[4]"라고 하였다. 부모 섬기기가 어려운데 어찌 부모를 섬겨가며 쉴 수 있겠는가'라고 하였다. '그렇다면 저는 처자에게서 쉬고 싶습니다'라고 하였다. 공자가 말하기를 『시』[5]에 이르기를 "내 아내에게 모범을 보이고[6] 형제까지 이르며 집과 나라를 다스리네"라고 하였다. 처자 거느리기가 어려운데 어찌 처자에게서 쉴 수 있겠는가'라고 하였다. '그렇다면 저는 친구에게서 쉬고 싶습니다'라고 하였다. 공자가 말하기를 『시』[7]에 이르기를 "친구는 서로 돕는 바네.[8] 위의를 갖추고 도와야 하네"라고 하였다. 친구 사귀기가 어려운데 어찌 친구에게서 쉴 수 있겠는가'라고 하였다. '그렇다면 저는 농사나 지으며 쉬고 싶습니다'라고 하였다. 공자가 말하기를 『시』[9]에 이르기를 "낮에는 자네가 띠 베러 가고 밤에는 자네가 새끼 꼬며 서둘러 지붕을 이고[10] 비로소 온갖 곡식의 씨를 뿌리게"라고 하였다. 농사짓기가 어려운데 어찌 농사를 지으며 쉴 수 있겠는가'라고 하였다. '그렇다면 제가 쉴 데는 없는 것입니까'라고 하였다. 공자가 말하기를 '저 언덕의 무덤을 바라보아라. 높다랗고[11] 두두룩하며 둥그스름해 보일[12] 것이다. 이를 본다면 쉴 데를 알만할 것이다'라고 하였다. 자공이 말하기를 '위대하도다, 죽음이여. 군자가 여기에 쉬고 소인도 여기서 쉬는도다'라고 하였다.

子貢問於孔子曰, 賜倦於學矣, 願息事君. 孔子曰, 詩云, 溫恭朝夕, 執事有恪. 事君難, 事君焉可息哉. 然則賜願息事親. 孔子曰 詩云, 孝子不匱, 永錫爾類. 事親難, 事親焉可息哉. 然則賜願息於妻子. 孔子曰, 詩云, 刑于寡妻, 至于兄弟, 以御於家邦. 妻子難, 妻子焉可息哉. 然則賜願息於朋友. 孔子曰, 詩云, 朋友攸攝, 攝以威儀. 朋友難, 朋友焉可息哉. 然則賜願息耕. 孔子曰, 詩云, 晝爾於茅, 宵爾索綯, 亟其乘屋, 其始播百穀. 耕難, 耕焉可息哉. 然則賜無息者乎. 孔子曰, 望其壙皐如也, 巔如也, 鬲如也, 此則知所息矣. 子貢曰, 大哉死乎. 君子息焉, 小人休焉.

1 詩—『시경』「상송(商頌)·나(那)」편의 인용 시구.

2 執事有恪―집사(執事)란『논어』「위영공」(衛靈公)편의 사군경기사(事君敬其事)와 같음. 각(恪)도 경(敬)자의 뜻.

3 詩―『시경』「대아(大雅)·기취(旣醉)」편의 인용 시구.

4 永錫爾類―석(錫)은 사(賜)자와 같음. 이(爾)는 여(汝)자, 류(類)는 선(善)자로 통함.

5 詩―『시경』「대아(大雅)·사재(思齊)」편의 인용 시구.

6 刑于寡妻―형(刑)은 법(法)자와 같음. 과처(寡妻)란 오직 하나인 정처. 적처(適妻)를 말함.

7 詩―『시경』「대아(大雅)·기취(旣醉)」편의 인용 시구.

8 朋友攸攝―유(攸)는 소(所)자와 마찬가지 의미. 섭(攝)은 보좌(輔佐)함. 상조(相助)의 뜻.

9 詩―『시경』「빈풍(豳風)·칠월(七月)」편의 인용 시구.

10 亟其乘屋―극(亟)은 급(急)자와 같음. 승(乘)은 승(升)자와 통함. 지붕을 손질하려고 그 위로 올라감.

11 其壙皋如―광(壙)은 묘총(墓冢)의 뜻. 구롱(丘壟)과 같음. 고(皋)는 고(高)자로 통함.

12 巓如·鬲如―전(巓)은 산꼭대기 전(顚)자와 같음. 격(鬲)은 정(鼎)자로 통함. 다리 굽은 솥. 솥을 엎어놓은 모양.

[60]

국풍(國風)의 호색(好色)[1]에 대하여, 그 해설[2]은 '욕망을 채우더라도 예에 어긋나지 않는다[3]' 라고 말한다. 그 성실함은 가히 금석에 비길 만하고 그 소리는 엄숙하여 가히 종묘에 들일 만하다. 소아(小雅)[4]는 더러운 군주에게 쓰이지 않고[5] 스스로 물러나 낮은 자리에 있으며 오늘날의 정사를 비판하고 지난날을 사모하는 시다. 그 언사는 꾸밈이 있으나 그 소리에는 슬픔이 담겨 있다.

國風之好色也, 傳曰, 盈其欲而不愆其止. 其誠可比於金石, 其聲可內於宗廟. 小雅不以於汙上, 自引而居下, 疾今之政, 以思往者, 其言有文焉, 其聲有哀焉.

1 國風之好色―국풍(國風)은『시경』시체의 일부. 각 지방의 민요를 모은 시

집. 호색(好色)은 그 첫 장 「관저」(關雎)편의 내용을 말함.
2 傳─전(傳)은 경(經)의 대칭. 경문(經文)에 대한 주해를 가리킴.
3 不愆其止─건(愆)은 과오(過誤)의 뜻. 지(止)는 규범의 중심 예를 말함. 『대학』(大學)의 지어지선(止於至善)이란 뜻과 같음.
4 小雅─소아(小雅) 역시 『시경』 시체의 일부. 아(雅)는 정(正)자와 같은 뜻으로 아악(雅樂)에 쓰임.
5 不以於汙上─이(以)는 용(用)자와 통용됨. 우상(汙上)은 암우(暗愚)하고 더럽혀진 군주.

[61]

나라가 장차 흥하려면 반드시 스승을 귀하게 여기고 그 보좌하는 자[1]를 소중히 대한다. 스승을 귀하게 여기고 그 보좌하는 자를 소중히 대한다면 법도가 지켜질 것이다. 나라가 장차 쇠하려면 반드시 스승을 천하게 여기고 그 보좌하는 자를 가볍게 대한다. 스승을 천하게 여기고 그 보좌하는 자를 가볍게 대한다면 사람이 방자스럽게 되고[2] 방자스럽게 되면 법도가 무너질 것이다.

國將興, 必貴師而重傅. 貴師而重傅, 則法度存. 國將衰, 必賤師而輕傅. 賤師而輕傅, 則人有快, 人有快, 則法度壞.

1 師·傅─사(師)는 가르치는 교사를 말하고 부(傅)는 그를 돕는 역할을 말함.
2 有快─여기서 쾌(快)란 방자스러울 사(肆)자로 통함. 저 하고 싶은 대로 하는 방종(放縱)의 뜻.

[62]

옛날엔 일반 사람이 오십이 되어야 정식으로 벼슬하였다.[1] 천자와 제후의 아들은 열아홉에 관례를 치르고 관례를 치르면 정사를 맡았다 함은 그 교양이 일찍이 이르렀기 때문이다.

古者, 匹夫五十而士, 天子諸侯子, 十九而冠, 冠而聽治, 其敎至也.

[63]

군자다운 이를 좋아해야만 그럴 만한 사람이다.[1] 그럴 만한 사람인
데도 가르치지 않는다면 상서럽지 않다. 군자가 아닌데도 그를 좋아함
은 그럴 만한 사람이 못 된다. 그럴 만한 사람이 아닌데도 가르친다면
도둑에게 양식을 제공하고 적병에게 무기를 빌려주는 꼴이 될 것이다.

君子也者而好之, 其人也. 其人而不教, 不祥. 非君子而好之, 非其人也.
非其人而教之, 齎盜糧借賊兵也.

1 其人也―여기서 인야(人也)란 그렇게 되어야 마땅한 사람. 장래를 기대할 만
한 인물.

[64]

자기 행동이 부족하다고 스스로 느끼지 못하는 자는 말만 지나치게
한다.[1] 옛날 현인은 미천하기가 베옷 입은 서민이고 가난하기가 하찮
은 필부이며 먹을 것은 죽[2]도 모자라고 입을 것은 거친 베옷[3]조차 갖
추지 못한 경우라도 예가 아니면 나아가지 않고 의가 아니면 받아들이
지 않았다고 한다. 어찌 말이 지나치고 행동이 따르지 않는 이것을 취
하겠는가.

不自嗛其行者, 言濫過. 古之賢人, 賤爲布衣, 貧爲匹夫, 食則饘鬻不足,
衣則豎褐不完, 然而非禮不進, 非義不受. 安取此.

1 言濫過―람(濫)·과(過) 두 글자 모두 정도보다 지나침. 행동이 미치지 못하
는 말만 앞세워 함부로 지껄임.

2 饘鬻一전(饘)은 범벅이 된 죽을 말함. 죽(鬻)은 죽(粥)자로 통용됨. 묽은 죽.
  미음.
3 竪褐一수(竪)는 더벅머리 아이. 갈(褐)은 굵은 베로 기장을 짧게 만든 미천
  한 사람이 입는 옷.

[65]

자하(子夏)¹⁾가 가난해서 입은 옷이 마치 메추라기 깃털처럼 초라하
였다.²⁾ 어떤 사람이 말하기를 '선생은 왜 벼슬하지 않습니까'라고 했
다. 대답하기를 '제후가 나에게 예를 지키지 않고 오만하게 굴면 나는
신하가 되고 싶지 않다. 대부가 나에게 오만하게 굴면 나는 다시 만나
기 싫다. 유하혜(柳下惠)³⁾는 성문 닫는 시각에 늦은 자와 옷을 함께 걸
쳤어도⁴⁾ 의심받지 않았다 한다. 이는 그가 고결한 인품으로 알려진 지
하루 이틀이 아니기 때문이다. 이득을 손톱⁵⁾만큼 다툰다면 이내 손바
닥만큼 잃을 것이다'라고 하였다.

子夏貧, 衣若縣鶉. 人曰, 子何不仕. 曰, 諸侯之驕我者, 吾不爲臣, 大夫之
驕我者, 吾不復見. 柳下惠與後門者同衣, 而不見疑. 非一日之聞也. 爭利
如蚤甲, 而喪其掌.

1 子夏一자하(子夏)는 공자의 제자. 성은 복(卜), 이름은 상(商). 자하란 그의
  자(字)임.
2 縣鶉一현(縣)은 매달 현(懸)자와 같음. 순(鶉)은 메추라기 깃털을 말함. 해져
  서 너덜거리는, 또는 옷자락이 짧은 모양.
3 柳下惠一유하혜(柳下惠)는 춘추시대 노(魯)나라의 현인. 혜(惠)는 시호(諡
  號). 본명은 전화(展獲)임.
4 後門者同衣一후문자(後門者)는 성문 닫는 시각에 늦어서 집으로 돌아가지
  못한 남의 부인을 가리킴. 동의(同衣)란 밤사이 추위를 막느라고 옷을 벗어
  걸쳐준 일화.
5 蚤甲一조(蚤)는 손발톱 조(爪)자로 통함. 극히 미세한 분량을 가리킴.

[66]

　남의 군주 된 자는 신하를 취함에 있어 신중히 하지 않을 수 없다. 하찮은 필부도 친구를 취함에 있어 신중히 하지 않을 수 없다. 친구라 하는 자는 서로가 돕는[1] 바이다. 도가 같지 않다면 어떻게 서로 도울 수 있겠는가. 땔나무를 고르게 깔아 불을 지피면 불길이 건조한 데로 나아가고 평지에 물을 대면 물이 습한 데로 흐른다. 무릇 같은 유끼리 서로 끌어당기는 것이 이처럼 두드러지는 것이다. 친구를 가지고 그 사람됨을 보는 데 있어 어찌 의심되는 바가 있겠는가. 친구 취함은 선한 사람이라야만 하고 신중하지 않을 수 없다. 이것이 바로 덕의 기반이기 때문이다. 『시』[2]에 이르기를 '큰 수레를 뒤에서 밀지 말라.[3] 그 먼지 때문에 어두워 캄캄하다' 라고 하였다. 소인과는 자리를 함께하지 말라는 말이다.

君人者不可以不愼取臣, 匹夫不可以不愼取友. 友者所以相有也. 道不同, 何以相有也. 均薪施火, 火就燥, 平地注水, 水流濕. 夫類之相從也, 如此之箸也. 以友觀人, 焉所疑. 取友善人, 不可不愼. 是德之基也. 詩曰, 無將大車, 維塵冥冥. 言無與小人處也.

　1 相有―여기서 유(有)란 우(右)의 옛 글자와 통용됨. 우(右)는 도울 조(助)자와 같음.
　2 詩―『시경』「소아(小雅)·무장대거(無將大車)」편의 인용 시구.
　3 無將大車―무(無)는 금지사 물(勿)자로 통함. 대거(大車)는 소가 끌도록 만들어진 큰 수레. 장(將)은 곁에서 돕는 역할. 신분 낮은 자가 하는 일.

[67]

　지나치게 살피고 드러나게 행동하는[1] 자는 재지가 있어 보이나 그렇지 않다. 마음이 나약하여 빼앗기기 쉬운 자[2]는 인덕이 있어 보이나 그렇지 않다. 사납고 우직하게[3] 다투기 좋아하는 자는 용기가 있어 보이나 그렇지 않다.

藍苴路作, 似知而非. 偄弱易奪, 似仁而非. 悍戇好鬪, 似勇而非.

1 藍苴路作―람(藍)은 람(濫)자로 통함. 저(苴)는 저(狙)자와 마찬가지. 엿볼
사(伺)자와 함께 쓰임. 로(路)는 로(露)자와 같음.
2 偄弱易奪―단(偄)은 나(懦)자로 통함. 이탈(易奪)이란 어떤 사물에도 집착
하지 않는 마음가짐.
3 悍戇―한(悍)은 흉포(凶暴)의 뜻. 공(戇)은 우(愚)자와 같음. 고지식함.

[68]
사람에게 있어 인·의·예와 선의 관계는 비유하자면 마치 재화나
곡식과 가사(家事)의 관계와 같다. 이를 많이 가진 자는 부유하고 적게
가진 자는 가난하며 가진 것이 없는 자에 이르러서는 곤궁해진다. 그러
므로 그 큰 것은 할 수 없고 그 작은 것도 하지 않는다면 이것이 바로
나라를 버리고 몸까지 버리게 되는[1] 도다.

仁義禮善之於人也, 辟之若貨財粟米之於家也. 多有之者富, 少有之者貧,
至無有者窮. 故大者不能, 小者不爲, 是棄國捐身之道也.

1 捐身―연(捐)은 버릴 기(棄)자와 마찬가지 의미. 연신(捐身)은 연명(捐命)과
같음.

[69]
무릇 모든 일은 원인이 있어 닥쳐오게 되는 것이다.[1] 이쪽에서 나간
것은 바로 이쪽으로 돌아오게 되어 있다.

凡物有乘而來, 其出者是其反者也.

1 有乘而來―왕염손(王念孫)은 승(乘)을 인(因)자로 풀이함. 꼬투리 또는 그
근거를 말함.

316

[70]

근거없는 유언(流言)[1]은 소멸시키고 재화나 여자는 멀리한다. 화가 일어나는 것은 극히 미세한 데서부터다. 이런 까닭으로 군자는 일찍 그 것을 근절한다.

流言滅之, 貨色遠之. 禍之所由生也, 生自纖纖也. 是故君子蚤絶之.

1 流言 ─ 유언(流言)이란 까닭이나 그 자취를 알 수 없는 소문. 또는 남을 헐뜯고 해하는 말.

[71]

말이 진실되어 믿음이 가는 것은 모르면 모른다 하고 의문나면 머뭇거리는[1] 그 사이에 있다. 의심스러운 것은 말하지 않고 아직 묻지 않는 것도 말하지 않는다.

言之信者, 在乎區蓋之間. 疑則不言, 未問則不言.

1 區蓋 ─ 구(區)는 숨길 닉(匿)자로 통함. 부지(不知)의 뜻. 개(蓋)란 회의(懷疑)를 말함.

[72]

지자(知者)는 사물에 밝고 이론에 통달하여 성의 없게 대할 수 없는 것이다. 그러므로 말하기를[1] '군자는 기쁘게 하기가 어렵다. 기쁘게 하기를 도로써 하지 않으면 기뻐하지 않는다' 라고 하였다. 속담에도 말하기를 '구르는 공[2]은 음푹 팬 곳[3]에서 멈추고 근거없는 말은 지자에게서 멈춘다' 라고 한다. 이는 가언(家言)[4] · 사학(邪學)이 유자(儒者)를 미워하는 원인이다. 시비가 헷갈릴 경우 이를 멀리 성인의 일로 헤아리고 이를 비근한 사례로 비추어보며 이를 평정한 마음으로 판단한다면 근거없는 말이 그치고 사악한 언론도 소멸할 것이다.

知者明於事達於數, 不可以不誠事也. 故曰, 君子難說. 說之不以道, 不說也. 語曰, 流丸止於甌臾, 流言止於知者, 此家言邪學之所以惡儒者也. 是非疑, 則度之以遠事, 驗之以近物, 參之以平心, 流言止焉, 惡言死焉.

1 故曰―여기서 고(故)는 고어(古語)의 뜻. 『논어』「자로」(子路)편의 인용 글귀.
2 流丸―류(流)는 출처를 모르는 상태. 환(丸)은 구르는 둥근 물체의 총칭. 유탄(流彈)이 아님.
3 甌臾―구(甌)·유(臾) 둘 다 작은 분(盆)의 종류. 움푹 팬 낮은 곳, 즉 와지(窪地)를 말함.
4 家言―가언(家言)이란 편견을 가지고 일가를 이룬 학설. 특히 묵가(墨家)의 주장을 가리킴.

[73]

증자가 생선을 먹다 남은 것이 있었다. 말하기를 '물을 부어 끓여라[1]' 라고 하였다. 문인이 말하기를 '물을 부으면 썩어서 사람이 상할 것입니다. 소금에 절이는 것[2]만 같지 못할 것입니다' 라고 하였다. 증자가 눈물 흘려 울면서[3] 말하기를 '다른 생각이 있었겠는가' 라고 하였다. 그 말을 늦게 들어 마음이 상했을 것이다.

曾子食魚有餘, 曰, 泊之, 門人曰, 泊之傷人, 不若奧之. 曾子泣涕曰, 有異心乎哉. 傷其聞之晚也.

1 泊之―자(泊)를 왕염손(王念孫)은 자(漬)의 오자로 봄. 침지(浸漬)의 뜻. 물에 담금.
2 奧之―오(奧)는 생선을 삶음. 여기서는 울(鬱)자로 통함. 소금에 절여 밀봉해둠.
3 泣涕―읍체(泣涕)란 효심 지극한 증자가 혹 부패한 생선국을 아버지에게 드리지 않았나 뉘우치는 심정을 나타냄.

[74]

내가 모자라는 바를 가지고 남이 잘하는 바와 맞서지 말라. 그러므로 모자라는 바를 가려 피하고 할 수 있는 바$^{1)}$로 나아가 일해야 할 것이다. 널리 알더라도$^{2)}$ 법을 지키지 않고 명찰하더라도$^{3)}$ 도리에 어긋나며 용감하더라도 예가 없는 자를 군자가 미워하는 것이다.

無用吾之所短遇人之所長. 故塞而避所短, 移而從所仕. 疏知而不法, 察辨而操僻, 勇果而亡禮, 君子之所憎惡也.

1 所仕—사(仕)는 일 사(事)자로 통함. 능(能)자와 같음. 자기 능력으로 해낼 수 있는 일.
2 疏知—소(疏)는 통(通)자와 마찬가지 의미. 모든 사물에 널리 다 통하는 박식(博識)을 말함.
3 察辨—찰변(察辨)이란 명민(明敏)의 뜻. 상황에 대한 판단이나 그 분석에 능함.

[75]

논의하는 말이 많더라도 규범에 맞는 이가 성인이다. 말은 적으면서 그 하는 말이 법칙에 맞는 이가 군자다. 많거나 적거나 법도가 없고 마음대로 한다면$^{1)}$ 비록 변설이 능할지라도 소인이다.

多言而類, 聖人也. 少言而法, 君子也. 多言無法, 而流湎然, 雖辯小人也.

1 流湎然—류(流)는 세상에 전혀 도움이 안 됨. 면(湎)은 아무렇게나 하는 언동. 맺고 끊는 데가 없음. 연(然)은 언(焉)자와 같은 조사.

[76]

나라의 법이 떨어진 물건 줍는 행위를 금한 것은 백성들이 구분 없이 취득하는 데 익숙해지는 것$^{1)}$을 싫어하기 때문이다. 그 분별의 기준이 있다면$^{2)}$ 천하를 받아들인다 하여도 다스려지고 분별의 기준이 없다면 일처일첩[3]이라도 어지러워질 것이다.

國法禁拾遺, 惡民之串以無分得也. 有夫分義, 則容天下而治, 無分義, 則
一妻一妾而亂.

1 民之串—관(串)은 친압할 습(習)자로 통함. 일종의 습벽(習癖). 관습에 젖음.
2 分義—분의(分義)는 신분에 맞는 도리. 자신과 남을 구별할 줄 아는 분한(分
限) 감각. 또는 그 의식을 말함.
3 一妻一妾—일처일첩이란 사(士) 신분의 가족 구성에 있어 기본이 되는 본처
와 첩실을 가리킴.

[77]

천하 사람들은 비록 각자 다른 생각을 하더라도[1] 모두 함께 인정하
는 바[2]도 있다. 미각을 말할 경우 누구나 역아(易牙)[3]를 인정하고 음악
을 말할 경우 사광(師曠)[4]을 인정하며 정치를 말할 경우 삼왕(三王)[5]
을 인정한다. 삼왕이 이미 법도를 정하고 예와 악을 만들어 전한 것이
다. 이를 써보지도 않고 다시 제멋대로 고치는 일이 있다면 어찌 역아
의 음식맛을 바꾸고 사광의 선율을 고치는 것과 다르겠는가. 삼왕의 법
이 없다면 천하가 망할 날을 기다리지 않고 나라가 다할 날을 기다리지
않을 것이다. 마시기만 하고 먹지 않는 것은 매미고 마시지 않고 먹지
도 않는 것은 하루살이다.

天下之人, 唯各特意哉, 然而有所共予也. 言味者予易牙, 言音者予師曠,
言治者予三王. 三王旣已定法度, 制禮樂, 而傳之. 有不用而改自作, 何異
於變易牙之和, 更師曠之律. 無三王之法, 天下不待亡, 國不待死. 飮而不
食者蟬也, 不飮不食者浮蚴也.

1 唯各特意—유(唯)는 수(雖)자로 통함. 특(特)은 수(殊)자와 같음. 뜻을 달리함.
2 所共予—여(予)는 여(與)자와 같음. 허(許)자와 마찬가지 의미. 편들어 승인함.

3 易牙—역아(易牙)는 춘추시대 제(齊) 환공(桓公)을 섬긴 요리 솜씨로 이름난 사람.

4 師曠—사광(師曠)은 진(晉) 평공(平公)을 섬긴 음률 조절로 이름난 악사.

5 三王—삼왕(三王)이란 하(夏)의 우(禹), 은(殷)의 탕(湯), 주(周)의 문왕(文王)·무왕(武王)을 가리킴.

[78]

순(舜)과 효기(孝己)¹⁾는 효자였으나 부모가 좋아하지 않았다. 비간(比干)과 자서(子胥)²⁾는 충신이었으나 군주가 등용하지 않았다. 공자(孔子)와 안연(顏淵)은 지자였으나 세상에서 곤궁하였다. 포악한 나라에 있어 협박을 받아도 피할 데가 없다면 그 선만 높이고 그 아름다움을 칭찬하며 그 장점만 말하고 그 단점은 들추지 말아야 할 것이다. 공손히 대답하더라도³⁾ 몸을 망치는 것은 비방하기 때문이다. 널리 박식하더라도 곤궁한 것은 헐뜯기 때문이다. 청렴하려 하더라도 더욱 탁해지는 것은 입질 때문이다.

虞舜孝己, 孝而親不愛, 比干子胥, 忠而君不用, 仲尼顏淵, 知而窮於世. 劫迫於暴國, 而無所辟之, 則崇其善, 揚其美, 言其所長, 而不稱其所短也. 惟惟而亡者誹也, 博而窮者訾也, 淸之而愈濁者口也.

1 虞舜孝己—우(虞)는 순(舜)의 조상이 세운 나라 이름. 순을 우순씨(虞舜氏)라 일컬음. 효기(孝己)는 은(殷) 고종의 태자.

2 比干子胥—비간(比干)은 주(紂)에게 살해된 그의 충신. 자서(子胥)는 춘추시대 오왕(吳王)을 섬기다 살해당한 오자서(伍子胥).

3 惟惟—유(惟)는 유(唯)자와 같음. 이르는 대로 순순히 잘 듣고 따르는 모양. 청종(聽從)하는 자세.

[79]

군자는 능히 귀해질 수 있으나 남으로 하여금 반드시 자신을 귀하게 할 수는 없으며 능히 등용될 수 있으나 남으로 하여금 반드시 자신을 등용하게 할 수는 없다.

君子能爲可貴, 不能使人必貴己, 能爲可用, 不能使人必用己.

[80]

고서(誥誓)[1]는 오제(五帝)에 미치지 못하고 맹저(盟詛)[2]는 삼왕(三王)에 미치지 못하며 자식을 인질로 교환하는 약속은 오백(五伯)에 미치지 못한다.

誥誓不及五帝, 盟詛不及三王, 交質子不及五伯.

1 誥誓—고(誥)는 고유(告由)하는 말. 격식을 꾸며 신 앞에 경계하는 맹세. 오제(五帝) 때는 형식 없이 자유로웠다고 함.
2 盟詛—맹(盟)은 희생의 피를 핥으며 맺는 약속. 저(詛)는 복을 비는 말. 춘추 시대 패자(覇者)들 사이에 이루어진 약속.

28 유좌宥坐

유좌는 앉는 자리 곁에 걸어두고 스스로 경계를 삼는 좌우(座右)와 마찬가지 의미를 가지고 있다. 편 머리에 공자가 유좌라는 그릇을 보고 제자를 훈계했던 설화를 비롯하여 소정묘(少正卯) 주살 사건, 진·채(陳蔡) 사이에서 겪은 고난 등 주로 공자의 언행들이 실려 있다. 이 밖에도 순황과 그 제자들이 여러 가지 전승과 잡사를 기록으로 남긴 것들이 있다.

[1]

공자가 노(魯)나라 환공(桓公)의 묘를 참관할 때 기울어진 그릇[1]이 있었다. 공자가 묘 지키는 자에게 물어 말하기를 '이것이 무엇하는 그릇이냐'라고 하였다. 묘 지키는 자가 말하기를 '이것은 아마도 오른쪽 곁에 두는 그릇 같습니다[2]'라고 하였다. 공자가 말하기를 '내가 듣기로는 오른쪽 곁에 두는 그릇이라 하는 것이 속을 비우면 기울고 중간 정도면 바로 서며 가득 차면 뒤집히는 것이다'라고 하였다. 제자가 물을 퍼서[3] 붓자 중간 정도에서 바로 서고 가득 차자 뒤집히며 속을 비우자 기울어졌다. 공자가 놀라 탄식하여 말하기를 '어찌 가득 차서 뒤집히지 않는 것이 있겠는가'라고 하였다. 자로가 말하기를 '감히 묻겠습니다. 가득 찬 상태를 지속할 방법이 있겠습니까'라고 하였다. 공자가 말하기를 '총명과 성인의 지혜는 이를 어리석음으로 지키고 공(功)이 천하를 덮을 때는 이를 겸양으로 지키며 용맹이 세상을 어루만질[4] 때는 두려움으로 이를 지키고 부(富)가 사해를 다 가질 때는 겸손으로 이를 지킨다. 이것이 이른바 억제하며 이를 덜어내는[5] 방법이라 하는 것이다'라고 하였다.

孔子觀於魯桓公之廟, 有欹器焉. 孔子問於守廟者曰, 此爲何器. 守廟者曰, 此蓋爲宥坐之器. 孔子曰, 吾聞, 宥坐之器者, 虛則欹, 中則正, 滿則覆. 孔子顧謂弟子曰, 注水焉. 弟子挹水而注之. 中而正, 滿而覆, 虛而欹. 孔子喟然而歎曰, 吁惡有滿而不覆者哉. 子路曰, 敢問, 持滿有道乎. 孔子曰, 聰明聖知, 守之以愚, 功被天下, 守之以讓, 勇力撫世, 守之以怯, 富有四海, 守之以謙. 此所謂挹而損之之道也.

1 敧器—기(敧)는 경(傾)자로 통함. 뒤집어엎음. 뒤집히기 쉬운 그릇.

2 宥坐—유(宥)는 우(右)자와 같음. 혹은 권할 유(侑)자로도 통용됨. 군주의 오른쪽 자리에 두고 스스로 경계를 삼음.

3 挹水—여기서 읍(挹)이란 잔질할 작(酌)자의 뜻. 물길어 댈 급수(汲水)와 같음.

4 憮世—무(憮)는 어루만질 무(撫)자로 통함. 개세(蓋世)와 마찬가지 의미.

5 挹而損之—읍(挹)은 억(抑) 또는 퇴(退)자와 같음. 제멋대로 방자함을 억누름.『노자』의 손지우손(損之又損)이라 하는 세상살이 방법을 가리킴.

[2]

공자가 노나라 섭정[1]이 되어 조정에 나가 칠일 만에 소정묘(少正卯)[2]를 주살하였다. 문인이 나아가 물어 말하기를 '저 소정묘는 노나라에 알려진 인물입니다. 선생께서 정사를 맡아 하시면서 맨 처음 그를 죽인다는 것은 실수가 아니겠습니까' 라고 하였다. 공자가 말하기를 '앉거라. 내가 너에게 그 까닭을 말해주겠다. 사람에게 악이 다섯 가지 있는데 도둑질은 거기에 들지 않는다. 첫째는 마음이 활달하면서도 음험한 것[3]을 말하고 둘째는 행위가 편벽되면서도 단단히 굳어진 것을 말하며 셋째는 말이 거짓투성이면서도 달변인 것을 말하고 넷째는 추악한 일만 잘 기억하면서도[4] 박식한 척하는 것을 말하며 다섯째는 나쁜 짓을 쉽게 하면서도 재미있어하는 것[5]을 말한다. 사람에게 이 다섯 가지 가운데 하나라도 있다면 군자의 주살을 면할 수 없을 것이다. 그런데 소정묘는 이를 모두 겸해 가지고 있다. 그러므로 거처는 족히 무리가 모여 작당할 수 있고 언변은 족히 사악을 꾸며 대중을 현혹할[6] 수 있으며 강한 기세는 족히 정론을 뒤집어[7] 혼자 설 수 있을 만하다. 그는 소인 중의 걸출한 영웅이다. 주살하지 않을 수 없었던 것이다. 이런 까닭으로 탕은 윤해(尹諧)를 주살하고 문왕은 반지(潘止)를 주살하고 주공은 관숙(管叔)을 주살하고 태공망은 화사(華仕)를 주살하고 관중은 부리을(付里乙)을 주살하고 자산은 등석(鄧析)과 사부(史付)를 주살하였다. 이들 일곱 사람은 모두 그 시대가 다르지만 사된 마음은 똑같았다. 주살되지 않을 수 없었던 것이다.『시』[8]에 이르기를 "근심하는 마음 가슴이 막혀 뭇 소인들에게 분이 치미네"라고 하였으니 소인배가 무리를 이룬다는 것은 족히 근심거리가 아닐 수 없다'라고 하였다.

孔子爲魯攝相, 朝七日而誅少正卯. 門人進問曰, 夫少正卯, 魯之聞人也, 夫子爲政而始誅之, 得無失乎. 孔子曰, 居, 吾語女其故. 人有惡者五, 而盜竊不與焉. 一曰心達而險, 二曰行辟而堅, 三曰言僞而辯, 四曰記醜而博, 五曰順非而澤. 此五者有一於人, 則不得免於君子之誅, 而少正卯兼有之. 故居處足以聚徒成羣, 言談足以飾邪營衆, 强足以反是獨立. 此小人之桀雄也, 不可不誅也. 是以湯誅尹諧, 文王誅潘止, 周公誅管叔, 太公誅華仕, 管仲誅付里乙, 子産誅鄧析史付. 此七子者, 皆異世同心, 不可不誅也. 詩曰, 憂心悄悄, 慍於羣小. 小人成羣, 斯足憂矣.

1 攝相—섭(攝)은 일을 대신하는 보좌역을 말함. 재상 대행.
2 少正卯—소정묘(少正卯)는 노나라 대부. 공자와 견줄 만한, 그와 다른 개인 학파를 이룬 당시의 진보적 사상가. 『논형』(論衡) 참조.
3 心達而險—달(達)은 통(通)자와 같음. 천(穿)자로도 풀이됨. 깊이 파고들기를 좋아함.
4 記醜—기(記)는 기식(記識)의 뜻. 추(醜)란 기괴(奇怪)하고 잡박(雜駁)한 일을 가리킴.
5 順非而澤—비(非)는 악업(惡業)·비행(非行)을 저지름. 택(澤)은 윤(潤)자와 같음. 공들임.
6 營衆—영(營)은 형(熒)자로 통함. 여기서는 의혹(疑惑)의 뜻으로 쓰임.
7 反是—시(是)는 정론(正論)·정통(正統)의 뜻. 반(反)은 그 부정. 이단(異端)을 말함. 모반의 뜻으로도 풀이됨.
8 詩—『시경』「패풍(邶風)·백주(栢舟)」편의 인용 시구.

[3]
공자가 노나라 사구(司寇)[1]였을 때 부자간에 다투어 송사를 걸어온 자가 있었다. 공자는 그들을 붙잡아두고 석 달 동안 재판을 하지 않았다.[2] 그 아버지가 그만두기를 청하자 공자가 풀어주었다. 계손씨(季孫

氏)³⁾가 듣고 좋지 않아 말하기를 '이 사람⁴⁾이 나를 속였다. 나에게 말하기를 "국가를 다스림에 반드시 효도로써 한다"라고 하면서 이번에 한 사람을 죽여 불효를 처벌할 것을 하지 않고 또 풀어주었다'라고 하였다. 염자(冉子)⁵⁾가 이를 알렸다.

공자가 개탄하여 말하기를 '오호라, 위가 실정을 하고도 아래가 죄지었다고 죽이는 짓이 옳은가. 그 민을 가르치지 않고 옥사(獄事)를 집행함⁶⁾은 죄없는 자를 죽이는 것이다. 삼군(三軍)이 크게 패하더라도 목벨 수 없고 범법 처리가 잘 안 되더라도⁷⁾ 모두 처벌할 수 없는 것은 그 죄가 민에게 있지 않기 때문이다. 지금 만약 명령을 느슨히 하고 처벌을 엄히 한다면⁸⁾ 사람을 해치는 짓이다. 농사짓는 생산은 때가 있는데도 세 거두어들이기를 때없이 한다면 난폭한 짓이다. 가르치지 않으면서 성공하기를 독촉한다면 잔혹한 짓이다. 이 세 가지를 그만둔⁹⁾ 연후라야 시행할 수¹⁰⁾ 있는 것이다. 『서』¹¹⁾에 이르기를 "도의로써 처형하고 도의로써 주살하며 사심을 가지고 내 멋대로 적용하지 말라. 다만 아직 가르침¹²⁾이 없다 말하라"라고 하였다. 가르침을 먼저 하라는 말이다. 그러므로 선왕이 도를 가지고 이를 미리 진술하여 위가 스스로 이를 행하고 만일 불가할 때 현인을 높여서 이를 철저히 하며 그래도 또 만일 불가할 때 무능한 자를 그만두게 하여 남기지 않아¹³⁾ 삼 년을 철저히 하자 백성들이 모두 따랐다¹⁴⁾ 한다. 사악한 민은 따르지 않아 그런 연후에 이를 기다려 형벌로 대하자 민이 그 죄를 알게 된 것이다. 『시』¹⁵⁾에 이르기를 "윤씨(尹氏)는 태사(大師) 직¹⁶⁾이라 이가 주(周)의 기둥이네.¹⁷⁾ 나라의 균형을 잡아 사방을 여기서 잇네. 천자를 보필하여¹⁸⁾ 민이 헷갈리지 않게 하네"라고 하였다. 이런 까닭으로 "권위는 지엄하더라도 휘두르지 않고 형벌은 마련해두더라도 쓰이지 않는다"라고 하니 이것을 가리켜 하는 말이다.

오늘의 세상은 그렇지 않다. 그 가르침은 문란해지고 그 형벌은 빈번해져서 그 민이 헷갈려 죄에 빠지면 쫓아와서 이를 처벌한다. 이런 까닭으로 형벌은 더욱 번다해지고 사악은 이겨내지 못한다. 삼 척(三尺)

의 깎아지른 언덕을 빈 수레도 능히 오르지 못하지만 백 인(百仞) 높이의 산을 짐 실은 수레가 오른다. 왜냐하면 비탈이 느슨하기[19] 때문이다. 몇 인도 안 되는 담장을 민이 넘지 못하지만 백 인 높이의 산을 어린아이가 올라가 논다. 비탈이 느슨하기 때문이다. 지금 저 세상이 느슨해진 지도 역시 오래다. 그러나 능히 민으로 하여금 넘지 말라 할 수 있겠는가. 『시』[20]에 이르기를 "주도(周道)는 평평하기가 숫돌과 같고 그 곧기는 화살과 같네. 군자가 밟는 바이며 소인은 보는 바이네. 돌아보고 곰곰이 생각하니[21] 눈물만 줄줄 흐르네[22]"라고 하였다. 어찌 슬프지 않겠는가 라고 하였다.

孔子爲魯司寇, 有父子訟者, 孔子拘之, 三月不別也. 其父請止, 孔子舍之. 季孫聞之不說曰, 是老也欺予. 語予曰, 爲國家必以孝. 今殺一人以戮不孝, 又舍之. 冉子以告.

孔子慨然歎曰, 嗚呼上失之下殺之, 其可乎. 不教其民而聽其獄, 殺不辜也. 三軍大敗, 不可斬也, 獄犴不治, 不可刑也, 罪不在民故也. 今嫚令謹誅, 賊也, 生也有時, 斂也無時, 暴也, 不教而責成功, 虐也. 已此三者, 然後刑可卽也. 書曰, 義刑義殺, 勿庸以卽予, 維曰未有順事. 言先教也. 故先王旣陳之以道, 上先服之. 若不可尙賢以綦之, 若不可廢不能以單之. 綦三年而百姓從風矣. 邪民不從, 然後俟之以刑, 則民知罪矣. 詩曰, 尹氏大師, 維周之氐, 秉國之均, 四方是維, 天子是庳, 卑民不迷. 是以威厲而不試, 刑錯而不用, 此之謂也.

今之世則不然. 亂其敎繁其刑, 其民迷惑而墮焉, 則從而制之. 是以刑彌繁, 而邪不勝. 三尺之岸而虛車不能登也, 百仞之山, 任負車登焉. 何則陵遲故也. 數仞之牆, 而民不踰也, 百仞之山, 而豎子馮而游焉, 陵遲故也. 今夫世之陵遲亦久矣, 而能使民勿踰乎. 詩曰, 周道如砥, 其直如矢. 君子所履, 小人所視. 眷焉顧之, 潸焉出涕. 豈不哀哉.

1 司寇―사구(司寇)란 주왕조 때 범죄를 취체하던 최고의 책임자. 검찰과 재판

을 겸했음.

2 不別─별(別)은 결(決)자와 같음. 죄인을 판결하지 않고 보류해둠. 또는 격리시키지 않고 그대로 가두어둠.

3 季孫─계손(季孫)은 노나라에서 삼환(三桓)이라 일컬어지는 맹손(孟孫)·숙손(叔孫)과 함께 세력이 가장 큰 가로(家老).

4 老也─여기서 노야(老也)란 공자에게 의례적으로 쓰이는 가벼운 경칭. 선생이란 칭호.

5 冉子─염자(冉子)는 공자의 제자. 이름은 구(求). 자는 자유(子有). 당시 계손씨(季孫氏)의 재(宰)였음.

6 聽其獄─옥(獄)은 범죄를 다스림. 소송이나 재판을 가리킴.

7 獄犴不治─한(犴) 역시 옥(獄)자와 같음. 쟁송(爭訟)에 있어 형집행이 정체된 상태를 말함.

8 嫚令謹誅─만(嫚)은 업신여김. 태만(怠慢)의 뜻. 근(謹)은 엄(嚴)자로 통함.

9 已此三─이(已)는 기(棄)·거(去)자와 같음. 출지(黜止)의 뜻. 삼이지(三已之)와 마찬가지.

10 可卽─즉(卽)은 취(就)자로 통함. 집행(執行)의 뜻.

11 書─『서경』「주서(周書)·강고(康誥)」편의 인용 글귀.

12 順事─순(順)은 가르칠 훈(訓)자와 마찬가지 의미. 따르도록 훈도함.

13 單之─단(單)은 탄(殫)자로 통함. 진(盡)자와 같음. 절멸(絶滅)의 뜻.

14 從風─종풍(從風)이란 가르침에 감화되어 종순(從順)함.

15 詩─『시경』「소아(小雅)·절남산(節南山)」편의 인용 시구.

16 大師─대(大)는 태(太)자로 통함. 주왕조 최고의 벼슬 삼공(三公) 중의 하나.

17 周之氐─저(氐)는 뿌리 저(柢)자와 같음. 근본(根本) 또는 주석(柱石)의 뜻.

18 庳─비(庳)는 도울 비(毗)자 또는 보(輔)자와 마찬가지임.

19 陵遲─능지(陵遲)는 능이(陵夷)와 같음. 언덕이 차츰 평평해짐. 경사가 완만한 상태. 성했던 것이 점점 쇠퇴해감을 말함.

20 詩─『시경』「소아(小雅)·대동(大東)」편의 인용 시구.

21 睠焉─권(睠)이 현존하는『시경』에는 권(睠)자로 실려 있음. 고(顧)자와도 같음.

22 潸─산(潸)은 눈물을 줄줄 흘리는 모양.

[4]

『시』[1]에 이르기를 '저 해와 달을 쳐다보니 내 생각이 멀리 달리네. 길이 멀다 하니 그 사람 어찌 돌아올 수 있겠는가' 라고 하였다. 공자가 말

하기를 '대저 도가 합쳐지기만 한다면2) 어찌 오지 않을 일이 있겠는가'
라고 하였다.

詩曰, 瞻彼日月, 悠悠我思. 道之云遠, 曷云能來. 子曰, 伊稽首, 不其有
來乎.

1 詩—『시경』「패풍(邶風)·웅치(雄雉)」편의 인용 시구.
2 伊稽首—이(伊)는 발어사. 여기서 수(首)는 도(道)의 빌린 글자. 계(稽)는 합
(合)자와 같음. 도가 일치됨을 말함.

[5]

　공자가 발을 멈추고 동쪽으로 흐르는 물을 바라보았다.1) 자공이 공
자에게 물어 말하기를 '군자가 큰물을 맞닥뜨리면 반드시 골똘히 바라
보는 까닭이 무엇입니까' 라고 하였다. 공자가 말하기를 '대저 물이란
두루 여러 가지 뭇 생명들을 주되 일부러 다른 일을 하지 않는 것이 덕
(德)과 비슷하다. 그 흐름은 낮은 데를 향하고 모나거나 굽거나2) 반드
시 그 지형의 도리에 따르는 것이 의(義)와 비슷하다. 그 용솟음쳐 흘러3)
끝없는 것4)이 도(道)와 비슷하다. 만약 둑을 터 나가게 한다면 그 반응
의 빠르기5)가 메아리소리 같고 그 백 길 되는 골짜기에 다다라 떨어져
도 두려워하지 않는 것이 용(勇)과 비슷하다. 구덩이에 붓더라도6) 반드
시 평평해지는 것은 법(法)과 비슷하다. 가득히 채워 평미레 나무를 구
하지 않아도7) 괜찮은 것은 정(正)과 비슷하다. 가냘프더라도 미세한 데
까지 가 닿는 것8)은 찰(察)과 비슷하다. 들고나면서9) 신성하고 깨끗해
지는 것10)은 선화(善化)와 비슷하다. 그것이 만 번 꺾여도 반드시 동쪽
으로 흐르는 것은 지(志)와 비슷하다. 이런 까닭으로 군자가 큰물을 맞
닥뜨리면 반드시 바라보는 것이다' 라고 하였다.

孔子觀於東流之水. 子貢問於孔子曰, 君子之所以見大水必觀焉者是何

也. 孔子曰, 夫水徧與諸生而無爲也, 似德. 其流也, 埤下裾拘, 必循其理, 似義. 其洸洸乎, 不漏盡, 似道. 若有決行之, 其應佚若聲響, 其赴百仞之谷不懼, 似勇. 主量必平, 似法. 盈不求槪, 似正. 淖約微達, 似察. 以出以入, 以就鮮絜, 似善化. 其萬折也必東, 似志. 是故君子見大水必觀焉.

1 觀於東流 — 관(觀)은 조망(眺望)함. 『논어』 「자한」(子罕)편의 자재천상(子在川上)과 같은 뜻.

2 埤下裾拘 — 비(埤)는 낮고 습한 땅. 거(裾)는 방(方)자와 같음. 구(拘)는 구(鉤)자로 통함. 구부러짐.

3 洸洸乎 — 『설문』에 광(洸)을 물이 용솟음치며 반짝이는 모양이라 함. 용출(湧出)의 뜻.

4 漏盡 — 굴(漏)은 굴(屈)자와 같음. 다할 갈(竭)자와 마찬가지 의미. 진(盡)자로도 통함.

5 應佚 — 일(佚)은 일(逸)자와 같음. 질주(疾走) 혹은 분류(奔流)의 뜻.

6 主量 — 주(主)는 물댈 주(注)자로 통용됨. 량(量)은 갱감(坑坎), 즉 구덩이를 가리킴.

7 求槪 — 개(槪)란 되나 말질을 할 때 두두룩한 윗부분 곡식을 깎아내리는 막대를 말함.

8 淖約微達 — 뇨약(淖約)은 작약(綽約)과 같음. 가냘픈 모양. 미달(微達)은 세미한 곳까지 스며들어 통달함.

9 以出以入 — 이(以)는 이(已)로 통함. 혹(或)자로 보기도 함. 물체 속으로 물이 드나듦.

10 鮮絜 — 결(絜)은 조촐할 결(潔)자와 같음. 청결(淸潔)의 뜻.

[6]

공자가 말하기를 '나에게는 부끄럽게 여기는 것이 있다. 나에게는 비루하게 여기는 것이 있다. 나에게는 위태롭게 여기는 것이 있다. 어려서 학문을 힘써 할 수 없었기 때문에 늙어서 남을 가르칠 수 없다는 것을 나는 부끄럽게 여긴다. 고향을 떠나 군주를 섬기고 영달하였을 때 별안간 옛 친구를 만나더라도 일찍이 옛 이야기가 없었던 것[1]을 나는 비루하게 여긴다. 소인과 함께 거처하는 것을 나는 위태롭게 여긴다' 라고 하였다.

孔子曰, 吾有恥也. 吾有鄙也, 吾有殆也. 幼不能彊學, 老無以敎之, 吾恥
之. 去其故鄕, 事君而達, 卒遇故人, 曾無舊言, 吾鄙之. 與小人處者, 吾殆
之也.

1 無舊言—구언(舊言)이란 서로 정담(情談)을 나눔. 그 부정으로 반가운 기색
  을 보이지 않음.

[7]

공자가 말하기를 '개미 둑만큼 쌓았더라도 나아간다면 나는 그와 함
께할 것이다. 언덕만큼 쌓았더라도 그친다면 나는 그만둘 것이다' 라고
하였다. 오늘의 학자는 아직 사마귀나 혹1)만큼 쌓지 못했더라도 만족
해하면서2) 남의 스승이 되고자 한다.

孔子曰, 如垤而進, 吾與之. 如丘而止, 吾已矣. 今學曾未如肬贅, 則具然欲
爲人師.

1 肬贅—우(肬)는 군살. 사마귀 종류. 췌(贅)는 혹. 엉긴 살. 응결(凝結)의 뜻.
  학문의 성과. 극히 작은 것을 비유한 말.
2 具然—구연(具然)이란 자기 스스로 만족해하는 모양.

[8]

공자가 남쪽으로 초(楚)나라에 가려고 하는 도중 진(陳)과 채(蔡)1)
사이에서 큰 어려움을 겪었다. 칠 일 동안이나 불에 익힌 음식을 먹지
못하고 명아주 국물에 쌀알갱이 한 톨도 못 넣으며2) 제자들이 모두 굶
주린 안색을 띠었다. 자로가 나아가 물어 말하기를 '제가 듣기로는 선
을 행한 이에게 하늘이 복으로 보답하고 좋지 못한 짓을 한 자에게 하
늘이 화로 보답한다 합니다. 지금 선생께서 덕을 거듭하고 의를 쌓으며

선과 미만 행하신 지 그 날짜가 오래되셨습니다. 어찌 처지가 곤궁할 수[3] 있겠습니까' 라고 하였다. 공자가 말하기를 '유(由)야,[4] 알지 못하느냐. 내가 너에게 말해주마. 너는 지자가 반드시 등용된다고 생각하느냐. 왕자 비간(比干)이 가슴이 쪼개지는 일을 당하지 않았느냐. 너는 충직한 자가 반드시 등용된다고 생각하느냐. 관용봉(關龍逢)이 처형당하지 않았느냐. 너는 간하는 자가 반드시 등용된다고 생각하느냐. 오자서가 고소(姑蘇) 동문 밖에서 책형[5]당하지 않았느냐. 대저 때를 만나고 못 만나는 것은 시운이다. 군자가 널리 배우고 깊이 생각하더라도 때를 못 만나는 자가 많다. 이렇게 본다면 세상에 때를 못 만난 자가 어찌 나 혼자[6]이겠는가. 또한 저 지란(芷蘭)은 깊은 숲 속에 자라더라도 사람이 없다 하여 향내를 풍기지 않거나 하지 않는다. 군자의 학문도 영달하기 위한 것이 아니다. 곤궁하더라도 괴로워하지 않고 근심은 하더라도 의기가 쇠하지 않으며 화와 복의 처음과 끝을 잘 알아서 마음이 헷갈리지 않는 것이다. 대저 현명하다 모자라다 하는 것은 재질이다. 선을 하고 안 하는 것은 사람이다. 때를 만나고 못 만나는 것은 시운이다. 죽고 사는 것은 명이다. 만약 그 사람이 있어 그 때를 못 만난다면 비록 현명하더라도 그가 능히 행할 수 있겠는가. 그러나 적어도 그 때를 만난다면 어찌 어려움이 있겠는가. 그러므로 군자는 널리 배우고 깊이 생각하며 몸을 닦고 단정히 하여 그 때를 기다려야 할 것이다' 라고 하였다.

공자가 거듭 말하기를 '유야, 거기에 앉거라. 내가 너에게 말해주마. 옛적에 진(晋)의 공자 중이(重耳)의 패심(覇心)[7]은 조(曹)나라에서 생겼다. 월(越)왕 구천(勾踐)의 패심은 회계산(會稽山)에서 생겼다. 제(齊) 환공(桓公) 소백(小白)의 패심은 거(莒) 땅에서 생겼다. 그러므로 처지가 곤궁하지 않았던 자는 생각이 원대하지 못하고 스스로 떠돌아다니지 않았던[8] 자는 의지가 넓지 않다. 너는 내가 상락(桑落) 아래[9] 이를 얻지 못했으리라고 어찌 알겠는가' 라고 하였다.

孔子南適楚, 厄於陳蔡之間, 七日不火食, 藜羹不糂, 弟子皆有飢色. 子路

進問之曰, 由聞之, 爲善者, 天報之以福, 爲不善者, 天報之以禍. 今夫子
累德積義, 懷美行之日久矣. 奚居之隱也. 孔子曰, 由不識, 吾語汝. 汝以
知者爲必用邪. 王子比干不見剖心乎. 女以忠者爲必用邪. 關龍逢不見刑
乎. 女以諫者爲必用邪. 吳子胥不磔姑蘇東門外乎. 夫遇不遇者時也. 君
子博學深謀, 不遇時者多矣. 由是觀之, 不遇世者, 何獨丘也哉. 且夫芷蘭
生於深林, 非以無人而不芳. 君子之學非爲通也. 爲窮而不困, 憂而意不
衰, 知禍福終始, 而心不惑也. 夫賢不肖者材也, 爲不爲者人也, 遇不遇者
時也, 死生者命也. 今有其人, 不遇其時, 雖賢其能行乎. 苟遇其時, 何難
之有. 故君子博學深謀, 脩身端行, 以俟其時.

孔子曰, 由居. 吾語女. 昔晉公子重耳霸心, 生於曹, 越王句踐霸心, 生於
會稽, 齊桓公小白霸生, 心於莒. 故居不隱者思不遠, 身不佚者志不廣. 女
庸安知吾不得之桑落之下乎哉.

1 陳蔡之間 —진(陳)은 지금의 하남성 동남부 회양(淮陽)현 부근. 채(蔡)도 하
  남성 남쪽에 있던 춘추시대 나라 이름.
2 藜羹不糝 —여갱(藜羹)은 명아주 잎을 넣어 끓인 국. 삼(糝)은 쌀가루 국수
  삼(糝)자와 같음.
3 居之隱 —은(隱)이란 곤궁(困窮)의 뜻. 거(居)는 그 놓여 있는 상태를 말함.
4 由 —여기 유(由)는 자로(子路)의 이름. 선생이 제자를 부르는 호칭으로 쓰임.
5 磔姑蘇 —책(磔)은 몸뚱이를 찢어 죽이는 형벌. 고소(姑蘇)는 오(吳)의 수도.
  오자서(伍子胥)가 억울한 참소를 당해 자살할 때 자기 눈을 도려내어 성문 밖
  에 걸어 달라 유언했다고 전해짐.
6 獨丘 —여기서 구(丘)는 공자의 이름. 공자가 스스로 자기 이름을 부른 경우
  는 흔하지 않음.
7 重耳霸心 —중이(重耳)는 진(晋) 문공(文公)의 이름. 패심(霸心)이란 제후의
  우두머리가 되어 천하를 제패하겠다는 의지.
8 身不佚 —일(佚)은 일(逸)자와 같음. 도망쳐 달아남. 혹은 버림받음. 유일(遺
  佚)의 뜻. 국외로 망명했던 경험을 말함.
9 桑落之下 —상락(桑落)은 공자 일행이 고난을 당하던 진 · 채 사이의 지명. 혹
  은 뽕잎이 지는 계절 구월(九月)을 가리키기도 함.

[9]

　자공(子貢)¹⁾이 노나라 종묘의 북당(北堂)²⁾을 참관하고 나와서 공자에게 물어 말하기를 '저번에 제가 태묘 북당을 참관하였을 때는 다 보지 못하고 도중에 돌아왔기 때문³⁾에 이번에 다시 그 북쪽 문짝을 쳐다보니⁴⁾ 모두 나무를 짧게 잘라 짜맞춘 것이었습니다. 거기에 연유이라도 있습니까. 아니면 장인이 잘못하여 나무를 짧게 자른 것입니까' 라고 하였다. 공자가 말하기를 '태묘의 당에는 또한 마땅히 연유가 있게 마련이다. 관에서 무수한 장인들을 불러들여 장식을 하도록 시켰기 때문일 것이다.⁵⁾ 좋은 재목이 없는 것이 아니라 아마도 장식을 귀중히 생각하였기 때문일 것이다'⁶⁾라고 하였다.

子貢觀於魯廟之北堂, 出而問於孔子曰, 鄕者賜觀於太廟之北堂, 未旣輟還, 復瞻被北蓋, 皆絶, 被有說邪. 匠過絶邪. 孔子曰, 太廟之堂, 亦嘗有說. 官致良工, 因麗節文. 非無良材也, 蓋曰貴文也.

---

1 子貢—자공(子貢)은 공자의 제자 단목사(端木賜)의 자(字)임. 선생 앞에서는
　자신의 이름을 부르는 것이 상례로 되어 있음.
2 北堂—북당(北堂)이란 묘 안에 신주(神主) 위패를 안치(安置)해둔 곳을 가리킴.
3 未旣輟還—기(旣)는 다할 진(盡)자로 통함. 철(輟)은 지(止)자와 같음. 그만둠.
4 北蓋—여기서 개(蓋)는 합(盍)자와 마찬가지로 비(扉)자의 뜻. 문짝을 말함.
5 麗節文—『이아』(爾雅)에 려(麗)를 시(施)자로 풀이함. 시공(施工)의 뜻. 절
　문(節文)은 장식을 말함.
6 曰貴文—왈(曰)이란 어떤 의지를 표현하는 조사로 쓰임.

29 자도子道

편 구성의 큰 줄거리는 우선 자식 된 사람의 도리인 효행에 대한 논의다. 효행은 결코 맹목적으로 종순하는 것이 아니라고 한다. 다시 말해서 자신이 취한 행위가 예의 규범에 합당한가를 이성적으로 검증한 연후에 실천하는 것이 최선이라는 것이다. 또한 효행에 있어 현명한 친구의 구실을 강조하고 그 교우관계를 소중하게 다루고 있다. 끝부분은 공자와 그 제자 자로 사이의 문답을 모아서 엮은 잡록(雜錄)들이다.

[1]

집안에 들어가서는 효도하고 밖으로 나가서는 공손한 것[1]은 사람의 작은 행위다. 윗사람에게 순종하고 아랫사람에게 돈독한 것은 사람의 중질 행위다. 도를 따르고 그 군주를 따르지 않으며 의를 따르고 그 부모를 따르지 않는 것은 사람의 큰 행위다. 만일 그 마음이 예를 따라서 안정되고 언어가 법도를 따라서 쓰여진다면[2] 유자의 도를 다하였다 할 것이다. 비록 순(舜)이라 할지라도 여기에 털끝만큼도 능히 더할 수 없을 것이다.

入孝出弟, 人之小行也. 上順下篤, 人之中行也. 從道不從君, 從義不從父, 人之大行也. 若夫志以禮安, 言以類使, 則儒道畢矣. 雖舜不能加毫末於是也.

1 出弟 ─ 제(弟)는 제(悌)자로 통용됨. 공(恭)자와 마찬가지 의미. 『논어』「학이」(學而)편 참조.
2 類使 ─ 류(類)는 법례(法例)·규범을 말함. 사(使)는 『이아』 석고(釋詁)에 종(從)자로 풀이되기도 함.

[2]

효자가 부모의 명[1]을 따르지 않는 경우가 세 가지 있다. 명을 따르면 부모가 위태롭고 명을 따르지 않으면 부모가 편안할 때 효자가 그 명을 따르지 않는 것은 바로 충정(衷情)[2]이다. 명을 따르면 부모가 욕되고 명을 따르지 않으면 부모에게 광영이 될 때 효자가 그 명을 따르지 않는 것은 바로 마땅하다.[3] 명을 따르면 금수처럼 되고 명을 따르지 않으면 체면이 설[4] 때 효자가 그 명을 따르지 않는 것은 바로 공경이다. 그러므로 가히 따라야 할 때 따르지 않는다면 이는 자식 된 도리가 아니다.[5] 가히 따르지 말아야 할 때 따른다면 이는 충정이 아니다. 따라야할 것과 따르지 말아야 할 의를 밝혀서 공경과 충신을 능히 다하고 단정 성실하며 신중하게 행동한다면 가히 대효라고 말할 것이다. 전해오는 말에 이르기를 '도를 따르고 그 군주를 따르지 않으며 의를 따르고 그 부모를 따르지 않는다'라고 하였다. 이것을 가리킨 말이다. 그러므로 노고하여 고달프더라도[6] 능히 그 공경을 잃지 않을 수 있고 재화나 환난을 당하더라도 능히 그 의를 잃지 않을 수 있으며 만약[7] 불행하여 부모에게 종순하지 못한다고 미움을 받더라도 능히 그 애정을 잃지 않을 수 있기란 인인(仁人)이 아니면 할 수 없는 것이다. 『시』[8]에 이르기를 '효자의 마음씨가 넉넉하네'[9]라고 하였다. 이것을 가리킨 말이다.

孝子所以不從命有三. 從命則親危, 不從命則親安, 孝子不從命乃衷. 從命則親辱, 不從命則親榮, 孝子不從命乃義. 從命則禽獸, 不從命則脩飾, 孝子不從命乃敬. 故可以從而不從, 是不子也. 未可以從而從, 是不衷也. 明於從不從之義, 而能致恭敬忠信端慤, 以愼行之, 則可謂大孝矣. 傳曰, 從道不從君, 從義不從父, 此之謂也. 故勞苦彫萃, 而能無失其敬, 災禍患難, 而能無失其義, 則不幸不順見惡, 而能無失其愛, 非仁人莫能行. 詩曰, 孝子不匱. 此之謂也.

1 不從命─여기서 명(命)이란 부명(父命)을 가리킴. 부모가 이르는 말. 분부.
2 乃衷─충(衷)은 정성 충(忠)자로 통함. 마음속에서 우러나오는 참된 정.
3 乃義─의(義)는 의(宜)자로 통함. 경우에 꼭 맞는 적당(適當)의 뜻. 적절히 취한 태도.
4 脩飾─여기서 수식(脩飾)이란 가다듬음. 예의를 갖춤. 겉모양을 꾸미며 체면을 차림.
5 不子─부자(不子)란 자식의 도리를 벗어남. 불효를 저지름.
6 彫萃─조(彫)는 상(傷)자와 같음. 췌(萃)는 파리할 췌(顇)자와 통용됨. 곤비 (困憊)의 뜻.

7 則―여기서 즉(則)은 즉(卽)자로 통함. 약(若)자로 풀이됨. 가정조사.

8 詩―『시경』「대아(大雅)·기취(旣醉)」편의 인용 시구.

9 不匱―궤(匱)는 다할 갈(竭)자와 같음. 그 부정은 풍성함.

[3]

노(魯)나라 애공(哀公)이 공자에게 물어 말하기를 '자식이 아버지 명을 따르면 효도인가, 신하가 군주 명을 따르면 충절인가' 라고 하였다. 세 번 물어도 공자는 대답하지 않았다.

공자가 종종걸음으로 물러나와¹⁾ 자공에게 일러 말하기를 '앞서 군주가 나에게 물어 말하기를 "자식이 아버지 명을 따르면 효도인가, 신하가 군주 명을 따르면 충절인가"라고 하였다 세 번 물어도 나는 대답하지 않았다. 사(賜)야, 너는 어떻게 생각하느냐' 라고 하였다. 자공이 말하기를 '자식이 아버지 명을 따르면 효도입니다. 신하가 군주 명을 따르면 충절입니다. 선생께서 또 무슨 대답을 하시겠습니까' ²⁾라고 하였다. 공자가 말하기를 '소인이로다. 너는 알지 못하는구나. 만승의 나라에 간하는 신하³⁾가 네 사람 있다면 영토가 깎이지 않고⁴⁾ 천승의 나라에 간하는 신하가 세 사람 있다면 사직이 위태롭지 않으며 백승의 경대부 집에 간하는 가신이 두 사람 있다면 사당이 헐리지 않고 아버지에게 간하는 자식이 있다면 무례를 행하지 않으며 사(士)에게 간하는 친구가 있다면 불의를 하지 않을 것이라고 한다. 그러므로 자식이 아버지를 분별 없이 따른다 함이 어찌 효도이겠는가. 신하가 군주를 따른다 함이 어찌 충절이겠는가. 그 따라야 할 까닭을 살피는 것을 가리켜 효도라 말하고 그것을 가리켜 충절이라 하는 것이다' 라고 하였다.

魯哀公問於孔子曰, 子從父命孝乎, 臣從君命貞乎. 三問, 孔子不對.

孔子趨出, 以語子貢曰, 鄕者君問丘也曰, 子從父命孝乎. 臣從君命貞乎.

三問而丘不對. 賜以爲何如. 子貢曰, 子從父命孝矣, 臣從君命貞矣, 夫子有奚對焉. 孔子曰, 小人哉, 賜不識也. 昔萬乘之國有爭臣四人, 則封疆不

削, 千乘之國有爭臣三人, 則社稷不危, 百乘之家有爭臣二人, 則宗廟不
毀, 父有爭子, 不行無禮, 士有爭友, 不爲不義. 故子從父, 奚子孝. 臣從
君, 奚臣貞. 審其所以從之之謂孝, 之謂貞也.

1 趨出 ─ 추(趨)는 추주(趨走)의 뜻. 잔달음질. 공경의 뜻으로 군주의 앞을 허
  리를 굽히고 빨리 걸음.
2 有奚對 ─ 여기서 유(有)는 우(又)자로 통용됨. 그 이상 더 대답할 말이 없음
  을 강조함.
3 爭臣 ─ 쟁신(爭臣)은 쟁신(諍臣)과 같음. 간(諫)하여 다투는 신하를 말함.
4 封疆不削 ─ 봉강(封疆)은 봉(封)한 땅. 또는 그 경계를 말함. 삭(削)은 침범을
  당함.

[4]

자로(子路)가 공자에게 물어 말하기를 '여기에 어떤 사람이 있어 아
침 일찍 일어나 저녁 늦게 자면서[1] 밭을 갈고 풀을 베며 모 심고 씨 뿌
리며[2] 손발에 굳은살이 박이도록 일하여[3] 그 부모를 봉양하고 있습니
다. 그런데도 효자라고 이름나지 않은 것은 어째서입니까' 라고 하였다.
공자가 말하기를 '생각건대 아마도 몸가짐이 불공스럽지 않았겠는가.
말솜씨가 불손하지 않았겠는가. 표정이 불순하지 않았겠는가. 옛 사람
이 하는 말이 있어 이르기를 "옷을 입히는가, 감싸주는가,[4] 자네를 믿지
못하겠다"[5]라고 하였다. 지금 아침 일찍 일어나 저녁 늦게 자면서 밭을
갈고 풀을 베며 모 심고 씨 뿌리며 손발에 굳은살이 박이도록 일하여 그
부모를 봉양하더라도 이 세 가지가 없다면 어떻게 효자라고 이름이 나
겠는가. 아마도 벗삼는 바가 인인이 아닐 것이다' 라고 하였다.

공자가 다시 말하기를 '유(由)야, 기억해두어라.[6] 내가 너에게 말해
주마. 비록 한 나라의 장사라 할 힘을 가지고 있더라도 능히 그 몸을 스
스로 들어올리지 못하는 것은 힘이 없어서가 아니라 형세가 할 수[7] 없
기 때문이다. 그러므로 집안으로 들어가 그 행위가 단정하게 닦이지 않
는 것은 자기 자신의 죄다. 밖에 나와서 그 이름이 밝혀지지 않는 것은

친구의 과실이다. 그러므로 군자는 들어가서 행실을 돈독히 하고 나와서 현자와 벗삼는다 한다. 어찌 효자라고 이름나지 않겠는가 라고 하였다.

子路問於孔子曰, 有人於此, 夙興夜寐, 耕耘樹藝, 手足胼胝, 以養其親, 然而無孝之名, 何也. 孔子曰, 意者身不敬與. 辭不遜與. 色不順與. 古之人有言曰, 衣與繆與. 不女聊. 今夙興夜寐, 耕耘樹藝, 手足胼胝, 以養其親, 無此三者, 則何爲而無孝之名也. 意者所友非仁人邪.

孔子曰, 由志之. 吾語汝. 雖有國士之力, 不能自擧其身, 非無力也, 勢不可也. 故入而行不脩, 身之罪也. 出而名不章, 友之過也. 故君子入則篤行, 出則友賢. 何爲而無孝之名也.

1 夙興夜寐—숙(夙)은 조(早)자와 같음. 흥(興)은 기(起)자로 통함. 일찍 일어나고 늦게 잠. 부지런히 일하는 모습.

2 耕耘樹藝—경(耕)은 밭갈이. 운(耘)은 풀베기. 수(樹)는 모를 심음. 예(藝)는 파종(播種)의 뜻. 농사를 지음.

3 胼胝—변(胼)·지(胝) 두 글자 모두 추워서 손발이 틈. 또는 물집이 생김. 더께가 짐.

4 繆與—무(繆)는 동일 주(綢) 또는 요(繞)자로 통함. 여기서는 몸을 감쌈. 보살펴줌을 말함.

5 不女聊—여(女)는 너 여(汝)자로 이인칭. 료(聊)는 시(恃)나 뢰(賴)자와 마찬가지 의미. 요뢰(聊賴), 즉 안심하고 의지함.

6 志之—지(志)는 기록할 지(誌)자와 같음. 마음속에 기억함.

7 勢不可—세(勢)란 객관적 조건으로서의 그 때의 정세를 말함.

[5]

자로가 공자에게 물어 말하기를 '노나라 대부가 연복을 입고 평상에 눕는[1] 것이 예입니까' 라고 하였다. 공자가 말하기를 '나는 알지 못한다' 라고 하였다. 자로가 나와 자공에게 일러 말하기를 '나는 선생께서 모르시는 것이 없다고 생각하였는데 선생께서도 바로[2] 모르시는 것이 있더라'고 하였다. 자공이 말하기를 '자네가 무엇을 물었는가'라고 하였다. 자로가 말하기를 '내가 노나라 대부가 연복을 입고 평상에 눕는 것이 예입니까 물었더니 선생께서 말씀하시기를 "나는 알지 못한다"고 하셨다'라고 하였다. 자공이 말하기를 '내가 자네를 위하여 물어볼 것이다'라고 하였다. 자공이 공자에게 물어 말하기를 '연복을 입고 평상에 눕는 것이 예입니까'라고 하였다. 공자가 말하기를 '예가 아니다'라고 하였다. 자공이 나와 자로에게 일러 말하기를 '자네는 선생을 가리켜 모르시는 것이 있다고 말하는가. 선생께서는 바로 모르시는 것이 없더라. 자네의 물음이 잘못이었다. 예란 이 나라에 살면³⁾ 그 대부를 그르다 하지 않는⁴⁾ 것이다'라고 하였다.

子路問於孔子曰, 魯大夫練而牀, 禮邪. 孔子曰, 吾不知也. 子路出謂子貢曰, 吾以夫子爲無所不知, 夫子徒有所不知. 子貢曰, 女何問哉. 子路曰, 由問魯大夫練而牀禮邪. 夫子曰吾不知也. 子貢曰, 吾將爲女問之. 子貢問曰, 練而牀禮邪. 孔子曰, 非禮也. 子貢出謂子路曰, 女謂夫子爲有所不知乎. 夫子徒無所不知. 汝問非也. 禮, 居是邑不非其大夫.

1 練而牀 —연(練)은 연복(練服)을 말함. 소상을 지내고 담제(禫祭) 때까지 입는 상복. 그 기간 거적자리에 누워 자고 평상을 사용하지 않는 것이 예로 규정되어 있음.

2 夫子徒 —여기서 도(徒)란 다만 독(獨)자로 쓰이기보다 내(乃)자로 풀이됨이 적당함.

3 是邑 —읍(邑)은 사람이 모여 사는 마을의 총칭. 제후의 봉지(封地) 또는 대부의 채읍(茱邑)을 말함.

4 不非其大夫 —비(非)는 비방(誹謗)의 뜻. 비난하지 아니함.

[6]

자로가 성장을 하고¹⁾ 공자를 만나뵈었다. 공자가 말하기를 '유야, 옷차림이 그 어찌 훌륭한가.²⁾ 옛날 장강물은 민산(岷山)³⁾에서 나왔다. 그

처음 흘러나올 때 그 수원은 가히 술잔을 담글 만하였다. 급기야 강나
루터까지 이르러 배를 의지하지 않고⁴⁾ 바람을 피하지 않는다면 건널
수가 없었다. 이는 하류의 물이 많아졌기 때문이 아니겠는가. 지금 너
도 의복이 그렇게 훌륭하고 얼굴에 자신감이 넘친다면⁵⁾ 천하에 또 누
가 충고하려 하겠는가' 라고 하였다. 자로가 종종걸음으로 나와 옷을 바
꾸어 입고 들어갔다. 틀림없이 여유 있어 보였다.⁶⁾ 공자가 다시 말하기
를 '유야, 기억해두어라. 내가 너에게 말해주마. 말을 신중히 하는 자는
떠들지 않고⁷⁾ 행동을 신중히 하는 자는 자랑하지 않는다. 아는 척하고⁸⁾
유능해 보이는 자는 소인이다. 군자는 아는 것을 안다 하고 모르는 것
을 모른다 하니 말의 요체다. 능한 것을 능하다 하고 능하지 못한 것을
능하지 못하다 하니 행동의 극치다. 말의 요체가 바로 지(智)고 행동의
극치가 바로 인(仁)이다. 이미 지혜롭고 어질다면 어찌 부족한 점이 있
겠는가' 라고 하였다.

子路盛服見孔子. 孔子曰, 由是裾裾何也. 昔者江出於岷山, 其始出也, 其
源可以濫觴, 及其至江之津也, 不放舟不避風, 則不可涉也. 非唯下流水
多邪. 今汝衣服既盛, 顔色充盈, 天下且孰肯諫女矣. 子路趨而出, 改服而
入, 蓋猶若也. 孔子曰, 由志之. 吾語女. 愼於言者不華, 愼於行者不伐. 色
知而有能者小人也. 故君子知之曰知之, 不知曰不知, 言之要也. 能之曰
能之, 不能曰不能, 行之至也. 言要則知, 行至則仁. 既知且仁, 夫惡有不
足矣哉.

1 盛服─성복(盛服)이란 위의를 갖춘 정장(正裝)을 말함. 아름답게 옷을 잘 차
　려 입음.
2 裾裾─거(裾)는 첨(襜)자로 통함. 두 글자 모두 옷차림의 명칭. 단정하게 옷
　을 입음.
3 岷山─민(岷)은 민(岷)자와 같음. 사천성 반송(潘松)현 북쪽에 있는 산.
4 放舟─방(放)은 의(依)자로 통함. 혹은 병(並)자로도 풀이됨. 배를 나란히 합
　쳐 뒤집히지 않게 함.

5 顔色充盈―충영(充盈)은 충인(充牣)의 뜻. 만족한 모습. 뽐내는 기색이 얼굴에 가득함.
6 蓋猶若―유약(猶若)이란 서화(舒和)의 뜻. 온화함. 느긋하고 거리낌없는 모습.
7 不華―화(華)는 화(譁)자와 같음. 시끄럽게 지껄임.
8 色知―색(色)은 안색을 말함. 박식함을 얼굴에 드러내어 자랑함.

[7]

자로가 공자의 방안으로 들어왔다. 공자가 말하기를 '유야, 지자(知者)란 어떠하고 인자(仁者)는 어떠한가' 라고 물었다. 자로가 대답해 말하기를 '지자는 다른 사람으로 하여금 자기를 알게 하고 인자는 다른 사람으로 하여금 자기를 사랑하게 하는 자입니다' 라고 하였다. 공자가 말하기를 '가히 사(士)¹⁾라고 일컬을 만하다' 라고 하였다. 자공이 들어 왔다. 공자가 말하기를 '사야, 지자란 어떠하고 인자란 어떠한가' 라고 물었다. 자공이 대답해 말하기를 '지자는 다른 사람을 알고 인자는 다른 사람을 사랑하는 자입니다' 라고 하였다. 공자가 말하기를 '가히 사 군자라 일컬을 만하다' 라고 하였다. 안연(顔淵)²⁾이 들어왔다. 공자가 말하기를 '회(回)야, 지자란 어떠하고 인자란 어떠한가' 라고 물었다. 안연이 대답해 말하기를 '지자는 자신을 스스로 알고 인자는 자신을 스스로 사랑하는 자입니다' 라고 하였다. 공자가 말하기를 '가히 총명한 군자라 일컬을 만하다' 라고 하였다.

子路入. 子曰, 由, 知者若何. 仁者若何. 子路對曰, 知者使人知己, 仁者使人愛己. 子曰, 可謂士矣. 子貢入. 子曰, 賜, 知者若何. 仁者若何. 子貢對曰, 知者知人, 仁者愛人. 子曰, 可謂士君子矣. 顔淵入. 子曰, 回, 知者若何. 仁者若何. 顔淵對曰, 知者自知, 仁者自愛. 子曰, 可謂明君子矣.

1 可謂士―순황이 정의하는 사(士)란 학문의 첫 노력 단계를 말함. 군자(君子)란 사와 성인의 중간 단계.
2 顔淵―공자의 수제자. 이름은 회(回). 자(字)는 자연(子淵). 안(顔)은 그 성임.

[8]

자로가 공자에게 물어 말하기를 '군자도 역시 근심 걱정이 있습니까'
라고 하였다. 공자가 말하기를 '군자는 그것을 얻지 못할¹⁾ 때는 그 뜻
한 의지를 즐긴다. 이미 그것을 얻으면 또 그 되어감²⁾을 즐긴다. 이런
까닭으로 평생의 즐거움이 있고 하루의 근심도 없다. 소인은 그것을 얻
지 못할 때는 얻지 못함을 근심하고 이미 그것을 얻으면 또 그것을 잃
을까 두려워한다. 이런 까닭으로 평생의 근심이 있고 하루의 즐거움도
없다' 라고 하였다.

子路問於孔子曰, 君子亦有憂乎. 孔子曰, 君子其未得也, 則樂其意. 旣已
得之, 又樂其治. 是以有終身之樂, 無一日之憂. 小人者其未得也, 則憂不
得, 旣已得之, 又恐失之. 是以有終身之憂, 無一日之樂也.

1 其未得―득(得)은 구득(求得)의 뜻. 여기서는 원하는 정치적 지위를 얻지 못함.
2 樂其治―치(治)란 일삼았던 모두가 순조로운 상태를 가리킴.

30 법행法行

표제로 내건 법행은 사람이 기준으로 삼아 지켜나가
야 할 법, 즉 예의 규정을 실천하는 방법이란 의미를
지닌다. 이 편은 주로 공자와 그 제자들 사이에 주고받
은 극히 짧은 대화체 글로 구성되어 있다. 맨 먼저 일반
대중과 성인의 규범의식이 논의되고, 이어서 군자가
반드시 배려해야 할 원칙들을 공자의 말을 빌려 제시
하였다.

[1]

공수반(公輸盤)¹⁾이라도 먹줄보다 더 정확할 수 없고 성인이라도 예보다 더할 수 없다. 예란 것은 중인들이 본받으면서도 알지 못하지만 성인은 본받으면서 아는 것이다.

公輸不能加於繩, 聖人莫能加於禮. 禮者, 衆人法而不知, 聖人法而知之.

1 公輸—공수(公輸)는 노나라의 이름난 공장(工匠). 그가 제작한 공성(攻城) 무기와 묵자(墨子)의 방어무기 성능을 비교한 일화가 있음. 그 이름을 반(盤)이라 함.

[2]

증자(曾子)¹⁾가 말하기를 '집안 사람을 멀리하면서 바깥 사람을 가까이하지 말라. 자신이 선하지 못하면서 다른 사람을 원망하지 말라. 형벌이 이미 이르러서 하늘의 도움을 부르짖지 말라. 집안 사람을 멀리하면서 바깥 사람을 가까이하는 것은 또한 거꾸로 된 것이 아니겠는가. 자신이 선하지 못하면서 다른 사람을 원망하는 것은 또한 도리와 먼 것이 아니겠는가. 형벌이 이미 이르러서야 하늘의 도움을 부르짖는 것은 또한 늦은 것이 아니겠는가. 『시』²⁾에 이르기를 '작은 샘물³⁾'을 막고 또 막지 못하고⁴⁾ 바퀴통이 이미 산산이 부서진 뒤 이에 바퀴살을 굵게 하며 일이 벌써 실패한 뒤 이에 거듭 크게 한숨을 쉰다 해도 그 어떤 도움이 있겠는가⁵⁾"라고 한다' 하였다.

曾子曰, 無內人之疏, 而外人之親. 無身不善而怨人. 無刑已至而呼天. 內

人之疏, 而外人之親, 不亦反乎. 身不善而怨人, 不亦遠乎. 刑已至而呼
天, 不亦晚乎. 詩曰, 涓涓源水, 不雝不塞, 轂已破碎, 乃大其輻. 事已敗
矣, 乃重大息. 其云益乎.

1 曾子 —증자(曾子)는 공자의 문인 증삼(曾參)을 가리킴. 효행으로 유명함.
2 詩 —현존하는 『시경』에는 없는 일시(逸詩)임.
3 涓涓源水 —연(涓)은 물방울 떨어질 적(滴)자로 통함. 물이 조금씩 졸졸 흐르
  는 모양.
4 不雝不塞 —옹(雝)은 막을 옹(壅). 색(塞) 역시 물을 막는다는 뜻으로 쓰임.
5 其云益 —여기서 운(云)이란 유(有)자와 마찬가지 의미.

[3]

증자가 병환이 나 증원(曾元)이 곁에서 시중들고[1] 있었다. 증자가 말
하기를 '원아, 기억해두어라. 내가 너에게 말해주마. 저 물고기나 자라
따위[2]는 연못을 오히려 얕다고 여겨서 그 속에 굴을 파 숨고 매나 솔개
는 산을 오히려 낮다고 여겨서 그 위에 둥지를 더하지만[3] 그 붙잡히는
데 이르러서는 반드시 먹이감이 미끼가 되기 때문이다. 그러므로 군자
가 조금이라도 능히 이득 때문에 의를 해치지 않을 수 있다면 치욕 또
한 이를 까닭이 없을 것이다' 라고 하였다.

曾子病, 曾元持足. 曾子曰, 元志之. 吾語汝. 夫魚鱉黿鼉, 猶以淵爲淺, 而
堀穴其中, 鷹鳶猶以山爲卑, 而增巢其上, 及其得也, 必以餌. 故君子苟能
無以利害義, 則恥辱亦無由至矣.

1 曾元持足 —증원(曾元)은 증삼(曾參)의 아들. 족(足)은 몸 가까이 있음. 지
  (持)는 시(侍)자와 같음. 병간호의 뜻.
2 魚鱉黿鼉 —별(鱉)은 작은 자라. 원(黿)은 큰 자라. 타(鼉)는 악어를 가리킴.
3 增巢 —증(增)은 나무로 엉성하게 지은 집 증(橧)자로 풀이됨. 소(巢)는 나무
  로 얽은 둥지.

[4]

　자공이 공자에게 물어 말하기를 '군자가 옥을 귀히 여기고 민(珉)[1] 을 천하게 여기는 까닭이 무엇입니까. 대저 옥은 적고 민은 많기 때문입니까' 라고 하였다. 공자가 말하기를 '아아, 사야.[2] 이것이 무슨 말인가. 저 군자가 어찌 많다 하여 천하게 여기고 적다 하여 귀히 여기겠는가. 대저 옥이라 하는 것을 군자는 덕(德)에 비유한다. 온유하게 윤기가 번지르르한 것은 인(仁)이다. 가지런하게 결이 나 있는 것[3]은 지(知)다. 야무지게 단단하여 구부러지지 않는 것은 의(義)다. 모가 나더라도 남을 해치지 않는 것[4]은 행(行)이다. 꺾더라도 휘지 않는 것은 용(勇)이다. 흠과 좋은 점을 모두 함께 드러내는 것은 정(情)이다.[5] 두드리면 그 소리가 맑게 드날려 멀리 들리고 그만두면 바로 멈추듯이 하는 것은 사(辭)다.[6] 그러므로 비록 민의 아름다움[7]이 있더라도 옥이 밝음만 같지 못하다. 『시』[8]에도 이르기를 "이에 군자를 생각하니 온후하기가 마치 옥과 같네" 라고 하였다. 이것을 가리켜서 하는 말이다' 라고 하였다.

子貢問於孔子曰, 君子所以貴玉而賤珉者, 何也. 爲夫玉之少而珉之多邪. 孔子曰, 惡賜, 是何言也. 夫君子豈多而賤之, 少而貴之哉. 夫玉者君子比德焉. 溫潤而澤仁也, 栗而理知也, 堅剛而不屈義也, 廉而不劌行也, 折而不橈勇也, 瑕適竝見情也, 扣之其聲淸揚而遠聞, 其止輟然, 辭也. 故雖有珉之雕雕, 不若玉之章章. 詩曰, 言念君子, 溫其如玉. 此之謂也.

1 賤珉―민(珉)은 옥과 비슷한 아름다운 돌. 천(賤)이란 그 가치를 인정하지 않음.
2 惡賜―오(惡)는 탄식하는 발어사. 사(賜)는 자공의 이름. 선생이 제자를 부르는 애칭.
3 栗而理―율(栗)이란 질연(秩然)의 뜻. 조리가 있어 보임. 리(理)는 옥의 무늬를 말함.
4 廉而不劌行―렴(廉)은 릉(稜)자로 통함. 모가 나 보임. 귀(劌)는 상(傷)자와 같

이 쓰임.

5 瑕適竝見情 ─ 하(瑕)는 자(疵)자와 통용됨. 적(適)은 양호(良好)의 뜻. 혹은 『노자』의 하적(瑕謫)과 마찬가지로 허물을 말함. 정(情)은 있는 그대로 드러 낸 성정.

6 辭也 ─ 여기서 사(辭)란 언사(言辭)의 뜻. 요령 있게 간단히 줄여서 하는 말 솜씨.

7 雕雕 ─ 조(雕)는 옥을 다듬는 각(刻)자와 같음. 조조(雕雕)는 장장(章章)과 마찬가지로 아름답게 무늬를 내는 모양.

8 詩 ─ 『시경』「진풍(秦風) · 소융(小戎)」편의 인용 시구.

[5]

증자가 말하기를 '다른 사람과 함께 놀면서[1] 사랑받지 못하는 것은 내가 반드시 남을 배려하는 마음이 없기 때문이다. 사귀면서 존경받지 못하는 것은 내가 반드시 뛰어나지 못하기[2] 때문이다. 재화를 다루면 서 믿음을 얻지 못하는 것은 내가 반드시 진실하지 못하기 때문이다. 이 세 가지가 자신에게 있으면서 어찌 다른 사람을 원망하겠는가. 다른 사람을 원망하는 자는 궁지에 빠지고 하늘을 원망하는 자는 생각이 없 는 것이다.[3] 자기가 실수를 하면서 이를 다른 사람에게 돌린다 하는 것 이 어찌 또한 어두운 일이 아니겠는가' 라고 하였다.

曾子曰, 同游而不見愛者, 吾必不仁也. 交而不見敬者, 吾必不長也. 臨財 而不見信者, 吾必不信也. 三者在身, 曷怨人. 怨人者窮, 怨天者無識. 失 之己而反諸人, 豈不亦迂哉.

1 同遊 ─ 동(同)은 공(共) 또는 구(俱)자와 같음. 유(遊)는 교유(交遊)의 뜻으 로 쓰임.

2 不長 ─ 장(長)이란 선(善)자로 통함. 걸출함. 유월(兪樾)은 그 부정으로 장점 이 없다고 봄.

3 無識 ─ 식(識)은 지(志) 혹은 견식(見識)의 뜻. 반성을 통하여 개인의 자각을 촉구함.

[6]

남곽혜자[1]가 자공에게 물어 말하기를 '선생의 문하에는 어째서 그 많은 사람이 모입니까[2]'라고 하였다. 자공이 말하기를 '군자는 자기 몸을 바르게 함으로써 사람을 기다린다. 오고자 하는 자를 막지 않고 가고자 하는 자를 말리지 않는다. 또한 저 훌륭한 의원 문 앞에는 병든 자가 많고 도지개 곁에는 굽은 나무가 많다. 이런 까닭으로 여러 종류의 사람이 모인다'라고 하였다.

南郭惠子問於子貢曰, 夫子之門何其雜也. 子貢曰, 君子正身以俟. 欲來者不距, 欲去者不止. 且夫良醫之門多病人, 隱栝之側多枉木. 是以雜也.

1 南郭惠子―성명을 알 수 없음. 성곽 남쪽에 산다는 뜻의 호칭. 『장자』에 남곽자기(南郭子綦)란 예가 있음.
2 其雜也―여기서 잡(雜)이란 현(賢)·불초(不肖)를 가리지 않고 많은 사람이 잡다하게 모여드는 상황을 일컫는 말.

[7]

공자가 말하기를 '군자에게 서(恕)가 세 가지 있다.[1] 군주가 있는데 능히 섬기지 못하고 신하를 두어 그 부리기를 바라는 것[2]은 서가 아니다. 부모가 있는데 능히 보답하지 못하고 자식을 두어 그 효도를 바라는 것은 서가 아니다. 형이 있는데 능히 공경하지 못하고 아우를 두어 그 이르는 말 듣기를 바라는 것은 서가 아니다. 선비가 이 세 가지 서에 밝다면 가히 자신을 단정하게 할 수 있을 것이다'라고 하였다.

孔子曰, 君子有三恕. 有君不能事, 有臣而求其使, 非恕也. 有親不能報, 有子而求其孝, 非恕也. 有兄不能敬, 有弟而求其聽令, 非恕也. 士明於此三恕, 則可以端身矣.

1 有三恕―서(恕)란 남을 배려하는 덕목의 한 가지. 내 마음을 미루어 남을 혜

아리는 너그러움.

2 求其使—『이아』「석고」(釋詁)편은 사(使)를 종(從)으로 풀이하기도 함.

[8]

공자가 말하기를 '군자에게 세 가지 생각해야 할 일이 있어 충분히 생각하지 않을 수 없다. 어려서 배우지 않는다면 장성하여 무능해질 것이다. 늙어서 가르치지 않는다면 죽은 뒤에 그리는 자가 없을 것이다.[1] 재물이 있어 베풀지 않는다면 곤궁해질 때 주어지는 것이 없을 것이다. 이런 까닭으로 군자는 어려서는 장성했을 때를 생각하여 배우고 늙어서는 죽은 뒤를 생각하여 가르치며 있어서는 곤궁해질 때를 생각하여 베풀어야 하는 것이다' 라고 하였다.

孔子曰. 君子有三思, 而不可不思也. 少而不學長無能也. 老而不敎死無思也. 有而不施窮無與也. 是故君子少思長則學, 老思死則敎, 有思窮則施也.

1 無思—사(思)는 사모할 모(慕)자와 같음. 죽은 뒤에 젊은이의 가슴속에 깊이 새겨짐.

31 애공哀公

이 편은 노나라 애공과 공자가 주고받은 문답을 모아 수록한 것이다. 주내용은 예의 · 제도 · 인물 · 정치에 대한 논의들이다. 인간의 유형을 범인과 사 · 군자, 그리고 현자와 성인 등 다섯 가지로 각각 나누어 다루었다. 맨 끝부분에는 노나라 정공(定公)과 안연 사이의 문답이 부록으로 첨부되어 있다.

[1]

노나라 애공(哀公)이 공자에게 물어 말하기를 '나는 내 나라의 뛰어난 인사를 골라¹⁾ 그와 함께 나라를 다스리고 싶다. 감히 묻건대 그들을 어떻게 취하여야 하는가'라고 하였다. 공자가 대답해 말하기를 '오늘의 세상에 태어나 옛날의 도에 뜻을 두고 오늘의 풍속으로 살면서 옛날의 복식을 입으며 이런 삶을 산다면²⁾ 비행을 하는 자가 또한 드물지 않겠습니까'라고 하였다. 애공이 말하기를 '그렇다면 저 장보(章甫)를 쓰고 구구(絢屨)를 신으며³⁾ 큰 띠를 두르고 홀을 꽂은⁴⁾ 자들이 모두 현자겠는가⁵⁾'라고 하였다. 공자가 대답해 말하기를 '반드시 그렇지는 않습니다. 저 검은 제복(祭服)을 입고⁶⁾ 통건을 쓰고 수레 탄⁷⁾ 자는 그 생각이 훈채 먹는 데⁸⁾ 있지 않습니다. 상복 입고 엄짚신을 신으며⁹⁾ 지팡이 짚고 죽을 먹는 자는 그 생각이 술이나 고기에 있지 않습니다. 오늘의 세상에 태어나 옛날의 도에 뜻을 두고 오늘의 풍속으로 살면서 옛날의 복식을 입으며 이런 삶을 살면서 비행을 하는 자가 비록 있다 하더라도 또한 드물지 않겠습니까'라고 하였다. 애공이 말하기를 '좋다'라고 하였다.

魯哀公問於孔子曰, 吾欲論吾國之士, 與之治國. 敢問, 何如取之邪. 孔子對曰, 生今之世志古之道, 居今之俗服古之服, 舍此而爲非者, 不亦鮮乎. 哀公曰, 然則夫章甫絢屨, 紳而搢笏者比賢乎. 孔子對曰, 不必然. 夫端衣玄裳, 絻而乘路者, 志不在於食葷. 斬衰菅屨, 杖而啜粥者, 志不在於酒肉. 生今之世志古之道, 居今之俗服古之服, 舍此而爲非者, 雖有不亦鮮乎. 哀公曰, 善.

1 欲論 ─ 논(論)이란 가릴 선(撰)자로 통함. 선택(選擇)의 뜻으로 쓰임.

2 舍此 ─ 사(舍)는 거(居) 또는 처(處)자와 마찬가지 의미. 생의 방식, 그 태도를 말함.

3 章甫絢屨 ─ 장보(章甫)는 은대(殷代) 머리에 쓰던 관의 일종. 구(絢)는 삼신. 구(屨)는 신 앞부분 뾰족한 코를 장식함.

4 紳而搢笏 ─ 신(紳)이란 폭넓은 큰 띠. 진(搢)은 허리에 두른 띠에 홀(笏)을 꽂은 상태.

5 比賢乎 ─ 여기서 비(比)는 다 개(皆)자로 통용됨.

6 端衣玄裳 ─ 단의(端衣)는 단정한 예복. 현상(玄裳)은 제사 때 입는 검은 삼베로 만든 제복.

7 絻而乘路 ─ 문(絻)은 통건. 또는 상복을 입음. 로(路)는 옛날 제후가 타던 큰 수레.

8 食葷 ─ 훈(葷)은 매운 채소를 말함. 파나 마늘처럼 냄새나는 음식을 즐겨 먹음.

9 斬衰菅屨 ─ 참최(斬衰)는 삼베로 만들어 시침질을 하지 않은 상복. 관구(菅屨)는 왕골로 삼은 신.

[2]

공자가 말하기를 '사람은 다섯 가지 구분[1]이 있습니다. 범인(평범한 용인 · 庸人)이 있고 사(뛰어난 사람 · 士)가 있으며 군자가 있고 현인이 있으며 대성(大聖)이 있습니다'라고 하였다. 애공이 말하기를 '감히 묻건대 어떠하면 바로 범인이라 일러 말할 수 있겠는가'라고 하였다. 공자가 대답해 말하기를 '이른바 범인이라 하는 자는 입으로 능히 선언 (善言 · 세련된 언어)을 말하지 못하고 마음이 만족스러워 겸양할 줄[2]도 모르며 현인이나 착한 인사를 가려서 그 몸을 의탁하고 자기 근심을 풀 줄[3]도 모르며 행동을 취하더라도 힘쓸 바를 알지 못하고 멈추어서 있더라도 안정할 바를 알지 못하며 날마다 사물을 선택하더라도 값이 귀한 것을 가릴 줄 모르고 사물 따라 물 흐르듯이 하여 돌아갈 바를 모르며 오관(五官)이 작동하면[4] 마음도 따라서 거칠어집니다. 이와 같다면 가히 일러 범인이라 말할 수 있을 것입니다'라고 하였다. 애공이 말하기를 '좋다'라고 하였다.

'감히 묻건대 어떠하면 바로 사라 일러 말할 수 있겠는가'라고 하였다. 공자가 대답해 말하기를 '이른바 사라 하는 자는 비록 도술을 능히 다하지 못할지라도 반드시 따를 데가 있습니다.[5] 비록 아름다움과 선함을 능히 두루 하지 못할지라도 반드시 처할 데가 있습니다. 이런 까닭으로 지식이란 많이 아는 데 힘쓰지 않고 그 알아야 할 것을 살피는 데 힘쓰며 언사란 많이 말하는 데 힘쓰지 않고 그 일러야 할 것을 살피는 데 힘쓰며 행위란 많이 취하는 데 힘쓰지 않고 그 연유하는 것을 살피는 데 힘쓸 것입니다. 그러므로 지식이 그것을 이미 다 알고 언사가 그것을 이미 다 일컬으며 행위가 그것을 이미 다 연유하여 취했다면 마치 생명[6]과 살갗이 바뀔 수 없는 것과 같을 것입니다. 그러므로 부귀하더라도 족히 그것으로 더 보탤 수 없고 미천하더라도 족히 그것으로 더 낮출 수 없는 것입니다. 이와 같다면 가히 일러 사라 말할 수 있을 것입니다' 라고 하였다. 애공이 말하기를 '좋다' 라고 하였다.

'감히 묻건대 어떠하면 바로 군자라 일러 말할 수 있겠는가' 라고 하였다. 공자가 대답해 말하기를 '이른바 군자라 하는 자는 말이 진실하더라도 마음속으로 덕이라 생각하지 않고[7] 인의가 몸에 배어 있더라도 드러내어 자랑삼지 않으며[8] 사려가 총명하게 통하더라도 말로 다투지 않습니다. 그러므로 조용히 가라앉아[9] 따라붙을 만하게 보이는 자가 군자입니다' 라고 하였다. 애공이 말하기를 '좋다' 라고 하였다.

'감히 묻건대 어떠하면 바로 현인이라 일러 말할 수 있겠는가' 라고 하였다. 공자가 대답해 말하기를 '이른바 현인이라 하는 자는 행동이 절도에 맞으면서도 근본을 상하는 일이 없고 말이 족히 천하가 본받을 만하면서도 자신을 해치는 일이 없으며 부유하기가 천하를 갖는다 하더라도 재물 쌓아두는 일[10]이 없고 천하를 널리 베풀더라도 가난을 걱정하지 않습니다. 이와 같다면 가히 일러 현인이라 말할 수 있을 것입니다' 라고 하였다. 애공이 말하기를 '좋다' 라고 하였다.

'감히 묻건대 어떠하면 바로 대성이라 일러 말할 수 있겠는가' 라고 하였다. 공자가 대답해 말하기를 '이른바 대성이라 하는 자는 지혜가 대도로 통하고 변화에 응하여 막힘이 없으며 만물의 성정을 변별하는 자입니다. 대도라 하는 것은 만물을 변화시키고 완성하는 근거입니다. 성정이라 하는 것은 그러한 것과 그렇지 않은 것, 취할 것과 버릴 것을 처리하는 근거입니다. 이런 까닭으로 그 사업의 크기는 천지에 두루 미치고[11] 밝기는 일월보다 더 환하며 만물을 거느림은 풍우와 같습니다.[12] 깊고 정밀하여[13] 그 일을 가히 따를 수 없고 마치 하늘이 맡은 것 같아서[14] 그 일을 가히 알 수 없으며 백성들은 천박하여 그 윤곽조차 알지 못합니다. 이와 같다면 가히 일러 대성이라 말할 수 있을 것입니다'라고 하였다. 애공이 말하기를 '좋다'라고 하였다.

孔子曰, 人有五儀, 有庸人, 有士, 有君子, 有賢人, 有大聖. 哀公曰, 敢問, 何如斯可謂庸人矣. 孔子對曰, 所謂庸人者, 口不能道善言, 心不知邑邑, 不知選賢人善士, 託其身焉以爲己憂, 動行不知所務, 止交不知所定, 日選擇於物不知所貴, 從物如流不知所歸, 五鑿爲正心從而壞. 如此則可謂庸人矣. 哀公曰, 善.

敢問, 何如斯可謂士矣. 孔子對曰, 所謂士者, 雖不能盡道術, 必有率也. 雖不能徧美善, 必有處也. 是故知不務多, 務審其所知, 言不務多, 務審其所謂, 行不務多, 務審其所由. 故知旣已知之矣, 言旣已謂之矣, 行旣已由之矣, 則若性命肌膚之不可易也. 故富貴不足以益也, 卑賤不足以損也. 如此則可謂士也. 哀公曰, 善.

敢問, 何如斯可謂之君子矣. 孔子對曰所謂君子者, 言忠信而心不德, 仁義在身而色不伐, 思慮明通而辭不爭, 故猶然如將可及者, 君子也. 哀公曰, 善.

敢問, 何如斯可謂賢人矣. 孔子對曰, 所謂賢人者, 行中規繩而不傷於本, 言足法於天下而不傷於身, 富有天下而無怨財, 布施天下, 而不病貧. 如此則可謂賢人矣. 哀公曰, 善.

敢問, 何如斯可謂大聖矣. 孔子對曰, 所謂大聖者, 知通乎大道, 應變而不窮, 辨乎萬物之情性者也. 大道者所以變化遂成萬物也, 情性者所以理然不取舍也. 是故其事大辨乎天地, 明察乎日月, 總要萬物於風雨, 繆繆肫

肫其事不可循, 若天之嗣其事不可識, 百姓淺然不識其隣, 若此則可謂大
聖矣. 哀公曰, 善.

1 有五儀―의(儀)를 왕염손(王念孫)은 등의(等宜)라고 봄. 등급(等級) 혹은 종
　류를 말함.
2 邑邑―읍(邑)은 읍(悒)자와 같음. 읍읍(悒悒)이란 겸퇴(謙退)의 뜻. 자족(自
　足)함.
3 爲己憂―위(爲)를 유월(兪樾)은 병 나을 유(瘉)자로 풀이함. 근심거리를 물
　리침.
4 五鑿爲正―착(鑿)은 성정(性情). 희·로·애·락·원망 다섯 가지 관능. 정
　(正)은 정(政)자로 통함. 여기서는 그 주도적 역할.
5 有率―솔(率)은 순(循)자와 같음. 도술(道術)을 준거(準據)로 하여 따라감.
6 性命―성명(性命)이란 생명(生命)을 일컫는 말. 나면서 고유의 것이므로 무
　엇과도 바꿀 수 없음.
7 心不德―덕(德)은 은덕을 베풂. 심중에 추호도 자신의 덕이라 의식하지 않음.
8 色不伐―벌(伐)은 자과(自誇)의 뜻. 자랑하는 기색을 드러내보이지 아니함.
9 猶然―유연(猶然)이란 유연(油然)과 같음. 침착하고 여유 있어 보임. 평온한
　상태.
10 怨財―원(怨)은 온(蘊)자와 마찬가지 음으로 읽힘. 개인 재물을 축적함.
11 辨乎天地―변(辨)은 변(徧)자로 통용됨. 천지간에 두루 넓게 미치는 상태를
　가리킴.
12 總要萬物於風雨―총(總)은 통(統)자와 같음. 요(要)는 모두 한데 모음. 어
　(於)는 여(如)자로 통함.
13 繆繆肫肫―무(繆)는 목(穆)자와 같음. 돈(肫)은 순(純)의 옛 글자. 목목(穆
　穆)은 심오한 모양. 돈돈(肫肫)은 순수함.
14 天之嗣―사(嗣)는 대를 이음. 혹은 맡을 사(司)자로 쓰임. 주재(主宰)의 뜻.

[3]
노나라 애공이 공자에게 순(舜)이 쓰던 관에 대하여 물었다. 공자는
대답하지 않았다. 세 번 물어도 대답하지 않았다. 애공이 말하기를 '과
인1)이 선생에게 순이 쓰던 관에 대하여 물었는데 무슨 까닭으로 말하
지 않는가'라고 하였다. 공자가 대답해 말하기를 '고대의 왕자 중에는

두건을 쓰고 옷깃이 구부러진²⁾ 자도 있었으나 그 정사만큼은 살리기를 좋아하고 죽이기를 싫어하였습니다. 이런 까닭으로 봉황이 숲 속에 깃들고³⁾ 기린이 들판에 살며 까마귀나 까치 둥지도 가히 구부려서 엿볼 수 있었습니다. 군주께서 이것을 물으시지 않고 순이 쓰던 관만을 물으셨습니다. 대답하지 않은 까닭입니다' 라고 하였다.

魯哀公問舜冠於孔子, 孔子不對. 三問不對. 哀公曰, 寡人問舜冠於子, 何以不言也. 孔子對曰, 古之王者, 有務而拘領者矣, 其政好生而惡殺焉. 是以鳳在列樹, 麟在郊野, 烏鵲之巢, 可俯而窺也. 君不此問, 而問舜冠, 所以不對也.

1 寡人─과인(寡人)은 제후가 자신을 일컫는 칭호. 덕이 적은 사람이라 하는 겸사의 말.
2 務而拘領─무(務)는 모(帽)자로 통함. 천을 꼬아서 머리에 동인 상태. 구(拘)는 구(句)자와 같음. 곡령(曲領). 검소한 옷차림을 일컬음.
3 鳳在列樹─봉(鳳)은 성인의 태평성세에 나타난다고 전해진 서조(瑞鳥). 열수(列樹)는 숲을 말함.

[4]

노나라 애공이 공자에게 물어 말하기를 '과인은 깊은 궁 안에 태어나 여자들 손에 귀하게 자랐다. 과인은 아직도 슬픔을 알지 못하고 아직도 근심을 알지 못하며 아직도 괴로움을 알지 못하고 아직도 두려움을 알지 못하며 아직도 위험을 알지 못한다' 라고 하였다. 공자가 말하기를 '군주께서 물으신 바는 성군의 물으심입니다. 저는 소인인데 어떻게 그것을 족히 알 수 있겠습니까' 라고 하였다. 애공이 말하기를 '내 선생이 아니면 들을 데가 없다' 라고 하였다. 공자가 말하기를, 군주께서 종묘 문안에 들어가 오른쪽을 지나 동편 계단¹⁾부터 당 위로 올라 서까래와 기둥을 우러러보시고 또 궤연(几筵)을 머리 숙여 보실²⁾ 때 그 기물들은 남아 있으나 그 사람은 안 계십니다. 군주께서 이것을 가지고 슬프다 생각하신다면 슬픔이 장차 어찌 이르지 않겠습니까. 새벽 일찍 일어나[3] 빗질하고 관을 쓰시고 날이 밝아 조정 일을 보실 때 한 가지라도 맞지 않는 것이 있다면 어지러워질 실마리가 됩니다. 군주께서 이것을 가지고 근심거리라 생각하신다면 근심이 장차 어찌 이르지 않겠습니까. 군주께서 날이 밝아 조정 일을 보시고 해가 저물어 물러나실 때 제후의 자손 가운데 군주의 조정 끝자리에 있는[4] 자가 반드시 있을 것입니다. 군주께서 이것을 가지고 괴롭다 생각하신다면 괴로움이 장차 어찌 이르지 않겠습니까. 군주께서 노나라 네 성문을 나가셔서 노나라 사방 교외를 바라보실 때 망한 나라 폐허들이 반드시 여럿 있을[5] 것입니다. 군주께서 이것을 가지고 두렵다 생각하신다면 두려움이 장차 어찌 이르지 않겠습니까. 또한 저는 들었습니다. "군주는 배고 일반 민중은 물이다. 물은 배를 싣지만 물은 배를 뒤엎기도 한다"라고 합니다. 군주께서 이것을 가지고 위태롭다 생각하신다면 위태로움이 장차 어찌 이르지 않겠습니까' 라고 하였다.

魯哀公問於孔子曰, 寡人生於深宮之中, 長於婦人之手. 寡人未嘗知哀也, 未嘗知憂也, 未嘗知勞也, 未嘗知懼也, 未嘗知危也. 孔子曰, 君之所問聖君之問也. 丘小人也, 何足以知之. 曰, 非吾子無所聞之也. 孔子曰, 君入廟門而右, 登自阼階, 仰視榱棟, 俛見几筵, 其器存其人亡. 君以此思哀, 則哀將焉而不至矣. 君昧爽而櫛冠, 平明而聽朝, 一物不應亂之端也. 君以此思憂, 則憂將焉而不至矣. 君平明而聽朝, 日昃而退, 諸侯之子孫, 必有在君之末庭者. 君以此思勞, 則勞將焉而不至矣. 君出魯之四門以望魯四郊, 亡國之虛列必有數蓋焉. 君以此思懼, 則懼將焉而不至矣. 且丘聞之, 君者舟也, 庶人者水也. 水則載舟, 水則覆舟. 君以此思危, 則危將焉而不至矣.

1 阼階—조(阼)는 조(阵)자와 같음. 종묘 묘당의 동쪽 섬돌. 의례 때 주인이 오르는 계단.

3 昧爽―상(爽)은 밝을 명(明)자로 통함. 매상(昧爽)이란 매단(昧旦)과 같은
    뜻. 동틀 무렵.
4 君之末庭―정(庭)은 조정을 말함. 노나라로 망명해온 제후의 자손들이 군주
    를 섬길 경우 맨 말석에 앉히는 관례.
5 虛列必有數蓋―허(虛)는 허(墟)자로 통용됨. 열(列)이란 폐허가 줄지어 있
    음. 개(蓋)는 구역(區域)의 뜻. 유적(遺跡)을 가리키는 말.

[5]

노나라 애공이 공자에게 물어 말하기를 '폭넓은 띠 두르고 위(委)나
장보(章甫)¹⁾ 쓰는 것이 사람에게 이득이 되는가²⁾'라고 하였다. 공자가
놀라³⁾ 말하기를 '군주께서 어찌 그러십니까. 상복을 입고 상장을 짚는⁴⁾
이가 음악을 듣지 않는 것은 귀가 능히 들을 수 없어서가 아니라 그 복
장이 그렇게 시키는 것입니다. 제복을 입은 이⁵⁾가 파나 마늘을 먹지 않
는 것⁶⁾은 입이 능히 맛볼 수 없어서가 아니라 그 복장이 그렇게 시키는
것입니다. 또한 제가 듣기로는 "장사 잘하는 자는 값을 깎지 않고⁷⁾ 덕
있는 자는 상거래를 하지 않는다⁸⁾"고 합니다. 그 이득이 있거나 그 이
득이 없는 것을 깊이 살펴보신다면⁹⁾ 군주께서도 그것을 잘 아실 것입
니다'라고 하였다.

魯哀公問於孔子曰, 紳委章甫 有益於仁乎. 孔子蹴然曰, 君胡然也. 資衰
苴杖者不聽樂, 非耳不能聞也, 服使然也. 黼衣黻裳者不茹葷, 非口不能
味也, 服使然也. 且丘聞之, 好肆不守折, 長者不爲市, 竊其有益與其無
益, 君其知之矣.

1 紳委章甫―신(紳)은 대대(大帶)를 말함. 위(委)는 주대(周代)의 관. 장보(章
    甫)는 은대(殷代)의 관.
2 有益於仁―여기서 인(仁)이란 사람 인(人)자와 같이 쓰임.
3 蹴然―축연(蹴然)은 불안해하는 모습. 놀라서 안색이 변함.

4 資衰苴杖―자(資)는 자(齊)자로 통함. 자최(資衰)는 참최(斬衰) 다음 상복.
저(苴)는 말라죽은 검정 대. 대나무 지팡이.

5 黼衣黻裳―보(黼)는 흑·백색 도끼 무늬 수. 불(黻)은 흑·청색 아(亞)자 무
늬 수놓은 제사 때 입는 의상. 제례복(祭禮服).

6 不茹葷―여(茹)는 먹을 식(食)자와 같음. 훈(葷)은 파·마늘처럼 냄새나는 채소.

7 好肆者守折―사(肆)는 저자 점포(店鋪)의 뜻. 절(折)은 절가(折價). 값을 할
인(割引)함.

8 長者不爲市―장자(長者)란 덕(德) 또는 신분이 높은 이. 여기서는 부호(富
豪)를 가리킴. 시(市)는 직접 장사함.

9 竊―절(竊)은 명찰(明察)의 뜻. 살핌. 찰찰(察察)함.

[6]

노나라 애공이 공자에게 물어 말하기를 '사람 취하는 법을 묻고 싶
다'라고 하였다. 공자가 대답하여 말하기를 '굳세기만 한 자를 취하지
마십시오. 억누르기만 하는 자¹⁾를 취하지 마십시오. 입으로 말만 많이
하는 자²⁾를 취하지 마십시오. 굳세기만 한 자는 한없이 욕심부리고 억
누르기만 하는 자는 어지럽게 뒤흔들며 입으로 말만 많이 하는 자는 터
무니없이 거짓말을 합니다. 그러므로 활이란 고르게 맞히는가 살피고
난 뒤에 강한 것을 구하고 말이란 잘 따르는가³⁾ 살피고 난 뒤에 좋은
것을 구하며 사람도 성실한가 살피고 난 뒤에 지능 있는 자를 구하는
것입니다. 사람이 성실하지 못하면서 또⁴⁾ 그 위에 지능만 많다면 이를
비유하여 그 승냥이나 이리 같다 할 것입니다. 몸으로 가까이할⁵⁾ 수 없
는 것입니다. 전해오는 말에 이르기를 "환공은 그 적을 등용하였고⁶⁾ 문
공은 그 도둑을 등용하였다⁷⁾"라고 합니다. 그러므로 현명한 군주는 그
계획에 맡겨 노여움에 따르지 않고⁸⁾ 암우한 군주는 그 노여움에 따라
계획에 맡기지 않으며 계획이 노여움을 이긴다면 강해지고 노여움이
계획을 이긴다면 망하게 될 것입니다'라고 하였다.

魯哀公問於孔子曰, 請問取人. 孔子對曰, 無取健, 無取拑, 無取口啍. 健
貪也, 拑亂也, 口啍誕也. 故弓調而後求勁焉, 馬服而後求良焉, 士信愨而

後求知能焉. 士不信慇而有多知能, 譬之其豺狼也, 不可以身爾也. 語曰,
桓公用其賊, 文公用其盜. 故明主任計不信怒, 闇主信怒不任計. 計勝怒
則彊, 怒勝計則亡.

1 取抾—겸(抾)은 재갈 먹임. 억지로 입 다물게 함. 우격다짐으로 남을 굴복시킴.
2 口啍—돈(啍)은 중언(重言)의 뜻. 남을 가르치느라 거듭 이르는 말.
3 馬服—복(服)은 습(習)자로 통함. 청종(聽從)의 뜻. 잘 길들여짐.
4 而有—여기서 유(有)란 또 우(又)자와 마찬가지 의미로 쓰임.
5 以身爾—이(爾)는 이(邇)자와 같음. 가까울 근(近)자와 통용됨.
6 桓公用其賊—제(齊) 환공(桓公)이 자신에게 활을 쏜 관중(管仲)을 등용했던 일.
7 文公用其盜—진(晉) 문공(文公)이 자신의 재물을 훔친 도둑 두수(頭須)를 등
   용했던 일.
8 任計不信怒—계(計)는 합리적인 계료(計料). 살피고 헤아림. 신(信)은 임
   (任)자와 같음. 노(怒)란 한때의 감정을 말함.

[7]

정공(定公)[1]이 안연에게 물어 말하기를 '선생도 역시 동야필(東野
畢)[2]이 말을 잘 부린다고 들은 바 있는가' 라고 하였다. 안연이 대답하
여 말하기를 '잘하기는 잘합니다. 비록 그렇더라도 그 말이 장차 달아
날[3] 것입니다' 라고 하였다. 정공이 좋아하지 않았다. 안으로 들어가 좌
우에게 일러 말하기를 '군자가 본래 남을 헐뜯는 것인가' 라고 하였다.
삼 일 뒤 말 관리하는 자가 와서[4] 아뢰어 말하기를 '동야필의 말이 달
아났습니다. 바깥쪽 두 마리는 배띠를 찢어버리고[5] 안쪽 두 마리만 마
구간에 들어갔습니다[6]' 라고 하였다. 정공이 깜짝 놀라[7] 말하기를 '빨
리 수레를 보내어[8] 안연을 모셔 오라' 고 하였다.

안연이 이르렀다. 정공이 말하기를 '전날 과인이 선생에게 물었을 때
선생이 말하기를 "동야필이 말을 잘 부리기는 하지만 장차 달아날 것이
다"라고 하였다. 알지 못하지만 선생은 어떻게 그것을 알았는가' 라고 하
였다. 안연이 대답하여 말하기를 '신은 다루는 법을 가지고 그것을 알았
습니다.[9] 옛날에 순(舜)은 백성 부리는 법이 훌륭하였고 조보(造父)[10]

는 말 부리는 법이 훌륭하였습니다. 순은 그 백성을 궁지로 몰지 않았고 조보도 그 말을 궁지로 몰지 않았습니다. 이런 까닭으로 순은 달아나는 백성이 없고 조보도 달아나는 말이 없었습니다. 지금 동야필의 말 부림을 본다면 수레에 올라 고삐를 잡아 말몰이하는 몸가짐은 바르고 빨리 걷거나 달리는 조련[11]도 다 마쳤지만 험한 길을 지나 멀리까지 이르자면 말의 힘이 다하게 되는데도 오히려 매질하고 나무라기를 그만두지 않습니다.[12] 이런 까닭으로 그것을 알 수 있습니다'라고 하였다.

정공이 말하기를 '좋다. 조금 더 나아가 들을 수 있겠는가'라고 하였다. 안연이 말하기를 '신이 듣기로 "새가 궁지에 몰리면 쪼아 대고 짐승이 궁지에 몰리면 대들며[13] 사람이 궁지에 몰리면 속인다"고 합니다. 예로부터 지금까지 그 아래를 곤궁하게 하고 위태롭지 않은 경우는 없습니다'라고 하였다.

定公問於顏淵曰, 東野畢之善馭乎. 顏淵對曰, 善則善矣. 雖然其馬將失.
定公不悅, 入謂左右曰, 君子固讒人乎. 三日而校來謁曰, 東野畢之馬失.
兩驂列, 兩服入廐. 定公越席而起曰, 趨駕召顏淵.
顏淵至. 定公曰, 前日寡人問吾子, 吾子曰, 東野畢之馭善則善矣, 雖然其馬將失. 不識, 吾子何以知之. 顏淵對曰, 臣以政知之. 昔舜巧於使民, 而造父巧於使馬. 舜不窮其民, 造父不窮其馬, 是以舜無失民, 造父無失馬也. 今東野畢之馭, 上車執轡銜體正矣, 步驟馳騁朝禮畢矣, 歷險致遠, 馬力盡矣. 然猶求馬不已, 是以知之也.
定公曰, 善. 可得少進乎. 顏淵對曰, 臣聞之. 鳥窮則啄, 獸窮則攫, 人窮則詐. 自古及今. 未有窮其下而能無危者也.

1 定公—정공(定公)은 노나라 군주. 애공(哀公)의 아버지. 공자가 그 십년부터 십삼년까지 섬김.
2 東野畢之善馭—동야(東野)는 성. 필(畢)은 이름. 어(馭)는 말 부림. 주대(周代) 벼슬로 거마(車馬)를 관장하는 어부(馭夫).
3 將失—실(失)은 일(佚)·일(逸)자와 같은 음. 분주(奔走)의 뜻으로 쓰임.

4 校來―교(校)란 말 사육을 담당하는 교인(校人). 또는 그 직책을 말함.

5 兩驂列―참(驂)은 네 마리 말로 수레를 끌 때 양쪽 곁에 딸리는 부마(副馬). 열(列)은 열(裂)자와 같음. 말고삐를 끊음.

6 兩服入廐―양복(兩服)이란 네 마리 말 중 안쪽 두 말을 가리킴. 구(廐)는 마구간.

7 越席而起―월석(越席)은 앉은 자리를 뛰어넘음. 펄쩍 뛰어 일어설 만큼 놀라는 모습.

8 趨駕―추(趨)는 속(速)자로 통함. 재촉함. 가(駕)는 수레에 말을 달아 달리게 함.

9 以政知之―여기서 정(政)이란 말 다루는 방법을 가리킴. 혹은 민중을 다루는 통치기술.

10 造父―조보(造父)는 주(周) 목왕(穆王)의 어자(御者). 말 잘 부리기로 이름남.

11 步驟馳騁朝禮―보취(步驟)는 걸음걸이가 빠름. 치(馳)·빙(騁) 두 글자 모두 말달림. 조(朝)는 조(調)자로 통함. 조례(調禮)란 말을 타고 길들임. 조련(調練)의 뜻.

12 求馬不已―구(求)는 책(責)자로 통함. 매질하고 나무람. 이(已)는 그칠 지(止)자와 같음.

13 窮則攫―확(攫)은 후려침. 서로 맞잡고 싸움. 대드는 것.

32 요문堯問

이 편은 『순자』 전편의 끝마무리 그 후서(後序) 부분이다. 주로 요·순의 대화, 전국시대 초기의 병법가 오기(吳起)의 일화, 인재 발굴에 관한 주공(周公) 단(旦)의 노고, 초(楚) 손숙오(孫叔敖)의 겸양 등 설화들을 모아 수록했다. 순황과 그 일파가 이를 빌려서 천하의 민심을 수렴하기 위한 자신들의 의견을 표명한 것이다. 마지막으로 순황이 공자보다 못하지 않았으나 때를 못 얻어 정당한 평가를 받지 못했다는 후학들의 아쉬움이 토로되어 있다.

[1]

요(堯)가 순(舜)에게 물어 말하기를 '내가 천하를 얻고자 하는데[1] 어떻게 하면 되겠는가'라고 하였다. 순이 대답하여 말하기를 '하나를 잡아[2] 잃지 않고 행동을 바로 하여[3] 게으르지 않으며 성심성의를 다하여 지겨워하지 않는다면 천하가 저절로 다가올 것입니다. 하나를 잡는다면 천지와 같이 변함이 없을 것이고 행동을 바로 한다면 해와 달같이 분명할 것이며 성실함이 안으로 가득 차 있다면 밖으로 넘쳐서[4] 사해에 드러날 것입니다. 천하란 그 한구석에만 존재하는 것이겠습니까. 또[5] 어찌 족히 다할 수 있는 것이겠습니까'라고 하였다.

堯問於舜曰, 我欲致天下, 爲之奈何. 對曰, 執一無失, 行微無怠, 忠信無勸. 而天下自來. 執一如天地, 行微如日月, 忠誠盛於內, 賁於外, 形於四海. 天下其在一隅邪. 夫有何足致也.

1 致天下—치(致)는 초치(招致)의 뜻. 불러들임. 천하의 민심을 하나로 모음.
2 執一—집(執)은 파지(把持)의 뜻. 꽉 움켜쥠. 일(一)은 정도(正道) 혹은 통일된 의지.
3 行微—미(微)란 적확(的確)함. 본질이 순수한 상태. 보편타당함을 가리킴.
4 賁於外—분(賁)은 끓어오름. 떨칠 분(奮)자와 같음. 발서(發舒)하는 모양.
5 夫有—부(夫)는 발어사. 유(有)는 또 우(又)자와 마찬가지 의미로 쓰임.

[2]

위(魏) 무후(武侯)[1]가 일을 꾀하면 잘 들어맞아 여러 신하들은 이에 능히 미칠 수 없었다. 조정을 물러나와 기뻐하는 기색이 있었다. 오기(吳起)[2]가 나아가 말하기를 '이전[3]에 초(楚) 장왕(莊王)의 이야기[4]를 가지고 측근에서 들려드린 자가 있었습니까'라고 하였다. 무후가 말하기를 '초장왕의 이야기란 어떤 것인가'라고 하였다. 오기가 대답하여 말하기를 '초장왕이 일을 꾀하면 잘 들어맞아 여러 신하들이 이에 미치지 못하자 조정을 물러나와 근심하는 기색이 있었습니다. 신공(申公) 무신(巫臣)[5]이 나아가 물어 말하기를 '왕께서 조정에 나오셔서 일을 마치고 근심하는 기색이 있으시니 어찌된 일입니까'라고 하였습니다. 장왕이 말하기를 '내[6]가 일을 꾀하면 잘 들어맞아 여러 신하들이 이에 능히 미칠 수 없었다. 이런 까닭으로 근심이 되었다. 그 중귀(中虆)의 말[7]에도 실려 있기를 제후 자신이 스승을 얻는 경우 왕이 되고, 친구를 얻는 경우 패자가 되며, 돕는 자[8]를 얻는 경우 나라가 존속되고, 일을 꾀하면 자기보다 더 나은 자가 없는 경우 멸망할 것이라 말한다. 지금 나의 불초함으로 여러 신하들은 나에게 미치지 못한다. 내 나라가 거의 멸망하게 되지 않았겠는가. 이런 까닭으로 근심이 되는 것이다'라고 하였습니다. 초장왕은 이것 때문에 근심하였습니다. 그러나 군주께서는 이것 때문에 기뻐하고 계십니다'라고 하였다. 무후가 머뭇거리다가[9] 두 번 절하면서 말하기를 '하늘이 선생으로 하여금 나의 허물을 건지게[10] 하셨도다'라고 하였다.

魏武侯謀事而當, 羣臣莫能逮. 退朝而有喜色. 吳起進曰, 亦嘗有以楚莊王之語聞於左右者乎. 武侯曰, 楚莊王之語何如. 吳起對曰, 楚莊王謀事而當, 羣臣莫逮, 退朝而有憂色. 申公巫臣進問曰, 王朝而有憂色何也. 莊王曰, 不穀謀事而當, 羣臣莫能逮, 是以憂也. 其在中虆之言也, 曰,諸侯自爲得師者王, 得友者霸, 得疑者存, 自爲謀而莫己若者亡. 今以不穀之不肖而羣臣莫吾逮, 吾國幾於亡乎. 是以憂也. 楚莊王以憂, 而君以喜. 武侯逡巡, 再拜曰, 天使夫子振寡人之過也.

1 魏武侯—무후(武侯)는 전국시대 초기 진(晉)의 대부 문후(文侯)의 아들.『맹자』에 나오는 양혜왕(梁惠王)의 아버지.

2 吳起―오기(吳起)는 전국시대 초기 위(衛)나라 사람. 위문후에게 중용되었
　 으나 무후 때 참소당하여 초로 도망쳐서 도왕(悼王)을 도와 공을 세운 병법
　 (兵法) 사상가.

3 亦嘗―역(亦)은 말을 처음 시작할 때 쓰이는 발어사. 상(嘗)도 '지금까지'라
　 고 하는 조사.

4 楚莊王之語―장왕(莊王)은 춘추시대 오패(五覇) 중의 한 사람. 어(語)란 그
　 에 대한 고사(故事).

5 申公巫臣―신공(申公)은 초나라 신(申)지역의 대부. 무신(巫臣)은 그 이름.

6 不穀―곡(穀)은 선(善)자와 같은 뜻. 이적(夷狄)의 군주들이 주로 자신을 불
　 선(不善)하다 비하해서 일컫는 칭호.

7 中虺之言―중귀(中虺)는 은(殷) 탕(湯)의 좌상 중훼(仲虺)를 가리킴. 언(言)
　 이란『서경』「상서(商書)·중훼지고(仲虺之誥)」편의 인용 글귀임.

8 得疑者―의(疑)는 의혹(疑惑)을 풀어줌. 여기서는 그 보좌(輔佐) 역할을 말함.

9 逡巡―준순(逡巡)은 망설임. 주저(躊躇)의 뜻. 뒤로 멈칫멈칫함.

10 振―왕염손(王念孫)은 진(振)을 구(救)자의 뜻으로 풀이함.

[3]

　백금(伯禽)이 장차 노나라로 돌아갈 채비를 할 때[1] 주공(周公)이 백
금의 사부(師傅)[2]에게 일러 말하기를 '자네는 막 가려고 하는데 자네
가 보살펴야 할 사람의 미덕을 들어 말해주겠는가[3]' 라고 하였다. 대답
하여 말하기를 '그 사람됨이 너그럽고 스스로 일 처리하기를 좋아하며
게다가 신중합니다. 이 세 가지가 그 미덕입니다' 라고 하였다. 주공이
말하기를 '오호라, 사람의 나쁜 점을 미덕이라 생각하는구나. 군자는
도덕을 가지고 좋아하므로 그 백성이 바른 길로 돌아오는 것이다. 그런
데 그의 너그러움이란 분별이 없는 데[4]서 나오는 것이다. 자네는 그것
을 또 미덕이라 하는구나. 그가 스스로 일 처리하기를 좋아한다 함은
바로 그릇이 작기[5] 때문이다. 군자는 힘이 소와 같다 하더라도 소와 그
힘을 겨루지 않고 달리기가 말과 같다 하더라도 말과 그 달리기를 겨루
지 않으며 지혜가 사인과 같다 하더라도 사인과 그 지혜를 겨루지 않는
다. 그 겨룬다고 하는 것은 대등한 자끼리의 기력 다툼이다.[6] 자네는

그것을 또 미덕이라 하는구나. 그가 신중히 한다 함은 바로 그 마음이 좁기 때문이다.[7] 들기로는 옛 말에 이르기를 "신분의 차를 넘어[8] 사인과 만나지 않는다 하지 말라"고 한다. 사인을 만나면 묻기를 "나에게 살피지 못한 데가 있지 않았는가"라고 말해야 할 것이다. 묻지 않는다면 사물을 아는 데 있어 적게 이를 것이고 적게 이른다면 좁아질 것이다. 그 마음이 좁아진다는 것은 미천한 사람의 도다. 자네는 그것을 또 미덕이라 하는구나' 라고 하였다.

'내가 자네에게 말해주겠네. 나는 문왕(文王)의 아들이고 무왕(武王)의 아우이며 위왕(威王)의 숙부다. 내가 천하에 있어 결코 천하지 않다. 그런데도 내가 폐백을 들고[9] 찾아가 뵙던 이가 열 사람, 폐백을 되돌리고 서로 만난[10] 이가 서른 사람, 예를 갖추어[11] 대했던 이가 백여 사람, 말하고자 원하여 다하도록 들어준[12] 이가 천여 사람이나 있었다. 여기서 나는 겨우 세 선비를 얻어 그 덕으로 내 몸을 바로잡고 천하를 안정시켰던 것이다. 내가 세 선비를 얻을 수 있었던 까닭은 열 사람이나 서른 사람이라 하는 그 속에는 없고 바로 백 사람이나 천 사람이라 하는 그 가운데 있었던 것이다. 그러므로 상급의 선비에게는 내가 가볍게 예를 갖추지만 하급의 선비에게는 내가 후하게 예를 갖추었다. 사람들은 모두 나를 신분의 차별을 넘어 선비를 좋아한다고 여기지만, 그런 까닭으로 선비들이 모여들고 선비들이 모여든 연후에 사물을 볼 수 있게 되었으며 사물을 볼 수 있게 된 연후에 시비 선악의 소재를 알게 되었던 것이다. 경계삼아야 할 일이다. 자네가 노나라를 가지고 사람들에게 교만을 부린다면 위태로울 것이다.[13] 대저 봉록을 바라는 선비는 오히려 교만하게 대할 수 있지만 몸을 바르게 갖는 선비는 교만하게 대할 수 없다. 저 몸을 바르게 갖는 선비는 귀한 것을 버리고 천한 데로 나아가며 부한 것을 버리고 가난한 데로 나아가며 편안한 것을 버리고 수고로운 데로 나아가 안색이 검게 여위더라도 그 지킬 바[4]를 잃지 않는다. 이런 까닭으로 천하의 기강이 끊기지 않고 예악 문화가 없어지지 않는다' 라고 하였다.

376

伯禽將歸於魯, 周公謂伯禽之傅曰, 汝將行, 盍志而子美德乎. 對曰, 其爲人寬, 好自用, 以愼. 此三者其美德已. 周公曰, 嗚呼, 以人惡爲美德乎. 君子好以道德, 故其民歸道. 彼其寬也出無辨矣, 女又美之. 彼其好自用也是所以寠小也. 君子力如牛, 不與牛爭力, 走如馬, 不與馬爭走, 知如士, 不與士爭知. 彼爭者, 均者之氣也, 汝又美之. 彼其愼也是其所以淺也. 聞之, 曰, 無越踰不見士. 見士問曰, 無乃不察乎. 不聞卽物少至, 少至則淺. 彼淺者, 賤人之道也, 女又美之.

吾語女, 我文王之爲子, 武王之爲弟, 成王之爲叔父. 吾於天下不賤矣. 然而吾所執贄而見者十人, 還贄而相見者三十人, 貌執之者百有餘人, 欲言而請畢事者千有餘人. 於是吾僅得三士焉, 以正吾身, 以定天下. 吾所以得三士者, 亡於十人與三十人中, 乃在百人與千人之中. 故上士吾薄, 爲之貌, 下士吾厚爲之貌. 人人皆以我爲越踰好士, 然故士至, 士至而後見物, 見物然後知其是非之所在. 戒之哉. 女以魯國驕人幾矣. 夫仰祿之士猶可驕也, 正身之士不可驕也. 彼正身之士, 舍貴而爲賤, 舍富而爲貧, 舍佚而爲勞, 顏色黎黑而不失其所. 是以天下之紀不息, 文章不廢也.

---

1 伯禽將歸—백금(伯禽)은 주공(周公) 단(旦)의 아들. 노(魯)의 첫 군주. 귀(歸)는 그 봉후(封侯)한 임지(任地)로 향함.

2 傅—부(傅)는 군주가 될 자를 가르치는 스승의 직책. 여기서는 보살피는 보좌 역할을 말함.

3 盍志而子—합(盍)은 하불(何不), 즉 의문사. 지(志)는 기술(記述)의 뜻. 이(而)는 여(汝)자와 같음. 자(子)란 어릴 때부터 가르친 제자를 일컫는 호칭.

4 無辨—변(辨)은 판별(判別)의 뜻. 시비 선악을 분명하게 식별해냄.

5 寠小—루(寠)도 역시 소(小)자와 마찬가지 의미.

6 均者之氣—여기서 균(均)은 비적(比敵)의 뜻. 대등(對等)한 사이의 기력(氣力) 싸움.

7 所以淺—천(淺)은 편(褊)자로 통함. 도량이 작고 좁음.

8 越踰—월(越)·유(踰) 두 글자 모두 등위(等位)를 넘어섬. 신분 등차를 무시하고 누구나 상대함.

9 執贄—집(執)은 지(持)자와 같음. 지(贄)는 예물로 바치는 폐백(幣帛). 처음 만날 때 쓰임.

10 還贄而相見—환(還)은 반환(返還)의 뜻. 받은 예물을 되돌려 서로 대등한
　　위치에서 만나봄.
11 貌執之—여기서 모(貌)란 예의를 갖춘 용모(容貌). 의례 절차를 밟음. 그 규
　　정을 따름.
12 請畢事—사(事)는 정사(政事)를 가리킴. 필(畢)은 진(盡)자와 같음. 정사에
　　대하여 진술하고자 한 견해를 다 마칠 수 있게 들어줌.
13 幾矣—여기서 기(幾)란 위(危)자와 마찬가지 의미로 쓰임.
14 不失其所—기소(其所)는 사(士)로서 지켜야 할 소신. 그 절조(節操)를 잃지
　　않음.

[4]

전해오는 말이 있다. 증구(繒丘)의 봉인[1]이 초나라 재상 손숙오(孫叔
敖)[2]를 만나 말하기를 '내가 듣기로는 관직에 오래 있는 자는 선비들이
질투하고 봉록이 후한 자는 백성들이 원망하며 지위가 높은 자는 군주
가 싫어한다 합니다. 지금 나라의 재상께서 세 가지 조건을 가지고 있
으면서 초나라 선비와 백성에게 죄를 짓지 않는 것은 무엇 때문입니까'
라고 하였다. 손숙오가 말하기를 '나는 초나라 재상을 세 번 하면서도
마음을 더욱 낮추고[3] 봉록이 늘어날 때마다 베풀기를 더욱 넓히며 지
위가 높아질수록 예를 더욱 공손하게 하였다. 이런 까닭으로 초나라 선
비와 백성에게 죄를 짓지 않았다'라고 하였다.

語曰, 繒丘之封人, 見楚相孫叔敖曰, 吾聞之也, 處官久者士妬之, 祿厚者
民怨之, 位尊者君恨之. 今相國有此三者, 而不得罪楚之士民, 何也. 孫叔
敖曰, 吾三相楚而心瘉卑, 每益祿而施瘉博, 位滋尊而禮瘉恭, 是以不得
罪於楚之士民也.

　1 繒丘之封人—증구(繒丘)는 산동성 역현(嶧縣) 근처에 있던 옛 나라 이름. 봉
　　인(封人)은 국경지대를 지키는 벼슬아치.
　2 孫叔敖—손숙오(孫叔敖)는 춘추시대 초나라의 이름난 재상. 어릴 때 사람 해
　　친다는 머리 둘 달린 뱀을 죽여 파묻은 일화가 있음.

[5]

자공이 공자에게 물어 말하기를 '저는 남에게 자신을 낮추고 있으나 그 의미는 알지 못합니다[1]' 라고 하였다. 공자가 말하기를 '남에게 자신을 낮춘다 하는 것은 마치 흙과 같다. 깊게 파내려가면[2] 단 샘물을 얻을 수 있고 심으면 오곡이 무성해지며 초목이 불어나고 새와 짐승을 기를 수 있으며 살아서는 그 위에 서고 죽어서는 그 속에 들어간다. 공은 많더라도 자신의 덕이라 하지 않는다.[3] 남에게 자신을 낮춘다 하는 것은 마치 흙과 같다' 라고 하였다.

子貢問於公子曰, 賜爲人下而未知也. 孔子曰, 爲人下者其猶土也. 深抇之而得甘泉焉, 樹之而五穀蕃焉, 草木殖焉, 禽獸育焉, 生則立焉, 死則入焉. 多其功而不悳. 爲人下者其猶土也.

1 未知—여기서 미지(未知)라 함은 남의 아래에 있으면서도 그 겸양(謙讓)하는 참뜻을 이해하지 못함.
2 深抇之—골(抇)은 팔 굴(掘)자의 옛 글자. 굴착(掘鑿).
3 不悳—덕(悳)은 덕(德)자와 같음. 『역경』 「계사전」(繫辭傳)에 '유공이부덕'(有功而不德)이란 글귀가 있음. 덕을 자랑삼지 않음.

[6]

옛날에 우(虞)나라[1]가 궁지기(宮之奇)를 등용하지 않아서 진(晋)나라가 이를 병합하였고 내(萊)나라[2]가 자마(子馬)를 등용하지 않아서 제(齊)나라가 이를 병합하였으며 주(紂)가 왕자 비간(比干)을 찢어 죽여서 무왕(武王)이 천하를 얻을 수 있었다. 현인을 가까이하지 않고 지자를 등용하지 않았기 때문에 그 자신이 살해되고 나라가 멸망하게 된 것이다.

昔虞不用宮之奇而晉幷之, 萊不用子馬而齊幷之, 紂刳王子比干而武王得
之. 不親賢用知, 故身死國亡也.

1 虞—우(虞)는 춘추시대 지금의 산동성 평릉현(平陵縣) 동북부에 있던 작은
　나라. 현명한 신하 궁지기의 간을 받아들이지 않아 진(晉)에게 흡수당하였음.
2 萊—내(萊)는 지금의 산동성 황현(黃縣) 부근에 있던 작은 나라 이름. 자마
　(子馬)는 누구인지 그 행적을 알 수 없음.

[7]

　논설하기 좋아하는 자가 말하기를 순경(荀卿)[1]은 공자만 못하다' 고
하였다. 이는 그렇지 않다. 순경은 난세에 시달리고 엄한 형벌로 위협
받으며[2] 위로 현명한 군주가 없고 아래로 포악한 진(秦)을 만나 예의가
행해지지 않고 교화가 이루어지지 않으며 어진 사람은 궁핍에 처하고[3]
천하는 캄캄하며 행동이 온전하더라도 헐뜯기고 제후들도 크게 위태로
웠다. 이런 때를 당하면 지자라도 생각을 펼칠 수 없고 유능한 자라도
다스릴 수 없으며 현자라도 사람을 부릴 수 없다. 그러므로 군주는 가
려져서 보지 못하고 현인은 물리쳐져 받아들여지지 않는다. 그렇기 때
문에 바로 순경도 속으로 대성(大聖)의 마음을 품고 있었으나 겉으로
미친 체하여[4] 천하에 어리석은 사람처럼 보였던 것이다. 『시』[5]에 이르
기를 '이미 총명하고 또 밝아 그것으로 몸을 보존하네' 라고 하였다. 이
것을 가리켜서 한 말이다. 이는 그 명성이 밝혀지지 않고 제자[6]가 많지
않으며 광휘가 널리 빛나지 않았던 까닭이다. 오늘의 학자가 순경의 남
긴 말과 가르침을 터득할 수 있어서 족히 천하 사람의 법식과 의표(儀
表)[7]를 삼을 수 있다면 그 자리잡혀 있는 데는 다스려지고[8] 스쳐 지나
가는 데도 교화될 것이다. 그 선행을 본다면 공자라도 더 지나치지는
못할 것이다. 세상 사람들이 상세하게 살피지도 못하면서 '성인이 아니
다' 라고 운운하는 것은 어찌된 일인가. 천하가 다스려지지 못한 것은
순경이 때를 못 만나 쓰이지 않았기 때문이다. 그 덕이 요(堯)나 우(禹)
와 같은데도 세상은 그를 아는 이가 적고 그 방술[9]이 쓰이지 않아 남들

이 의심하는 바가 되었다. 그의 지혜는 지극히 명석하고 정도를 따라 행동을 바르게 취하여 족히 기강을 삼을 수 있었다. 아아, 현명하도다. 제왕이 되어야 마땅한데도 천하가 알지 못하고 걸(桀)과 주(紂)를 좋다 하며 어질고 착한 이를 죽였던 것이다. 비간(比干)은 심장을 찢기고 공자는 광(匡)땅에 붙잡히며[10] 접여(接輿)는 세상을 피하여 숨고[11] 기자(箕子)는 거짓 미친 척하였으나 한편 전상(田常)은 난을 일으키고[12] 합려(闔閭)는 강한 기세를 마음대로 휘둘러[13] 악하면 복을 얻고 선한 자는 화를 입었던 것이다. 오늘의 논설하기 좋아하는 자는 또 그 실정은 살피지 않고 이내 그 명성만을 믿고 있다. 시대와 세상이 똑같지 않은데 명예가 어찌 이르겠는가. 정사에 관여할 수도 없으면서 공을 어찌 이룰 수 있었겠는가. 의지를 바르게 닦고 덕을 두텁게 쌓은 이상 누가 현자 아니라고 일러 말하겠는가.

爲說者曰. 孫卿不及孔子. 是不然. 孫卿迫於亂世鰌於嚴刑, 上無賢主下遇暴秦, 禮義不行敎化不成, 仁者詘約, 天下冥冥, 行全刺之, 諸侯大傾. 當是時也, 知者不得慮, 能者不得治, 賢者不得使. 故君上蔽而無覩, 賢人距而不受. 然則孫卿懷將聖之心, 蒙佯狂之色, 視天下以愚. 詩曰, 旣明且哲, 以保其身. 此之謂也. 是其所以名聲不白, 徒與不衆, 光輝不博也. 今之學者, 得孫卿之遺言餘敎, 足以爲天下法式表儀. 所存者神, 所過者化. 觀其善行, 孔子弗過. 世不詳察, 云非聖人奈何. 天下不治, 孫卿不遇時也. 德若堯禹, 世少知之, 方術不用, 爲人所疑. 其知至明, 循道正行, 足以爲綱紀. 嗚呼賢哉. 宜爲帝王, 天下不知, 善桀紂殺賢良. 比干剖心, 孔子拘匡, 接輿辟世, 箕子佯狂, 田常爲亂, 闔閭擅强. 爲惡得福, 善者有殃. 今爲說者, 又不察其實乃信其名. 時世不同, 譽何由生. 不得爲政, 功安能成. 志修德厚, 孰謂不賢乎.

1 孫卿―손경(孫卿)은 순경(荀卿)을 말함. 춘추시대 순(郇)나라 공손(公孫)의 후예였으므로 손(孫)이라 불림. 경(卿)은 존칭.

2 鰌於嚴刑―추(鰌)는 군박(窘迫)의 뜻. 급박한 상태에 놓임. 으름장으로 고통 받음.

3 詘約―굴(詘)은 굴(屈)자와 같음. 압박당함. 약(約)은 궁곤(窮困)함을 가리킴.

4 蒙佯狂之色―몽(蒙)은 속일 기(欺)자로 통함. 양(佯)도 거짓 속임. 일부러 미친 기색을 보임.

5 詩―『시경』「대아(大雅)·증민(烝民)」편의 인용 시구. 명철보신(明哲保身)이란 말의 어원.

6 徒與―여기서 도여(徒與)란 따르는 무리. 제자를 가리킴.

7 法式表儀―법(法)·식(式) 모두 모범의 뜻. 표의(表儀)는 표지(標識)·목표를 말함.

8 所存者神―소존(所存)이란 그 가르침이 정착(定着)된 곳. 신(神)은 『이아』(爾雅)「석고」(釋詁)편에 치(治)자로 풀이됨.

9 方術―방술(方術)이란 책략(策略)과 같음. 또는 술책(術策)의 뜻. 재주와 꾀를 말함.

10 孔子拘匡―구(拘)는 지(止)·체(滯)자와 통용됨. 광(匡)은 공자가 유세할 때 지나가던 땅이름. 난을 일으킨 양호(陽虎)로 오해받아 곤고(困苦)를 당함.

11 接輿辟世―접여(接輿)는 초(楚)의 현인. 난세를 개탄. 속세를 버리고 숨어 삶. 피(辟)는 피할 피(避)자와 같음.

12 田常爲亂―전상(田常)은 강태공(姜太公) 여상(呂常)이 세운 제(齊)의 중신(重臣). 끝내 난을 일으켜 나라를 탈취한 자.

13 闔閭擅强―합려(闔閭)는 오왕(吳王) 부차(夫差)의 아버지. 천강(擅强)이란 폭력을 멋대로 휘두름. 막강한 군대를 이끌고 중원(中原)에 쳐들어가 질서를 어지럽힘.

찾아보기

지은이 순자

순자(荀子, 기원전 298~기원전 238)의 이름은 순황, 자는 순경(荀卿)이다.
전국시대 말기 조나라 사람이다. 그는 일찍이 제(齊)나라의 직하학궁(稷下學宮)에서
오랫동안 학문 연구와 강의에 종사하였다. 후에 모함을 받아 초(楚)나라로 가서
기원전 255년부터는 그 나라의 지방 수령을 지냈으며,
만년에는 세상을 떠날 때까지 그곳에서 일생을 보냈다.
인간 본성에 관한 순자의 견해는 인간은 태어날 때부터 선하다는 맹자의
견해와 근본적으로 대조를 이룬다. 물론 두 사람 다 모든 인간이
잠재적으로 성인이 될 수 있는 능력을 가지고 있다는 데는 의견의 일치를 보인다.
이것이 맹자에게는 모든 인간은 태어날 때부터 이미 선(善)의 4단(四端)을 가지고 있으며,
인간의 내부에 그것을 발전시킬 수 있는 능력도 가지고 있다는 것을 의미하지만,
반면 순자에게는 모든 인간이 사회로부터 자기 내부에 있는 반사회적인 본능을
극복하는 방법을 배울 수 있다는 것을 의미한다. 두 사람의 이러한 견해차로부터
유가의 주요논쟁이 시작되었다. 순자가 바라던 사회는 실현되지 못했다.
순자 이전의 유가사상가인 공자나 맹자와 마찬가지로 그 또한 스스로
실패자라고 생각하며 죽었을 것이다. 그러나 그의 글 속에 가득 차 있는 합리주의,
종교에 대한 회의, 사회 속의 인간에 대한 관심, 정치적·문화적 감각력,
고대의 전통과 관습에 대한 선호 등은 2천 년 이상 중국 지식인들의 사고에 영향을 미쳤다.
방대한 영토와 거대한 인구를 지닌 중국은 전통적으로 유교 국가였으므로
그는 세계에서 유례가 없는, 크나큰 영향력을 남긴 철학자라고 해야 할 것이다.

옮긴이 이운구

이운구(李雲九)는 1933년 충남 전의에서 태어났다.
성균관대학교 문리대 동양철학과를 졸업하고
같은 학교 대학원에서 석사·박사 과정을 수료했다.
일본 와세다(早稻田) 대학과 도우시샤(同志社) 대학에서 연구원을 지냈으며,
성균관대학교 동양철학과 교수 및 유학대학 대학원장, 대동문화연구원 원장 등을 역임했다.
저서로는 『동아시아 비판 사상의 뿌리』 『중국의 비판사상』
『묵가철학연구』 등이 있으며, 한길사에서 펴낸 『한비자』를 번역했다.

순자 2

지은이 순자
옮긴이 이운구
펴낸이 김언호

펴낸곳 (주)도서출판 한길사
등록 1976년 12월 24일
주소 10881 경기도 파주시 광인사길 37
홈페이지 www.hangilsa.co.kr
전자우편 hangilsa@hangilsa.co.kr
전화 031-955-2000~3 **팩스** 031-955-2005

인쇄 오색프린팅 **제본** 광성문화사

제1판 제1쇄 2006년 8월 10일
제1판 제3쇄 2019년 10월 5일

값 25,000원

ISBN 978-89-356-5687-5 94150
ISBN 978-89-356-5688-2 (세트)

한길그레이트북스 인류의 위대한 지적 유산을 집대성한다

● 한길그레이트북스는 계속 간행됩니다.